达赖喇嘛传

牙含章 著

华文出版社

图书在版编目（CIP）数据

达赖喇嘛传/牙含章著.——北京:华文出版社，
1999.9
　（西藏视点丛书）
　ISBN　978-7-5075-0913-7

　I.①达… II.①牙… III.达赖喇嘛－传记
IV.B949.92

中国版本图书馆CIP数据核字（1999）第37737号

达赖喇嘛传

著　　者：	牙含章
责任编辑：	吴　晶
出版发行：	华文出版社
社　　址：	北京市西城区广外大街305号8区2号楼
邮政编码：	100055
网　　址：	http://www.hwcbs.com.cn
投稿信箱：	hwcbs@126.com
电　　话：	总编室 010-58336239　发行部 010-58336277　58336270
	责任编辑 010-58336193
经　　销：	新华书店
印　　刷：	天津新科印刷有限公司
开　　本：	787×1092　1/16
印　　张：	19.25
字　　数：	340千
版　　次：	2001年1月第1版
印　　次：	2017年7月第6次印刷
标准书号：	ISBN 978-7-5075-0913-7
定　　价：	32.00元

版权所有　侵权必究

达赖喇嘛常年居住的布达拉宫

元世祖忽必烈与八思巴
（札什伦布寺的壁画）

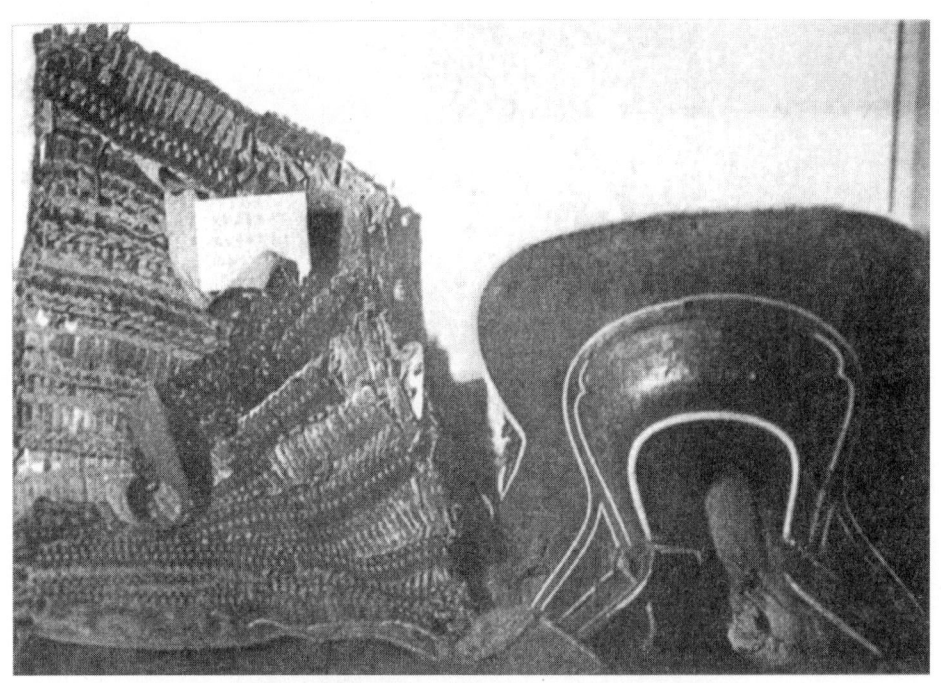

忽必烈赐给八思巴的盔甲与马鞍

用八思巴创造的新蒙文书写的文件

明帝册封第司法王灌顶国师之印及印文

明世宗嘉靖四十一年（1562年）封第十代第司法王为灌顶国师阐化王之印及印文

明世宗册封第十代第司法王阿旺札西札巴为"灌顶国师阐化王"之敕文

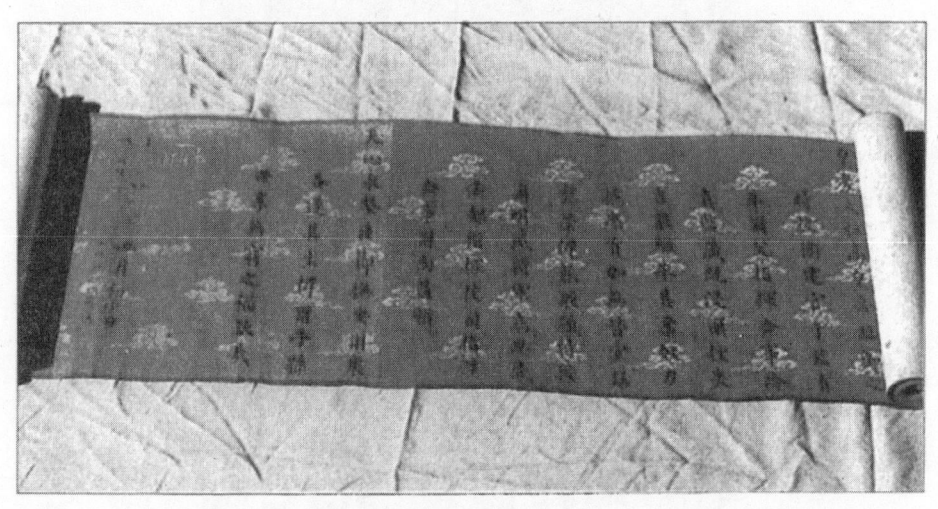

明成祖授予地方首领"明威将军乌斯藏卫部都指挥使司指挥佥事"职务的封文

蒙古族首领固始汗
(布达拉宫壁画)

清世祖册封五世达赖喇嘛之金印及印文

清世祖册封班禅额尔德尼之金印及印文

清世祖平息准噶尔扰藏和清高宗击退廓尔喀侵藏的记功碑

清高宗所颁金瓶掣签之金瓶

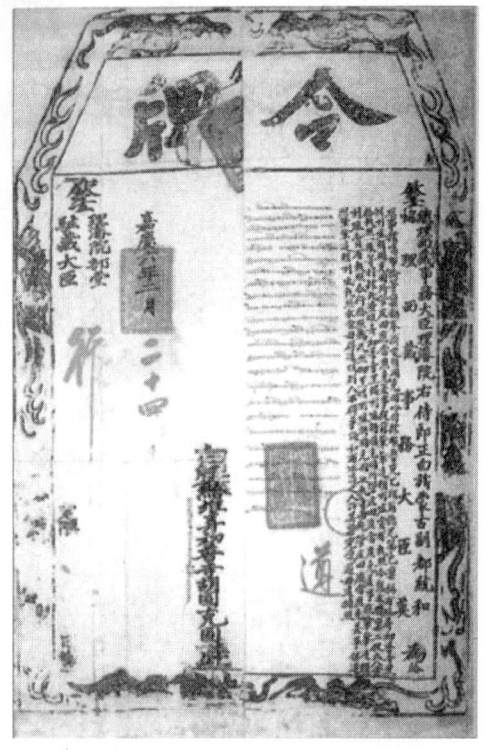

清朝驻藏大臣的令牌

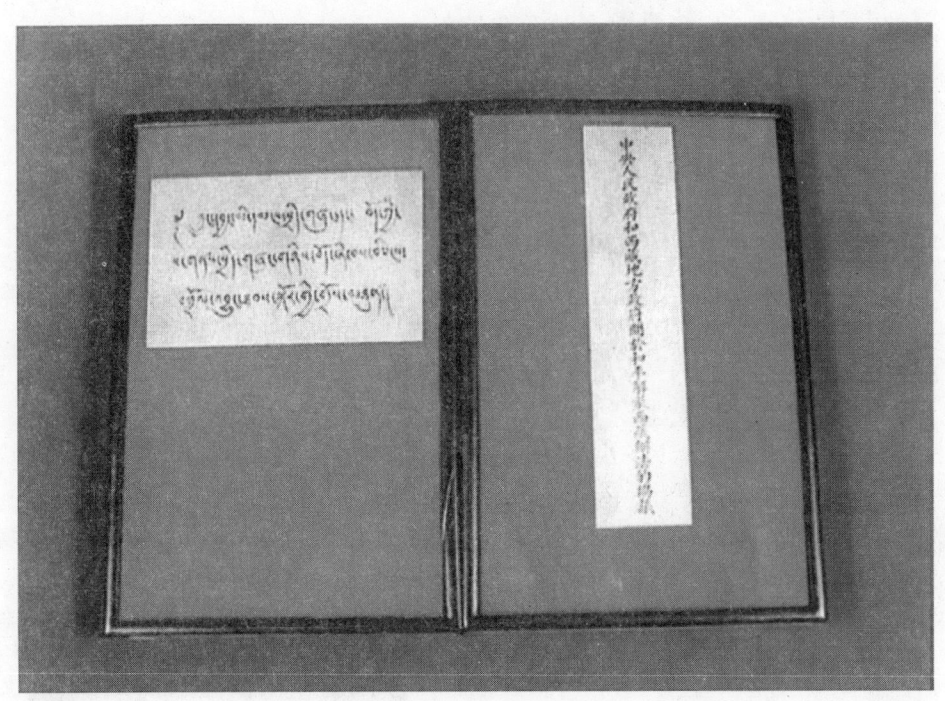
中央人民政府和西藏地方政府签订的《十七条协议》

前　言

《达赖喇嘛传》是已故的藏学学者牙含章先生生前所著关于西藏历史的学术力作。《达赖喇嘛传》成书较早，是作者于1952年在西藏工作时写成的，1959年由三联书店印刷成书，在内部发行，1983年由人民出版社正式出版。此书出版后在国内外影响很大，但到现在已有十多个年头了，目前虽然已有很多有关藏学方面的图书相继出版，但是《达赖喇嘛传》作为研究西藏历史的少有著作，仍然有着重要的学术地位。为满足读者的需求，我们在取得了牙含章先生的遗孀鲁华女士的授权后，决定依照作者生前对该书进行的修订，重新编辑，增加了插图，再版此书。

编　者

1999年10月5日

序　言

这是一本关于西藏历史——主要是西藏近现代史的著作。我之所以没有写成西藏历史或西藏近现代史，而写成了《达赖喇嘛传》，是因为这本著作的资料来源，主要依据的是藏文版的历代达赖喇嘛传，而且主要是依据十三世达赖喇嘛土登嘉措的传记，因此，我就用了藏族人民喜闻乐见的"南木他"（传记）的体裁。但它实际上还是一本关于西藏历史，主要是西藏近现代史的学术性、资料性的著作。

这本著作是我在西藏工作期间写的，时间是在1952年至1953年，到现在整整30个年头了。

我写这本书的时候，西藏和平解放不久，拥护《十七条协议》与反对《十七条协议》的斗争还在西藏激烈地进行着。反对派的首脑人物是代理藏王鲁康娃和罗桑扎西。他们叫嚣西藏自古以来是"独立国家"，反对中国人民解放军进驻西藏。为了斗争的需要，组织上要我写一本关于西藏历史的书，既用于驳斥反对派散布的谰言，也用于对广大西藏人民进行反帝爱国主义教育。当时工作很忙，材料又极其贫乏，我几经奋斗，花了约两年的时间，写成初稿。中央统战部于1956年曾印了若干本，供有关部门参考。

1959年，西藏发生武装叛乱以后，各方面需要此书的日益增多，根据周恩来同志和胡乔木同志的建议，由三联书店印了若干本，为内部发行。

1967年，西藏叛国分子夏格巴·汪秋德丹写了一本《西藏政治史》。这本书肆意歪曲西藏历史，歪曲西藏地方政权与祖国中央政权的从属关系，挑拨汉藏民族关系，污蔑党的民族政策和宗教政策，为他们的叛国罪行辩护，并企图在世界各国寻求支持者。这本书先用藏文写成，译成英文，由美国耶鲁大学出版，1976年，又用藏文在印度噶伦堡出版。这本书在流亡国外的藏胞中间，在不明西藏历史真相的各国人民中间，流毒之广，影响之坏，是不能低估的。

为了对夏格巴·汪秋德丹的反动言论予以有力的驳斥，我国已有许多同志写了论文和专著。拙著《达赖喇嘛传》的公开出版，也是想以历史事实给夏格巴·汪秋德丹一伙的谬论予以严正的驳斥。这就是我把30年前写的一本旧书现在拿出来公开出版的主要原因。

本书使用的资料，除了《进军西藏》和《待解放的西藏》等少数几本书是1949年全国解放以后出版的，此外全部是解放前的资料。这些资料大体上可以分为五个方面：

一、历代达赖喇嘛的传记（藏文本）；

二、历代班禅额尔德尼的传记（藏文本）和《班禅大师全集》（汉文本）等；

三、清代关于西藏问题的档案（包括驻藏大臣的奏牍等等）；

四、历代有关西藏问题的著述（包括《元史》、《明史》、《明实录》、《清实录》等等）；

五、外国（主要是英国、日本和意大利）关于西藏问题的著述。

值得注意的是，这些书中，无论是观点还是立场，错误之处甚多，例如英人著作中居然把我国领土西藏别有用心地称为"国家"，但考虑其中也记载了一些历史事实，如英国侵略军统帅荣赫鹏的《印度与西藏》（中文译本改名为《英国侵略西藏史》）一书中，不仅招供了英国1904年武装侵略我国西藏的罪恶史实，也反映了我国内地人民和西藏人民英勇反抗和坚决斗争的历史事实。因此，在缺乏汉文史料与藏文史料的情况下，用一些外文史料还是必要的。只是我们必须指出其观点的错误，而对这些资料也必须持批判的态度。

在清朝统治时期、北洋政府统治时期和国民党政府统治时期遗留下来的文献与著作中，有许多侮辱西藏人民与邻国（如尼泊尔、不丹等）人民的文字，对于这类史料，我尽量少用，但也不能完全不用。对于这类史料，我认为也是要提醒读者注意的。

还有一些史料中，用词也是不妥当的，如当时达赖方面的史料中，把中央政府称为"汉政府"，把西藏地方政府称为"藏政府"，这种称呼也是不对的。在班禅方面的史料中，也常把祖国与西藏的关系称为"中藏关系"。"中藏关系"这种说法当时就有两种含义：一种含义是"中国与西藏的关系"，把西藏与中国并列，把西藏当做一个"国家"，这显然是错误的。另一种含义是"中央与西藏的关系"，也就是中央政府与西藏地方政府之间的关系，这当然没有什么错误。但是笼统地称为"中藏关系"，究竟是什么含义，是不容含混的，也请读者注意。

在编写本书的过程中，曾经根据收集到的大量历史资料，对西藏历史，特别是近几百年的历史,作了一番初步的研究,凡是涉及重大的关键性问题,都提出了自己的看法。例如西藏地方与祖国的关系问题,就是根据无可争辩的历史事实,肯定从元代开始,西藏人民与祖国各族人民联合起来,组成了统一的祖国大家庭。从13世纪到18世纪(从元代到清代),西藏的一切重大的政治制度和宗教制度,都是由当时的中央政府制定的(例如二十九条《钦定章程》)。应当指出:自19世纪开始,英帝国主义在中国的东部进行武装侵略的同时,也疯狂地侵略我国的西藏。在西藏人民的反帝斗争中,清朝政府派驻西藏的一些官员媚外乞怜、卖国求荣,对祖国、对西藏人民犯下了滔天罪行;而另一些驻藏官员则勇敢地支持了西藏人民的反帝斗争,有的人甚至因此而丢掉乌纱帽也在所不惜,在西藏人民中留下了难忘的印象。在中印边界问题上,由于全国各族人民的坚决反对,北洋政府也没敢承认英帝国主义者在西姆拉会议上提出的无理要求。我在这本书里面,虽然没有专门论述西藏的农奴制度,但也指出了清朝末年在康区进行的"改土归流",冲击了农奴制,有一定的积极意义。总之,本书对西藏历史,特别是西藏近现代史,还是尽可能地作了分析,并提出了自己的看法。

在本书公开出版时,有的同志建议对本书的内容作一些比较大的补充,特别是应该把从1952年班禅额尔德尼返回札什伦布寺以后,一直到1959年平定西藏上层反动集团发动的武装叛乱、西藏地区进行民主改革、废除农奴制度的这一段历史编写进去。这个意见当然是很好的。但是考虑到这是一项十分重大的工作,估计在短时期内,没有力量完成这个任务。

还有一个更重要的原因是:1979年,拙著《西藏历史的新篇章》已由四川民族出版社出版,在全国公开发行。这本书对于西藏和平解放后,1959年发生的平定武装叛乱的斗争,平叛以后在党的正确领导下发动的废除封建农奴制度的斗争,都作了专门的论述,正好弥补了《达赖喇嘛传》中所缺少的这一部分内容。

有的同志又建议,既然写了《达赖喇嘛传》,还应该写一本《班禅传》。这个意见也是很好的。1952年至1953年我在编写《达赖喇嘛传》时,就已决定随后编写一本《班禅传》,并为此目的而搜集了大量的历史资料,主要是历代班禅的藏文传记的资料。后来我因调离西藏,这一工作也就停止了。现在如要编写成一本达到公开出版水平的书,那还得补充大量的史料,还要付出很大的劳动。我已答应西藏人民出版社,计划在我的晚年把这本书写成,也算完成30年前遗留下来的一项任务。

这本书在搜集英文和藏文资料的过程中,曾得到杨公素和王明清两位老朋友的很多帮助。这次公开出版之前,又由姚兆麟、黄颢、郭冠中、陈乃文、吴碧云等同志帮助搜集资料,核对事实,提出修改意见,做了大量的工作,不仅澄清了过去没有明确解决的一些问题,也改正了原著中的人名、地名、时间等方面的明显错误。为了给这本书提供一些珍贵的文物照片,戴纪明同志也给予了很大的帮助。特此向他们致以衷心的感谢。

牙含章

1983年7月18日于北京

目 录

前言

序言

上编　一世至十二世诸达赖喇嘛

一、一世达赖根敦朱巴/3

二、二世达赖根敦嘉措/14

三、三世达赖索南嘉措/18

四、四世达赖云丹嘉措/22

五、五世达赖罗桑嘉措/27

六、六世达赖仓央嘉措/37

七、七世达赖噶桑嘉措/40

八、八世达赖强白嘉措/51

九、九世达赖隆朵嘉措/65

十、十世达赖楚臣嘉措/67

十一、十一世达赖凯珠嘉措/69

十二、十二世达赖成烈嘉措/73

中编　十三世达赖喇嘛土登嘉措

一、寻访灵童的经过 /79

二、剪发取法名 /80

三、坐床 /82

四、受沙弥戒 /84

五、达赖的常年活动 /85

六、达赖幼年时期的西藏形势 /88

七、反对洋人入藏"考察" /89

八、查录戕杀信使事件 /91

九、拉萨喇嘛抢劫尼商事件 /93

十、英人二次入藏被阻 /94

十一、第穆呼图克图继任摄政 /95

十二、九世班禅灵童举行金瓶掣签 /96

十三、第一次抗英战争 /97

十四、中英关于西藏的第一次条约 /106

十五、受比丘戒 /112

十六、亲政 /113

十七、瞻对之争 /115

十八、第穆呼图克图被杀 /118

十九、达赖、班禅失和 /119

二十、英人得寸进尺 /121

二十一、帝俄觊觎西藏 /126

二十二、第二次抗英战争 /128

二十三、拉萨城下之盟 /139

二十四、英对班禅的挑唆、班禅被迫赴印 /144

二十五、中英关于西藏的第二次条约 /146

二十六、查办藏事/148

二十七、西康的改土归流/155

二十八、英人侵略拉达克与不丹/157

二十九、达赖的流亡生活/161

三十、入京/164

三十一、返藏/171

三十二、逃亡印度/176

三十三、英帝的分裂阴谋/182

三十四、辛亥革命以后的西藏形势/184

三十五、川军二次准备入藏/190

三十六、西姆拉会议/194

三十七、巩固农奴制度的新措施/197

三十八、藏军向康区进攻/201

三十九、柏尔赴拉萨活动/204

四十、班禅逃亡内地/207

四十一、西藏与中央政府的联系/209

四十二、藏军再次向康区进攻/214

四十三、达赖班禅之间的斗争/219

四十四、整顿格鲁派/229

四十五、圆寂/233

四十六、黄慕松入藏致祭/237

四十七、班禅回藏被阻/241

下编　十四世达赖喇嘛丹增嘉措

一、寻访与坐床的经过/248

二、"热振事变"/252

三、受英美策动的所谓"驱汉事件"/254

四、签订和平解放协议/258

五、达赖喇嘛欢迎班禅返回札什伦布/267

再版后记：1959年之后的第十四世达赖喇嘛/270

本书参考书目/279

上 编
一世至十二世诸达赖喇嘛

一世达赖根敦朱巴塑像

一、一世达赖根敦朱巴

（一）初识宗喀巴大师

一世达赖法名根敦朱巴。据藏文《根敦朱巴传》载：藏历第七"饶迥"[①]之铁羊年（明太祖洪武二十四年，1391年）根敦朱巴生于后藏萨迦寺附近的霞堆牧场，父名贡布多吉，母名觉莫朗吉，共生子女五人，根敦朱巴是老三。初生之夜，家庭遭匪徒抢劫，生活困难，根敦朱巴幼时帮助父母牧羊。

根敦朱巴15岁（明成祖永乐三年，1405年）在那当寺（在今札什伦布寺之西约30华里）出家为僧，拜团柱凯珠为师，受了沙弥戒。20岁受了比丘戒。之后便到前藏各地云游，先到昌珠寺，拜贡桑巴为师，学"因明"与"中论"。当时宗喀巴正在前藏创立格鲁派，已有名望，明成祖永乐十三年（1415年），受当时统治西藏地方的帕竹政权的第五代法王札巴坚赞之请，在札喜多喀地方向僧俗民众讲经说法，25岁的根敦朱巴跟他师傅团柱凯珠一同前去听讲，才和宗喀巴认识。

宗喀巴法名罗桑札巴，系今青海省西宁附近的宗喀地方人，生于元顺帝至正十七年（1357年），7岁出家为僧，拜团柱仁青为师，受了沙弥戒。17岁（明太祖洪武五年，1372年）到西藏求法学经，29岁在雅隆南甲寺拜楚臣仁青为师，受了比丘戒。

当宗喀巴到西藏求法之时，正值西藏教派林立之日。当时西藏宗教分为宁玛、噶举、萨迦、本布等派，每一教派之内，又分若干支派，其中势力最大、信徒最多者为噶举、萨迦两派。"因此两派互争外势，故真学实行之士，日渐减少，至元末明初，显密教法衰微甚矣，除少数大德外，几不知戒律为何事，寺院僧侣尽同俗装。"（《西藏民族政教史》）

佛教传入吐蕃[②]，始于赞普[③]松赞干布时代（约在7世纪中）。拉萨大小昭寺就是那时修建的。到赞普赤松德赞时（约8世纪中），又派大臣往印度迎请莲

[①] "饶迥"为藏历的纪年法，一个"饶迥"为60年，它以十二生肖和五行配合计数，如铁鼠年、木牛年、水虎年……

[②] 唐时西藏称为吐蕃，蕃字应读bō。

[③] 赞普与国王同义。

花生祖师（洛本贝玛）来吐蕃传法，并建桑鸢寺供养，剃度僧人，翻译佛经，佛教开始盛行。到赞普赤祖德赞（俗称热巴巾，约9世纪初）时，僧侣已遍布吐蕃各地，在藏史中称为"佛教前宏时期"。赞普达磨（俗称朗达玛）即位后（约9世纪中），对佛教采取了摧残的态度，强迫出家人改装还俗，"不愿还俗者多遭残杀，经典或埋或焚，或投河中。毁大昭寺、小昭寺释迦牟尼像，封桑鸢寺，余者多毁。"（《西藏民族政教史》）这段历史在藏史中称为"毁法时期"。当时少数僧侣逃亡西康，得免于难。赞普达磨不久被喇嘛刺死，吐蕃大乱。20余年以后，吐蕃各地又爆发了奴隶起义，蔓延到吐蕃王朝统治下的大部分地区，许多大贵族（奴隶主）多被杀死，赞普达磨的孙子班考赞也被杀死，班考赞的儿子尼马贡带了一些人逃亡到阿里，在那里建立了一个小王朝，藏史中称为"香雄王"，亦称"谷格王"。奴隶暴动一直持续了9年（869~877年），吐蕃王朝从此崩溃。西藏分裂为许多小部落，各霸一方，各自为政，互相征战不已，佛教亦一蹶不振，只有少数僧侣在家中秘密传习佛法，后人称为"宁玛娃"（旧教徒）。

（二）阿底峡弟子树立噶当派

这种局面一直持续了约两个世纪。到宋仁宗庆历二年（1042年），阿里王拉喇嘛益喜沃派人到印度去，礼聘阿底峡尊者来阿里讲经说法，并帮助仁青桑布翻译佛经，始渐引起民众的重视。后来阿底峡尊者由阿里赴前后藏传法讲经，并收生徒，从者甚众，如强曲沃、那错·楚臣嘉措、仲敦巴等，其中以仲敦巴最著名。这段历史在藏史中称为"佛教后宏时期"。

宋仁宗至和元年（1054年），阿底峡尊者在西藏叶塘圆寂①，其徒仲敦巴继承了衣钵，继续传法收徒。宋仁宗嘉祐二年（1057年），仲敦巴在藏北建立了热振寺，后来僧徒日众，自成一派，名曰"噶当派"（教诫派）。这一派后来与宗喀巴创立的格鲁派合并，所以西藏现在不存在这一教派。

（三）萨迦派和噶举派的崛起

宋神宗熙宁六年（1073年），后藏有一贵族子弟名贡觉甲布，在后藏萨迦地方建立了萨迦寺，招收僧徒，专门传习密法，据说有72种密法，和不出寺门的14种教授，着重练气养神。该派并不禁止娶妻生子，唯规定生子后不再接近妇女。贡觉甲布还派人到前藏、西康各地，传法、收徒、建寺，后来也自成一派，名萨迦派。

---

① "圆寂"是佛教的术语，得道高僧逝世为"圆寂"。

与此同时，西藏罗札地方人玛尔巴（宋真宗大中祥符五年到宋哲宗绍圣四年，1012～1097年），前往印度学法，回藏后自创一派，名塔波噶举，另由琼波南结创立一派，名香巴噶举，两派均为噶举派。此派也是密宗之一种，专门研究吞刀吐火，肉体飞升，"修成猛利火，能抗饥寒，入水不溺，人火不焚，游行灵空，如履平地。"（《西藏民族政教史》）

玛尔巴的弟子很多。玛尔巴死后，传衣钵给米拉邑，米拉邑又传衣钵给岗布娃，岗布娃后在达布地方（拉萨东南部）建立岗布寺（约在宋徽宗宣和三年，1121年），世称为达布噶举。又有西康人帕木竹巴，于南宋高宗绍兴二十八年（1158年）在藏南帕竹地方建立帖寺，世称帕竹噶举。又有都松钦巴，于南宋孝宗淳熙十四年（1187年）在粗林地方（拉萨之西）建立噶玛寺，世称噶玛噶举。噶举派后来又派人到西康、内蒙古各地传教建寺，势力与萨迦派可以抗衡。

与此同时，帕木竹巴的弟子直贡巴·仁青北于南宋孝宗淳熙六年（1179年）在直贡地方（在拉萨东北）建立直贡寺，世称直贡噶举。帕木竹巴的另一弟子达隆巴·札喜北于南宋孝宗淳熙七年（1180年）在达隆地方（拉萨之北）建立达隆寺，世称达隆噶举。帕木竹巴的又一弟子益喜僧格之徒却门朗建立雅桑寺，世称雅桑噶举。又有岗布娃之徒漾刹巴，于南宋孝宗淳熙二年（1175年）在拉萨附近建立蔡寺与公塘寺，世称蔡巴噶举。岗布娃的另一弟子丹马旺曲在藏北巴绒地方建立巴绒寺，世称巴绒噶举。又有帕木竹巴弟子贾刹之侄仁青贡建绰浦寺，世称绰浦噶举。

与此同时，帕木竹巴还有一个弟子名凌热，到朱域地方传教建寺，自成一支，世称朱巴噶举。

噶举派分支虽然很多，但其中最大的三个分支是帕竹噶举、直贡噶举和噶玛噶举。这三个分支在当地拥有广大群众，并有政权和武装力量。《西藏民族政教史》与《续藏史鉴》中均有记载。

（四）萨迦派教主班智达

根据《西藏民族政教史》与《续藏史鉴》记载，约在元太宗窝阔台执政之第十二年（1240年），窝阔台的一个皇子阔端，派大将多达那波统率大军进入西藏，"东至工布，西至尼泊尔，南至门（即门达旺），削平诸首寨，莫不臣服"（《续藏史鉴》）。

多达那波征服西藏以后，向阔端建议："现今藏土唯噶当巴丛林最多，达隆巴（达隆噶举派）法王最有德行，直贡巴（直贡噶举派）京俄大师具大法力，萨迦班智达（萨迦派教主）学富五明，请我主设法迎致之。"(《续藏史鉴》)阔端乃邀请萨迦班智达前往蒙古地方传教。当时萨迦班智达业已63岁，携其侄子八思巴（当时11岁）与另一侄子恰那多吉（当时仅7岁）于1244年前往凉州（今甘肃省武威县），觐见阔端，议定了西藏地方归顺蒙古大汗的条件，以及缴纳贡赋的品种与数量。在藏文《萨迦世系》一书中，载有萨迦班智达当年从凉州致西藏各教派与各地方政权首领的一封信，敦劝他们诚心归顺蒙古大汗，并缴纳一定的贡赋，如敢违抗，必将招致"覆亡"。信中还规定西藏各地将官员姓名、部众数字、贡物之量缮写三份，一份送阔端皇子，一份存放萨迦寺，一份由各地方长官执掌。

萨迦班智达在凉州住了7年，阔端专门为他修建了一座幻化寺，供其居住。萨迦班智达于1251年死于该地。萨迦班智达死后，八思巴弟兄仍留在凉州。

（五）元世祖封八思巴为"大宝法王"

南宋理宗淳祐十二年（1252年），忽必烈南征大理（在今云南省），1253年胜利回师，路经六盘山（在甘肃境内）时，派使者到凉州迎请萨迦班智达前来会晤。因萨迦班智达已死，使者即将八思巴弟兄带来见面，忽必烈就把八思巴弟兄留在身边，带回开平府（即后来的上都）。当时八思巴才19岁，其弟恰那多吉才15岁。南宋理宗宝祐三年（1255年），八思巴曾短期离开上都，到汉藏交界的地方从札巴僧格为师，受了比丘戒，然后又返回上都。1258年，忽必烈召集佛道二教的代表各为17人，在他面前进行辩论，八思巴代表佛教一方参加了辩论。辩论的结果是八思巴获胜，从此八思巴得到忽必烈的器重。中统元年（1260年），忽必烈在上都称帝，封八思巴为"国师"，赐玉印。就在同年，忽必烈派了以达门为首的一批官员到了西藏，任务是清查户口与设立驿站。

驿站藏语叫做"甲姆"，当时从内地到西藏共设立了27个驿站，计朵堆（甘肃、青海上部）7个驿站，朵麦（甘肃、青海下部）9个驿站，乌斯（前藏）4个驿站，藏（后藏）7个驿站。驿站的任务是供给来往官员与运送公文的信使居住并换乘马。元世祖至元二十四年（1287年，第三次清查西藏户口时，又在阿里地方增设了4个驿站，共计31个驿站），在驿站之下又设若干分站，一个分站与另一分站之间的距离，正好是乘马走一天的路程。驿站各拨若干农奴或牧奴，为驿站支差。据《元史》载，每一驿站各给马100匹，牛200头，羊500只，折合为银以支付之（1287年还增设了"玛甲姆"，即兵站，可能是专门为驻扎在西藏的蒙古军队的军需供应而设立的）。

清查户口是以冒烟的每一烟孔为一户，每户要出一人，支应乌拉差役，还要每年缴纳一定的赋税。

至元元年（1264年），忽必烈由上都迁到大都（即今北京），设立了总制院（1288年改为宣政院），"掌释教僧徒及吐蕃之境而隶治之，遇吐蕃有事则为分院往镇，亦别有印"。（《元史》）总制院是当时元朝政府设立的专门管理西藏事务的中央机关。总制院设院使二人，为从一品。第一任院使二人，一名桑哥，另一人即八思巴。这时八思巴已成了元朝政府的一品大员。他和桑哥共同管理西藏地方事务。

至元二年（1265年），八思巴奉忽必烈之命返回西藏，他这次回藏的重大任务有二：一是给蒙古民族创造一种文字，二是整顿西藏地方的事务。所以八思巴返回西藏以后，所做的第一件大事是成立了拉让，设置了本勤。拉让的藏文原意，可直译为喇嘛的私邸，实际上是一个庞大的行政机构，内设堪布和办事人员多人，在八思巴领导之下，处理日常的宗教与行政事务。八思巴名义上是萨迦法王，但他并不直接处理日常行政事务，而在他之下，设本勤（藏语是长官的意思）一人，秉承他的意志，处理日常行政事务。第一任本勤名释迦桑波，由八思巴提名，忽必烈任命为"乌思藏三路军民万户"，并赐银印。万户与达鲁花赤同秩，为正三品。但当时西藏各教派势力相当强大，萨迦法王能不能管理还是一个大问题。所以至元五年（1268年），忽必烈又派阿贡和米林等一批官员到西藏，会同萨迦本勤释迦桑波第二次清查西藏户口，并根据这次清查户口的结果，在乌思藏（即前后藏）地区设立了13个万户，每万户设万户长一人，由萨迦法王提名，元朝皇帝任命。根据《续藏史鉴》所载：噶举派之蔡巴、直贡巴、帕木竹巴、雅桑各为一个万户长（13个万户长中噶举派占了四人）。再加上甲马、塘波齐二万户长为前藏6个万户长。拉堆南、拉堆北、孤莫、曲弥、向、霞鲁为后藏6个万户长。此外，羊卓雍湖一带为羊卓雍万户长。所有上述各万户长中，以蔡巴、直贡、帕竹为最大最强。这些万户长实际上都是各教派的首领或当地拥有很多农奴的大农奴主。

至元六年（1269年），八思巴创造蒙古文字成功，由他亲自携新文字前往北京觐见元世祖忽必烈，"字成上之，帝大悦。遂始赐僧人统国主权"（《续藏史鉴》）。元世祖封八思巴为"大宝法王"，将西藏13万户地方的税赋，完全赏给萨迦法王收取，作为"供养"。同时把八思巴留在大都，继续担任总制院院使。萨迦政权的日常工作，则委托给萨迦本勤管理。

为了加强元朝政府对西藏地方的统治，忽必烈于至元九年（1272年）在西藏设立了"乌思藏纳里速古鲁孙等三路宣慰使司都元帅府"。"乌思"即"卫",也就是前藏地方;"藏"是后藏地方。"纳里速古鲁孙"即阿里三围,也就是阿里地方。这个机关设"宣慰使"五人,为从二品,比萨迦本勤的品秩还高一级,可见其政治地位在萨迦本勤之上。据藏文史料记载,萨迦本勤至少有两个人兼任过"宣慰使",可见并不是萨迦本勤都兼这个职务。这五个"宣慰使"才是当时真正掌握西藏地方军政大权的官员。"宣慰使"不仅管辖前后藏的13个万户长,而且他下面还设"乌思藏管蒙古军都元帅"二员,"纳里速古鲁孙(即阿里地方)元帅"二员,可见"宣慰使"还管驻西藏的蒙古军队。"宣慰使"下面还设"乌思藏等处转运"一员,是专门管理驿站与兵站的官员。

至元十三年(1276年),八思巴最后回到萨迦,忽必烈命太子真金一直护送到萨迦寺。至元十七年(1280年),八思巴突然逝世,年仅45岁。忽必烈追封八思巴为"皇天之下一人之上宣文辅治大圣至德普觉真智佑国如意大宝法王西天佛子大元帝师"。

1.八思巴(1235~1280年)是西藏萨迦政权的创始人,是第一任萨迦法王,如从1265年设立拉让,设置本勤作为他执政的第一年计算,到1280年逝世,他担任萨迦第一任法王的时间只有15年。

2.八思巴逝世以后,由达磨波罗继任第二代萨迦法王,执政共7年(1281~1287年)。

达磨死后,由霞巴降样·仁青坚赞摄政19年(1288~1306年,因为元朝政府一直没有批准他继任法王)。

3.元成宗大德十一年(1307年),达勤(达尼勤布)遇赦放回,担任了第三任萨迦法王,执政20年(1307~1326年)。达勤死后,法王空位三年。

4.元文宗天历三年(1330年),南噶列巴继任第四代萨迦法王,执政19年(1330~1349年)。

5.接着喇嘛当巴·索南坚赞继任为第五代萨迦法王,执政三年(1350~1352年)。

6.最后由达文罗追坚赞继任第六代萨迦法王,执政三年(1352~1354年)。

总计萨迦政权从八思巴到达文罗追坚赞共传六世,管理西藏地方政权总共为89年(1265~1354年)。

(六)噶举派取代萨迦派建立第司政权

在霞巴降样·仁青坚赞摄政期间的至元二十七年(1290年),噶举派的直贡万户长不服从萨迦法王的管辖，发动了武装叛乱。萨迦本勤阿迦伦在驻藏蒙古军队协助之下，进行平叛，打败了直贡万户长，焚烧了直贡寺。这次事件在藏史中称为"直贡变乱"。

在第五代萨迦法王喇嘛当巴·索南坚赞执政时期，噶举派的帕木竹巴万户长强曲坚赞与萨迦本勤发生冲突。元顺帝至正五年（1345年），帕木竹巴万户长强曲坚赞以少胜众，打败了萨迦本勤。元顺帝至正七年（1347年），强曲坚赞又消灭了蔡巴万户长，取得其土地与人民。元顺帝至正九年（1349年），强曲坚赞又占领了直贡万户长的地方，于是前藏地方均归帕木竹巴万户长强曲坚赞所占领。

这时萨迦王室内部也发生分裂，到最后一代法王达文罗追坚赞时，萨迦王室分为四个拉让。

南噶列巴之子称为"细脱拉让"。

喇嘛当巴之侄尼马坚赞称为"仁青岗拉让"。

贡噶勒巴（达勤五妇之子）称为"杜厥拉让"。

贡噶勒迥（达勤二妇之子）称为"拉康拉让"。

萨迦法王的统治已趋崩溃。

元顺帝至正十四年（1354年），强曲坚赞乘萨迦王室内讧的机会，起兵包围了萨迦寺，萨迦本勤兵败被擒，被杀400余人，"萨迦累为元代帝师，积存玉帛甚富，悉夺之而迁于卫部"，萨迦政权至此崩溃。于是强曲坚赞乃建立了统治西藏的第司政权（亦称帕竹政权）。强曲坚赞当时派人到北京向元顺帝请封，当时元朝政府也临近崩溃的边缘，元顺帝就封他为"大司徒"，命他接管西藏地方事务。因此，后人就叫他司徒·强曲坚赞。

（七）西藏出现封建庄园制度

第司政权的首城在乃东（即今之山南乃东县），"王城三围，内围俱守净戒，禁醇酒妇人，外围依十善律，悉守王法，司徒自奉甚谨严，过午不食，不饮酒，为僧俗之表率，莫不尊为法王"（《续藏史鉴》）。法王之下设仲钦（意为大秘书）一人，管理日常政务。

第司政权建立时期，正是西藏经济恢复上升时期。在14世纪初期（元末明初），西藏山南地区新建、扩建了许多豁卡（封建庄园），司徒·强曲坚赞对这种封建庄园（豁卡）非常重视，大力予以支持。第司政权建立以后，这种封建庄园（豁卡）推行于前后藏地区，从此封建庄园在西藏地区才成为居于统治地位的社会制度。

司徒·强曲坚赞除了在经济上扶植新生的封建庄园（豁卡）制度之外，在政治上也进行了一项重大改革，即废除了元朝遗留下来的前后藏设立的13个万户（汉文史料记载：明成祖永乐时，因万户名不副实，取消了万户的封号，可见这一改革是后来得到明朝政府的追认的），先在山南地区建立了17个宗，后来又陆续增设了若干宗，宗本由法王直接委派，管理当地的豁卡。

司徒·强曲坚赞在政治上的另一重大改革是，对他属下的有功之臣，实行封赐豁卡的制度（类似汉族地区曾盛行过的采邑），这种封赐的豁卡是一种世袭的领地，由此产生了一批新的贵族（大农奴主）。

司徒·强曲坚赞死后（1364年），其侄释迦坚赞继承了第司政权的第二代法王。当时元朝已经崩溃，明太祖做了皇帝，释迦坚赞于明洪武五年（1372年）派人赴内地朝贺，明太祖封他为"灌顶国师"，并赐玉印。

（八）明朝对西藏的态度

根据《明史》的记载，明朝对西藏的政策，基本上继承了元朝的政策。"洪武初，太祖惩唐世吐蕃之乱，思制御之。惟因其俗尚，用僧徒化导为善，乃遣使广行诏谕。又遣陕西行省员外郎许允德使其地，令举元故官赴京授职。于是乌斯藏摄帝师喃加巴藏卜遣使朝贡，五年十二月至京。……上所举故官60人，帝悉授以职。改摄帝师为炽盛佛宝国师。"

洪武二年（1369年）设朵甘、乌斯藏二行都指挥使司（朵甘即青海与西康，乌斯藏即西藏），以锁南兀即尔为朵甘都指挥同知，管招兀即尔为乌斯藏都指挥同知，并赐银印。洪武十八年（1385年），又以班竹儿藏卜为乌斯藏都指挥使。这些人大概都是元朝的"故官"，因他归顺了明朝，就又授以相当于旧职的新职。

明朝政府对于西藏的佛教，采取了大力扶植的政策。据《明史》的粗略统计，封法王的就有大宝法王、大乘法王、大慈法王、大善法王、大庆法王、大德法王等等；封王的又有阐化王、赞善王、护教王、阐教王、辅教王等等；封为灌顶国师、国师者那就更多。这是明太祖制定的"惟因其俗尚，用僧徒化导为善"的宗教政策的具体表现。但实际上，当时统治西藏地方的是噶举派（白教）的第司政权，即帕竹政权。

根据藏史记载，第司政权的第三代法王名札巴强曲，《明实录》载，洪武七年（1374年）他曾派人进贡。洪武八年，"诏置帕木竹巴万户府"。

第司政权的第四代法王名索南札巴。《明史》中载："洪武二十一年

（1388年）上表称病，举其弟吉剌思巴监藏巴藏卜自代，遂授灌顶国师，自是三年一贡。"

（九）第司政权的辉煌时期

第司政权的第五代法王名扎巴坚赞（即《明史》中的"吉剌思巴监藏巴藏卜"），明成祖永乐四年（1406年）封为"灌顶国师阐化王，赐螭纽玉印，白金500两，绮衣三袭，绵帛50匹，巴茶200斤。明年（永乐五年，1407年）命与护教、赞善二王、必力工瓦国师及必里、朵甘、陇答诸卫、川藏诸族，复置驿站，通道往来。……自是道路毕通，使臣往还数万里，无虞寇盗矣"（见《明史》）。修复驿站，是扎巴坚赞当时的一项重大贡献。

扎巴坚赞还写了类似法律的一些规定，藏人通称"十六法"，这对于安定社会秩序方面，也起了一定的作用。

扎巴坚赞在他执政期间，除在江孜地区两次用兵（规模都不大）以外，这段时间没有其他战乱的记载。扎巴坚赞继承了司徒·强曲坚赞制定的巡视豁卡、重视生产的传统。藏文史料中有不少记载说明，这一时期西藏社会比较安定，生产向上，经济繁荣，文化发展。这一时期是第司政权的极盛时期。五世达赖著的《西藏王臣史》中说：扎巴坚赞又厘定条例，规定服饰的等级，于每年年节宴会上，他的家臣们都穿戴珠宝严饰的富丽服饰，平日也用宝石耳饰来分别贵贱。这几句话反映了统治者日益趋于奢华，封建等级制度已经臻于完备。

在宗教方面，扎巴坚赞虽是噶举派，但他对宗喀巴创建的格鲁派却采取扶植的态度。

第司政权的第三代法王扎巴强曲，曾为宗喀巴之师。《续藏史鉴》亦载："宗喀巴大师曾礼此王之足，极为信敬。……扎巴强曲见宗喀巴所有著述，亦多敬仰。"

宗喀巴34岁时即明太祖洪武二十三年（1390年），对佛经密乘教典、灌顶诸法已有深造。《西藏民族政教史》载："宗喀巴大师修证之相，自17岁至36岁，广求多闻，依本尊策发闭关专修，乃达一切经论皆是教授。38岁以后，偏缘一切显密教授而修证，得经中所说之真实功德。"宗喀巴感到当时的萨迦、噶举等派均失佛教本旨，不守戒律，胡作乱为，乃发愿创造新派（后世称为格鲁派），此派之要点即在"敬重戒律"，提倡"苦行"，不娶妻，禁饮酒，戒杀生等等。"令一切随从弟子，日日谛察自身有犯无犯，倘有误犯，当疾还净"。在教义方面偏重显宗，一切僧侣在学完显宗各法之后，才可以去学密宗。

宗喀巴开始传教时，噶举派第司政权统治着西藏，所以起初信徒很少。1392年（宗喀巴36岁）开始收徒，从者13人，晚年投拜门下为徒者才逐渐增加，宗喀巴乃于明成祖永乐七年（1409年）在"仲钦"（大秘书）仁青北资助下，创建了噶丹寺"以养生徒"。宗喀巴的弟子中，最著名者八人，第一人是甲曹杰，这是头一个皈依了宗喀巴的人，"为大师弟子之上首"。其次为克珠杰（第一世班禅）、杜曾·札巴坚赞、嘉样曲结、释迦也失、多敦·江白嘉措、吉尊·喜饶僧格，最末一人为根敦朱巴（第一世达赖）。根敦朱巴拜宗喀巴为师时间最迟，是在明成祖永乐十三年（1415年），当时宗喀巴已58岁，创建噶丹寺已过了五年。

宗喀巴在45岁（明惠帝建文三年，1401年）开始著作格鲁派经典《菩提道次第广论》和《密宗道次第广论》。明永乐七年（1409年），宗喀巴又在当时的"仲钦"（大秘书）仁青北资助下，在拉萨建立了默朗木大会（俗称"传大昭"），诵经祈祷，募化布施，称为"格鲁派的根本道场"。实际上，建立默朗木大会与建立噶丹寺的总施主是第司政权第五代法王札巴坚赞。

（十）一世达赖拜宗喀巴为师

明成祖永乐十二年（1414年），札巴坚赞礼聘宗喀巴到札喜多喀地方传法，讲《中论》、《因明》、《菩提道次第》、《人行论》等经，根敦朱巴（一世达赖）听了深为感服，乃拜宗喀巴为师，学习格鲁派。明成祖永乐十四年（1416年），宗喀巴指示弟子嘉样曲结在拉萨西郊建立哲蚌寺，在建该寺时以内邬宗本仁青桑布为施主，得其资助很大。寺成后，嘉样曲结即担任该寺的堪布（住持）。

明成祖永乐十七年（1419年）十月二十五日（藏历），宗喀巴在噶丹寺池巴（法台）任内圆寂，时年63岁。大师圆寂后，大师第一大弟子甲曹杰继为第二任噶丹池巴，主持噶丹寺"凡十三载，大师一切弟子皆奉之与大师无异也"（《西藏民族政教史》）。

在宗喀巴圆寂之同年（明成祖永乐十七年，1419年），宗喀巴的另一弟子释迦也失，奉大师之命，在拉萨北郊兴修色拉寺。释迦也失曾两次到过内地，第一次是在明永乐十二年（1414年），当时明成祖派钦差四人来藏迎请宗喀巴大师赴京传法，宗喀巴固辞未去，委派释迦也失作为他的代表前往北京，明成祖即封释迦也失为"西天佛子大国师"。释迦也失在建成色拉寺后又赴北京，明宣宗宣德九年（1434年）又封他为"大慈法王"，后来他又到蒙古等地传扬

上编 一世至十二世诸达赖喇嘛

二世达赖根敦嘉措塑像

(十一）一世达赖营建札什伦布寺

宗喀巴圆寂后，根敦朱巴又从甲曹杰（第二任噶丹池巴）学显密二宗，"自谓关于显教从甲曹得益最大"。明宣宗宣德七年（1432年）甲曹杰圆寂，经噶丹寺僧共同商定，迎请克珠杰（一世班禅）前来噶丹寺就任第三任噶丹池巴，根敦朱巴"复从克珠杰学多要法"。此后根敦朱巴返回后藏，"在绛勤、打纳、日库等处讲经，门徒渐众"（《西藏民族政教史》）。

明英宗正统十二年（1447年），根敦朱巴得到桑主则（即今之日喀则）宗本乃穹吉巴·班觉桑布之资助，在桑主则之旁兴建了札什伦布寺，寺成即任该寺池巴。1438年，噶丹寺池巴克珠杰圆寂。明代宗景泰二年（1451年）寺僧派人来请根敦朱巴前往继任第六任噶丹池巴，根敦朱巴说"吾不能去，若才建此寺即离去，恐不坚稳"，他举荐了克珠杰之弟拔梭·曲结坚赞前往噶丹寺担任了第六任噶丹池巴。

明宪宗成化十年（1474年）根敦朱巴在札什伦布寺内圆寂，时年84岁。根敦朱巴圆寂后，由其大弟子班青·桑布札喜继任札什伦布寺的池巴。

二、二世达赖根敦嘉措

（一）活佛转世制度

二世达赖法名根敦嘉措，是后藏达纳地方（日喀则宗届地）人。据《西藏民族政教史》载称：藏历第八"饶迥"之火猴年（明宪宗成化十一年，1475年）根敦嘉措出生于一户普通农民家中，父名贡噶吉村，母名贡噶贝姆。

根敦嘉措出生后三年，即明宪宗成化十四年（1478年），由一世达赖根敦朱巴的亲戚比丘卓玛和札什伦布寺铁桑林札仓的堪布公钦群觉二人，认定根敦嘉措是根敦朱巴转世的"灵童"。这就是达赖喇嘛转世的开始。（见藏文《噶

伦传》）

按喇嘛教的活佛"转世"制度，并不是格鲁派创始的。最早是由噶举派的噶玛噶举创始的。噶玛噶举的首领噶玛巴喜（1204～1283年）于1253年在绒域色堆地方见过忽必烈，1256年，又在喀喇和林见了元宪宗蒙哥，蒙哥赐他金边黑帽一顶，后世称为噶玛黑帽派。噶玛巴喜后来回到西藏，于元世祖至元二十年（1283年）死于粗布寺。据藏文史料载称：噶玛巴喜死后，于1284年"转世"，名昂迥多吉（1284～1339年），成为噶玛黑帽派的第三世。从此，喇嘛教才建立了"转世"相承的制度。后来，噶举派的达隆噶举也采取了"转世"制度，达隆寺和类吾齐寺的活佛都"转世"相承，一直沿袭下来。所以根敦朱巴死后，札什伦布寺铁桑林札仓的堪布和根敦朱巴的亲属经过研究以后，也采用了"转世"相承的制度，承认根敦嘉措是根敦朱巴"转世"的"灵童"。

根敦嘉措于11岁时被札什伦布僧众迎至札寺，于三十余三藏法师会中受了沙弥戒。

根敦嘉措19岁时（明孝宗弘治七年，1494年）与当时札什伦布寺的第四任池巴班青益喜则莫失和，乃接受哲蚌寺池巴嘉样烈巴曲觉之请，前往拉萨哲蚌寺学经。21岁时，又拜嘉样烈巴曲觉为师，受了比丘戒。

（二）根敦嘉措兼任哲蚌寺与色拉寺住持

根敦嘉措学经时，格鲁派正在向西康、青海、阿里等地发展，宗喀巴弟子堆·喜饶桑布原系阿里人，在噶丹寺学成后仍返阿里，在莽宇地方建立达摩寺，又在许多旧派寺院中传播了格鲁派。又有克珠杰之徒桑颇拉旺罗珠，也在阿里地区建立了巴加寺和立根寺，"格鲁派遂遍于阿里之境"（《西藏民族政教史》）。

有位西康喇嘛江森喜饶桑布在色拉寺学法，学成后返回昌都，在昌都建立了强巴林寺。江森喜饶桑布圆寂后，后来由帕巴拉继主该寺，遂成寺主（即今之帕巴拉呼图克图的前辈）。帕巴拉弟子很多，分别在西康各地建立了很多格鲁派寺院。

格鲁派虽主张先学显宗，但对密宗也同样研究，宗喀巴大弟子吉尊·喜饶僧格专门研习密宗，在拉萨建立了密宗学院（即下居巴札仓）。后来贡噶顿珠又在密宗学院的上部，另建立了一所密宗学院（上居巴札仓）。

根敦嘉措后来前往前藏、后藏、山南、达布各地传法讲经，明武宗正德四年（1509年），他在西藏山南地区的圣母湖畔，建立了曲科甲寺。

此时，札什伦布寺第四任法台班青益喜则莫前来拉萨迎请根敦嘉措返回札什伦布寺，主持教务。根敦嘉措回去后在札什伦布寺只住了数年，又返回拉萨，以后每年春冬两季住在哲蚌寺，夏秋两季住在曲科甲寺，因该寺滨海修建，风景秀丽。

根敦嘉措晚年应哲蚌寺全体僧众的要求，担任了哲蚌寺的第十任池巴。同时又应色拉寺僧众的要求，兼任了色拉寺第九任池巴。

根敦嘉措在担任哲蚌寺第十任池巴任内，在哲蚌寺修建了噶丹颇章宫，供其居住。以后的三世达赖、四世达赖、五世达赖都在这里住过。而且五世达赖建立的地方政权即名噶丹颇章政权。

（三）二世达赖的晚年

根敦嘉措生活的这一时期，西藏政局已呈现不稳定的状态。此时第司政权的强盛时代业已过去，后藏大贵族仁本巴·诺桑于明宣宗宣德十年（1435年）在桑朱则称王，占据了后藏地区，名义上虽承认第司政权的统治，但实际上已形成割据局面。后来占据桑朱则之仁本巴·顿柱多吉"势力极大，率兵数犯卫部"，第司政权的第九代法王阿格旺秋死后，仁本巴·顿柱多吉"为乃东王宫之摄政，一时权势极盛"（《续藏史鉴》）。

当时仁本巴·顿柱多吉与噶玛噶举勾结在一起，对格鲁派采取了敌视态度。仁本巴的武力控制了拉萨以后，自1510～1518年，竟禁止哲蚌、色拉两寺的喇嘛参加由宗喀巴创始的每年正月举行的默朗木大会。1518年，帕木竹巴第十代法王在拉萨的势力稍有恢复，赶走了仁本巴的武装力量，从1518年起，又恢复了哲蚌寺和色拉寺的喇嘛参加默朗木大会的权利。

明世宗嘉靖十六年（1537年），噶举派的直贡噶举也对格鲁派采取了敌对态度，而且派遣武装力量要来攻打宗喀巴创建的噶丹寺，他们派遣的士兵在斡尔喀地方遇到保护噶丹寺的伏兵，受挫而还。但他们仍用武力迫使格鲁派的属寺18处，改宗直贡噶举。

由此可见，根敦嘉措的晚年，处境很不好过，已经受到来自噶举派的噶玛噶举与直贡噶举和来自世俗的以仁本巴为首的后藏农奴主的攻击和迫害。

明世宗嘉靖二十一年（1542年），第二世达赖根敦嘉措在哲蚌寺圆寂，时年67岁。

上编 一世至十二世诸达赖喇嘛

三世达赖索南嘉措

三、三世达赖索南嘉措

（一）俺答汗首封达赖喇嘛

三世达赖法名索南嘉措（《明史》称为锁南坚错），出身于前藏堆垅地方的一家小贵族家中。据《西藏民族政教史》载称："藏历第九'饶迥'之水兔年（明世宗嘉靖二十二年，1543年）正月十五日，索南嘉措生于拉萨附近之堆垅地方，父名南结札巴（是穿结宗的宗本），母名北宗布赤……4岁时（1546年）哲蚌寺僧众将灵童迎至哲蚌寺供养，7岁时（1549年），拜当时哲蚌寺池巴索南札巴为师，受了沙弥戒。11岁时（1553年），哲蚌寺法台索南札巴卸职，哲寺僧众公推索南嘉措就任哲蚌寺第十二任法台。22岁时（明世宗嘉靖四十三年，1564年），索南嘉措复拜格勒巴桑为师，受了比丘戒。"

此后，索南嘉措先赴札什伦布寺讲经，以后又云游山南、达布等地区，说法收徒，然后又返回拉萨，应色拉寺僧众之请，担任了色拉寺第十三任池巴。

索南嘉措一生的最大成就是他把格鲁派传播到蒙古地区，使蒙古地区僧俗人等全部改奉了格鲁派，这是他与蒙古俺答汗共同完成的。

明世宗嘉靖三十八年（1559年），俺答汗由蒙古土默特部率众西入青海，明朝无力阻止，只好采用怀柔办法，于明穆宗隆庆五年（1571年）封俺答汗为顺义王。俺答汗到青海时，喇嘛教的格鲁派已在群众中颇有威信，这对俺答汗产生了良好的影响。当时索南嘉措在西藏宗教界已有很大的名望，俺答汗乃于1576年派遣代表到西藏，邀请索南嘉措到青海与俺答汗会晤。索南嘉措接受了邀请。1577年11月，索南嘉措自拉萨哲蚌寺起程，于1578年5月到达青海，在仰华寺（建于1574年）与俺答汗会晤。会见以后，俺答汗赠送索南嘉措"圣识一切瓦齐尔达喇达赖喇嘛"的尊号，索南嘉措也回赠俺答汗"咱克瓦尔第彻辰汗"的尊号。"圣识一切"是"遍知一切"的意思，"瓦齐尔达喇"是梵文"金刚持"的意思。"达赖"是蒙古语大海的意思。"喇嘛"是藏语，上师的意思。从此才有了"达赖喇嘛"这个称号。后人就追认根敦朱巴为一世达赖喇嘛，根敦嘉措为二世达赖喇嘛。

索南嘉措赠给俺答汗的尊号是对称的。"咱克瓦尔第"也是梵文"转轮王"的意思。"彻辰汗"是聪睿之王的意思。

（二）三世达赖驱赶俺答汗之兵

当时的蒙古人还大部分信仰萨满教，有夫死妻殉葬的残酷风俗，还有给死者宰杀很多驼马以作祭祀的习惯。索南嘉措劝导俺答汗废除了这些不好的风俗习惯，因此得到全体蒙古人的敬仰。大家都抛弃了萨满教，改信了格鲁派，这在当时有一定的进步意义。

索南嘉措到达青海的消息，明朝政府也知道了。当时明朝正因俺答汗西入青海，感到头痛，又无办法，听说俺答汗对索南嘉措非常尊重，言听计从，乃于明神宗万历六年（1578年）命甘肃巡抚侯东莱差人到青海请索南嘉措到甘肃与他会晤，并嘱索南嘉措劝说俺答汗率众回内蒙古。据《明史》载，索南嘉措接到甘肃巡抚邀请后，曾与俺答汗商量，俺答汗劝他接受邀请。索南嘉措乃于是年冬天到了甘肃，受到与八思巴同等的隆重接待，安置他住在八思巴住过的幻化寺。索南嘉措从这里给明朝的宰辅张居正写了一封信，全文如下：

> 释迦牟尼比丘锁南坚措贤吉祥，合掌顶礼朝廷，钦封干大国事阁下张：知道你的名，显如日月，天下皆知有你，身体甚好。我保佑皇上，昼夜念经。有甘州二堂地方上，我到城中，为地方事，先与朝廷进本，马匹物件到了，我和阐化王执事赏赐，乞照以前好例与我。我与皇上和大臣昼夜念经，祝赞天下太平，是我的好心。压书礼物：四臂观世音一尊，氆氇二段，金刚结子一方。有阁下分付顺义王早早回家，我就分付他回去。虎年（1578年）十二月初头写。
>
> ——见《张文忠公全集》奏疏八

据《明史》载，张居正接到索南嘉措的来信与礼物后，"不敢受，闻之于帝，帝命受之，而许其贡。"

这封信是一件重要历史文献，它至少说明两个重大问题：第一，索南嘉措根据明朝皇帝的意图，办了一件明朝皇上办不到的好事，即由索南嘉措吩咐顺义王俺答汗由青海返回内蒙古。第二，这是达赖喇嘛与明朝政府正式发生了关系。当时明朝政府还没有给索南嘉措赏赐封号，但按明朝的制度，只有法王、国师才有资格向皇上进贡，这说明明朝政府已承认了索南嘉措在西藏宗教上的崇高地位。

索南嘉措与甘肃巡抚侯东莱会晤以后，仍返回青海。

明神宗万历七年（1579年），俺答汗与索南嘉措告别，率大部返回内蒙古土默特部，索南嘉措特派东科尔呼图克图云丹嘉措，作为他的代表，跟随俺答汗去内蒙古讲经说法。索南嘉措开始还留在青海，到俺答汗之子丙兔·诺颜的营地，给当地的一座喇嘛寺奠了基。这时俺答汗派到西藏三大寺熬茶放布施的僧格喇嘛由西藏返回青海，带回一封信；西藏三大寺希望索南嘉措早日返藏。索南嘉措没有答应，而离开青海前往西康各地讲经说法。明神宗万历八年（1580年）到了西康理塘地方，为当地的理塘大寺举行了开光仪式。然后又到芒康、昌都等地说法讲经，广收生徒。

（三）三世达赖到塔尔寺和内蒙古讲经

明神宗万历十一年（1583年），索南嘉措又到青海，应塔尔寺附近的部落头人申中昂索和塔尔寺池巴宗哲坚赞的邀请，到塔尔寺讲经。他们专门修建了"森康贡玛"，以供索南嘉措居住。按塔尔寺藏名"根本木"，是宗喀巴的诞生地。据传宗喀巴诞生后，在当地长出了一棵菩提树，枝叶茂盛，有十万树叶，每一枝叶上显出佛像一尊，因此定名"根本木"，即十万佛像之意。明世宗嘉靖三十九年（1560年），由当地信徒集资，修建了一座小寺，即今之塔尔寺，索南嘉措来寺后，得到周围蒙藏部落头人的资助，又扩建了塔尔寺。

就在这一年（1583年），俺答汗逝世，他的继承人僧格都棱汗派人来请索南嘉措，要他到内蒙古，为俺答汗诵经祈祷。索南嘉措接受了这个邀请，于1584年从塔尔寺动身，一路上讲经说法，曾多次停留，于1585年到达内蒙古的鄂尔多斯西拉乌苏河右岸的依克沙巴尔，他在这里与蒙古王公们进行会谈，并调停了三个蒙古部落之间的战争。1586年，索南嘉措到达归化（即今呼和浩特），与僧格都棱汗会晤，为俺答汗的逝世举行了隆重的祈祷仪式。不久，僧格都棱汗又逝世，其子撦力克袭顺义王。

索南嘉措到达内蒙古以后，大力宣扬格鲁派，在归化城建立了锡热图召寺。明神宗万历十五年（1587年），察哈尔部首领图门汗派人前来邀请，索南嘉措又到内蒙古东部地区去讲经说法，广收生徒。同年，外蒙古喀尔喀阿巴代台见远道前来拜见，索南嘉措赠给他"诺门汗牙齐瓦齐尔可汗"的尊号。可见这时格鲁派的影响已遍及内外蒙古。

（四）圆寂在内蒙古

1587年10月，顺义王撦力克向明朝政府写信，请求赐给索南嘉措以"朵儿只唱"的封号，得到明神宗的批准（见《明实录》）。"朵儿只唱"是藏语，

上编 一世至十二世诸达赖喇嘛

四世达赖云丹嘉措

"金刚持"的意思，与俺答汗赠给索南嘉措的梵语"瓦赤尔达喇"是一个意思。明神宗根据顺义王挹力克的请求，派遣官员到内蒙古，邀请索南嘉措到北京去与明朝皇帝会晤，并讲经说法。索南嘉措接受了明朝皇帝的邀请，即从内蒙古动身去北京，不幸于是年（1588年）三月二十六日在内蒙古卡欧吐密地方圆寂，时年46岁。

在索南嘉措离开西藏的这一时期（1577~1588年），西藏内部的政治形势继续处于动荡不安的状态。比较重大的事件是，第司政权的摄政仁本巴·顿柱多吉的部下辛霞巴·才旦多吉在后藏发动了武装叛乱，占据了桑主则宗（即日喀则宗），推翻了仁本巴的统治取而代之。仁本巴之子白马噶布也被杀。辛霞巴在宗教上属于噶玛噶举，这次事件的性质还是噶举派内部的争权夺利的斗争。

四、四世达赖云丹嘉措

（一）格鲁派三大寺认定转世灵童

四世达赖法名云丹嘉措，系蒙古俺答汗的曾孙，苏弥尔代青洪台吉之子，生于西藏第十"饶迥"之土牛年（明神宗万历十七年，1589年），父名青格尔杰布彻辰曲吉，母名尊姆琼娃帕堪努拉。这是诸达赖喇嘛中唯一的不是出身于藏族，而是出身于蒙族的达赖喇嘛。

云丹嘉措出生以后，首先是由当地蒙古人认定是索南嘉措"转世"的"灵童"，而且主要是由三世达赖索南嘉措的管家班觉嘉措和云丹嘉措的师傅贡桑仔巴起了作用，并得到内蒙古王公、后妃和洪台吉等人的支持。

达赖喇嘛当时已实际上成为西藏格鲁派的首领，只有蒙古人承认是不行的，还必须得到西藏格鲁派的三大寺（噶丹、色拉、哲蚌）的承认。因此，三大寺在得到索南嘉措的"灵童"在内蒙古"转世"的消息以后，采取了非常慎重的态度，决定先派一个代表团，于1592年前去内蒙古，查访云丹嘉措究竟是不是三世达赖的"转世""灵童"。据说这个使团返藏后，又经过慎重的讨论，才决定承认云丹嘉措确系三世达赖索南嘉措"转世"的"灵童"。

（二）达赖拜班禅为师

明神宗万历三十年（1602年），西藏三大寺派出正式代表前往内蒙古，承认云丹嘉措为达赖"灵童"，迎请入藏。次年在藏北热振寺举行了坐床典礼，然后接到哲蚌寺居住学经，拜当时的札什伦布寺的池巴四世班禅罗桑曲结与噶丹池巴根敦坚赞为师，受了沙弥戒。万历三十五年（1607年），云丹嘉措赴札什伦布寺，当时四世班禅罗桑曲结任札寺池巴，云丹嘉措在那里住了一个时期，向四世班禅求法，感情甚洽。

一世班禅名克珠杰（1385～1438年），为宗喀巴弟子。

二世班禅名索南却朗（1439～1504年），为后藏安贡寺小活佛。

三世班禅名罗桑顿珠（1505～1566年），也是安贡寺小活佛。

四世班禅罗桑曲结（1567～1662年），始被札什伦布寺僧众迎请担任池巴。

罗桑曲结精通五明，所以被大家尊称为"班禅"。明万历四十二年（1614年），云丹嘉措邀请四世班禅前往哲蚌寺，拜四世班禅为师，受了比丘戒。接着云丹嘉措应哲蚌寺僧众之请，继任了哲蚌寺第十三任池巴，又应色拉寺僧众之请，兼任了色拉寺第十五任池巴。

明万历四十四年（1616年）十二月十五日，云丹嘉措在哲蚌寺圆寂，时年28岁。

云丹嘉措是1602年由内蒙到西藏的，1616年逝世，他在西藏地方只生活了短短的14年。

当时社会上传说，云丹嘉措是藏巴汗派人刺死的。并无确凿的事实。这时西藏政局发生了更大的变化，后藏地区完全落入藏巴汗的控制，而藏巴汗对格鲁派采取敌对的态度，则是事实。

（三）黑帽法王与红帽法王

藏巴汗名敦迥旺布，他就是辛霞巴·才丹多吉的曾孙，在宗教方面属于噶举派的噶玛噶举。前面讲过，噶玛派在元朝初期在西藏就有一定的势力，噶玛法王噶玛巴喜曾至喀喇和林朝觐元宪宗，元帝封为"国师"并赐金边黑帽，因此也称噶玛"黑帽法王"。噶玛派另一法王也到过北京，元帝赠以红帽，故此一法王称为噶玛"红帽法王"。

据《西藏通览》载："明万历时，太监杨英至其地，敕封粗布寺业郎寺之红帽黑帽呼图克图噶玛巴沙玛纳二人为西天大善自在佛，如来大宝法王，灌顶大国师，赐以印册。"噶玛巴在后藏势力最大，1435年在桑朱则称王之仁本巴·诺桑，和以后推翻仁本巴统治继占桑朱则称王之辛霞巴·才丹多吉，都是噶玛派教下的贵族。

明万历四十年（1612年），噶玛巴·彭错南结起兵攻陷后藏各城寨，统一了后藏。其子敦迥旺布又于明万历四十六年（1618年）率大军攻陷前藏各城寨，推翻了帕竹政权的统治，建立了噶玛政权。敦迥旺布把噶玛巴第十世法王曲引多吉抬出来，作为全藏法王，他自己称"藏堆结布"，汉文史书中称为"藏巴汗"。

（四）第司帕竹政权更迭

这里，我们把"帕竹政权"，也就是"第司政权"统治西藏地方的时期，作一简略的总结。

1. "第司政权"是从司徒·强曲坚赞（1302～1364年）于元顺帝至正十四年（1354年）推翻"萨迦政权"时创立的。它得到元顺帝的承认，并封强曲坚赞为"大司徒"，强曲坚赞是"第司政权"的第一代法王，他执政时间共计10年（1354～1364年）。

2. "第司政权"的第二代法王释迦坚赞（1340～1373年），明太祖洪武五年（1372年）封为"灌顶国师"，执政时间共计9年（1364～1373年）。

3. "第司政权"的第三代法王札巴强曲（1356～1386年），执政时间只有8年（1373～1381年）。《明实录》中载："洪武八年，诏置……帕木竹巴万户府。"

4. "第司政权"的第四代法王索南札巴（1359～1408年），执政的时间很短，只有四年（1381～1385年），明太祖洪武二十一年（1388年）封之为"灌顶国师"。

5. "第司政权"的第五代法王札巴坚赞（1374～1432年），执政时间为47年（1385～1432年）。明成祖永乐四年（1406年），封为"灌顶国师阐化王"。

6. "第司政权"的第六代法王札巴君乃（1414～1448年），执政时间共14年（1432～1446年），明英宗正统五年（1440年）受封为"阐化王"。

7. "第司政权"的第七代法王桑结坚赞（1396～1468年），执政时间为22年（1446～1468年），明英宗正统十一年（1446年）封为"借袭阐化王"。

8. "第司政权"的第八代法王贡噶雷巴（1433~1495年），明宪宗成化五年（1469年）"袭阐化王"。执政时间共27年（1468~1495年）。

9. "第司政权"的第九代法王阿格旺秋（1438~1510年），执政时间共15年（1495~1510年），明孝宗弘治十年（1497年）曾封他为"阐化王"，使者到西藏时他已死了。

10. "第司政权"的第十代法王阿旺札西札巴（1499~1571年），明世宗嘉靖四十二年（1563年）封"灌顶国师阐化王"。他执政时间共53年（1518~1571年），实际上，他当时只是一个傀儡，政权掌握在仁本巴·顿柱多吉手中。仁本巴曾正式摄政八年（1510~1518年）。

11. "第司政权"的第十一代法王卓瓦贡布（1568~1618年）执政时间约47年（1571~1618年），明神宗万历六年（1578年）封为"乌斯藏帕木竹巴灌顶国师阐化王"。这是"第司政权"的最末一代法王，他被藏巴汗推翻的时间是明神宗万历四十六年（1618年）。

总计"第司政权"从司徒·强曲坚赞算起，到卓瓦贡布，共传了11代法王，前后统治西藏地方的时间为264年（自元顺帝至正十四年到明神宗万历四十六年）。

"第司政权"被推翻后建立的"噶玛政权"，从宗教方面讲，还是噶举派，但"第司政权"是噶举派的帕木竹巴派掌权，而"噶玛政权"是噶举派的噶玛派掌权。所以实际上，"噶玛政权"是噶举派建立的另一个政权。

"噶玛政权"是云丹嘉措逝世后第二年建立的。"噶玛政权"建立以后，格鲁派遭到极大的摧残和迫害。据《西藏民族政教史》载：当时噶玛噶举派"嫉视格鲁派，几欲根本灭除，噶玛刹敦、噶玛彭错南结、噶玛敦迥旺布时，亦皆破坏格鲁派"。又载，"藏巴王崇敬噶玛派，对于格鲁派多采抑压之势"。

云丹嘉措死后，按照格鲁派规矩，须找寻转世灵童，据《西藏政教史略》载："当时藏巴汗疑达赖诅咒，致感多病，即明令不许达赖再世，经班禅罗桑曲结一再要求，始准寻觅五世达赖灵童。"四世班禅罗桑曲结的传中说：当时藏巴汗害了重病，医治无效，四世班禅给他治好了病，所以藏巴汗才答应了四世班禅的请求，准许找寻达赖灵童。

五世达赖罗桑嘉措

五、五世达赖罗桑嘉措

（一）固始汗尊崇达赖与班禅

五世达赖法名罗桑嘉措，生于明万历四十五年（1617年，西藏第十"饶迥"之火蛇年），前藏琼结地方（在今之山南）人，父名都杜饶登，母名贡噶拉则。都杜饶登曾任"第司政权"的宗本，是一个小贵族（小农奴主）。

罗桑嘉措6岁时明熹宗天启二年（1622年），在四世班禅罗桑曲结主持之下，由三大寺僧众迎至哲蚌寺供养。天启五年（1625年），拜四世班禅为师，受了沙弥戒。明思宗崇祯十年（1637年），又请四世班禅给他授了比丘戒。是年，蒙古厄鲁特部固始汗化装成为香客，到西藏求法，固始汗对达赖、班禅非常尊崇，给达赖送了许多礼品，给班禅也送了白银2000两，并向班禅求法受戒。

据《续藏史鉴》载：固始汗部系蒙古厄鲁特四大部之一，原来游牧于新疆乌鲁木齐、天山南北一带，明思宗崇祯十年（1637年）自新疆率部进入青海，当时青海由蒙古却图王统治，"却图王有兵四万不能敌败死"，固始汗遂占领了青海全境，蒙藏各部落均归统治，其领土"东至于青海海滨"。

明思宗崇祯十二年（1639年），固始汗又率兵攻入西康甘孜一带，灭了白利土司顿永多吉，占领了今之德格、甘孜、邓柯、白玉、石渠等地，派其部下统治其地，每年征收赋税。

（二）达赖噶丹颇章的傀儡政权

此时西藏为噶玛政权统治时代，由第巴藏巴汗管理政事，噶玛巴和藏巴汗对格鲁派采取压迫摧残政策，已如前所述，而格鲁派当时在青、康、卫、藏、阿里，甚至蒙古各地已很普遍，经过了自宗喀巴以来将近180年的发展，取得了广大藏族群众的拥护，因为噶玛派极力压迫格鲁派，格鲁派也不得不采取对抗办法。明思宗崇祯十四年（1641年），五世达赖与四世班禅商议，派人赴青海密招固始汗率兵进入西藏（据四世班禅传记所载：当时西藏社会舆论均认为固始汗进入西藏，四世班禅实为主谋）。《续藏史鉴》也载："时噶玛政权大臣窃权，复破坏格鲁派，王（指固始汗）闻之遂由青海率兵西指，尽夺噶玛政权，水马年，西藏王侯莫不俯首称臣，遂为西藏三部之王。……王遂以西藏三区十三州政教全权悉以供养第五世达赖喇嘛，"达赖遂建立了噶丹颇章政权。时在明崇祯十五年（1642年）。实际上，西藏地方完全受固始汗的控制。

总计噶玛政权统治西藏只有短短的24年（1618～1642年）。

固始汗和格鲁派取得了西藏地方政权以后，凡是对格鲁派进行过迫害和摧残的教派及其所属的贵族的土地和农奴，悉被没收，一部分赐给格鲁派的大小寺院（藏语称为曲谿），一部分赐给拥护格鲁派或对格鲁派有过贡献的贵族（格谿），一部分留作政府直接掌管的财产（雄谿）。这就是西藏三大领主封建制的发展和完善。根据后来《圣武记》记载的雍正十一年（1733年）达赖喇嘛报理藩院的数字，当时全藏格鲁派寺庙共3477所，喇嘛316230人（其中属于达赖方面的寺庙为3150所，喇嘛302560人，属于班禅方面的寺庙为327所，喇嘛13670人）。属于寺庙的农奴共为128190户（其中属于班禅方面的农奴共6752户），每户如以五口计，属于寺院方面的农奴共约64万余人。五世达赖虽为法王，但政事并不亲自处理，达赖之下设第巴一人（西藏老百姓一般称为藏王），总理政事，第一任第巴为索南热登，前后执政17年（1642～1658年）。索南热登之后，由成烈嘉措继任第巴，又名"丁大义王"。成烈嘉措之后，由达赖的曲本堪布罗桑图都继任第巴。其后又由达赖的业巴罗桑金巴继任第巴，罗桑金巴之后，始由桑结嘉措继任第巴。

（三）五世达赖营造布达拉宫

在达赖未执政前，历代达赖均住在哲蚌寺的噶丹颇章，当时拉萨也不是西藏首城①，至是，首城才又建到拉萨。达赖又命第巴兴建布达拉宫，落成后达赖即由哲蚌寺移居布达拉宫。布达拉宫初建于松赞干布时代，据《卫藏通志》载："曲结松赞干布好善信佛，在拉萨地方山上诵旺固尔经，取名布达拉……遂修布达拉宫寨城垣，搭银桥一道，以通往来，后因莽松作乱，官兵拆毁布达拉，仅存观音佛堂一所，嗣经五世达赖喇嘛掌管佛教，兼理民事，遂以原观音堂为中心，向东向西建立了白宫，以后又由第巴桑结嘉措在正中建筑了红宫及上下经殿房舍，"遂有今日之规模。

自宗喀巴时起，拉萨大昭寺内每年正月即举行一次默朗木大会，开始的目的是为了募化布施，解决三大寺喇嘛的生活问题。五世达赖执政后，即将该会

---

① 按拉萨在赞普松赞干布时代是全藏首城。萨迦政权统治时期，首城设在萨迦寺。帕竹政权统治时期，首城设在乃东。噶玛政权统治时期，首城设在日喀则。

布达拉宫内西殿壁画：记载了1652年五世达赖罗桑嘉措应召晋京、朝觐清顺治皇帝

规模加以扩大，规定每年正月初三日起，至正月二十五日止，为大会期间，一切喇嘛供给由政府负责。五世达赖并规定在大会期间，拉萨市政权暂时交给哲蚌寺铁棒喇嘛掌管，铁棒喇嘛可以随便处罚市民。又创设了正月十五日夜的花灯展览、二十四日的跑马射箭等游艺节目。

五世达赖在执政前，即已担任哲蚌寺的第十五任池巴，并兼色拉寺的第十七任池巴。五世达赖以后，历代达赖即为哲蚌寺和色拉寺的当然池巴，别人不得充任，故后来的色拉寺和哲蚌寺的寺主，均由达赖兼任，达赖另派堪布一人代表他管理寺政。

固始汗占领西藏，推翻噶玛政权统治，拥立五世达赖建立噶丹颇章政权之后，噶玛派在西藏各地的势力并未完全崩溃，仍在继续组织武装暴动，进行反抗。明崇祯十五年（1642年）十月，拉萨东南部工布地区噶举派喇嘛举行暴动，焚毁当地格鲁派的曾吉大寺，烧死格鲁派喇嘛五百余人。以后后藏噶茶、松热林二人起兵占领了后藏南木林宗，又有后藏哲右坚赞娃起兵占领了后藏仁本宗，均被固始汗以武力剿平，前后战乱约两三年之久。

（四）五世达赖朝觐清太宗

噶丹颇章政权建立之时，已到明朝末年，内地兵荒马乱，政治腐败，而清朝政府已在东北建立，并占据了明朝的东省和内蒙古地方。当时有一西藏格鲁派喇嘛赛青曲结，从内蒙古地方传教完毕返回西藏，正值噶丹颇章政权建立之年，他向达赖、班禅建议，应遣使与清朝皇帝（藏史称为"觉吉甲布"）通好。五世达赖、四世班禅与固始汗商议，决定派赛青曲结为代表，前往沈阳。赛青曲结于明思宗崇祯十五年（1642年）离开西藏，次年到达盛京（即沈阳），"太宗亲率诸王贝勒大臣出怀远门迎之，太宗率众拜天行三跪九叩之礼毕，伊拉古克三（即赛青曲结）等以达赖喇嘛书上之，太宗立而受之，予以优礼。太宗留使者，凡八阅月。至是（翌年五月）遣还，太宗率诸王贝勒送至演武场，大宴饯之"（《清太宗实录》）。赛青曲结于清顺治元年（1644年）返回拉萨，携回清太宗给达赖、班禅、萨迦法王、达隆法王、不丹法王、噶玛法王等亲笔信和很多礼品。清太宗给达赖的信中称：

> 大清国宽温仁圣皇帝致书于大持金刚达赖喇嘛：今承喇嘛以拯济众生之念，欲兴扶佛法，遣使通书，朕心甚悦！兹特恭候安吉，凡所欲言，俱令察汗格隆、巴喇充噶尔格隆、喇克巴格隆、诺木齐格隆、诺莫干格隆、萨木谭格隆、衮格垂尔札尔格隆等口悉。附奉金碗一、银盆二、银茶桶三、玛瑙杯一、水晶杯二、玉杯六、玉壶一、镀金甲二、玲珑撒袋二、雕鞍二、金镶玉带一、镀金银带一、玲珑刀二、锦缎四，特以侑缄。
>
> ——《清太宗实录》

清太宗当时所以这样隆重地对待达赖使者，是与清朝对蒙古的政策有关，这在乾隆帝著的《喇嘛说》里面讲得很清楚："盖中外格鲁派总司以此二人（指达赖、班禅），各部蒙古一心归之，兴格鲁派即所以安众蒙古，所系非小，故不可不保护之。"

顺治入关作了皇帝以后，特派人到西藏问候达赖、班禅，并在西藏各大寺熬茶、放布施，达赖和班禅也派人到北京朝贺，献土仪。清顺治八年（1651

年），顺治帝又派了恰噶喇嘛、喜饶喇嘛到西藏来，敦请五世达赖前往北京与顺治帝会晤。次年（1652年），五世达赖起程赴北京，率领藏官侍众3000人。达赖行抵青海境内时，顺治帝派内务府大臣霞古达热康前往欢迎，并由国库发给口粮。行至根协地方时，顺治帝赏给达赖乘坐金顶黄轿入都。是年十二月十六日（农历），达赖到达北京。在达赖未至北京以前，顺治帝召集满汉大臣，讨论欢迎达赖的礼节，当时因为外蒙古尚未"归顺"，故满臣主张顺治帝出北京城欢迎，认为"上亲往迎之，则喀尔喀（指外蒙）必从之而来，大有裨益……即不入喇嘛之教亦何妨。"汉臣主张"皇上为天下国家之主，不当往迎达赖……可以诸王大臣中遣一人代迎，"争执不决。后来顺治帝采取了折中办法，以"畋猎"名义，出南苑与达赖作为路遇，顺便表示欢迎。达赖到北京后，住到特为其修建的黄寺里面。顺治帝在太和殿设宴为达赖洗尘，并赏了达赖黄金550两，白银11000两，大缎100匹，其他珠宝、玉器、骏马很多。

（五）顺治帝确定"达赖喇嘛"封号

清顺治十年（1653年），达赖向顺治帝提出："此地水土不宜，身既病，从人亦病，请告归。"顺治帝乃命和硕承泽亲王率八旗兵送至代噶地方。临行时顺治帝亲赴南苑，在德寿寺内设宴为达赖饯行。

达赖行至代噶地方时，顺治帝又派礼部尚书觉罗朗丘、理藩院侍郎席达礼等赴代噶地方，送去顺治帝册封达赖的刻有满、汉、蒙、藏四种文字的金册金印，金印的全文是"西天大善自在佛所领天下释教普通瓦赤喇怛喇达赖喇嘛之印"。金册共15页，全文如下：

> 朕闻独善兼善，开宗之义不同，世出世间，设教之途亦异，然而明心见性，淑世觉民，其归一也！兹尔罗卜藏札木素达赖喇嘛，襟怀贞朗，德量渊泓，定慧偕修，色空俱泯，用能宣扬释教，诲导愚蒙，因而化被西方，名驰东土，我皇考太宗文皇帝闻之欣尚，特遣使迎聘，尔早识天心，许以辰年来见，朕荷皇天眷命，抚有天下，果如所期，应聘而至，仪范可亲，语默有度，臻般若圆通之境，扩慈悲摄受之门，诚觉路梯航，禅林山斗，朕甚嘉焉！兹以金册印封尔为西天大善自在佛所领天下释教普通瓦赤喇怛喇达赖喇嘛，应劫现身，隆兴佛化，随机说法，利济群生，不亦休哉！

从此以后，"达赖喇嘛"这个封号和达赖在西藏政治上的地位才正式确定

清顺治皇帝颁赐五世达赖金印

下来。

从清世祖册封达赖的封号来看，除了"西天大善自在佛所领天下释教"是清朝增加的之外，其余全是沿用了俺答汗赠予三世达赖的尊号，而且文字都没有任何改变，这与清朝当时对内外蒙古的政策有直接的关系。

于册封五世达赖的同时，清世祖对于当时实际上控制着西藏局势的固始汗并没有忽视。虽然当时固始汗留在西藏，没有到北京，但清世祖仍以刻有汉、满、蒙、藏四种文字的金印金册册封了固始汗，金印的全文是"遵行文义敏慧固始汗之印"，金册全文如下：

> 帝王经纶大业，务安劝庶邦，使德教加于四海。庶邦君长，能度势审时，归诚向化，朝廷必加旌异，以示怀柔。尔厄鲁特部落固始汗，尊德乐善，秉义行仁，惠泽克敷，被于一境，殚乃精诚，倾心恭顺，朕甚嘉焉！兹以金册印封为遵行文义敏慧固始汗，尔当益矢忠诚，广宣声教，作朕屏辅，辑乃封圻，如此则带砺山河，永膺嘉祉。钦哉！

册封固始汗的金册金印，是清世祖特派内大臣囊努克修世岱等人，跟随五世达赖一同带到拉萨以后，才举行了册封仪式的。

（六）新建十三所格鲁派大寺

五世达赖返回拉萨以后，次年（清顺治十一年，1654年）亲赴札什伦布看望四世班禅（当时班禅已83岁）。四世班禅与五世达赖为师徒关系，情感甚洽，五世达赖灵童之找寻坐床，受沙弥比丘戒，均得力于班禅之主持。以后秘召固始汗入藏，推翻噶玛政权统治，建立噶丹颇章政权，派人前往满洲，与清帝通使，以及后来达赖晋京，均系四世班禅与五世达赖共同研究决定的，因此五世达赖执政后，对四世班禅非常尊重，曾两次前往札什伦布看视班禅（第一次在明思宗崇祯十五年，1642年）。

此后，五世达赖以内地带来之金银，在前后藏各地新建了十三所格鲁派大寺，称为格鲁派十三"林"（南木林宗之噶丹曲科寺，即十三"林"之一）。

五世达赖又给全藏所有格鲁派寺庙规定了常年居住的僧数，如噶丹寺规定为3300，色拉寺规定为5500，哲蚌寺规定为7700，札什伦布寺规定为3800，其他卫、藏、阿里、西康，所有噶丹颇章政权统治地区的大小格鲁派寺庙，均有规定和限制，在规定僧数之内，由政府拨给各寺一定数目的田庄和农户，即成为寺产，由寺庙派人管理，征收租粮，此种百姓通称为"寺院百姓"（藏语称

清朝顺治帝为五世达赖喇嘛罗桑嘉措来京朝觐时修建的黄寺

为拉德或曲豁）。

五世达赖又给格鲁派大小寺庙制定了严格的僧制，如寺庙内部的组织机构，僧官任免制度，喇嘛的学经程序，寺内纪律仪式等，均作出了完整的一套，后来相沿不变。

五世达赖晚年不大过问政事，专心著作经典，一切政事由第巴主持治理。他的著作共有30余卷，其中以《相性新释》、《西藏王臣史》、《菩提道次第论讲义》、《引导大悲次第论》等著作最为出名，传播甚广，在西藏宗教界堪称名著。

（七）五世达赖同清朝的关系

顺治帝驾崩，康熙帝继位后，每年仍派人到西藏看望达赖、班禅，携有皇帝亲笔信和贵重礼品。康熙帝并规定由打箭炉税收项下，每年拨给达赖白银5000两，作为僧众养赡。另外每年给班禅茶叶50大包，作为札寺僧众熬茶之用。

当时吴三桂为平西王，驻兵云南，每年派人到西藏各大寺熬茶放布施，和五世达赖关系较好。康熙十三年（1674年），吴三桂在云南发动政变，反抗清朝，康熙帝派青海蒙古兵经过四川，前往云南平叛，当时五世达赖曾致书康熙帝，内称："吴三桂若穷蹙乞降，则宥其一死，倘竟鸱张，不若裂土与之罢兵……"康熙帝没有答应。后来清兵围了云南，吴三桂子吴世璠致书五世达赖，将云南所属中甸、维西两地割给西藏，由西藏出兵援助，这封信在中途被清军截获，送给康熙帝，康熙帝看了以后，置而不问。

清康熙十八年（1679年），桑结嘉措继任第巴，噶丹颇章政权和固始汗子孙之间开始发生了裂痕。噶丹颇章政权建立之后，虽然地方行政在第巴掌管之下，但没有强大的军队。固始汗在平定西藏各地叛乱之后，大部分蒙古骑兵虽退回青海游牧，但在西藏仍留了八个旗的兵力，在拉萨北部达木草原驻扎放牧，而固始汗本人带了一部分军队，开始驻扎在日喀则宗，后来移驻拉萨。固始汗于清顺治十年（1655年）死在拉萨，由其子丹增多吉继承汗位，取名达颜汗。清康熙七年（1668年）达颜汗逝世，其子丹增达赖继承汗位，称为达赖汗。第巴桑结嘉措感到蒙古人驻兵西藏，事事受到干涉牵制，很不满意，想驱逐固始汗子孙出西藏，乃勾结新疆准噶尔蒙古部落的酋长噶尔丹，自新疆起兵侵入青海，抄袭固始汗子孙的后方，以削弱其势力。准噶尔蒙古部落当时游牧在今之新疆伊犁一带，也同样信奉格鲁派，噶尔丹原系该部落酋长之弟，出家为僧，曾在拉萨三大寺学过经，故与第巴桑结认识。噶尔丹返回准噶尔后，杀其兄子，篡了汗位，和第巴桑结常有信使往来，乃与之勾结，进攻青海。固始汗子孙所统治的青海厄鲁特部受到很大损失，固始汗子孙在西藏的统治威望也大大减低。

清康熙二十一年（1682年），五世达赖罗桑嘉措在布达拉宫逝世，时年66岁。

"第五世达赖示寂，桑结欲专国事，秘不发丧，伪言达赖入定，居高阁不见人，凡事传达赖之命以行"（《西藏通览》）。当时传外蒙古土谢图汗部与札萨克图汗部内讧，新疆准噶尔蒙古部落乃乘机侵入外蒙古，大破喀尔喀诸部兵，外蒙各部向清朝投降，请求保护。康熙帝派人来西藏，请由五世达赖派一代表前往劝说，争取准噶尔蒙古部落罢兵归顺，第巴桑结嘉措派济隆呼图克图前往，表面上是劝其归顺，实际上是密嗾准噶尔蒙古部长噶尔丹侵入漠南（即内蒙古境）。

清康熙二十九年（1690年），清军在乌兰布通地方打败了准噶尔。噶尔丹让桑结嘉措派来的济隆喇嘛出面向清军乞和，"顶佛立誓以误追师"，噶尔丹乃乘机率残兵逃回外蒙。

清康熙三十二年（1693年），桑结嘉措用五世达赖名义到北京进贡，并致书康熙帝："言已年迈，国事决诸第巴，乞赐之封爵"，康熙帝乃授予第巴桑结嘉措"掌瓦赤喇怛喇达赖喇嘛教弘宣佛法王布忒达阿白迪之印"①。

清康熙三十五年（1696年），康熙帝率大军亲征准噶尔，在外蒙古克鲁伦河打败了准噶尔军队，噶尔丹服毒死，全军覆没。康熙帝从被俘的西藏人口中，得悉五世达赖已死多年的消息，乃致书第巴桑结嘉措严厉责问：

> 朕询之降番，皆言达赖喇嘛脱缁久矣，尔至今匿不奏闻。且达赖喇嘛存日，塞外无事者60余年，尔乃屡唆噶尔丹兴戎乐祸，道法安在？达赖班禅分主教化，向来相代持世，达赖如果厌世，当告诸护法王，以班禅主宗喀巴之教，尔乃使众不尊班禅而尊己，又阻班禅进京之行。朕欲和解喀准两部，尔乃使有亏行之济隆以往，乌兰布通之役，为贼军卜日诵经，张盖山上，观战胜则献帕，不胜则代为讲款，以误我追师，皆系尔袒庇噶尔丹之由。今为殄灭准夷告捷礼，以噶尔丹佩刀一，及其妻阿奴之佛像一、佩符一，遣使赍往，可令与达赖相见，令班禅来京，执济隆以畀我，如其不然，朕且檄云南、四川、陕西之师，见汝城下，汝其纠合四厄鲁特之人以待，其勿悔。

---

① 见《清圣祖实录》。

六世达赖仓央嘉措

第巴桑结嘉措接此信后，慑于清朝政府的威力，非常恐惶，次年（1697年）派人赴京，向康熙帝写了一封密信，内称：

> 众生不幸，第五世达赖喇嘛已于水狗年示寂，转生静体今15岁矣，前恐唐古特民人生变；故未发丧，今当于牛年十二月二十五日出定坐床，求大皇帝勿宣泄！至班禅因未出痘，不敢至京。济隆当竭力致之京师，乞全其生命戒体。

当时清朝对西藏的统治实际上很薄弱，康熙帝只好同意来信所提出的请求。清康熙三十六年（1697年），第巴桑结嘉措迎立仓央嘉措在布达拉宫坐床，是为六世达赖。

六、六世达赖仓央嘉措

（一）扑朔迷离的达赖仓央嘉措

六世达赖法名仓央嘉措，系藏南门隅之宇松地方人，藏历十一"饶迥"之水猪年（清康熙二十二年，1683年），生于一户农民家庭，父名札喜敦赞，母名才旺拉莫。康熙三十六年（1697年），第巴桑结嘉措选定仓央嘉措为六世达赖的灵童，是年九月，自藏南迎到拉萨。途经朗卡子宗时，与事先约好的五世班禅罗桑益喜（1663~1737年）在此会晤，拜班禅为师，薙发受戒，并取法名为罗桑仁钦仓央嘉措。十月二十五日，仓央嘉措被迎至布达拉宫，举行了坐床典礼。

清康熙四十年（1701年），固始汗之孙达赖汗逝世，其子拉藏汗继承汗位。拉藏汗即位后，与第巴桑结嘉措的关系日益恶化。清康熙四十四年（1705年），第巴桑结嘉措买通汗府内侍，向拉藏汗饮食中下毒，被拉藏汗发觉，第巴桑结乃仓促集合卫藏民兵，准备武力驱逐，而拉藏汗也秘密调集藏北和青海的蒙古骑兵准备迎战。是年七月，藏军与蒙古军队爆发了战争，结果藏军被蒙古军队击溃，第巴桑结嘉措被俘，拉藏汗之妃将他处死。

对于桑结嘉措,藏文史籍中认为在他担任第巴期间,也做了一些好事,如修建布达拉宫,整理藏医与藏历的书籍等等,对西藏的文化建设还是有一定贡献的。

事变发生后,拉藏汗另委隆素为第巴,代替了桑结嘉措;一面派人赴北京向康熙帝报告桑结嘉措"谋反"的经过,并奏桑结嘉措所立的仓央嘉措不是真达赖灵童,平日耽于酒色,不守清规,请予"废立"。康熙帝派侍郎赫寿等人来藏进行"安抚",并敕封拉藏汗为"翊法恭顺汗",赐金印一颗。仓央嘉措"诏执献京师"。

清康熙四十五年(1706年),仓央嘉措被"解送"北京,据说行至青海海滨逝世,时年24岁。

关于仓央嘉措的下落,《西藏民族政教史》有如下的不同记载:"嗣因藏王桑结嘉措与蒙古拉藏汗不睦,桑结嘉措遇害,康熙命钦使到藏调解办理,拉藏汗复以种种杂言谤毁,钦使无可奈何,乃迎大师晋京请旨,行至青海地界时,皇上降旨责钦使办理不善,钦使进退维难,大师乃舍弃名位,决然遁去,周游印度、尼泊尔、康、藏、甘、青、蒙古等处,宏法利生,事业无边。"另据藏文十三世达赖传所载:"十三世达赖到山西五台山朝佛时,曾亲去参观六世达赖仓央嘉措闭关坐静的寺庙。"西藏人民却一直认为仓央嘉措是死在青海海滨。

仓央嘉措"解往"北京以后,拉藏汗与第巴隆素商议,于清康熙四十六年(1707年)另立巴噶曾巴·伊喜嘉措为六世达赖,迎至布达拉宫坐床,前后达11年之久。但西藏人民认为伊喜嘉措是假达赖,始终未予承认。

当时康熙帝看到西藏情况很乱,乃于康熙五十二年(1713年)册封五世班禅罗桑益喜为"班禅额尔德尼",赐给金册金印,要他协助拉藏汗管好西藏地方事务。"班禅额尔德尼"的封号从此始。

拉藏汗消灭第巴桑结嘉措之后,桑结嘉措部下有逃往新疆准噶尔蒙古部落者,向策旺那布坦搬兵报仇。策旺那布坦是噶尔丹之兄子,噶尔丹率部进犯外蒙古,被清军消灭以后,策旺那布坦在伊犁收集旧部,自立为汗,不服从清朝统治。准噶尔蒙古与青海厄鲁特蒙古,过去就有仇恨,至是乃阴谋派遣精兵袭击西藏。清康熙五十五年(1716年),策旺那布坦派其大将台吉才仁同柱(汉书籍称策零敦多布)率精兵6000,"绕戈壁,逾和阗山,涉险冒瘴,昼伏夜行,次年(清康熙五十六年,1717年),由藏北腾格里海突入,败唐古忒(西藏)兵,围攻布达拉,诱其众内应开门,杀拉藏汗,并虏其妻子,搜各庙重器送往伊犁,禁锢新达赖喇嘛于札克布里庙。"(《西藏通览》)

根据藏史记载：才仁同柱占领西藏，杀了拉藏汗之后，即将拉藏汗所立之六世达赖伊喜嘉措囚于吉颇热札（札克布里）山上（该山与布达拉宫相连，汉人叫做药王山），另派达仔娃（《卫藏通志》为达克咱）为第巴，管理全藏政务。至是固始汗子孙控制西藏的时代宣告结束。总计自固始汗于1642年进入西藏，至1717年拉藏汗被杀，前后控制西藏达75年之久。

（二）清朝第一次对西藏用兵

准噶尔蒙古人占领西藏之后，不但不服从清朝的统治，并且威胁到四川、云南、青海等省的安全，康熙帝乃于清康熙五十七年（1718年）命令"西安将军额伦特以军数千赴援，而遣侍卫色棱宣谕青海蒙古备兵。七月师逾木鲁河（即通天河），色棱军出拜都岭。额伦特军出库赛岭，贼佯败屡却，而精兵伏喀喇河（即黑河）以待，额伦特率所部疾驰，欲抢先渡河，扼狼拉岭之险，比至喀喇河，两军皆会，贼胁从番众数万，以其半据河扼清兵前进，而分兵潜出其后，截饷道，相持月余，粮尽食绝，清兵复焉。"（《西藏通览》）《卫藏通志》亦载："策零敦多布分兵遏我粮饷，军中食尽，将士枵腹至哈喇乌苏（黑河），为贼所困，全军饿毙，其提督康泰至拉里之西，为贼黑帽喇嘛诱杀，于是贼众复逞螳背，肆其跳梁，毁坏经典，窃据藏地。"这是清朝对西藏的第一次用兵。

清军第一次的进藏部队在黑河全军覆没以后，北京"王大臣惩前败，亦皆言藏地险远，不宜进兵，圣祖以西藏屏蔽青海、滇、蜀，苟准夷盗据，将边无宁日。且贼能冲雪缒险，何况我军，遂决意出军。"（《西藏通览》）

（三）清朝第二次对西藏用兵

清康熙五十八年（1719年），康熙帝命令重新组织第二次的进藏部队。这一次根据上次失败的教训，其规模和布置相当巨大，以皇十四子允禵为抚远大将军，统帅六师，驻节西宁，调饷征兵，居中调度。由平逆将军延信、固原提督马继伯、山东登州总兵官李麟等，率陕甘满汉官兵，于康熙五十九年（1720年）四月，从西宁出口，向黑河进兵，是为中路。由征西将军噶尔弼、四川永宁协副将岳钟琪等率领滇、川、楚、浙满汉官兵，由打箭炉（即今康定）出口，直趋拉萨，是为南路。又派靖逆将军富宁安驻兵巴里坤、阿尔泰（今新疆乌鲁木齐一带），作为牵制兵力，使准噶尔不敢向西藏增兵。

康熙帝根据西藏人民崇拜达赖之深厚心理，于同年封当时住在塔尔寺的一个西康年青活佛噶桑嘉措为七世达赖喇嘛，由延信等保护，送往布达拉宫坐床。

康熙帝又动员"青海蒙古汗、王、贝勒、台吉等，各自率所部兵，或数千、或数百，随清兵扈送达赖喇嘛入藏，军容甚盛"。当时动员兵力数字虽无记载，但从规模来看，至少也在一两万人上下。

南路清军自四川出发，六月攻克昌都，命令西康沿途投降之土司头人，各率所部民兵作为先锋，八月进抵墨竹工喀，工布地区头人也率众投降，接着准噶尔所派的第巴达仔娃也投降了，八月二十三日，南路清军进入拉萨，当时因准噶尔蒙古人和藏军集中黑河堵御，故拉萨空虚。噶尔弼占领拉萨以后，先把隐藏在三大寺的准噶尔喇嘛101人全部逮捕，并将其中的五个头目立即斩首，其余予以监禁。又命令投降的第巴达仔娃断绝给黑河的兵粮供给，并"用第巴仔娃印信，将策零敦多布处所有唐古忒之兵，暗地差人前去令其各散"，于是策零敦多布在黑河陷于孤立绝境。

由青海中路带着七世达赖噶桑嘉措进兵的延信，在簿克河、齐嫩果尔、错冒拉等地三次打败了截堵的准藏联军，八月底进驻黑河，策零敦多布不敢退回拉萨，率残部由藏北草原逃回新疆伊犁。九月初，延信送七世达赖到达拉萨，九月十五日，噶桑嘉措在布达拉宫举行了坐床典礼，康熙帝给七世达赖加封"宏法觉众"的封号。此外，清朝政府还采取了以下善后措施：将拉藏汗所立之伊喜嘉措解往北京处理，准噶尔所派之第巴达仔娃予以革职，另派拉藏汗的旧臣达钦巴都（即康济鼐）总理全藏政务，又封阿尔布巴（藏史为噶伦阿丕）、隆布鼐、颇罗鼐、扎尔鼐等四人为噶伦，协助藏王处理日常政务，并分别授予贝子、公、台吉等爵位。康熙帝还写了一篇《平定西藏碑文》，立碑于布达拉宫门口。次年清康熙六十年（1721年），进藏部队全部返回内地。这是清朝对西藏的第二次用兵。

七、七世达赖噶桑嘉措

（一）康熙帝册封七世达赖

七世达赖法名噶桑嘉措，系西康理塘人，生于西藏第十二"饶迥"之土鼠

清康熙帝封赐达赖喇嘛的金印

年（清康熙四十七年，1708年），父名索南达结，母名罗桑曲措。噶桑嘉措入藏后，家族随达赖同来拉萨，清朝政府封为公爵，噶厦（西藏地方政府）又给了很多庄田，遂成为西藏一大贵族，即今之桑珠颇章。噶桑嘉措8岁时在理塘寺出家，9岁时被青海蒙古僧众迎到塔尔寺供养，12岁时（清康熙五十八年，1719年），康熙帝册封为第七世达赖喇嘛，13岁时（清康熙五十九年，1720年），由延信扈送入藏，是年九月十五日在布达拉宫举行了坐床典礼，并拜五世班禅罗桑益喜为师，受了沙弥戒，然后入哲蚌寺学经，20岁（清雍正五年，1727年）又拜五世班禅为师，受了比丘戒。

（二）雍正初年对西藏用兵

清雍正元年（1723年），青海蒙古罗布藏丹津占据西宁等地，不服从清朝统治，当时清朝政府一方面命令年羹尧、岳钟琪在青海进行武装讨伐，另一方面派都统鄂齐、学士班第、提督周瑛等人统兵两千入藏，防止罗布藏丹津兵败后遁入西藏。雍正四年（1726年），鄂齐自西藏向雍正帝密陈藏事，内称："西藏首领办事人互相不睦，达赖喇嘛之年纪尚幼，未免有偏向伊父索南达结之处，康济鼐为人尚好，但恃伊勋绩，轻视众噶伦，为众所恨，阿尔布巴赋性阴险，行事异于康济鼐，而索南达结因娶隆布鼐二女，三人合为一党，若挑唆达赖喇嘛与康济鼐不睦，必至争竞生事。再噶伦甚多，反增烦扰，隆布鼐行止妄乱，札尔鼐庸懦无能，应将此二人以噶伦原衔解任，则阿尔布巴无人协助，自然势孤，无作乱之人矣。"（《驻藏大臣考》）

清雍正五年（1727年），西藏发生了大农奴主之间争权夺利的武装冲突，噶伦阿尔布巴与辅国公隆布鼐、台吉札尔鼐联合，杀了贝子康济鼐，台吉颇罗鼐逃往后藏。雍正帝接到西藏发生内部武装冲突的报告后，先派内阁学士僧格、副都统玛拉、洮岷协副将颜清如前往西藏了解情况。次年（1728年），又派都察院左都御史查朗阿为正帅，护军统领迈禄、西宁镇总兵官周开捷副之，率领满汉官兵8400余人，自西宁出口进藏；命散秩大臣周瑛率川兵4000余人，自西康甘孜一带进藏；命云南鹤丽镇总兵官南天祥率滇军3000人，自云南进藏，作为配合。三路共计马步兵15400人，这是清朝对西藏的第三次用兵。

在清军尚未抵藏以前，台吉颇罗鼐（藏史称为颇拉娃）纠合后藏和阿里之兵9000，于清雍正六年（1728年）七月进驻拉萨，各大寺喇嘛协助他擒了阿尔布巴、隆布鼐、札尔鼐及其家属，当时清朝政府派来的副都统玛拉等人尚在拉萨，玛拉等候左都御史查朗阿到藏，共同审实，磔了阿尔布巴，隆布鼐和札尔鼐及其妻子均被斩首，共杀了17人，乱事遂平。雍正帝因颇罗鼐平乱有功，赏给"贝子"衔，总理全藏事务。

（三）设驻藏大臣

按清朝统治西藏的政策，自清太宗起，经过顺治、康熙两朝约80年为第一阶段，对西藏上层用怀柔羁縻办法，极力抬高格鲁派，给达赖、班禅以崇高封号，用财物笼络，而利用达赖和格鲁派在蒙古的影响，通过达赖与格鲁派统治蒙古。从雍正开始，除了对达赖、班禅继续采取怀柔办法进行笼络之外，鉴于西藏上层内部斗争非常激烈，不断发生武装冲突，乃思将西藏上层力量加以分化削弱，因之，在平定阿尔布巴等人的武装冲突以后，即在同年（清雍正六年，1728年）下令将西康东部的打箭炉（康定）、理塘、巴塘等地划归四川管辖，又将西康南部的中甸、阿墩、维西等地，划归云南管辖。同时又下令将札什伦布以西以迄阿里地区，赏给班禅管治，班禅五世坚辞不受，后来驻藏大臣又提出将拉孜、昂仁、彭措林、济咙、宗喀、阿里六个地区，赐给班禅管治，班禅仍固执不要，最后才勉强接受了拉孜、昂仁、彭措林等三个宗。这样就把噶厦所辖地区，划归四川、云南两省各一部分，又给班禅一部分，实力自然有所削弱。

清朝政府为了加强对西藏上层的严密监视，决定自清雍正五年（1727年）

起，在西藏设驻藏大臣正副二人，第一任驻藏大臣即是副都统玛拉和学士僧格。但他们实际到藏任职是在雍正六年（1728年）。同时，又在西藏留驻川陕兵2000人，归驻藏大臣指挥，"以资震慑"。又在昌都留驻滇军1000人，作为"声援"。这是清朝治藏政策的第二个阶段。

（四）准噶尔入侵西藏

此时，新疆准噶尔蒙古又在反对清朝政府，出兵攻占巴里坤卡伦等地，清军不支。青海蒙古罗布藏丹津在青海失败后，也逃到新疆，和准噶尔蒙古人结合，声势大振。清朝政府鉴于西藏过去受过准噶尔蒙古的侵入，深恐准噶尔人又有侵藏企图，所以又在是年冬天下令查朗阿等，将七世达赖自拉萨移到西康噶达地方（即康定西北，后置泰宁协地）之惠远庙，派兵1800人护卫。又命令驻藏大臣每年带兵出防腾格里海（即藏北之南木错湖），以防准噶尔侵入，到冬天大雪封山以后才撤回。（此项"出防"自雍正八年一直持续到雍正十年准噶尔部落被清军彻底打败后才停止）当时又令颇罗鼐练西藏骑兵万人，步兵15000人，"于通准夷各路严设卡伦，准噶尔自是不敢窥藏。"（《西藏图考》）雍正十一年（1733年）三月，雍正帝告诉军机处大臣："西藏驻劄弁兵，本为防护唐古忒，以防准噶尔贼夷侵犯，迩来贼夷大败，徒步奔逃，力蹙势穷，且颇罗鼐输诚效力，唐古忒兵亦较前气壮，今藏中无事，兵丁多集，米谷钱粮，虽给自内地，而唐古忒人等不免解送之劳，朕意留兵数百，余尽撤回。"于是驻藏大臣乃拟定原留西藏之四川兵2000人，只留500，余均撤回。所留之500人，亦规定三年一换，由四川来兵顶替。昌都驻扎的云南兵1000，也决定只留一半，由云南方面三年一换。这种驻兵轮换制度一直保持到清朝末年。

清雍正十二年（1734年），准噶尔遣使求和，"定界息兵"，藏中威胁解除，雍正帝乃派果亲王和章嘉呼图克图到噶达惠远庙看视七世达赖。次年（1735年），又派副都统福寿、兵部郎中祁山、理藩院郎中拉卜坦等带官兵500人，护送七世达赖于四月起程返藏，七月抵达拉萨，住到布达拉宫。雍正十二年，噶桑嘉措托护送达赖返藏之章嘉呼图克图向雍正帝提出："请以巴塘、理塘之地还前藏，以其为达赖降生地，该土司建寺安禅制最宏丽也，诏以其商税赐之，仍内附。"

（五）兄弟阋墙

噶桑嘉措返回西藏以后，于清乾隆二年（1737年）亲往札什伦布，看望五世班禅罗桑益喜（班禅罗桑益喜是达赖噶桑嘉措之师，当时已75岁）。噶桑嘉措从札什伦布返回不久，五世班禅就圆寂了。此时西藏呈现升平景象，人民得以休养生息。乾隆四年（1739年）诏封颇罗鼐为"多罗郡王"。颇罗鼐有两子：长子名珠尔墨特策布登，封为阿里公，掌管阿里地区的兵马地方事务；次子名珠尔墨特那木札勒，封为头等台吉，管理藏北三十九族和丹木蒙古八旗。清乾隆十二年（1747年），颇罗鼐逝世，清朝政府命其次子珠尔墨特那木札勒袭"郡王"爵，继续总管全藏事务。乾隆帝密谕新任驻藏大臣傅清："西藏地方关系甚要，颇罗鼐经事练达，下人悦服……今已身故，虽命其子珠尔墨特那木札勒袭封，总办卫藏事务，而藏地素属多事，众心不一，珠尔墨特那木札勒又年幼，未必即能收服众心，颇罗鼐在时凡事由伊主张，不过商同傅清斟酌办理，今非颇罗鼐时可比，着传谕傅清逐处留心访查，……此际众人意见情形，及珠尔墨特那木札勒袭爵办事后，各处人心输服与否，一一体访具折奏闻。"

珠尔墨特那木札勒继任"郡王"后，与驻藏大臣发生了尖锐的对立，并找寻借口，攻击当时的驻藏大臣纪山，实际上是反对清朝政府在藏派驻大臣。乾隆帝给傅清的指示中有云："倘珠尔墨特那木札勒不愿派大臣驻藏，借端设计，以陷纪山，断不可忽略，以致堕其术中。"清乾隆十四年（1749年），原任驻藏大臣纪山上奏："珠尔墨特那木札勒性情乖张，又有疑忌达赖之心，日后恐生事端，请将伊兄珠尔墨特策布登移取来藏，协同办事，以分其权，将达赖喇嘛移至泰宁安住"，乾隆帝看了这个报告"责其不应显露形迹"。乾隆十五年（1750年），珠尔墨特那木札勒采取"先发制人"的办法，派人赴阿里将其兄毒死，逐走了兄子珠尔墨特旺札勒，并吞了阿里地区。又"诬捏后藏噶伦第巴布隆赞等，抄没其家，戳辱颇罗鼐旧人殆尽"。乾隆帝接此报告后，又密谕驻藏大臣："珠尔墨特那木札勒年幼躁急，性好生事，外貌虽依纪山教导，其实纪山转被欺蒙亦未可知，使伊本无生事之心，伊兄实行进兵来藏，是特其兄弟间互相侵犯，办事尚易；若伊兄并无此事，而伊造谣诬捏，借端生事，则伊即为不可存留之人，速宜办理。……此事傅清务须沿途留心细访……如有见闻，即行具奏。"

当时的四川总督策楞和副都统班第等也报告："珠尔墨特那木札勒自立名号，潜遣其心腹坚赞札喜等通准噶尔，称策旺多尔吉那木札勒（准噶尔酋长）为汗，且求其发兵至拉达克地方，以为声援。幸值准夷内溃，所遣使人回藏被获，得其逆书并馈献诸物"，于是乾隆帝又下密旨："珠尔墨特那木札勒乖戾诡谲，留之终必生事，或乘伊与兄搆兵，令四川总督策楞等带兵助战为名，相机擒戮；或俟明年章嘉呼图克图赴藏熬茶，遣川督带兵护送至彼，俟间歼除。二者孰为利便，傅清至藏可察看情形，熟筹具奏。"

傅清到拉萨和驻藏帮办大臣拉卜敦密商后，为了先发制人，将珠尔墨特那木札勒叫到驻藏大臣衙门楼上，"以椎击其首，立毙"。傅清和拉卜敦二人也被珠尔墨特那木札勒之部下所杀，于是西藏在短时期内又陷于混乱状态。此事发生经过，福康安所写的双忠祠碑文记之甚详，摘录如下：

> 傅公讳清，为康安世父，乾隆十五年公以都统奉命驻藏，左都御史拉卜敦副之。时珠尔墨特那木札勒袭其父颇罗鼐郡王封，专藏事，多不法，公裁抑之，横如故。公廉其叛逆有迹，密疏请便宜从事，以绝后患。奏入，上以公孤悬绝域，未可轻举，命都统班第代拉公，将名正其罪以申国法。旨未至而反谋益急，广布私人，凡驻藏大臣一举动，辄侦逻之，禁邮递不得通，潜结准噶尔为外援，藏中有异己者，将尽逐之，势且延及达赖喇嘛，为雄长一方之计，公如坐待其变，事发而公必死，诱而诛之，其羽翼已成，寡不敌众，而公亦死，均之死也，毋宁变而祸小。遂与拉公定密计，以十月十三日告其党罗布藏达什曰：召藏王来，有旨令议事，珠尔墨特那木札勒以公势孤，闻召不之疑，亦不设备，公与拉公登楼待之，止其众于楼下，随上者四五人，公见之颜色不动如平时，引入卧室，阖户急掣佩刀砍之，中项而仆，从者竞前，以椎击其首，立毙。罗布藏达什在室门外闻格斗声，知祸发，抉窗跳越，告其婿第巴喇布坦等，号召贼众，须臾麇至，枪炮竞发，环攻之，墙高而固，不能入，贼乃积薪楼下，烈焰四起，楼焚，贼遂攀援而登，公手刃数贼，身被三伤，力竭自刎以殉，拉公亦中创死。

（六）西藏善后章程

叛乱发生以后，七世达赖噶桑嘉措即命公班智达代理藏王，将杀驻藏大臣之凶手罗布藏达什等人捕获。十二月，副都统班第到藏，即将叛乱经过报告乾隆帝，乾隆帝又命四川总督策楞率兵一部入藏，处理西藏善后。策楞等人抵藏后，乾隆帝指示："此措置唐古忒一大机会也，若经理得宜，自可永远宁谧，否则久复别生事端，珠尔墨特那木札勒敢怀逆志，由于地广兵强，事权专一，嗣后唐古忒应多立头目，以分其势，尔等其详议善后事宜，为一劳永逸计。"策楞、班第等人根据这一指示，经过全面地研究以后，于乾隆十六年（1751年）三月提出了"酌定西藏善后章程"十三条。因为这是清朝政府整顿西藏事务的比较系统的第一个重要文献，兹全文照录如下：

一、应查照旧例，添放噶隆。查西藏向例，办事噶隆，原系四人，内除噶隆布隆簪双目失明，又被珠尔默特那木札勒革退，现存者系班第达、策楞旺札勒、色裕特塞布腾三人。班第达已钦奉特旨，仍以公职办噶隆事务，毋庸另议外，其策楞旺札勒、色裕特塞布腾于逆党变乱之前，均为珠尔默特那木札勒故为调遣他处，并未在藏，不但平日并无过犯，不知叛逆情形，且原系奉旨所放之噶隆，仍应照旧留办噶隆事务。所有布隆簪一缺，应选放深晓格鲁派一人，共同办理一切，庶于僧俗均有裨益。但查得现在噶隆内，班第达系公爵，其余均系奉旨赏有札萨克头等台吉职衔，今添设喇嘛一名，若不赏给名号，似于体制未符，应奏恳天恩，一律赏给札萨克大喇嘛名色，庶得以公同办理。

二、噶隆办理事务，应在公所。查旧例噶隆会办事件，原有噶沙之公所衙门，自颇罗鼐后，各噶隆均不赴公所，俱于私宅办事。又舍官放之卓呢尔、笔七格齐等员不用，各将私人任意添放卓呢尔等种种官员，故致罗布藏札什等得以专擅，任意纠合。今噶隆业已照例补放，自应遵照旧例，遇有应办事件，俱赴公所会办。所有私行添放之官，尽行裁革，仍应用官放之卓呢尔等员办事。凡地方之些小事务，众噶隆秉公会商，妥协办理外，其具折奏事重务，并驿站紧要事件，务须遵旨请示达赖喇嘛并驻藏大臣酌定办理，钤用达赖喇嘛印信、钦差大臣关防遵行。倘嗣后噶隆内，仍有各怀私见，并不遵照章程办理者，准各噶隆公同举报，以凭参奏治罪。

三、补放碟巴头目等官，不得任意私放。查各处碟巴等官，有管理地方、教养百姓之责。自珠尔默特那木札勒乖张用事以来，各将私人指名，混行补放，并不前往，仅差一家奴，赴彼代办，扰害地方者甚多，于民生大属无益。嗣后凡遇补放碟巴头目等官，噶隆等务须秉公查办，公同禀报达赖喇嘛并驻藏大臣酌定，俟奉有达赖喇嘛并钦差大臣印信文书遵行。其现任内，如有家奴代办者，概为撤回，另行补放。至珠尔默特那木札勒被诛后，凡属逆党，均经公班第达遣人换回，但系一时仓猝，暂行补放。如有人地不宜，应行调换者，亦秉公举出，禀明达赖喇嘛并驻藏大臣，另为选放。

四、官员革除治罪，应酌定章程。查旧例凡选放碟巴等官，均系择其根基深厚，明白妥协之人，如有不能办理事务，或任意犯法者，自应秉公治罪。乃珠尔默特那木札勒妄作威福，不论贤愚，擅将无辜之旧人，抄没革除，以致是非颠倒，怨声载道。嗣后凡碟巴头目等官，遇有犯法，或应抄没，或应革除，噶隆、代奔等务须秉公查明，分别定拟，请示达赖喇嘛并驻藏大臣指示遵行。

五、派选坐床堪布喇嘛，应照旧例遵行。查旧例各寺堪布喇嘛，均由达赖喇嘛查看庙宇之大小，选择喇嘛之贤能，酌量派往。自珠尔默特那木札勒任事以来，竟任意私自补放调换，不容达赖喇嘛主持，其属不合。嗣后各寺之堪布喇嘛，或遇缺出，拣选派往；或人不妥协，应行调回；均应由达赖喇嘛酌行，噶隆等不得仍照陋规，专擅办理。其喇嘛中遇有犯法者，噶隆等亦应秉公禀明达赖喇嘛，请示遵行。

六、冗员宜行淘汰。查旧例，达赖喇嘛前始有卓呢尔、商卓特巴、曾本、随本各官名色。续因颇罗鼐封王以后，亦照达赖喇嘛，添设各官名色。今噶隆并非王爵，若仍照此添放多官，不但非分，亦属僭越不合，应查明革除，只应于公所设立卓呢尔二人，率领原设之仲意、笔七格齐等办理公务。

七、代奔应添设一员。查旧例，噶隆办理地方事务，代奔管理兵马，防范卡隘，今应仍旧，各专责成。但后藏地方甚小，而原设代奔三名；卫地甚大，而仅设代奔一人，一遇差遣病假，则地方各兵，无人管束。即为代奔达里札达什，被珠尔默特那木札勒差往哈拉乌苏，去后卫地无管兵之人，以致逆党罗布藏扎什，得以畅肆纠合，扰乱地方。今应再行添设一员，共为管理，即或遇有差遣，卫地尚可存留一人，弹压地方，护卫达赖喇嘛。嗣后凡遇调遣兵马，防御卡隘，均应遵旨，听候达赖喇嘛并驻藏大臣印信文书遵行。代奔等仍不时留心地方，如遇有应行防范事宜，亦即禀明钦差大臣指示遵行。至后藏之原代奔章罗金巴，查系无辜，被珠尔默特那木札勒意欲侵害，私行革除之人，应仍调取管理后藏代奔事务，以示昭雪。

八、噶隆、代奔应请颁给敕书。查噶隆、代奔均系护卫达赖喇嘛，办理兵马之大员，责任甚重，应各请颁敕书一道，以昭信守，以重体统。除现有并添设之噶伦、代奔，均查取花名，造册送部，奏请颁发外，嗣后遇有缺出，驻藏大臣商同达赖喇嘛拣选应放之人，请旨补放，仍报部一并颁给敕书。将来或有不尊奉达赖喇嘛，并犯法不能办理地方，应行革职者，亦由达赖喇嘛会同驻藏大臣参奏，革除后，原颁之敕书，一体撤回缴部。

九、藏属人民，应禁止私占。查旧例，全藏人民均属达赖喇嘛所属，按地方之大小，人户之多寡，各有一定差徭，以供格鲁派佛事，并备众僧熬茶之用。自颇罗鼐、珠尔默特那木札勒父子办事以来。不但任意私为侵占，又复市恩于私人，滥行赏赉者甚多。遇有偏爱者，竟擅给免差文书；偏憎者，则种种加派，以致百姓苦乐不均。噶隆、代奔等，应即共同查照旧档，如实因有功于地方而劝赏者，毋庸缴回外，其自珠尔默特那木札勒办事以来，任意无故私赏之人民，均应秉公查出，禀明达赖喇嘛，撤回仍归公用。其滥行发给之免差文书，亦应查明撤回，仍令其照旧当差。凡一切加派之差徭，亦应禀明达赖喇嘛，概行减免，俾百姓苦乐得均。倘遇有出力有功，应行酌赏之人，噶隆、代奔等，即秉公禀明达赖喇嘛并驻藏大臣，酌定赏给遵行。

十、乌拉牌票，应禀请达赖喇嘛颁给。查旧例，所有达赖喇嘛差役，均由地方百姓供应。自颇罗鼐、珠尔默特那木札勒任事以来，旧例废弛，凡噶隆、代奔人等，差人前往西宁、打箭炉、巴尔喀马、阿里等处地方买卖交易，均私出牌票，一切食用乌拉，均取资于各该地方，以致百姓差徭加倍，苦累不堪，因此而致流离失所者甚多，此风亟应革除。嗣后噶隆、代奔等买卖差遣，不得擅行私出牌票，即遇公事有必需乌拉之处，务禀明达赖喇嘛发给印信遵行。其随时在附近处应役者，仍着噶隆出票办理。

十一、达赖喇嘛仓库存贮物件，应禁止私动。查旧例，原系仓储巴专管，遇有公事动用，噶隆等禀明达赖喇嘛，代为经理，开取封闭，俱以达赖喇嘛印信封皮为凭。自颇罗鼐、珠尔默特那木札勒父子任事以来，任意私自取用，不但不禀明达赖喇嘛，竟至达赖喇嘛取用一哈达等物，亦不能主持，甚属不合。嗣后应查照旧例，仓储巴仍尊奉达赖喇嘛印信封皮办理。其零星日用物件，仍令仓储巴经理外，遇有公事动用，噶隆等必须共同请示达赖喇嘛遵行，私行动用，永行禁止。

十二、阿里、哈拉乌苏等处地方，甚关紧要。查哈拉乌苏接连青海、阿里与准噶尔接壤，派往驻扎人员，必须拣选妥协可信之人，庶于地方有益。且向系选择根基深厚，素有名望之人派往，应请达赖喇嘛选择遣派，仍将所派人员咨部，奏恳圣恩，赏给号纸，以资弹压，以昭信守。

十三、达木蒙古，应遵旨安插。查该蒙古，前经颇罗鼐奏请，由该王差遣管属。自珠尔默特那木札勒被诛后，伊等因无人管辖，竟尔潜回达木。该蒙古等原属无罪之人，向系游牧为生，与唐古忒情形迥异。即遵旨询及本人，亦情愿归回达木，听候差遣，自应仰体皇仁，善为安顿。从前原系编为八个佐领，惟是该头目等所有名号，或称宰桑，或称台吉，均系颇罗鼐、珠尔默特那木札勒混行加给职衔，于体制亦有不符，应酌定将现有之头目八人，均授为固山达名色，属下仍选择八人授为佐领，再选八人授为骁骑校，俱照例给以顶戴，递相管束，俱归驻藏钦差大臣统辖。每佐领派人十名，共八十名，驻藏以备差遣，并护卫达赖喇嘛。其食用口粮，仍照旧例，向达赖喇嘛仓上支取。一切调拨。均依钦差大臣印信文书遵行，噶隆、代奔等不得私自差遣。一切革除补放，俱由驻藏大臣商明达赖喇嘛施行。每年查察该蒙古内如有勤劳恭顺者，酌加奖赏；倘有不遵法度者，严加惩责。至现在藏地蒙古，因本地毫无牲口养赡，向住藏内以资糊口之数十户，应查明存案，准其留藏，以资养生，庶各蒙古有所约束，均得仰沐天恩矣。

以上十三条"酌定西藏善后章程"，有两个目的是比较明显的：一是处处提高和巩固达赖喇嘛的地位与职权；二是处处强调驻藏大臣与达赖喇嘛地位平等。

这个章程得到乾隆帝的完全同意，未交军机大臣审议，即得旨："览奏俱悉，着照所定，行该部知道。"

策楞、班第就按他们所拟的善后章程，首先将珠尔默特那木札勒的同党捕杀了多人，珠尔默特的家产全部没收充公，原归珠尔默特管治的藏北三十九族和达木蒙古八旗，划归驻藏大臣直接管辖，一方面为了削弱西藏统治集团的实力，同时以补驻藏兵力之不足。另一方面宣布废除第巴（藏王）制，以后西藏不再设置第巴（藏王），政务由噶厦管理，直接受达赖喇嘛与驻藏大臣的领导，噶厦内部设噶伦四人，规定三俗一僧，地位平等，使其四人互相牵制，僧俗互相牵制，事权不能专于一人。又向达赖建议成立译仓，内设四大仲译，均为僧官，噶厦之一切政务公文，非经译仓审核不得上行下达，以削弱和牵制噶厦的权力。又在布达拉设立僧官学校，训练各寺僧人，派出各宗豁担任宗本豁本，或在噶厦所属各勒空（机关）中任职。所有这些措施，贯串了一个目的：即抬高喇嘛，削弱贵族，造成喇嘛和贵族之间的均势，使其互相牵制，不能"为乱"。乾隆帝又下令禁止西藏任何官民今后不得再与准噶尔蒙古信使来往。并命班第继任为驻藏大臣，纳穆札尔继任驻藏帮办大臣。

七世达赖噶桑嘉措于乾隆十六年（1751年）开始亲政，时年44岁。据《西藏民族政教史》载：噶桑嘉措虽"位极帝师而无纤毫骄慢，教证功德内已圆满，仍从他人听闻经论，曾无暂舍。修证已到高深境界，然举止动静取水脱鞋皆依戒律而行。富有全藏受用无量，然所着服装每年只换一套"。西藏宗教界认为噶桑嘉措一生谦逊俭朴，颇得僧俗人民爱戴。藏历第十三"饶迥"之火牛年（清乾隆二十二年，1757年），噶桑嘉措在布达拉宫逝世，时年50岁。七世达赖死后，藏中政教事务一时无人主持，乾隆帝乃命第穆诺门汗为摄政，在达赖新灵童未找寻到及灵童坐床后、尚未达法定之执政年龄（18岁）之前，代理达赖的职权，以为定制。

八世达赖强白嘉措塑像

八、八世达赖强白嘉措

八世达赖法名强白嘉措，生于藏历第十三"饶迥"之土虎年（清乾隆二十三年，1758年），出身于后藏托布加地方拉日岗一家西藏贵族家中，父名索南达吉，母名彭错旺冒。此家贵族与六世班禅的父母家族有亲戚关系。以后因为儿子成为达赖，故在西藏政治上取得很高地位，清朝政府封为公爵，达赖和噶厦又赐了很多田庄，成为西藏大贵族之一，即今之拉鲁。

强白嘉措5岁时，由乾隆帝派来的章嘉呼图克图认定为达赖灵童，于1762年迎至布达拉宫举行了坐床典礼。1765年，强白嘉措拜六世班禅巴丹益喜为师，受了沙弥戒。清乾隆四十二年（1777年），又从六世班禅受了比丘戒。此时摄政第穆诺门汗逝世，乾隆帝命甘丹喜热图诺门汗（即策满林）继任摄政。清乾隆四十六年（1781年），乾隆帝降旨，命八世达赖亲政。达赖亲政后，乾隆帝仍命策满林继续掌管商上事务，协助达赖办事。乾隆五十六年（1791年），策满林逝世，乾隆帝又命大拭诺门汗（即功德林，清史称为济咙呼图克图）继续掌管商上事务。

此时西藏与廓尔喀之间发生了严重的边境纠纷。清乾隆五十三年（1788年），由于后藏边境聂拉木地方的西藏所派税官，增加了对廓尔喀商人的课税数目，廓尔喀派头目苏尔巴尔达布出兵西藏，占领了济咙、聂拉木、宗喀等三个地方。当时驻藏大臣庆麟上奏："卫藏兵力不敷，咨请四川总督调派兵1000名，由成德带往协剿。"乾隆帝即派理藩院侍郎巴忠"驰驿赴藏查办"；又派成都将军鄂辉、副都统佛智、四川提督成德、总兵官穆克登阿等人率满汉土屯各营官兵3000人，由打箭炉出口；又命四川总督李世杰驻扎打箭炉，督催运解粮饷及调派官兵事务；又派布政使王跕住、按察使和宁，在成都筹办起运军饷火药、分派各站粮员事务；是为清朝对西藏的第四次用兵。

是年冬，清军集中拉萨，廓尔喀通过红帽喇嘛（《卫藏通志》称为沙玛尔巴）请求讲和，巴忠派总兵官穆克登阿，噶厦派噶伦丹津班珠尔同往边境谈判，廓尔喀方面答允退还所占地方，驻藏大臣和噶厦代表答允给廓尔喀方面每年元宝300锭（合9600两）作为赔偿，为期三年，并写了一张字据。此事八世达赖和噶厦并不同意，但巴忠等人为了"将就了事，贪功邀赏"，《西藏图考》

评语为"巴忠等人调停贿和,未交一兵而縻饷百万"。巴忠当时向乾隆帝报告:"已将聂拉木、宗喀、济咙等地方次第收复",并报拟将聂拉木第巴发往烟瘴地方充军,宗喀、济咙第巴各枷号一月,"奏凯班师"。

后来,廓尔喀方面派人到西藏讨要赔偿银,达赖和噶厦不给。清乾隆五十六年(1791年)七月,廓尔喀人二次又侵入西藏,占据了聂拉木,捉走了噶伦丹津班珠尔。八月,廓尔喀人另一股又占据了济咙宗。驻藏大臣报告上去后,乾隆帝查出从前贿和情况及赔偿等事,巴忠闻讯畏罪自杀。

廓尔喀人侵藏,除了因为西藏没有付给赔偿之外,还有一个原因:原先六世班禅巴丹益喜(1738~1780年)于乾隆四十五年(1780年)赴京,乾隆帝和王公大臣给班禅馈送金银不少。六世班禅有弟兄二人,一是仲巴呼图克图,代管札寺寺政,当年六世班禅死在北京,班禅在京所得的银钱,俱归仲巴呼图克图掌管,攫为私有。六世班禅另有一个弟弟,是红帽派的活佛(即沙玛尔巴,意为红帽者,系噶玛噶举之一派),因隔于教派不同,未能分到财物,因而怀恨在心,潜赴廓尔喀,勾结廓王,怂恿廓王以藏内兵力空虚,札什伦布寺毫无防范,寺内金银很多,正可乘机前往掠取,因而促成了廓尔喀人侵藏。

廓尔喀人占领聂拉木、济咙以后,即直奔札什伦布寺,驻藏大臣保泰忙将七世班禅丹白尼马(1781~1853年)从札寺移到拉萨,并主张"移达赖于西宁,移班禅于泰宁"(《西藏图考》)。1791年8月20日,廓尔喀人进至日喀则,札什伦布寺札萨喇嘛于前夜带了贵重金银器物逃走,寺内有一济仲喇嘛与札仓堪布等人"祷验龙单,言不可与贼拒战,是以人心涣散,僧俗纷纷逃避"(《卫藏通志》)。当时驻防汉军只有一个都司带领汉军120人,固守日喀则宗的堡垒,坚守了17昼夜。廓尔喀人遂将札什伦布的所有财物、金银、粮食大掠饱载而去,退到藏尼边境之聂拉木、济咙一带,将掠夺来的东西送往国内,军队仍驻扎在边境不退,后藏地区的经济损失很大,牛羊被掠很多,西藏人民遭受外族的惨痛蹂躏。

乾隆帝接到报告以后,立即命令四川总督鄂辉、成都将军成德,带川军4000人,由打箭炉出口进藏。这两个人接到命令后"按程缓进",乾隆帝"知二人不足恃",又于清乾隆五十六年(1791年)冬,派嘉勇公福康安为大将军、超勇公海蓝察为参赞大臣,带了从满洲调来的骁勇善战的索伦兵2000,从西宁出口进藏。又从金川调了土屯兵5000,并藏内官兵3000,后又添调川兵3000人,前后共约17000余人,开往前线。是为清朝对西藏的第五次用兵。

乾隆帝又命令署四川总督孙士毅,负责由四川到昌都的粮饷的筹划和运输,驻藏大臣和琳负责由昌都到前后藏的粮饷转运,四川总督惠龄负责由后藏到廓尔喀前线的粮饷转运和供给，将办事不力之鄂辉、成德二人均给予革职处分，仍命"军前效力"。当时入藏部队的军火供给完全从内地运送，给养大部分仰赖四川接济，在西藏就地采购了青稞70000石，牛羊20000余，"足供万数人一年之食"，又从陕西征购驮骡1000头，赶往西藏以供军运。这次战争共由国库支付军费1052万两，占当时全国税收总数的1/4。

福康安到藏以后，即决定主力从日喀则经宗喀、济咙，直向廓尔喀腹地进攻，派成德带兵一部向聂拉木进攻，作为配合；又命藏军自帕克里向宗木进攻，收复被廓尔喀人占据之宗木地方。福康安又传檄布鲁克巴、哲孟雄、甲噶尔（即印度）之王，要他们出兵助战，起些牵制作用。

清乾隆五十七年（1792年）四月，福康安率大军自第里浪古进兵，五月初六日攻克擦木，接着收复济咙，十五日攻克藏廓边境上的热索桥。成德等一路也同时收复聂拉木，攻克木萨桥，并捉到廓尔喀大头目咱玛达阿尔曾萨野，至此廓尔喀人所占领的西藏地方全部收复，侵入西藏的廓尔喀人全部被驱逐出境。清军已进抵廓尔喀边界，于是廓尔喀王拉纳·巴哈都尔放回了从前俘虏过去的汉兵王刚、宗本塘迈，并带回了一封要求讲和的信，福康安回信拒绝讲和，并下令大军乘胜前进，五月二十四日，进入廓尔喀境内，抵达胁布鲁碉卡，廓人凭河拒守，福康安乘夜雨扎筏渡河，焚毁碉堡五座。六月十八日，廓尔喀国王又派大头目四人，送回从前捉去的噶伦丹津班珠尔和汉藏被俘官兵，国王致书福康安认罪乞和，要求停止进兵，福康安又回信拒绝。

秋七月，福康安指挥大军直向加德满都前进，廓尔喀人在噶勒拉堆补木顽强据守，战斗之激烈，为福康安进兵以来前所未有，是役虽然获胜，攻占该地，但清军阵亡都统台斐英阿、副都统阿满泰、御前侍卫墨尔根保和英贵等重要将领，士兵损失当更大。

经过这一场血战，清军已逼近廓尔喀首都，廓王拉纳·巴哈都尔于七月初八日又派大头人军前乞降，并送回从前西藏与廓尔喀订立之条约（即西藏允给廓尔喀三年内赔偿白银900锭的文据），送回了从前在札什伦布抢掠的贵重东西，内有康熙帝册封五世班禅的金册12页，还送来沙玛尔巴的尸骨，福康安仍不答应。七月十四日，廓王又将沙玛尔巴的妻子策旺拉冒及其女策旺产珠献给清军，又写信要求投降，并提出"此后永远不敢侵犯边界，不敢如上次投诚又有反复……兹特派办事噶箕第乌达特塔巴进京……恭赍表文，代躬叩觐大皇帝天颜，并虔备乐工及训象、番马，并方物等件……嗣后恳请五年一贡，每次派噶箕一名，恭赍进京"。

清军攻抵加德满都附近时，已届深秋，福康安向乾隆帝提出："藏地边界雪泽最早，如宗喀通拉山等处，常年八九月间即已大雪封山，今年节气较早，已交秋令十余日，总须赶封山以前藏事撤兵，不能久稽时日。"乾隆帝接此报告后乃指示福康安："即可趁其畏惧哀恳，传旨允准，将其紧要头人带回进京瞻觐，具表纳贡，虽系下策，但为气候所限，亦不得不如此办理。"

清乾隆五十七年（1792年）八月二十八日，福康安接受了廓尔喀国王的投降，停止进兵。廓王即派大臣携大批牛、羊、猪、米、酒、果，前来慰劳清军。九月初四日，清军全部由廓尔喀境内撤出，退回济咙。

清军之所以未能按原定计划攻占加德满都，除了福康安所奏的气候关系之外，还有一个很大的困难是运输和给养问题。根据《卫藏通志》所载：自济咙至廓尔喀境内约700里的道路，系行走于喜马拉雅山腰，牲畜根本不能驮载，完全依靠人力背运，清军在后藏虽集中民夫万余人，担任背运。廓尔喀人在撤退之时，沿途实行清野空舍，甚至房屋都是自己放火烧的，清军深入廓境益深，则给养军火补给越加困难，这也是当时迅速撤兵的一个重要因素。

福康安班师回藏以后，即进行善后事宜，首先惩办祸首，废止沙玛尔巴（即红帽活佛）转世，其金银、田庄、牛羊、百姓完全充公，每年收入作为藏军兵饷，寺院房屋赏给掌办商上事务的济咙呼图克图，寺内原有红帽喇嘛103人，一律强迫改奉格鲁派，拨给三大寺管制。廓尔喀人攻至札什伦布寺时，六世班禅之兄仲巴呼图克图"不思率兵保护庙宇，辄收拾细软物件，先期逃遁，其罪甚重"，乾隆帝下令将仲巴呼图克图解赴北京治罪。至于廓尔喀人攻至札寺时，济仲喇嘛托词占卜，不可抵抗，"致众喇嘛纷纷逃散，贼匪始敢肆行抢掠，即令将为首之济仲拿至前藏，对众剥黄正法"。

除了惩办祸首之外，乾隆帝利用战胜廓尔喀获得的军威，和由于驱逐了廓尔喀侵略者，事实上是拯救西藏人民于苦难，得到西藏上下层的感激的有利条件，拟乘机将西藏事务进行一次比较彻底的整顿。因此指示福康安等人"将来撤兵后，必当妥立章程，以期永远遵循"。

福康安根据上述指示，在经过札什伦布时，即向七世班禅表示："藏内办事之人，不知计虑深远，一切章程未能妥周，若不革除积弊，终非经久之策，俟至前藏时，会同驻藏大臣逐一筹议，兴利除弊，请大皇帝训示，俟奏定后，再当寄知班禅额尔德尼，谕后藏僧俗人等一一奉行，永远遵守。"福康安到拉萨后又向八世达赖强白嘉措提出："此次官兵远来剿贼，全为保护卫藏僧俗起见，今贼匪输诚服罪，固可永无反复，惟藏中事务向来毫无制度，达赖喇嘛惟知坐静安禅，不能深知外事，噶伦等平时任意舞弊，有事又不能抵御，必当更定一切章程，俾知遵守，今蒙大皇帝训谕周详，逐加指示，交本大将军等详细筹议，以期经久无弊，藏番永资乐利，达赖喇嘛既知感戴圣恩，将来定议时自当敬谨遵依办理，倘或狃于积习，则撤兵后大皇帝即将驻藏大臣及官兵等概行撤回，以后纵遇有事故，天朝亦不复管理，祸福利害，孰重孰轻，唯听自择。"八世达赖强白嘉措当即答称："卫藏诸事上烦大皇帝天心，立定法制，垂之久远，我及僧俗番众感切难名，何敢稍有违拗，将来立定章程，唯有同驻藏大臣督率噶伦及番众等敬谨遵照，事事实力奉行，自必于藏地大有裨益，我亦受益无穷。"

福康安等人即会同达赖方面掌办商上事务的济咙呼图克图、噶伦、班禅方面的扎萨喇嘛等人，共同议定了二十九条《钦定章程》，藏文原本存于拉萨大昭寺和札什伦布寺内，现将原文照译如下：

（一）关于寻找活佛及呼图克图的灵童问题，依照藏人例俗，确认灵童必问卜于四大护法，这样就难免发生弊端。大皇帝为求格鲁派得到兴隆，特赐一金瓶，今后遇到寻认灵童时，邀集四大护法，将灵童的名字及出生年月，用满汉藏三种文字写于签牌上，放进瓶内，选派真正有学问的活佛，祈祷七日，然后由各呼图克图和驻藏大臣在大昭寺释迦佛像前正式认定。假若找到的灵童仅只一名，亦须将一个有灵童名字的签牌，和一个没有名字的签牌，共同放进瓶内，假若抽出没有名字的签牌，就不能认定已寻得的儿童，而要另外寻找。达赖喇嘛和班禅额尔德尼像父子一样，认定他们的灵童时，亦须将他们的名字用满、汉、藏三种文字写在签牌上，同样进行。这些举措都是大皇帝为了促使格鲁派的兴隆，和不使护法弄假作弊。这个金瓶常放在宗喀巴佛像前，需要保护净洁，并进行供养。

（二）为求西藏永远安乐计，今后由邻近各国来西藏的旅客和商人，需要进行管理，如果他们安分守己，遵守地方例俗，可以准其照旧经营商业，但是所有来往商人，必须进行登记，造具名册呈报驻藏大臣衙门备案。准许尼泊尔商人每年来藏三次，克什米尔商人每年来藏一次，各国商人无论前往何地，须由该国主脑呈报驻藏大臣衙门，按照该商人所经过的路线签发路证，并在江孜和定日两地方新派官兵驻扎，各国商人经过时，须将路证拿出检验。如有外人要求到拉萨者，须向各边境宗本进行呈报，并由驻江孜和定日的汉官进行调查，将人数呈报驻藏大臣衙门批准。该外人到拉萨后，需要进行登记并受检查。派驻各地的汉官及文书等人员，如有贪污受贿等行为，一经发现即予惩办。由不丹、哲孟雄前来拉萨办理朝佛等事的人员，也同样需要呈报。外人返回本国时，也由各地宗本加以管理并进行检查。达赖喇嘛派往尼泊尔修建佛像或去朝塔的人员，由驻藏大臣签发路证，如逾期不能返回，由驻藏大臣另外行文给廓尔喀王。这样办理既可澄清边务，也对西藏有利。

（三）西藏章卡（市场所流行的一种硬币）历来掺假很多，今后政府应以纯粹汉银铸造，不得掺假。并依旧制，每一章卡重一钱五分，以纯银的六枚章卡换一两汉银。本来六枚章卡只等于九钱银子，所差一钱银子即算为铸造费用。'章卡'正面铸'乾隆宝藏'字样，边缘铸年号，背面铸藏文。驻藏大臣派汉官会同噶伦对所铸造之章卡进行检查，以求质量纯真。以前尼泊尔铸有假章卡，藏政府也铸有假章卡，现规定其比价一律为汉银一两换八枚，并决定以后不得再私自铸造。凡尼泊尔及西藏所铸章卡之没有掺假者，一律以上述比价为标准，以后不得非议。所铸新章卡如有掺杂锡、铁等假料而被发觉时，所有由汉官及噶伦委派之孜本、孜仲（僧官）等管理人员以及工匠人等，一律依法应受严厉处分，并依所铸假币数目加倍罚款。

（四）以前前后藏都没有正规军队，用时临时征调，不仅缺乏作战能力，并且骚扰人民，为害很大。这次呈请大皇帝批准，成立3000名正规军队：前后藏各驻1000名，江孜驻500名，定日驻500名，以上兵员由各主要地区征调，每500名兵员委一代本管理。以前西藏只有五个代本职位，这次增加兵额，应依新增人数，增加代本名额。前藏代本即由驻拉萨游击统辖，日喀则、江孜、定日各地代本，由日喀则都司统辖。所有征调的兵员，应填造两份名册，一份存驻藏大臣衙门，一份存噶厦。以后如果发生缺额，即依名册补充。以上兵员统为达赖喇嘛和班禅额尔德尼的警卫。

（五）关于军官的职位，按照这次的编制，代本以下设12个如本，每一如本管250兵员，如本以下设24名甲本，每一甲本管125名兵员，甲本以下设五名定本，每一定本管25名兵员。以上人员由驻藏大臣和达赖喇嘛挑选年轻有为者充任，并发给执照。代本出缺时，由如本中升补；如本出缺时，从甲本中升补，以下类推。贵族出身的军职人员，也要从定本、甲本逐级提升，不得任意升迁。按照旧例：平民只能升任定本，不能上升，今后应依照其学识技能及战功逐级升迁，不得歧视。如有违犯军纪的事情发生，即予严惩。

（六）以前征调兵丁，不发粮饷武器，系由各兵丁自备，一旦用完，即行潜逃。今后每年每人应发粮食二石五斗，总共为7500石。上述粮食仅靠前后藏的田赋收入不够支付，故以沙玛尔巴、仲巴呼图克图的田产，以及丹津班珠尔之子目居索南班觉所呈缴的五个庄园，总共收入青稞3170

石，作为补充。如还不够支付，即将沙玛尔巴罗桑坚班的什物尽行变卖，以补不足，这样每年就可收入青稞7500石，用以发给各兵员应发的粮饷。另外受征调的兵员，由达赖喇嘛发给减免差役的执照，这样更可使各兵员知道对他们的照顾，以增进他们的战斗情绪。各代本因为已经有了达赖喇嘛拨给他们的庄园，就无需另发薪饷。各如本每年应发36两银子，各甲本20两，各定本14两八钱，总共2600两银子，由藏政府交给驻藏大臣，分春秋两季发给。兵员的粮饷也分春秋两季发给，由甲本和代本负责，不得短少。

（七）关于军队装备：5/10用火枪，3/10用弓箭，2/10用刀矛。前后藏各寺院如有剩余武器，给价予以收买，其用费由前被没收的沙玛尔巴牧场收入的价值550两的酥油中开支。弓箭、火药由政府每年派人前往贡布及边坝制造。各兵丁还要经常操演。

（八）达赖喇嘛和班禅额尔德尼的收入及开支，以前不经过驻藏大臣审核。由于达赖喇嘛和班禅额尔德尼全副精力贯注于宗教，不加细察零星事务，完全由他的亲属及随员等负责管理，难免不发生中饱舞弊等情事，所以这次大皇帝特命驻藏大臣进行审核，每年在春秋两季各汇报一次。一有隐瞒舞弊等情事发生，应即加以惩罚。

（九）此次廓尔喀侵犯藏地，西藏许多村落夷为废墟，人民饱尝痛苦，因此对于所属人民应大发慈悲，予以爱护，最近决定济咙、绒夏、聂拉木等三个地方免去两年的一切大小差徭，宗喀、定日、喀达、从堆等地方各免去一年的一切差徭。并免去前后藏所有人民铁猪年以前所欠的一切赋税。政府僧俗官员、各宗、谿负责人等，所有欠交赋税也都减免一半。以上各项措施符合大皇帝爱护西藏众生的旨意，对于前后藏人民造益不浅。

（十）驻藏大臣督办藏内事务，应与达赖喇嘛、班禅额尔德尼平等，共同协商处理政事，所有噶伦以下的首脑及办事人员以至活佛，皆是隶属关系，无论大小都得服从驻藏大臣。札什伦布的一切事务，在班禅额尔德尼年幼时，由索本堪布负责处理，但为求得公平合理，应将一切特殊事务，事先呈报驻藏大臣，以便驻藏大臣出巡到该地时加以处理。

（十一）噶伦发生缺额需要补任时，从代本、孜本、强佐中考察各人的技能及工作成绩，由驻藏大臣和达赖喇嘛共同提出两个名单，呈报大皇帝选择任命。噶伦喇嘛之缺额，从大堪布中提名呈请委任。代本之缺额从如本中升迁，或从边界宗本中提出两个名单，呈请选择委任。孜本和强佐之缺额，由业仓巴、协邦（管理刑事者）、噶厦大秘书、孜仲喇嘛（僧官)中选任。业仓巴和协邦之缺额,由雪第巴、拉萨米本、达本中选任。雪第巴、拉萨米本、达本之缺额,由各地宗本及噶厦仲尼(交际人员)中委任。业仓巴和雪第巴之僧官缺额,从各大寺喇嘛中挑选委任。大秘书之缺额,由小秘书及噶厦仲尼中委任。大宗及边宗宗本之缺额,由小宗宗本中委任。小秘书之缺额,由武官甲本及其他适当人员中委任。各边宗及小宗宗本之缺额,由普通职员中委任。过去各宗之僧官宗本,都由达赖喇嘛的随从中委任,他们多不能亲自到宗任职,而派代理人前往,这些代理人难免不发生贪污敲诈情事,因此今后所有代理人均由驻藏大臣选派,不能由孜仲喇嘛私自委派。噶厦的小秘书及仲尼,其职位虽小,但经常和噶伦一处工作,不谓不重要,所以须从俗官中挑选能力较强者充任之。最近改组造币厂,委任两个孜本和两个孜仲为管理人,如该人员发生缺额时,须由达赖喇嘛和驻藏大臣协商选任。所有以上人员,除噶伦和代本须呈请大皇帝任命外,其余人员可由驻藏大臣和达赖喇嘛委任,并发给满、汉、藏三种文字的执照。噶伦代本以下人员和各个宗本,今后均按上述规定逐级升迁,不得逾规乱为。至于草官、卫士、糌粑管理人、帐篷管理人等,无关紧要,可由达赖喇嘛自行派任。

札什伦布的工作人员,都是僧人,过去没有规定品级,多少也不一定。今后强佐出缺时,须由索本喇嘛(管饮食者)和森本喇嘛(管寝室者)中补任,索本出缺时,从孜仲中补任,森本出缺时,从仲尼中补任,不得随意升迁。札什伦布辖区内村落较少,各边地亦无重要之宗、豁,所有强佐、索本、森本及宗本等,须依前藏之制度,由班禅额尔德尼和驻藏大臣协商委任。至于管理酥油、糌粑、柴草等零碎事务之无关紧要人员,可依其技能之优劣,由班禅额尔德尼自行选任。关于'乌拉'等之派遣可依照旧例行之。

(十二)达赖喇嘛和班禅额尔德尼周围的随从官员,过去都是他们的亲属,如达赖喇嘛的叔父和班禅额尔德尼的父亲班丹团主,都是私人升任,又如达赖喇嘛之胞兄洛桑格登主巴,依仗势力多行不法。今后应依西藏各阶层及札什伦布僧俗人民之愿望,在达赖喇嘛和班禅额尔德尼在世时,其亲属人员不准参与政事。达赖、班禅圆寂后,如果还有亲属,可以根据他们的技能给予适当的职务。

(十三)驻藏大臣每年分春秋两季出巡前后藏各地和检阅军队。各地汉官和宗本等,如有欺压和剥削人民情事,即可报告驻藏大臣,予以查究。驻藏大臣出巡时,所用民间乌拉等,都得发给脚价,不得扰累番民,以示体恤。

(十四)西藏和廓尔喀、不丹、哲孟雄等疆界相连,以前这些地方来人呈献贡物和处理公务，达赖喇嘛写回信时，曾因格式不合及其他原因而发生纠葛，例如廓尔喀前此行文交涉章卡一事，西藏方面没有谨慎从事，以致引起战争。现廓尔喀方面虽然表示悔改前非，归顺投降，但以后无论何种行文，都须以驻藏大臣为主，和达赖喇嘛协商处理。今后廓尔喀派人来见达赖喇嘛和驻藏大臣，其回文必须按照驻藏大臣之指示缮写，关于边界的重大事务，更要根据驻藏大臣的指示处理。外方所献的贡物，也须请驻藏大臣查阅。不丹，以前皇帝曾加过封号，其宗教虽然不同，但每年派人向达赖喇嘛呈献贡物；哲孟雄、宗木、孟唐等藩属，每年也派人向达赖喇嘛和班禅额尔德尼献贡，均不要加以阻挠，而应详细检查。外方人员来藏时，各边宗宗本须将人数登记，报告驻藏大臣，由江孜和定日的汉官进行检查后，准其前往拉萨。各藩属给达赖喇嘛等人的来文，须译呈驻藏大臣查看，并代为酌定回书，交来人带回。所有噶伦都不得私自向外方藩属通信，即或由外方藩邦行文给噶伦时，也得呈交驻藏大臣和达赖喇嘛审阅处理，不得由噶伦私自缮写回信。以上有关涉外事务的规定，应严格遵守。

（十五）西藏的济咙、聂拉木、绒夏、喀达、萨噶、昆布等地区和廓尔喀疆土相连，又为交通要道，须在济咙的日班桥、聂拉木的潘瞻铁桥、绒夏的边界等处竖立界碑，限止廓商和藏人随意越界出入。驻藏大臣出巡时必须予以检查。所有尚未竖立界碑之处，亦须迅速竖立，不得因迟延而引起纠葛。

（十六）边界地区与外方连接，对于当地人民之管理，来往行人之检查，都属重要事务。过去知能较强之宗本多留拉萨供职，而派知能较弱之宗本前去边界，难免耽误事情。今后边宗宗本均由小宗宗本及军队头目中选派，任满三年后考查成绩，如果办理妥善，驾驭得宜，记名以代本等缺升用，倘办理不善，立即革退。

（十七）西藏过去委任大小职务，均在贵族中选任，平民完全无份。自今新立规章，凡普通士兵如有知能较强并有战斗能力者，虽非贵族亦得升任定本甚至逐级升至代本。其他一切官职，可依旧例从贵族中派任，但如年龄过幼，亦不宜担任官职。因此规定小秘书、噶厦仲尼、小宗本等，年满十八岁之贵族子弟始可派任。

（十八）堪布为各寺院之主脑，应选学问渊博，品德良好者充任之。近查各大寺之活佛，拥有很多庄园，并因享有群众信仰，所献贡物者很多，再加经商谋利，贪财好货，甚不称职。现规定今后各大寺堪布活佛人选，得由达赖喇嘛、驻藏大臣及济咙呼图克图等协商决定，并发给加盖以上三人印章的执照。至于各小寺堪布活佛之人选，可依原例由达赖喇嘛决定。

（十九）政府之所有税收，有以银两折交物品者，即照所定新旧章卡兑换之数，按新铸旧铸，分别折收，不得稍有浮多。至采买各物，亦须公平交易，不得苦累商民。

（二十）在济咙、聂拉木两地方抽收大米、食盐及各种物品之进出口税，可依原例办理，除非请示驻藏大臣同意，政府不得私自增加税额。

（二十一）西藏之税收、乌拉等各种差役，一般贫苦人民负担苛重，富有人家向达赖喇嘛和班禅额尔德尼领得免役执照，达赖喇嘛之亲属及各大呼图克图亦领有免役执照。各噶伦、代本、大活佛之庄民也多领得免役执照。今后所有免役执照一律收回，使所有差役平均负担。其因实有劳绩，需要优待者，由达赖喇嘛和驻藏大臣协商发给免役执照。对新成立之兵员，由驻藏大臣和达赖喇嘛依照名册一律发给免役执照。兵员出缺时，须将所发免役执照收回。

（二十二）达赖喇嘛所辖寺庙之活佛及喇嘛，一律详造名册，并由噶伦负责将全藏各呼图克图所属寨落人户详细填造名册，于驻藏大臣衙门和达赖喇嘛处各存一份，以便检查。以后各寺喇嘛如有不领护照而私行外出者，一经查出，即惩办该管堪布及札萨等主脑人员。

（二十三）青海蒙古王公派人来藏，迎请有学问之活佛到家念经祈祷，有些固然是通过驻藏大臣，但有些是私自前往，因而不易查访。以后青海蒙古王公前来迎请西藏活佛，须由西宁大臣行文驻藏大臣，由驻藏大臣发给通行护照，并行文西宁大臣，以便查访。到外方朝佛之活佛，亦得领取护照，始得通行。如若私行前往，一经查出，即惩罚该管堪布及主脑人员。

（二十四）依照旧例，来往派遣人夫乌拉，皆由达赖喇嘛发给执票，流弊很大，噶伦、代本以及达赖喇嘛之亲属，都有私派乌拉用以运输食粮用物。今后各活佛头目等因私外出时，一律不得派用乌拉。因公外出时，由驻藏大臣和达赖喇嘛发给加盖印章之执票，沿途按照执票派用乌拉。

（二十五）对于打架、命案及偷盗等案件之处理，可以缘依旧规，但须分清罪行之大小轻重，秉公办理。近年来噶伦及昂仔辖米本（拉萨市长）等，对案件之处理不惟不公，并额外罚款，还将所罚金银牛羊等不交政府，而纳入私囊。噶伦中还有利用权势，对于地位低下之人，随便加以罪名，呈报达赖喇嘛，没收其财产者屡见不鲜。今后规定对犯人所罚款项，必须登记，呈缴驻藏大臣衙门。对犯罪者的处罚，都须经过驻藏大臣审批。没收财产者，亦应呈报驻藏大臣，经过批准始能处理。今后无论公私人员，如有诉讼事务，均须依法公平处理，噶伦中如有依仗权势，无端侵占人民财产者，一经查出. 除将噶伦职务革除及没收其财产外，并将所侵占的财产，全部退还本人，以儆效尤。

（二十六）每年操演军队所需用之弹药，由噶厦派妥员携带驻藏大臣衙门之公文，前去工布地方制造，运至拉萨发给部队。以前后藏番兵没有火炮，现从新造十四门火炮中调两门给后藏，以便在军队操演时试验射击，其余都交给达赖喇嘛。

（二十七）过去噶伦及代本等上任时，达赖喇嘛照例拨给公馆及庄园，卸任时交回。近查有噶伦及代本已经卸任，而公馆及庄园仍由家属承受不交，政府又另外拨给。今后所有卸任之噶伦及代本，应将公馆及庄园移交新任，不得据为私有。

（二十八）依照原例，应该发给活佛及喇嘛之俸银，均有定时，近来多有提前发放情事。今后应按规定时间发放，绝对不得提前。希济咙呼图克图立即进行调查，如发现提前发放俸银，或未全部发放者，对负责人员予以处分。

（二十九）西藏各村落应交政府之赋税、地租以及物品，邻近各地多派僧官催缴，较远者多派俗官催缴。近查僧俗官员和宗本中有少数坏人，将所收赋税地租不交政府而入私囊，致逐年积欠者甚多。甚有催收本年各项赋税时，预将明年各项赋税提前催收情事。还有逃亡户应该负担之赋税，强加给住地户负担者，以致苛捐繁重，民不聊生。以后强佐派人催缴赋税时，应按规定期限办理。僧俗官员及宗本等只准催清当年赋税，不得提前催收来年赋税。各村逃亡户之负担应予减免，俟该逃亡户还乡后照旧负担。

二十九条《钦定章程》标志着清朝治藏政策进入第三个阶段。二十九条《钦定章程》的重大意义在于：它对西藏的政治制度和宗教制度作了许多明文规定，概括起来可以归纳为十个方面：（一）关于达赖、班禅及其他呼图克图灵童转世问题的规定；（二）关于达赖、班禅与驻藏大臣的相互关系及职权问题的规定；（三）关于西藏地方政府（噶厦）官员任免、升降、待遇等问题的规定；（四）关于建立西藏地方部队（藏军）问题的规定；（五）关于西藏地方币制问题的规定；（六）关于西藏地方财政、税收、乌拉差役等问题的规定；（七）关于减免负担、减免旧欠赋税地租等问题的规定；（八）关于整顿司法和建立诉讼手续的规定；（九）关于寺庙的管理、堪布任免、僧众供养以及青海、蒙古迎清西藏活佛的批准手续等问题的规定；（十）关于外事、外侨管理、对外贸易以及边界出入检查等问题的规定。二十九条《钦定章程》的制定，对于安定西藏社会秩序，发展社会生产方面，起了良好的作用。

二十九条《钦定章程》还有一条重大的意义,即巩固驻藏大臣在西藏的政治地位,使其真正与达赖喇嘛完全平等,能够约束噶伦等人的行为,起到代表清朝中央政权监督西藏地方政权的作用。乾隆五十七年(1792年)八月二十七日乾隆帝给福康安的指示中说:"向来大臣内才堪办事之人,多留京供职,其从前派往驻藏办事,多系中材谨饬之员,该大臣等前往居住,不过迁延岁月,冀图班满回京,是以藏中诸事,任听达赖喇嘛及噶伦等率意经行,大臣等不但不能照管,亦并不预闻,是驻藏大臣竟成虚设。嗣后藏中诸事,皆当隶驻藏大臣管束料理……不得仍前任听达赖喇嘛、噶伦等专擅。"十一月,福康安给乾隆帝的奏折内也称:"嗣后驻藏大臣督办藏内事务,应与达赖喇嘛、班禅额尔德尼平等,自噶伦以下,番目及管事喇嘛,分系属员,事无大小,均应禀驻藏大臣办理,以肃纪纲。至札什伦布诸务,现因班禅额尔德尼年幼,系岁本堪布代管,凡遇一切公事,亦令一体禀知驻藏大臣办理……庶卫藏事权归一。"乾隆帝又指示驻藏大臣:"对于达赖喇嘛,不可过于崇奉,俾擅事权;亦不可稍露轻忽,致失众望,务须留心体察,处置得宜。"从这些材料中可以明显看出清朝政府提高驻藏大臣威权的意图。

为了贯彻二十九条《钦定章程》,驻藏大臣协同达赖、班禅还办了一些好事。乾隆六十年(1795年),八世达赖强白嘉措在驻藏大臣松筠授意下决定:"除商上必需之草料柴薪及牛羊猪等项照旧交纳外,所有应交各项粮石,本色折色钱粮,普免一年。并将所有百姓,自乾隆五十六年至五十九年之旧欠粮石,及牛羊猪各项钱粮四万余两,概行豁免。……再唐古忒百姓本来穷苦,又因差事繁多,逃散甚众,倘若不行查办,优加抚恤,不但商上百姓日渐逃亡,且百姓缺乏食衣,所住房屋必然破坏,今欲招回百姓人等,给予银两,修补房屋。再有投入世家人户的百姓,亦当令归本处安置,商上给予口粮籽种,各务农业,三年之内,免其交纳钱粮,不派各项乌拉差事,用示体恤。查百姓逃散之故,原因乌拉、牛、马、人夫、柴草、饭食费用繁多,以致逃散,今当晓谕远近各处营官第巴头目人等遵照,除各处朝佛熬茶来藏人等及达赖喇嘛有事差往各处人等所需乌拉若干之处,商上报明钦差大人衙门,仍由达赖喇嘛、济咙呼图克图发给印照外,其余一切差事,如无钦差大人衙门汉番字样印票,不得滥行应付乌拉。再有各处营官属下世家人等,有不当差者,往后听从营官派拨,如有抗违,一经查出。定行重处,所有各项乌拉,自应不分世家穷民,均各一体当差。"

"查后藏所属番民本不比前藏之多,一年所交粮石,除班禅额尔德尼一切需用外,其百姓本年应缴粮石,只可缓免一半。"

八世达赖和七世班禅除与驻藏大臣商议上述减免外,达赖并提出:"我住所现有积存布施银三万两，今情愿发出银三万两，交商上查明各处穷苦百姓，按户散给口粮种籽，令其各勤农业。如有房间倒坍者，酌给银两修补，俾各穷民有所栖止。"乾隆帝接到驻藏大臣报告后即指示："达赖喇嘛等既能仰体德意，抚恤唐古忒百姓，竟可毋庸出其己资，著加恩动用该处正项，赏给前藏银三万两，后藏银一万两，交松筠等务须尽心妥办，勿使一夫失所，以副朕一体惠爱番民至意。"驻藏大臣接指示后，松筠带银一万两，亲往后藏一带散发救济；和宁带了三万两，亲往前藏东南北三路散发救济。松筠并到前年遭受廓尔喀人曾经蹂躏过的灾区，如宗喀、济咙等地，下令永远停征一些苛捐杂税，当地藏民当然非常感激。

当时西藏发生天花病，传染很广，死人无数。驻藏大臣对此也做了一点好事，并在大昭寺门口竖了石碑。碑文上说："唐古忒遇有出痘之人，视恶疮毒痈为尤甚，即逐至旷野岩洞，虽亲如父子兄弟夫妇，亦不暇顾，竟至百无一生者，深堪悯恻！予以藏北浪荡沟之处，捐资修平房若干间，俾出痘番民得以栖止，捐给口粮，派拨汉番弁兵，经理调养，全活者十有其九。僧俗既知痘疹非必不可治之病，因严谕前后藏，劝令达赖喇嘛、班禅捐给口粮，作为定例。"

驻藏大臣还曾企图改革西藏的天葬风俗，曾出过布告，并在拉萨、日喀则等地设立义冢。其布告中称："为严禁碎割死尸，以重人伦，以厚风俗事。照得父母养育之恩，与天地无二……乃唐古忒番民相沿旧习，凡人死之后，残割肢体，喂鹰喂狗，或委弃水中，谓之天葬、地葬、水葬，甚至将尸骨敲碎，和入糌粑，使鹰狗争食，此等行事，下同畜类！……嗣后如有人死，概不许割裂尸身，喂鹰喂狗，自己有庄田者，于本庄田内择地安葬，如无庄田贫民，由达赖喇嘛、班禅额尔德尼于前后藏拨出空地两三处，作为义冢公地，报官掩埋。倘有无知番民，不知悔改，一经本部堂查出，即令在藏文武官员将死者之子孙，凌迟处死，并将在旁助恶动手之人，正法示众。"但这一改革从后来的风习看来，未发生丝毫作用。

总的来说，制定二十九条《钦定章程》以后一个时期，为清朝统治西藏的全盛时期。此时表面上虽然由八世达赖强白嘉措执政，实际上完全听命于驻藏大臣。强白嘉措于清嘉庆九年（1804年）在布达拉宫圆寂，时年47岁。八世达赖圆寂后，嘉庆帝命令掌办商上事务的功德林大拭呼图克图（即济咙呼图克图）摄政，同时找寻达赖转世的灵童。

九世达赖隆朵嘉措

九、九世达赖隆朵嘉措

九世达赖法名隆朵嘉措,生于藏历十三"饶迥"之木牛年(清嘉庆十年,1805年),系西康邓柯地方春科土司之子,父名丹增曲结,母名团柱卓玛。隆朵嘉措被认定为达赖灵童后,丹增曲结曾被清朝政府封为公爵,以后因九世达赖11岁早亡,其家属在西藏站不住脚,仍回西康去做土司。

隆朵嘉措3岁时(1807年)被认定为达赖灵童,由西康迎至拉萨,在公堂寺暂住,由七世班禅丹白尼马会同摄政济咙呼图克图及三大寺代表,一致向驻藏大臣要求,说灵童确系"第五世达赖喇嘛转世,请奏明皇上,免予金瓶掣签"。嘉庆帝派成都将军特清额来藏颁旨,免予金瓶掣签,并赐给哈达、长寿佛、宝石念珠、金铃杵等赏品。接着又派都楞郡王、噶勒丹锡勒图呼图克图及侍郎侍卫等多人来藏,看视坐床,批准达赖乘黄轿,启用前辈达赖之印,赏银一万两。隆朵嘉措于嘉庆十三年(1808年)九月二十二日在布达拉宫坐床,拜七世班禅丹白尼马为师,剃发受戒,并取法名。

清嘉庆十六年(1811年),摄政济咙呼图克图逝世,嘉庆帝选派第穆呼图克图继任摄政。此时英国已并吞了印度,开始向西藏进行侦查活动,以作侵略之准备。1811年10月,印度总督明多派曼宁入藏,曼宁曾去朝拜九世达赖隆朵嘉措,荣赫鹏所著之《英国侵略西藏史》①中有如下之一段记载:

> 1811年12月17日,曼宁往布达拉宫朝见达赖喇嘛,彼随带大呢若干,瓷瓶两对,摩擦净洁之上好铜烛台一对,中置蜡烛二只以夸示之,作朝贡之礼物。又带有放光之银饼三十枚,锌币数如之,此外尚有纯真之司米士香水若干,又有大量之南京茶,此物在拉萨为稀有之珍品,不易得者也。
>
> 抵一广厦,即行礼如仪,向达赖喇嘛三叩首,首相(即摄政)一叩首。方彼行礼时,蠢笨之侍仆正启香水瓶塞,欲放出香水。彼将礼物呈献于达赖喇嘛后,即脱帽恭献其剃光之头,受喇嘛摩抚。礼毕,就坐距喇嘛御榻不远之垫褥上,御茶点。然喇嘛美丽有趣之容貌与风采,几占其全部

---

① 英人荣赫鹏所著之书,原名为《印度与西藏》,孙煦初译为中文出版时,将书名改为《英国侵略西藏史》。本书沿用《英国侵略西藏史》,下同。

之注意，彼认喇嘛容貌之美，富有诗意，而极动人，彼当时年约七岁，具有良好教养与高贵儿童之朴素天真态度，尤于其凝视曼宁时，微露之笑容，几至失声而成轻浅之大笑。曼宁率直记之云：逗彼发笑者，无疑为余之灰髭与眼镜也。

此幼小之达赖喇嘛向曼宁缀陈数言，以藏语告中国舌人，舌人以中国语告曼宁之中国书记，书记更以拉丁语述之曼宁，曼宁自记云：此次与达赖喇嘛之晤见，使余受极大之感动，一种奇异之感觉，几使余出涕。

清朝自从嘉庆以后，已趋衰败，对西藏的统治，也只能应付现状，维持局面；对藏边各国之间的纠纷，和他们内部发生的事件，采取"少管闲事"的应付办法；对英帝向西藏边界诸国的侵略行为，采取"不闻不问"的态度，于是藏边诸国渐对清朝表现离心和疏远，而给了英帝国主义的侵略以可乘之机。

此时廓尔喀国内发生了内乱，廓尔喀噶箕（大臣）乃尔兴与国王不和，噶箕聚众叛乱，将国王拉纳·巴哈都尔逐出阳布（即加德满都），国王又集合各地兵力，夺回阳布，噶箕乃尔兴欲逃到西藏避难，请示当时的驻藏大臣英善，英善拒绝乃尔兴来藏。不久廓尔喀国王被叛军所杀，英善又向嘉庆帝上奏："廓尔喀国王拉纳·巴哈都尔被戕，未据敬关禀报，不必差人往探，并驱逐廓尔喀叛逆垫纳毕各咙（乃尔兴之弟）出境，仁宗是之。"（《驻藏大臣考》）

哲孟雄有几处地方，以前被廓尔喀侵占，现在廓尔喀内乱，哲孟雄王想乘机收复失地，禀请驻藏大臣"檄谕"廓方，驻藏大臣英善又予以"驳斥"，并将结果向嘉庆帝上奏，嘉庆帝批示："哲孟雄头人因英善等均系接任之员，将廓尔喀久经侵占之地，捏辞具禀，希望蒙混断还地方，经英善等查明旧案，明白开导，所办甚是。"

哲孟雄王在驻藏大臣方面碰了钉子之后，即转而倾向英国，请求英人帮助。英国当时正欲将藏边各国置诸其控制之下而无借口，当然立即答允。清嘉庆十九年（1814年），英人应哲王之请派兵入哲孟雄，将喜马拉雅山之铁来、摩兰两地，从廓尔喀人手中夺过来，给了哲孟雄，并与哲孟雄人约定：嗣后"锡金（即哲孟雄）有事则英国任保护之责"，于是哲孟雄开始沦为英国的"保护国"。

廓尔喀人对英国帮助哲孟雄抢去廓国境地自不甘心，出兵反击英国人，将侵入廓哲两地的英国兵打败，逐出境外。清嘉庆二十年（1815年），英国重新集合大兵，向廓尔喀大举进攻，廓尔喀人一面派兵阻御，一面向驻藏大臣喜明报告，要求帮助军饷，遭到驻藏大臣的拒绝。喜明责备廓尔喀人以前"多事"，不应惹英国人。接着廓尔喀人被英国人打败，廓王又向驻藏大臣报告，要求清朝出兵援助,并提出"若投诚披楞(披楞即指英国人)即不能朝清"。驻藏大臣不但拒绝出兵援助,并"严行驳斥"。廓尔喀人在驻藏大臣方面碰了钉子,得不到任何援助,只得向英国求和。清嘉庆二十一年(1816年)廓尔喀和英国订立了《萨格里条约》,廓尔喀除给英国割地三处外,并承认英国可常驻代表在加德满都。

在英廓战争期间,九世达赖隆朵嘉措于清嘉庆二十年(1815年)二月十一日在布达拉宫暴亡,只活了11岁。达赖死后,嘉庆帝下令一面寻访转世灵童,一面由掌办商上事务的第穆呼图克图摄政。清嘉庆二十三年(1818年),第穆呼图克图逝世,嘉庆帝又命甘丹锡热图诺门汗(即后来的策满林呼图克图)继任摄政。

十、十世达赖楚臣嘉措

十世达赖法名楚臣嘉措,生于藏历十四"饶迥"之火鼠年(清嘉庆二十一年,1816年),系西康理塘地方内都那布村头人之子,父名罗桑年札,母名南甲布赤。楚臣嘉措被确定为十世达赖后,其父即被清朝政府照例封为公爵,以后随灵童入藏,噶厦又拨给他很多田庄百姓,遂成西藏大贵族之一,即今之宇妥。

当时西藏找寻到的达赖灵童共有三人。清道光二年(1822年),道光帝命将三个灵童都送到拉萨,在布达拉宫举行金瓶掣签,结果楚臣嘉措被抽定为十世达赖。摄政策满林将达赖灵童先安放在拉萨附近的聂塘寺,敦请七世班禅丹白尼马给灵童剃发,授沙弥戒,并取了法名。然后选定是年八月初八日,将灵童迎到布达拉宫,举行了坐床典礼。

楚臣嘉措13岁(1828年)入哲蚌寺学经,18岁(1833年)又拜七世班禅为师,受了比丘戒。藏历十四"饶迥"之火鸡年(清道光十七年,1837年)九月初一日,楚臣嘉措在布达拉宫暴亡,只活了22岁。到逝世为止,十世达赖一直没有亲政。

楚臣嘉措在世期间,西藏内外没有发生大的事件,但藏边各国和清朝的关系则日趋疏远。道光元年(1821年),"哲孟雄部长来藏熬茶,又向甘丹锡热图呼图克图禀请赏给帕克哩营官之缺,或将所属卓木族百姓及卓木雅纳绰松百姓赏给管理"。当时驻藏大臣文干"严行驳斥",并向道光帝请示:"嗣后哲孟雄部长五年或八年允许来藏一次",道光帝批示:"著以八年来藏一次为

十一世达赖凯珠嘉措塑像

限。"道光二年（1822年）十世达赖坐床，哲孟雄部长要求破格允许来藏参加典礼，道光帝批示："暂准来藏一次，……过时即催令回巢。"这就是不让哲孟雄和西藏多有来往。

道光七年（1827年），拉达克部长向道光帝呈递奏书一封，哈达一方，花绸一匹，驻藏大臣认为"与体制不合"，请旨办理。道光帝说："西藏沿边小部落，遇有事件，向未呈递奏书，拉达克本非廓尔喀之列在藩封者可比，今呈递奏书等件，原与向来体制不合，该大臣等所见尚是。"（《驻藏大臣考》）

道光十五年（1835年），廓尔喀与哲孟雄之间又因边界发生纠纷，廓尔喀王向驻藏大臣鄂顺安报告："哲孟雄部落侵占疆界，请示办理。"道光帝指示接任驻藏大臣关胜保："迅即兼程前进，亲赴边界体察情形，并随时派人密探，倘该夷人等蛮触相争，该大臣等惟当严饬所属汉番官，慎守卡伦，严密防范，不准一人擅出边界，致酿事端，是为至要。"（《驻藏大臣考》）这个指示对廓尔喀与哲孟雄之间的争执如何解决，则一字未提。因而哲孟雄、廓尔喀又向英国要求调解，"英政府派格兰德氏调解其事，事毕，格氏主张租借锡金（即哲孟雄）之大吉岭，为英'避暑地'。1835年锡金割让大吉岭及与印度平原连接山地给英国，英政府每岁以三百镑为锡金国王年俸"。（《西藏通鉴》）

十一、十一世达赖凯珠嘉措

十一世达赖法名凯珠嘉措，生于藏历十四"饶迥"之土狗年（清道光十八年，1838年），是西康打箭炉（康定）境内泰宁寺附近的一家富户之子，父名才旺团柱，母名永仲布赤。凯珠嘉措被选定为十一世达赖后，其父又照例由清朝政府封为公爵，以后随达赖入藏，噶厦又照例拨给了很多庄田百姓，遂成西藏大贵族之一，即今之彭康（彭错康萨）。

当时认定的达赖灵童也有三个，需经金瓶掣签决定，因西藏阿里地区发生战争，乃将凯珠嘉措先寄住在泰宁寺内。

阿里战争发生于清道光二十一年（1841年），阿里之西有一个部落叫拉达克，其所在地向来是西藏的属地，归达赖喇嘛管辖。"后为西藏界外野番森巴侵占其地，走唐古忒求救，驻藏大臣拒之弗纳，拉达克怨，反投森巴，诱之寇唐古忒，欲复芒丘纳山西故地。"（《西藏图考》）森巴人乘机大举侵入阿里，占领了如妥、噶达克、达巴、补仁、杂仁等五个宗，阿里地区全部失陷。

当时正值鸦片战争期间，清朝政府无兵派往西藏，驻藏大臣派了噶伦才丹多吉和代本比喜，率藏军1300人，前往阿里反攻。清朝政府对这场战争也很重视，特命驻藏大臣将存放在武器库房的劈山大炮交给藏军使用，"以资攻剿"。由于森巴人勇悍善战，开始未能取胜，噶厦又抽派前后藏民兵500人，前往增援。道光二十一年（1841年）冬，阿里区大雪，雪深数尺，森巴人不耐冷，藏军乘雪以连环枪进攻，森巴人大败，大头目倭色尔阵亡，杀死200余人，俘虏800余人，一直追到西藏与拉达克边境，阿里失地全部收复。

森巴人经此次战役失败后才与西藏议和，并从侵占之拉达克地方完全退出，将其仍交给拉达克部长管治。

道光二十一年（1841年）五月二十五日，由驻藏大臣将三个达赖灵童集合在拉萨布达拉宫举行金瓶掣签，结果抽定了凯珠嘉措，即请七世班禅丹白尼马给灵童剃发，并取法名。然后选定次年（道光二十二年，1842年）四月十六日，迎至布达拉宫，举行了坐床典礼。道光帝特派章嘉呼图克图、孟保、成都副都统什蒙额等前来看视坐床，并拨库银一万两为坐床大典的用费。

清道光二十四年（1844年），驻藏大臣琦善和西藏摄政策满林呼图克图失和，驻藏大臣向道光帝参奏摄政"贪黩营私，奉旨剥遣，发往黄龙江安置，所有财产查抄变价，赔修各庙宇"。琦善又向道光帝建议：由七世班禅丹白尼马

清帝封赐十一世达赖喇嘛金册

掌办商上事务。"奉旨商上事务着照议准令班禅额尔德尼暂行兼管。"当时七世班禅业已63岁，不愿任摄政职，经过驻藏大臣再三劝说，才答应了。随后，琦善鉴于种种弊端，奏改章程二十八条，详细规定了驻藏大臣的职权、地位及摄政应当遵守的规章等。清道光二十六年（1846年），十一世达赖9岁，拜七世班禅为师，在大昭寺内释迦牟尼像前受了沙弥戒。受戒后，班禅要求坚决辞去摄政回寺静修，道光帝乃命阿及图诺门汗（即热振呼图克图）继任摄政。

清咸丰二年（1852年），十一世达赖凯珠嘉措由驻藏大臣额勒亨（额病，改由守备童星魁）陪同，自拉萨出发，前往色拉、哲蚌、噶丹各寺讲经说法，熬茶、放布施，由噶丹寺又转赴圣母湖前往曲科甲寺，由那里绕道山南朝桑鸢寺转回拉萨。清咸丰五年（1855年），咸丰帝命令达赖亲政，仍由热振呼图克图掌办商上事务。凯珠嘉措于是年正月十三日亲政，还不满一年，突于是年十二月十五日在布达拉宫暴亡，只活了18岁。凯珠嘉措死后，咸丰帝又命热振呼图克图担任摄政。

十一世达赖在世的18年，正值鸦片战争和太平天国战争期间，清朝的统治在全国范围内发生了动摇，西藏也不例外。咸丰二年（1852年），西康乍丫地区（在昌都之南）喇嘛寺内部发生冲突，"乍丫小喇嘛因挟夙嫌，纠众多人将诺门汗属下大小头目杀毙17人，并抢焚敕书印信、寺庙财物，抢劫驿站塘兵马匹"，致使西藏与内地交通断绝，邮路不通。与此同时，中瞻对（在西康东部）地区也发生类似事件，驻藏大臣和噶厦委派噶伦才丹、昌都仓储巴、乍丫守备等人前往乍丫"剿办"，中瞻对由四川方面出兵"痛剿"，经过一年多时间，才把两处的冲突暂时镇压下去。说明这时西藏局势已不稳定。

接着西藏边界冲突事件在英帝唆使下也接踵爆发。1842年，廓尔喀王先向驻藏大臣报告："该国屡被披楞（即指英国）欺凌，求赐银两，发兵堵御，并请另换藏属地方。"这是借口英国侵略而强要西藏的地方，驻藏大臣孟保"反复驳斥，并将所呈披楞原信掷还。"廓尔喀王碰了这一钉子以后，又来西藏提出了如下的无理要求："聂拉木、济咙地方，十年归西藏管理，三年归尼泊尔管理。"驻藏大臣又予"严正晓谕"，没有允许。咸丰五年（1855年），廓尔喀派干布唐松旺对到济咙，传集村民，欲接管济咙宗宗本事务。噶厦方面派了噶伦汪曲结布，驻藏大臣也派粮务员张祺"先后驰赴后藏定日一带，借查办案件为名，暗为布置"。

接着廓尔喀人借口西藏官吏在边境多收廓商税米，阻挡廓商，及杀伤抢劫各案，违背了"永不侵藏"的誓约，拥兵数千侵入西藏，占领了济咙和聂拉木两个地区，接着又攻占了宗喀。驻藏大臣赫特贺亲赴后藏协噶尔，与廓尔喀方面的噶箕会面，根据廓方所提出的理由，断令西藏方面给廓尔喀赔偿汉银15000

两,双方罢兵,廓尔喀方面不接受,并继续增兵,续占了阿里地区的补仁宗和后藏地区的绒厦地方,"并增派夷兵,意图扑灭清营"。此时噶伦才丹率领藏军向廓人反攻,杀死廓军数百人,将帕嘉岭的廓营平毁,接着又克复了聂拉木,包围了宗喀,噶伦才丹又亲自率兵进攻绒厦,战事稍有好转。廓尔喀人经过初期失败之后,又从国内抽调精兵七八千人,由约木卡逾崖而入,直扑聂拉木,结果又把聂拉木重新攻陷。此时太平天国战争尚在进行,清朝政府自顾不暇,驻藏大臣只好由前藏抽调汉藏兵2000余人,派往后藏增援,一面奏请四川总督调西康番民入藏,以为声援。终因西藏方面在军事上不能取胜,不得已才向廓尔喀人屈服,订了不平等条约。该条约要点如下:

左开为廓尔喀与西藏两政府之僧俗各负责官员,举行会议,同意签订之条约十项:

一、西藏政府每年以一万卢比付给廓尔喀政府;

二、廓尔喀与西藏均尊敬大皇帝,西藏为佛教圣地,若有任何外国攻击之时,廓尔喀政府应予以援助;

三、此后对廓尔喀商人,不准征收贸易税、过境税及其他种类之税;

四、西藏方面将俘获之廓尔喀士兵、武器、妇女交还廓尔喀政府,廓尔喀政府亦将俘虏之西藏军队、武器、牦牛,及济咙、宗喀、聂拉木、补仁、绒夏各地西藏居民所遗之物件,一律归还西藏,和约签订后,上述各地之廓尔喀军队即行撤退;

五、嗣后廓尔喀政府派一代表常驻拉萨;

六、廓尔喀商人得在拉萨开设商店,并自由贸易;

七、西藏政府不得审讯寓居拉萨之廓尔喀商人之案件,惟廓尔喀与西藏两国人民之争讼,则由廓藏两国官吏共同会审,西藏人民罚款归西藏官吏,廓尔喀人民罚款归廓尔喀代表;

八、廓尔喀犯人逃到西藏,西藏应引渡于廓尔喀,西藏犯人逃到廓尔喀,由廓尔喀引渡给西藏;

九、廓尔喀商贾人民之财产,为西藏人所劫掠时,西藏官吏于审明后应强迫退还,或限定一定时期内退还,西藏商贾人民之财产为廓尔喀人所抢劫者,廓尔喀官吏审明后亦应强迫退还,或限定一定时期内退还;

十、和约签订后,两国政府对于西藏人民在战争期间曾帮助过廓尔喀政府,或廓尔喀人民在战争期间曾帮助过西藏政府者,皆不得加怒于其身体或财产。

这次廓尔喀侵犯西藏，实际上是由英帝在背后支持和怂恿的，因为当时廓尔喀政府已由英帝的忠实代理人钟·巴哈都尔（首相）完全控制。

十二、十二世达赖成烈嘉措

十二世达赖法名成烈嘉措，生于藏历第十四"饶迥"之火龙年（清咸丰六年，1856年），父名彭错才旺，母名泽仁玉准。（其父曾被清朝政府封为公爵，后因十二世达赖20岁即死，其家属及田庄被大贵族拉鲁所吞并，遂与拉鲁合为一家）。当时也找到达赖灵童三人，齐集拉萨，于清咸丰八年（1858年）正月十三日，由驻藏大臣满庆主持，在布达拉宫举行金瓶掣签，结果抽定成烈嘉措为第十二世达赖喇嘛，由摄政热振呼图克图给灵童剃发并取法名（因当时七世班禅已死，八世班禅刚4岁，不能给达赖灵童剃发取名），然后接到罗布林卡噶桑颇章宫内暂住。清咸丰十年（1860年）七月初三日，成烈嘉措被迎至布达拉宫举行了坐床典礼。

清同治三年（1864年）十二世达赖成烈嘉措年已8岁，因当时八世班禅也还年幼，乃拜卸任噶丹池巴罗桑钦饶旺觉为师，受了沙弥戒。

由于清朝在西藏的统治动摇，因此不但藏边诸国之间纠纷迭起，英帝侵略得寸进尺，而且西藏内部的不稳状态也日趋严重。清同治元年（1862年），西藏摄政热振呼图克图和哲蚌寺僧众因事发生冲突。原来哲蚌寺有一堪布，热振呼图克图因其"克扣布施"予以革退，革退后哲蚌寺僧众不服，聚众至摄政府吵闹，驻藏大臣满庆派粮务委员李玉圃、游击唐怀武等人率汉兵前去"弹压"。李玉圃又偏袒哲蚌寺，以致事态扩大。哲蚌寺僧众又联络噶丹寺喇嘛，并打开布达拉宫的武器库，取出火炮向摄政府轰击，据说幕后指挥此事者为噶伦将本（壁喜）父子及噶厦官员，还有四大仲译，参加者约有噶厦的三分之一的僧俗官员，显见是当时政府官员反对摄政的行动，是贵族和摄政之间的斗争，不过通过堪布革退事件爆发而已。

事件发生后，热振一面向驻藏大臣报告，一面也聚众开枪还击，坚持了一天，终因寡不敌众，热振于夜间携带了摄政的印信潜逃。驻藏大臣满庆乃向同治帝参奏，革去了热振呼图克图的名号，"敕印注销"，另派诺门汗霞札娃·汪曲结布协办商上事务。清同治三年（1864年），霞札娃·汪曲结布逝世，同治帝又命达赖师傅罗桑钦饶旺觉协办商上事务。

热振呼图克图从拉萨逃出后，取道青海前往北京，向清朝政府控诉。清朝政府一面派福济为查办大臣，前往西藏查办此事，因当时西康瞻对地方发生部落纠纷，道路梗塞，未能前往；一面又调粮务委员李玉圃，赴京对质，但驻藏大臣袒护李玉圃，"卒不遣去"，后来热振死在北京，此案不了了之。

西康瞻对地方发生的部落纠纷，后来发展成为部落之间的战争，把西藏也牵连进去。本来瞻对（即今四川省新龙县）分上中下三部，该地在十一世达赖时即发生过部落纠纷，同治二年（1863年），该地土司工布朗结勾结德格土司强占了霍尔章谷土司的地方，并波及到明正土司的地区（即康定地区）。工布朗结之子东登工布纠众拆毁了理塘土司的官寨和大路上的桥梁，"并拆阅文报，捆绑通司，赴藏之路不通"。同治四年（1865年），派李玉圃率西藏军兵前往进攻，清朝政府也命令西康麻书土司索南旺结，明正土司坚赞林钦出兵协助，分路环攻。同治五年（1866年）一月始将瞻对新旧两寨攻克，将瞻对土司父子三人用火烧死，瞻对全境才告"平服"，西藏和内地的交通也才恢复。藏军占领瞻对以后，向四川总督要求兵费20万两，川督不允，藏军即将瞻对地方占领，不予撤兵，清朝政府遂命令"所有瞻对上中下三处地方，着即赏给达赖喇嘛派堪布管理，建庙梵修"。

在这前后，西藏内部也到处出事。同治二年（1863年）八月，拉萨色拉寺喇嘛聚众"抢劫已革待审之总堪布罗布藏称勒南木结，驻藏大臣满庆派兵平之"。同治十年（1871年），"总堪布班垫顿柱等纠合噶丹寺喇嘛僧众作乱，恃险抗拒，驻藏大臣恩麟派兵进剿，并会商达赖喇嘛催令汉番文武剿抚兼施，生擒喇嘛阿丹及已革噶伦策仁旺曲等25名，并将首逆班垫顿柱枪毙。"（《驻藏大臣考》）

至于西藏边境，英帝的蚕食行为日益深入。先是哲孟雄将大吉岭地方割给英国以后，英帝在大吉岭设县，派知事一人管治。道光二十九年（1849年），哲孟雄人将英国所派的大吉岭知事坎蒲俾尔拘捕，囚禁了六星期，其后又将一英国旅行者菲加亚一同逮捕，都处了死刑，英帝停止给哲孟雄国王每年300镑的年俸。清咸丰十年（1860年），英帝派"可罗冷尔戈那遂率英军远征其地，偕使臣阿期伦颠进占王宫他母笼，哲孟雄兵败媾和，订立了城下之盟，条约规定：（一）锡金（即哲孟雄）应许英人以自由贸易；（二）保护游历外人；（三）修筑道路；（四）代谋英与西藏交通便宜诸事，而每岁所受英给之年俸遂增至1200镑矣"。（《西藏通览》）

由于以上种种情况，清朝对西藏的统治每况愈下，一方面是英帝步步侵略逼近，驻藏大臣毫无办法；一方面是西藏内部人心背向，事变层出，当时清朝政府给

驻藏大臣崇实的指示中也不得不承认"藏事败坏至此"。(《驻藏大臣考》)

　　清同治十二年(1873年),代理摄政罗桑钦热旺觉病死,同治帝命令由达赖亲政。成烈嘉措亲政后,循例前往色拉、哲蚌、噶丹三大寺朝佛,然后又赴圣母湖、曲科甲寺巡礼,又转往山南桑鸢寺等地说法,于1874年倦游归来。藏历十四"饶迥"之木猪年(清光绪元年,1875年)三月二十日,十二世达赖突然又在布达拉宫暴亡,只活了20岁,亲政时间也只刚刚一年。成烈嘉措死后,光绪帝一面选派济咙通善呼图克图(即功德林大拭呼图克图)担任摄政,一面命令寻访十三世达赖灵童。

　　自九世达赖隆朵嘉措到十二世达赖成烈嘉措,都在少年和青年时短命而死(九世达赖只活了11岁,十世达赖只活了22岁,十一世达赖只活了18岁,十二世达赖只活了20岁),而且死得都很突然。人们都怀疑达赖被人毒死,但始终破不了案,抓不到凶手。其实谋害达赖的,就是西藏的僧俗大农奴主。这几世达赖都是作了这些僧俗大农奴主争权夺利的牺牲品。

　　清朝政府也认为达赖死得可疑,所以每逢达赖暴亡,驻藏大臣下令不准移动达赖尸体,不准移动达赖寝宫的一切东西,并将达赖的侍从官员一律锁拿起来,由驻藏大臣进行验尸,追查责任。但是结果是驻藏大臣乘机发一笔大财,不了了之。这就使谋杀达赖的那些凶手更加肆无忌惮。

中 编
十三世达赖喇嘛土登嘉措

十三世达赖土登嘉措塑像

一、寻访灵童的经过

根据藏文十三世达赖传所载：在拉萨东南部达布地区，有一处地方群山环绕，山清水秀，在许多山梁里面，有一条山梁形状像象的鼻子，因此当地人把这条山梁和山脚下的村庄命名为朗敦（藏语称象为朗，朗敦意为象山之前），该地气候温和，农产丰富，还出产蜂蜜。

在朗敦村里面有一户农家，其血统不是贵族，但照西藏人的说法，也不是"杀生作恶"这一类人。这家的主人名叫贡噶仁钦，妇人名叫罗桑卓马，此妇人于藏历第十五"饶迥"之火鼠年（清光绪二年，1876年）五月五日，在太阳刚出山的时候，生下了一个男孩，广额、黑发、头顶上有几茎白发是这个小孩的特点。

这时十二世达赖成烈嘉措逝世已一年多了（十二世达赖是1875年三月二十日逝世的），噶厦为了寻访新达赖的灵童和确定寻访的方向，特请札什伦布寺的八世班禅丹白旺修（1854~1882年）打卦问卜，八世班禅答复说达赖灵童已经出世，其方向在拉萨之东南方云。噶厦又请山南桑鸢寺降神的曲将降神，也说达赖灵童转生在东南方向。噶厦又请专门降神的乃均曲均降神，也说达赖灵童转生在东南方向。噶厦因各方面的说法一致，于是决定向拉萨的东南方寻访灵童。

在灵童寻访的方向确定以后，按照过去旧例，还要探求灵童产生地方和产生家庭的某些特征，以便于寻访。探求的方法有二：一是请乃均降神询问，一是到曲科甲地方的圣母湖中去看显影。噶厦先在布达拉宫大经堂内举行了一次降神，由摄政大拭呼图克图（即济咙通善呼图克图）、三大寺的活佛僧官、政府的全体噶伦参加，乃均在会上降神，说是"达赖灵童降生在拉萨东方某一村庄，父名贡噶，母名卓马，应派大德高僧，前往打箭炉以西各地寻访"。

噶厦根据上述的访寻范围与父母姓名，即派出很多活佛、堪布和政府官员，前往卫康各地寻访。又特派拉萨上密院卸职堪布罗桑达吉，于1876年9月，前往拉萨东部曲科甲地方的圣母湖去看显影。该堪布照例向湖中抛了哈达和宝瓶药料等物，并在湖畔诵经祈祷，然后向湖内观看达赖灵童转生地方的村庄幻景。

这位堪布在看了湖内幻境以后，又会晤了曲科甲地方的聂堆（地方官名）。据该聂堆谈：他听说达布地区的朗敦村，有一农户，男名贡噶仁钦，妇名罗桑卓马，于火鼠年五月初五日生了一个男孩。堪布就按照该人谈的方向，前往朗敦村密查暗访。当他到达朗敦村时，据他说该地情况和湖中所见的幻景相似，而生有小孩家庭的父母姓名，又恰与乃均神所说符合。

堪布找到这户农家，看望了婴孩，然后回到拉萨，将上述情况详细报告了噶厦和摄政。噶厦即派古觉大堪布强曲南卓、噶厦卓尼拉旺努布两人前往朗敦详细考察，并要贡噶夫妇二人将生子前后的经过，及有何异征，具实向噶厦作一书面报告。

古觉大堪布和噶厦卓尼到达朗敦村，代表噶厦向婴儿献了一条长哈达、一尊佛像、七大包干果，还有两小袋"丹对"和"麻尼日布"药丸。

献礼完毕，古觉大堪布又取出十二世达赖生前用过的遗物数种，放置在婴儿面前，看婴儿取什么东西（格鲁派规矩，婴儿取了前世达赖的东西，即证明是前世达赖转生）。婴儿在陈列的东西中，随手拿了一个小瓶。于是古觉大堪布即告诫婴儿父母，对婴儿要很好的保养，尤以清洁为重要，并禁止外人与婴儿接触。

古觉大堪布在朗敦村中停留了四日，仔细访问了婴儿生产经过，又仔细观察了婴儿的动作，然后满意地返回拉萨，向噶厦作了报告。摄政通善呼图克图、四大噶伦、三大寺代表等人，又请乃均曲均降神，乃均曲均向东南方叩头、献哈达，表示东南方寻到的这个灵童是真正达赖的转生。与此同时，噶厦又把朗敦地方的灵童的详细情况，报告了札什伦布的八世班禅，班禅回信也说朗敦村的灵童是达赖的转世。

至此，噶厦认为朗敦灵童已经各方面肯定为新达赖的灵童，因为其他地区再未发现有同样的灵童。乃由八世班禅、摄政通善呼图克图、三大寺和札什伦布寺的全体僧俗官员联名向当时的驻藏大臣松溎上了公禀，要求驻藏大臣转奏清朝皇帝，由于灵童只有一名，且经各方公认，请免予金瓶掣签。1877年3月，光绪帝在奏折后面批示："贡噶仁钦之子罗布藏塔布开甲木错，即作为达赖喇嘛之呼毕勒罕，毋庸掣瓶。钦此。"

二、剪发取法名

清光绪三年（1877年）十月二十日，布达拉宫派了森本、苏本、却本三大堪布（这是侍候达赖经常不离的三大堪布），还有堪穹、僧官等三十余人，噶厦派了玉妥台吉、代本等20余人，还有拉让强佐、仔本、南木乍、森约、马官、轿官、打伞的、搭帐篷的、仪仗队、乐队等全体人员，带了前世达赖用过的日用器具，前往朗敦村迎接达赖灵童前来拉萨供养。

十一月初一日，达赖灵童穿了法衣，坐了轿子，由仪仗和音乐前导，离开朗敦村前赴拉萨。噶厦在沿途各站口均布置了欢迎帐篷，基巧堪布、彭康公、全体噶伦、大喇嘛、廓克札萨、姜乐建公、丹吉林呼图克图、霍尔康札萨、台吉彭达、颇本、代本等人在途中欢迎，向灵童献哈达。

十一月十四日，灵童到了拉萨河南岸的公堂寺，由森本堪布把灵童抱到聂畏殿上，按照过去的旧例，在此接受圣旨，灵童面向东方下跪，驻藏大臣立在前面，捧读了光绪帝批准灵童继任十三世达赖喇嘛并免予掣签的圣旨，灵童向东方行了三跪九叩礼，然后两个驻藏大臣也向达赖献了哈达，灵童向驻藏大臣还了哈达，并送了佛像、香、氆氇等礼品。接着举行了噶卓（庆祝会），首先由摄政通善呼图克图代表噶厦，向灵童献哈达、曼札、七珍八宝、轮子、海螺、金子、元宝、绸缎、茶叶、酥油、干果、白青稞等。接着由札什伦布寺代表卓尼向灵童献哈达和各种贵重礼品，然后由各呼图克图、佛师普觉、噶伦、公、札萨、台吉、三大寺的代表、上下密院的僧官依次一一向灵童献了哈达。达赖灵童暂时就住在公堂寺，等候八世班禅从札什伦布来给灵童剪发并取法名。清光绪四年（1878年）正月初四日，八世班禅丹白旺修应噶厦之请，从札什伦布寺前来拉萨。正月十一日，摄政通善呼图克图和佛师普觉陪同八世班禅前往公堂寺，会见达赖灵童，灵童向班禅献了哈达和曼札，班禅也给灵童还了哈达。礼毕，班禅用剪子剪去了灵童头上的头发，给灵童换了僧衣，并给灵童取定法名为"吉总阿旺罗桑土登嘉措鸠差旺觉却勒南巴加娃巴桑布"（简称土登嘉措）。取法名毕，灵童以长哈达一条、长寿佛一尊送给班禅，班禅也以同样的礼品还赠达赖灵童。

剪发取名毕，噶厦在雪都岗钦冒大经堂内举行了盛大的噶卓庆祝大会。第二天札什伦布寺为了庆祝达赖灵童剪发取名，举行了同样盛大的噶卓。班禅和达赖灵童在公塘寺一同居住了两个多月，然后返回札什伦布。灵童在公堂寺的一切开支均由噶厦供给。后来达赖灵童又移到日加三丹林寺去居住了一段时间，等候选定日期，举行坐床典礼。

三、坐 床

达赖灵童被接到公堂寺后，噶厦即向驻藏大臣报告："准备在土兔年（光绪五年，1879年）举行达赖坐床大典，请转奏皇上，照过去旧例予以照准，并准许新达赖在坐床时乘坐黄轿，并用黄色马鞍。"

1879年5月，光绪帝的圣旨到了拉萨，内云："达赖喇嘛转世已经确定，今年六月十三日良辰吉时举行坐床，甚佳，朕深喜之！现赐达赖喇嘛黄哈达一条、佛像一尊、念珠一串、铃杵一套。达赖喇嘛坐床之后，可启用前世达赖之金印，并将用印时日上奏。前请乘用黄轿及黄色鞍辔均予准用。佛父贡噶仁钦封为公爵，赏戴宝石顶子，着孔雀翎，依旨遵行，钦此！"十三世达赖的父亲被封为公爵以后，噶厦又拨给他许多庄园和农奴，遂成西藏大贵族，即今之朗敦。

六月初十日，摄政通善呼图克图和公、噶伦、内堪布等前往日加三丹林寺，筹备迎接达赖灵童前来布达拉宫举行坐床典礼。十二日，摄政陪同达赖灵童自日加三丹林寺出发，前往拉萨。

这天在拉萨东郊约十华里的堆古塘宿营，噶厦预先在这里下了帐篷。驻藏大臣也到这里迎接达赖，彼此交换了哈达。

六月十三日，为达赖举行坐床大典之日，事先由雪第巴和拉萨米本（拉萨市长）向拉萨市民和拉萨附近的村民宣布了如下的命令：拉萨各街道一律要打扫干净，路边洒白色石灰两条，从大昭寺一直洒到布达拉宫门口。拉萨全市的房顶上，要插挂伞、盖、幢、五彩旗帜。当达赖进入市区时，各房顶上要吹唢呐、大号，敲皮鼓，击铜钹。家家户户门口要焚烧加有香料之松柏枝子。

十三日晨，达赖穿了黄色的熏了香的法衣，乘坐了黄色大轿，向拉萨前进，仪仗队，音乐队，摄政、佛师普觉、噶丹寺池巴、各大呼图克图、公、噶伦、札萨、侍从堪布、喀其人（伊斯兰教徒）、白布人（即尼泊尔人）、阿杂热雅人、宗里王子等人在达赖轿子前后护卫，排成了数里路长的行列。

从堆古塘开始，一直到布达拉宫门前，约十余华里长的道路上，排列了欢迎的僧俗民众，大路右边是三大寺、上下密院、拉萨木鹿寺、喜德寺、药王山等各寺的喇嘛，拿着各种伞、盖、幢、鲜花、供品、钹，吹着大号，击着皮鼓。左边是拉萨市民和拉萨附近各村庄的居民，穿了新鲜的服装，唱着吉祥歌，跳着吉祥舞，还有藏式腰鼓队，打着腰鼓，跳着回旋舞。当达赖的轿子从欢迎行列中经过时，鼓声、钹声、号角声、歌唱声合成一片。

按照过去旧例，达赖先到大昭寺，首先向柱上挂的"当今皇上万岁万万岁"的牌子挂了哈达，然后进入大殿，向释迦牟尼佛像献了哈达。是日由噶厦出资，在大昭寺各佛像前，献了1000盏灯和1000个糌粑做的供品。

达赖在大殿朝佛完毕，登上大昭寺的第二层楼，在那里向西藏古代的赞普松赞干布、唐朝的文成公主、莲花生祖师、白郎木（女神）的塑像献了哈达，并念了《成就四业经》，念毕下楼，直赴布达拉宫。

在布达拉宫的日光殿上又和驻藏大臣见面，彼此交换了哈达，达赖又送给驻藏大臣长哈达一条、佛像一尊。接着即在日光殿上举行了坐床庆祝大会。

为了庆祝达赖坐床，在布达拉宫前的广场上，由西藏各地来的藏式腰鼓队和各地的藏戏班子，演出了精彩节目。无数的西藏青年男女，穿了最新鲜美丽的衣服，唱吉祥歌、跳吉祥舞。另外从新东噶起（在哲蚌寺前边），一直到布达拉宫，长约15华里的大道上，有西藏最好的75名骑手举行了长途赛马。

达赖坐床以后，按照过去旧例，正式启用前辈达赖的金印，并向清朝皇帝"上表谢恩"。这种奏折先由大仲译写好，由基巧堪布和四大仲译共同呈给达赖过目，将达赖的金印盖在奏折上面。奏折的文字是按照第五世达赖罗桑嘉措遗留下来的规格写的，里面有一首藏文的七言带韵的诗句，大意是：

　　我们生在贫苦地，您赐我们得安宁，
　　今后只有托靠您，不靠皇上靠何人？！

从六月十五日起，到六月二十二日，连日举行噶卓。首先是札什伦布寺主办的，达赖、摄政、驻藏大臣均去参加，规模相当巨大，会上札寺札萨喇嘛努巴娃代表班禅向达赖献礼，诵赞辞。十六日是丹吉林的庆祝会。十七日是乃均札仓、江孜新庄和阿里头人等500余人的庆祝会。十八日是哲孟雄在拉萨的商官等200余人的庆祝会。其后是三十九族头人、前后藏各地区头人的庆祝会。其后又是札什城全体汉官、汉兵的庆祝会。最后是旅居拉萨的喀其人的庆祝会。

在后藏、阿里各个地区和西康地区的大小寺庙，为了庆祝达赖坐床，均举行了乘布大会，念经祈祷。

坐床大典举行后，摄政通善呼图克图，派了一位白也尔堪布背了奏折，前往北京，向清朝皇帝报告坐床经过。

四、受沙弥戒

达赖坐床以后，按照过去旧规，开始学习经典。光绪八年（1882年）四月，光绪帝批准以摄政济咙通善呼图克图阿旺班丹曲结坚赞为正佛师，普觉夏仲罗桑楚臣强巴嘉措为副佛师。

佛师就职后，选择吉日开始给达赖教经，开卷第一部是《心经》和《施食法》、《皈依经》、《法心经》，并且每日要练习写字。在开始教经的这一天，按照佛教规矩，噶厦全体官员向达赖献哈达致贺。

此时，驻藏大臣松滩三年任满调回北京，新任驻藏大臣色楞额到达拉萨。按照过去旧例，新任驻藏大臣到职后，要去布达拉宫会见达赖，达赖送给新任大臣阿喜哈达一条、佛像一尊，为见面礼。卸任驻藏大臣也向达赖辞行，达赖照例送些西藏土产礼物，并派一僧官送到芒康地方。

清光绪七年（1881年），达赖已经6岁，按照佛教规矩，翌年要受沙弥戒律。又按照过去规矩，沙弥戒应由班禅亲自传授，但当时八世班禅有病，不能前来拉萨，噶厦乃建议由现任正佛师通善呼图克图传授，即向驻藏大臣报告，请求转奏清朝皇帝。是年九月，光绪帝批准了达赖受沙弥戒的人选，并派外蒙古喀尔喀益喜苏巴前来拉萨，看视达赖受沙弥戒。噶厦乃选定水马年（清光绪八年，1882年）正月十三日，在拉萨大昭寺释迦牟尼像前，由摄政通善呼图克图给达赖传授沙弥戒。

1882年正月初六日，达赖由布达拉宫移住到拉萨大昭寺。正月十三日，正式受戒典礼在大昭寺的大殿上举行，摄政通善呼图克图命人把藏在大昭寺内的《显宗龙喜立邦经》请出来，放在前面，达赖向该经磕了头，并挂了一条五彩大哈达。通善呼图克图翻开经文，将经上所列举的不偷盗、不杀生、不谎骗、不奸淫等三十六条沙弥戒律，一条条向达赖作了讲解。讲毕，达赖对着该经宣誓："遵守经上规定的一切律条，为众生之事，身体力行。"宣誓毕，又献上上等缎子一匹，将经文包了，仍退回原处。然后达赖以纯金制成之曼札一盘，盘上放着一钱重的金子十二包，还有右旋海螺一个，轮子一个，送给通善呼图克图，作为受沙弥戒的酬礼。

达赖受沙弥戒后，即于正月十九日按照历代达赖的旧例，向清朝皇帝报告受戒的经过，派白也尔堪布一人背上奏折前往北京。四月，光绪帝为达赖受沙弥戒事降旨祝贺。

是年七月十六日，八世班禅丹白旺修在札什伦布寺圆寂。二十二日，札什伦布派人前来拉萨向达赖报告，并要求达赖迅速主持班禅转世事宜。噶厦即同摄政通善呼图克图商议，用达赖的名义写了一篇祈祷班禅早日转世的文告，颁发前后藏阿里、康区各宗、各谿卡，一体晓谕。噶厦又通知三大寺和布达拉宫的南木加札仓，集合全体僧众诵经，祈祷班禅早日转生。大小昭寺和布达拉宫各佛堂中，也作了盛大的供养。

次年（1883年）六月，札什伦布寺又派札萨喇嘛罗桑团柱前来拉萨，一方面向达赖报告班禅圆寂后丧事处理经过和建造灵塔情况，一面代表札寺，向三大寺僧众熬茶，施放布施。

五、达赖的常年活动

这里把十三世达赖的常年活动简单介绍一下，因为从五世达赖取得西藏地方政权以后，历代达赖都是相沿这种制度进行活动的，年年如此，除非有特殊的变故（如1904年达赖逃亡外蒙，1910年逃亡印度），则绝无变动。从这里也可以看看西藏喇嘛教上层的政治活动和宗教活动的一般情况。

每年藏历正月，是西藏人民的春节，又是拉萨举行两三万僧众的默朗木大会期间。正月初一日，达赖在布达拉宫举行盛大的庆祝大会，藏名叫作噶卓。大会上，驻藏大臣向达赖献哈达贺年，达赖也向驻藏大臣还赠哈达致贺。然后摄政、噶伦、三大寺僧官、佛师、僧俗官员、札什伦布和萨迦的代表，一一向达赖献哈达，并送年礼。达赖给每一个人摸头，然后有舞童十余人，上场跳钺斧舞，舞童穿彩衣，戴白布圈帽，靴上拴着很多小铃，跳时叮当作响，每人手中拿着一面小斧头，另有乐队十余人，击皮鼓和大钹伴奏，舞系尼泊尔式，动作柔和，另有风味。舞毕，由三大寺挑选经典烂熟、口才敏捷二僧，在会上举行辩论表演，最后散卡赛，抢卡赛①，宣布散会。西藏的所有庆祝会（噶卓），都是这样一种格式。正月初二日，布达拉宫又举行一个小型噶卓，驻藏大臣和摄政、噶伦等人均不参加。这次噶卓是每年新任的僧俗官员所举办的，名曰三加。按照噶厦旧例，新任命的官员，都在年底确定并宣布，在新年会上向达赖献哈达后，就去就职。正月初三日夜间，达赖照例在布达拉宫吉祥天母神像前打卦问卜，卜问本年的吉凶祸福，打卦内容也有一定的格式，一问大皇帝本年是否一切平安，二问达赖班禅本年是否一切平安，三问噶厦的一切设施是否顺利，四问全藏僧俗人民本年是否平安。

从正月初四日起，三大寺的喇嘛开始向拉萨集中，举行默朗木祈祷大会。根据五世达赖规定，在默朗木大会期间（自正月初三日至二十五日），拉萨市的政权，由昂仔辖（拉萨市政府）移交给哲蚌寺的铁棒喇嘛，在这期间，铁棒喇嘛可以随便处罚市民。初三日夜间，铁棒喇嘛向达赖报到，然后前往拉萨市接管政权。

默朗木大会在大昭寺内举行，每天有六次集会，早晨的会叫做肖作，肖作之后是索将，中午的会在大昭寺右侧松曲广场举行，叫做干木作，干木作之后是公则，公则之后是默朗木，默朗木之后是公加。达赖在未亲政以前，不能参加默朗木大会，亲政以后，只要有人邀请，达赖就可以去参加，并在正月十五的白天，要亲自在松曲会上向三大寺与会僧众讲经说法。

在默朗木大会期间，青康藏各地贵族巨商，均在会上向僧众放布施，达赖也照例拿到一份（比普通僧众要多若干倍）。

正月十五日晚上，在大昭寺四周的八廓尔大街上，举行酥油灯展览，谓之灯节。酥油灯的形式是在灯背设一木架，木架上用酥油塑制各种山川人物龙蛇鸟兽，饰以五彩颜色，非常精巧生动，在灯架前面点燃很多酥油灯。达赖在未亲政以前，不能出来观灯，从亲政的那一年起，如果参加默朗木大会，那么十五日晚上首先由达赖出来观灯，然后是摄政，再后是噶伦和贵族，最后是僧俗百姓，这一夜举城狂欢，往往闹到天明。

正月二十三日，默朗木大会完毕，举行送尸神典礼，僧俗抬着尸神到郊外去焚化，谓可免除一年之灾，藏军在旁边鸣枪助威。二十四日，拉萨大街上举行角力、举重等比赛，拉萨郊外举行跑马射箭比赛，非常热闹。二十五日，三大寺僧众开始回庙。达赖参加默朗木大会时，一般都在正月初五、初六下布达拉山，移住大昭寺内，二十五日起锡返宫，照例先在大昭寺拜佛，又到小昭寺拜佛，然后返回布达拉宫，以为定例。

---

① 卡赛是用面粉制作的，用油炸熟的食品，有点像油条。

二月十九日至三十日，又在大昭寺举行默朗木小会，三大寺有3000喇嘛参加，藏名叫做错却，汉人一般把它叫做传小召。在错却期间，达赖有时下山一次，赴大昭寺念经，当天仍返回布达拉宫。在错却完毕的这一天（二月三十日），布达拉宫自屋顶上悬挂一幅大佛像，长约30丈，从屋顶到山根，谓之晒佛。

三月初七日，达赖要集合布达拉宫南木加札仓的全体喇嘛念经，装聚宝瓶（瓶内装各种谷物、缎子布匹的小条子、五金、珊瑚等等），念毕经后，派人把小瓶带到全藏各宗、各豁卡去，埋在田野中，据说是为了"保养地气"，使这一年的庄稼收成好，这种事情每年照例要做一次。班禅在札什伦布每年也照样举行。

三月初八日，谓之换服节，达赖要换夏季衣服（贵族喇嘛一律都换）。为了庆祝换服，噶厦官员、三大寺要向达赖献哈达，表示祝贺。

三月十八日，达赖每年从布达拉宫移居罗布林卡（夏宫），噶厦的僧俗官员和警卫代本，在布达拉宫到罗布林卡的路上，排队欢送。达赖到了罗布林卡以后，大家又向达赖献哈达致贺。照例驻藏大臣次日要去看望达赖，彼此交换哈达。

六月十五日到七月三十日，为格鲁派的禁期（藏名叫做雅日霞西），在这一个半月以内，全藏格鲁派大小寺院的喇嘛，不准出外活动，蛰伏寺内，据说这一期间青草刚长出来，地上昆虫很多，恐怕喇嘛出外踏死小虫，"有伤上天好生之德"。在这期间，达赖特派雅达一人，四出巡视，如果有违犯者，即予重惩。七月三十日期满，达赖下令解除禁令，喇嘛们才能出外活动。

八月初一日起，达赖在罗布林卡举行沐浴礼，一共7天。为了祝贺沐浴礼，三大寺和噶厦官员又向达赖献哈达致贺。班禅和萨迦法王专门派人来送沐浴礼品。沐浴完毕后，驻藏大臣又要亲去看望达赖。

九月底或十月初，达赖从罗布林卡返回布达拉宫，和去时同样，噶厦全体官员、三大寺、警卫代本，又要排队欢迎，第二天驻藏大臣又要去布达拉宫和达赖互换哈达。

十月二十五日，是宗喀巴圆寂的忌辰，这天夜间全藏各寺庙各家屋顶上都要燃灯，俗称燃灯节。这天又是冬季换服节，从这天起，达赖要换着冬衣（贵族、喇嘛也同样），为了庆祝换冬服，三大寺、噶厦全体僧俗官员，又要去给达赖献哈达祝贺。

从每年十一月二十九日起到十二月二十八日止，为达赖每年闭关坐静期间。在这期间，达赖不见任何外人，所有噶厦呈请批阅的公文和请示的事情，一律由大卓尼上传下达。

十二月二十九日，在布达拉宫内的仁乃贡萨殿前举行跳神舞会（藏名苟多尔），跳神演员由南木加札仓的喇嘛担任，穿花彩衣，戴各种面具（有骷髅、牛头、鹿头、魔鬼等面具），配以长号、鼓钹等音乐。

此外，色拉寺和哲蚌寺每月派人向达赖献哈达一次，报告寺内情况，并请安问候。因为达赖在名义上是色拉寺和哲蚌寺的寺主，虽然不住在寺内，但寺政仍归他管，两寺的洛本（念经头）和各札仓堪布，都是由达赖委任的。至于噶丹寺和达赖的关系则比较不同，噶丹寺有他自己的寺主——噶丹池巴，在西藏人民看来，噶丹池巴仅仅次于达赖、班禅，而在其他一切喇嘛之上，噶丹池巴任期7年，在任满新换时，照例也经过达赖委任，但这只是一种形式和手续，实际上是寺内按照规定推选的。在噶丹池巴之下，经常有两个候补人员，一是夏仔曲吉，一是强仔曲吉，如果前一任噶丹池巴是由夏仔曲吉提升的，那么下一任噶丹池巴就由强仔曲吉补升，如此轮流。夏仔曲吉升任噶丹池巴后，其遗缺又照例由拉萨上密院堪布继任。强仔曲吉升任噶丹池巴后，其遗缺又照例是由下密院堪布继任，但都要经过达赖委任的手续。

达赖还有如下一种特殊权力，每隔12年，他可派人到珞渝地区征收一次租税，这个时间，规定在猴年。从历代达赖每逢猴年派遣官员到珞渝地区征收赋税的事实来看，说明这个地区在很早以前就属于西藏地方政府管辖的。

六、达赖幼年时期的西藏形势

十三世达赖幼年时期，西藏政治形势已经非常不好，当时的四川总督丁宝桢于光绪五年（1879年）闰三月初七日给光绪帝的《会筹藏中应办事宜》一折中，作了如下的概括叙述：

> 伏思西藏地方，从前祖宗定制，自察木多、乍丫至前后藏以及江孜、定日各隘口，均设有游击都司兵丁，以资驾驭，而临之以驻藏大臣，居中统治，凡藏中事务，其小而易办者，则由各该番官办理，层次申送，取裁于该摄政。其大而难办者，则由摄政咨送驻藏大臣核办，即其番官之拣补升除，均须由驻藏大臣主持办理，体统极为尊严，事权不容紊越，所以控驭该藏者立法至为精详。是以二百年来番官颇受汉官约束，番人自不敢轻

视，汉番一体办理，一切令行禁止，极为顺手。自道光末年以后，抚驭稍宽，番官因与汉官分而为二，各不相统，而番官之气焰渐长，其后习为故长，遂不复遵汉官约束，而汉官之呼应亦觉不灵，惟驻藏大臣之体制，一切犹遵定制，然亦不免于羁縻矣。……

目前该藏应办紧要事宜，约有二端：一在于各国洋人之游历无常，一在于哲孟雄之借端要索……以后凡有由川入藏洋人，由臣宝桢随时饬属，设法拦阻，一面咨会查照妥办。第查各国洋人近有由新疆及外洋别路入藏者，必须驻藏大臣先得消息，在于交界之处派员探迎，婉为劝阻……此则筹划目前之第一要务也。又哲孟雄地方，界在印度西藏之中，近日探悉该番，往往假披楞（英国）欺占彼地，时向藏中生事……若不早为筹及，恐其外肆勾结，内挟欺凌，将来洋人与藏中衅端，必从此起。……此又筹划该藏之第二要务也。

至察木多、乍丫等处，闻近日亦渐觉不驯，然细察其由，实亦彼此攘夺起见，只须驻藏大臣驭之以恩，示之以信，其有二三桀骜生事者，亦必置之于法，不稍宽假，自可诚服相安。

——《清季筹藏奏牍》卷一

上述清朝官方文牍已承认西藏面临着严重的危机——帝国主义积极侵略西藏，而清朝对西藏的统治日趋腐败，岌岌可危了。

七、反对洋人入藏"考察"

英帝国主义派人入藏侦察情况的行动，早在17世纪就已开始。清乾隆三十九年（1774年），东印度公司派波格尔到过后藏，见过六世班禅，由于噶厦反对，又未经清朝政府批准，未能到达拉萨。清乾隆四十八年（1783年）东印度公司又派泰涅到过札什伦布，又因同样原因未能到达拉萨。清嘉庆十六年（1811年），印度总督明多又派曼宁到了拉萨，见了九世达赖，但没有什么结果。清光绪二年（1876年），英帝借口云南腾越人民杀死英国翻译马嘉理事件，对清政府进行恫吓，清政府派李鸿章为代表，与英国驻华公使威妥玛在山东烟台缔结了《烟台条约》，英帝乘机要挟，在该条约上加了如下一条：

> 现因英国酌议，约在明年派员，由中国京师启行，前往遍历甘肃、青海一带地方，或由内地四川等处入藏，以抵印度，为探访路程之意，所有应发护照，并知会各处地方大吏暨驻藏大臣公文，届时当由总理衙门察酌情形，妥为办给。倘若所派之员不由此路行走，另由印度与西藏交界地方派员前往，俟中国接准英国大臣知会后，即行文驻藏大臣，查度情形，派员妥为照料，并由总理衙门发给护照，以免阻碍。

这是英国人因从印度不能入藏，乃想从青海、四川入藏的另一借口。

清光绪五年（1879年），英帝根据这一条约的规定，即派"马加国摄政义奥斯图凯来赖"等人，拟由青海入藏"游历"，并由北京行文驻藏大臣松溎，通知噶厦，拣派汉藏弁兵前往照护。噶厦接到洋人入藏"考察"的咨文以后，召开前后藏僧俗头人会议讨论，一致反对洋人入藏，并具了甘结，由达赖、班禅二人领衔，给驻藏大臣上了公禀，要求转奏清朝皇帝。甘结全文如下：

> 掌办商上事务通善济咙呼图克图，恭奉达赖喇嘛、班禅额尔德尼率领阖藏众呼图克图、三大寺堪布、新旧佛公、台吉、僧俗番官、军民人等，公具切实甘结，恳请钦差驻藏办事大臣代为奏咨事：伏查洋人入藏游历一案，屡接驻藏大臣译文，内称立定条约准其入藏，奏明之件，万无更改，各国到时，汉番一体照护，勿滋事端等因，并面奉屡次剀切晓谕，遂将藏中向无洋人来过，并习教不同，恐于佛地有碍，阖藏僧俗大众苦衷，恳求驻藏大臣代为咨报矣。而两藏（指前后藏）世世仰蒙大皇上天恩，振兴格鲁派，保护法地，何能仰报高厚鸿慈于万一，岂敢执意抗违不遵？唯查洋人之性，实非善良之辈，侮灭佛教，欺哄愚人，实为冰炭，断难相处，兹据阖藏僧俗共立誓词，不准入藏，出具切结，从此世世不顾生死，永远不准入境，如有来者，各路派兵阻挡，善言劝阻，相安无事，如或逞强，即以唐古忒之众，拼命相敌，谅在上天神佛庇佑佛地，大皇帝恩护佛教，断不致被其欺压而遭不幸也！谨将阖藏僧俗官民大众公议苦衷伤心情形，出具切实甘结，特求驻藏大臣代为奏咨，切望圣恩无疆，以救阖藏众生之生命也。谨呈。
>
> 达赖喇嘛、班禅额尔德尼及众呼图克图、噶布伦、上下南北康藏各属百姓等共同出具公禀图记。

这一公禀,实际上是西藏人民反对帝国主义侵略的宣言,是有历史意义的重要文件。在西藏上下一致反对洋人入藏的坚决态度面前,驻藏大臣松溎感到无法可施,向光绪帝报告:"乃该商上固执梗顽愚见,以众论之偏,有违圣明之旨……所有商上渎禀不遵缘由,具实参奏,请旨将掌办商上事务通善呼图克图以及噶布伦总堪布等严行惩办,奴才镇抚无方,呼应不灵,请旨一并从重治罪,并请另行简放能干大员来藏,以期办理得宜,商上或可遵循,不致任意违抗,实为国家边疆幸甚。"

清朝政府接到上述公禀和驻藏大臣的奏折以后,也感到事情非常棘手,乃密旨四川总督,设法阻挡洋人入藏,但英帝不肯轻易罢休,据丁宝桢奏牍载:"该洋员急欲进藏,臣以藏中情形,现据驻藏大臣松溎来咨,以阖藏番众人等,已联名具禀,出具图片,仍欲拦阻该洋员前进……将来如果入藏肇衅就在目前,必须设法劝阻,能得其改道前赴印度,方为妥善……惟其坚忍成性,不肯遽行迁就。"

清光绪六年(1880年),英人冒险进到西康巴塘地方,"当其未到巴塘之前,藏中番众一闻洋人入境,哗然聚兵拦阻,情势汹汹,时驻藏大臣恐其别酿事端,派夷情部郎主事有泰,带领僧俗番官大员,驰赴巴塘,妥为开导。……又准夷情有泰函称:藏番立意驱逐洋人,调兵多名,克日赴巴,该夷情力阻不允。又据该藏番投递夷禀声称:必须巴塘文武土司,将各处洋人逐去,勒令土司出具永无洋人进藏切结,方可罢兵,否则直到巴塘,焚毁教堂及土司房屋等语。并探闻该藏番遍札巴塘、理塘、霍尔、章谷、叠谷各土司,及云南所属阿墩子、中甸、维西等处寺院僧俗人等,以后一体不许洋人过境,亦不准各处迎接护送各等情。"(见丁宝桢奏牍)

英帝看到情势确实严重,才暂时放弃了入藏的打算,所派人员由巴塘改道云南转往印度,另谋入藏的道路。

八、查录戕杀信使事件

清光绪六年(1880年)九月,西康查录部落藏民三四千人,发生了戕杀驻藏大臣的信使,并与当地官军发生武装冲突的事件。查录本系理塘土司属下一部落,只有一千七八百户人家,事变发生的经过,据丁宝桢奏牍所载如下:"查录野番恃瞻对为护符,抗不遵照,勾结番官若康撒色空赛等,于八月二十日,纠集瞻夷三四千。直抵理塘东路之大竹卡,西路之曲奎桑管官坝等处,连营驻扎,凶焰甚张。二十四日及九月初旬,四出抢劫……适有巴塘专派军功三人赍递驻藏大臣拜发奏折一匣,行至热水塘,被野番杀伤,大路梗阻。杨福萃闻报……连前派弁兵共计500兵,星夜由炉(打箭炉)起程,九月十六日行距理塘120里之西俄洛地,突遇野番200余人,假冒夹坝(土匪),据山呐喊拦截,杨福萃督率弁兵,排队齐放洋枪,轰毙十余名,始行溃退。

十月初一日,瞻对番官索康色(是噶厦派去的)到理塘谒见,举止言语极为狂悖,杨福萃令其撤兵,不准附和,该番官狡诈支吾,迟延三日,仅将兵退扎台垣山后,仍暗支查录逆首工却得旦、达马贡大等带领千余人,日肆滋扰。……杨福萃乃调毛丫、崇喜、曲登三处士兵一千数百名,派都司杨福恒、张洪得等带领分攻上下两寨,而自率弁兵进围中寨。二十八、九等日,三路齐集,先行大张示谕,准其投诚免罪。讵达马贡大等乃敢率党抗敌,杨福恒手持洋枪,将其击毙,我军乘胜枪炮环施,各番见首逆殒除,罗跪寨前泣称:均系各土司部民误被煽惑,情愿悔罪归诚。杨福萃察其真切,许以不伤一人,即令引官军入寨,搜捕余逆赎罪。旋据张洪得等各擒获索朗江策、札录阿葱、丹者旺学等十余首犯,回营讯明,分别办理,并饬弁兵将寨内围墙及碉楼十余座,概行拆毁,三寨一律荡平。

从索康色支持查录闹事的一点来看,可见这次事件暗中是有噶厦的官员支持的。

清军在解决查录事件以后,又于清光绪八年(1882年),派粮员嵇志文带兵进攻三岩(昌都所属)的藏民,因"三岩野番频年抢劫行商,上年驻藏帮办大臣继庆由川入藏,行至大石包,该番匪胆敢拦路抢劫,杀毙引马人夫"(同上奏牍)。当嵇志文率兵围攻紫打时,"该东打岩(三岩之一)番犹敢纠合纳洼、尾角、暮洗等族共九百余人,前来紫打寨前郎隆拉山会战,欲解紫打之围,我兵分路迎击,该番势力不支,四散败逃,我兵乘胜追击,杀死各族20余人,受伤逃回者不计其数,复毙紫打匪首霞朵一名,于是紫打寨中男妇均哀哭求饶,情愿投诚,以后不敢劫抢大道。迭据擦纳寺喇嘛旺根代各族再三恳求……除将紫打一村查明不法之家,将其房屋尽行烧毁,田亩分赏良番,其余东打、纳洼、尾角、模西及暮洗、宗巴各村,概准投诚。"(同上奏牍)由于查录与三岩戕杀驻藏大臣信使与抢劫驻藏大臣行李的事件暂时得到解决,才保证了西藏邮路与驿站的继续畅通。

九、拉萨喇嘛抢劫尼商事件

清光绪九年（1883年）藏历正月，默朗木大会期间在拉萨发生的喇嘛抢劫尼泊尔人商店事件，使得西藏与尼泊尔关系变得紧张。事件发生的经过，根据当时驻藏大臣色楞额的奏折所载是这样的：

> 前藏地方每于正月初间起，至三月初间止，商上僧俗番官头目人等，均于大小招内熬茶布施，讽经祈福，是时各寺院喇嘛以及外来瞻礼僧俗，云集前藏，不下数万，良莠不齐，向由商上拣派正副铁棒喇嘛二人管辖，以资约束，当攒招期内，地方一切事宜，统归铁棒喇嘛管理，番官等不得与闻，此系藏中向来定章，相沿已久。本年三月初一日，攒招将毕，适有喇嘛数人与巴勒布（即尼泊尔）商民购买货物，致滋口角，经铁棒喇嘛前往弹压，尚未平息，时值昏夜，正在开导间，忽有喇嘛多人，闻风而至，附和滋事，有将该商民住居门窗击毁者，有乘间攘夺该商民财物者，臣闻信之下，立即传谕掌办商上事务通善济咙呼图克图等迅往弹压解散，勿令酿成巨祸，其滋事僧众，始行陆续星散，查验巴勒布商民，幸未受伤，唯货财多有遗失。臣等窃思藏中巴勒布贸易商民，系廓尔喀国所属部落，向由该国王拣派噶八丹一员驻藏管束……复查咸丰年间，廓尔喀兴兵侵犯藏境，前驻藏大臣赫特贺等督师查办，旋即罢兵议和，立约十条，各相遵守，合同内载有廓尔喀商人百姓财物被唐古忒百姓抢劫者，唐古忒之官查明将财物退还廓尔喀失主，如行劫之人将财物一时不能归给者，唐古忒之官勒限退还等语。……臣等现在督饬掌办商上事务通善济咙呼图克图及噶布伦等，查照从前条约，妥为设法筹办了结，以息争端，而睦邻围。

事件发生以后，西藏方面只承认喇嘛所抢的财物只值七八千两，允予赔偿，而尼泊尔方面则说损失达30余万两，双方所谈数字悬殊，谈判毫无结果，于是引起了西藏与尼泊尔边界的紧张形势。据丁宝桢奏牍所载："每于接见僚属，及由藏公回委员，详加询访，有谓喇嘛赔认藏银过少，廓番誓不甘心，招来番众数万，聚集交界地方，势将用兵，而喇嘛横不依理，不知自咎，辄拟与之迎敌者。"

是年十月，尼泊尔驻拉萨代表噶丹苏贝达拉奉召返国，报告拉萨抢案谈判经过，噶丹行前到布达拉宫向十三世达赖辞行，达赖在接见噶丹时，以茶、干果热情招待，又送尼代表哈达一条，五两重的金子一包，银元宝两锭，缎子一匹，以壮行色。达赖并向尼代表表示，要他回去以后，向尼泥尔国王转达致意，希望西藏与尼泊尔之间，保持友好关系，和平相处。

光绪十一年（1885年）五月，尼泊尔国王提出的赔偿数字减到十八万三千四百两，情势才有好转，但西藏方面多方凑数，只能凑出十万四千余两，还短七万余两，"实难勒追"，驻藏大臣乃咨文四川总督："先行筹拨银八万两，解藏备用"，四川总督向光绪帝提出："臣查藏番此次攘夺廓番商民财物，行同强盗，可恶实甚……如蒙天恩，准令四川即行筹拨垫解，事原可行，但恐以后该藏番必以渠等无端肇衅，代垫有人，动辄生事，则无底之壑，川省亦难尽填……此项拨款，虽经四川竭力筹划，似应由驻藏大臣严饬该藏番等，分作三年解还川库，不得延欠，方合体制。"根据藏文十三世达赖传载：是项赔偿，原规定由西藏在三年内归还四川，但到清光绪十二年（1886年），清朝政府为了照顾西藏困难，下令免予归还。

十、英人二次入藏被阻

清光绪十一年（1885年），英帝又派印度政府秘书马可伦从印度进入西藏，前往拉萨。根据荣赫鹏所著的《英国侵略西藏史》载："1885年，又有一复活之努力以促成与藏人之谅解，孟加拉政府最漂亮之秘书科尔曼·马可伦尝游边地，试探有无取道锡金山谷上游，以与日喀则人建立有益关系之可能，驻锡日喀则之班禅喇嘛，较之拉萨人民常觉友爱，此事似颇有希望也。……彼遂以全部精神与能力集中此事，彼获得印度政府之赞助，尤重要者，彼竟燃起英伦印度事务大臣之热情，故此时似有真正成功之希望也。"

又据《西藏通览》载称："1885年，印度民政厅吏员科尔曼·马可伦，得本国政府许可，欲游拉萨，向清政府请求旅行护照，马可伦从北京、伦敦间两面周旋后，卒由清国总理衙门发给旅行护照，并得种种利益之许可，马氏更欲铺张其行，结连多数学者，拟到西藏考察矿脉……清政府之意，固非因是而不悦其行，最足异者，藏人闻之极力反对彼等之入藏，有宁以干戈相见而不辞之势，于是清政府处此两难对付，非以兵力压制西藏，即当允许西藏之请求，取消总理衙门所给之旅行护照，二者必择其一。"

1886年，马可伦由哲孟雄进入西藏康巴宗（班禅辖区），宗本阻止他前进，马可伦恫吓宗本，如不让其前进，将调来3000兵进攻。宗本仍不让他前进，在康巴宗相持了几个月。

此时英帝国主义正在集中兵力侵略缅甸，1885年11月，英军占领了全部缅甸领土，后在北京与清政府缔结了《中英缅甸条约》。关于西藏问题在《中英缅甸条约》的第四条里面，作了如下的规定：

> 烟台条约另议专条派员入藏一事，现因中国察看情形，诸多窒碍，英国允即停止。至英国欲在藏、印边界议办通商，应由中国体察情形，设法劝导。振兴商务如果可行，再行妥议章程；倘多窒碍难行，英国亦不催问。

中英关于缅甸的条款签订以后，印度政府即将马可伦从西藏康巴宗撤回，暂时停止入藏"考察"。

十一、第穆呼图克图继任摄政

清光绪十二年（1886年）四月初八日，掌办商上事务的通善济咙呼图克图逝世。按照过去的旧例，达赖或藏王逝世后，尸体不能移动，房内器具、被服仍按原状，即请驻藏大臣前来检验，看视尸体是否完好，皮色有无异征，然后才能收殓。四月初九日，驻藏大臣色楞额照例前去检验，验尸毕，即命人把摄政的大印封了，不准别人动用，待确定继任人选后，再交过去。然后驻藏大臣又照例赴布达拉宫向达赖喇嘛吊唁。

摄政逝世后，噶厦即召集三大寺、上下密院的代表以及重要僧俗官员开会，商讨继任人选问题。会上一致推选第穆呼图克图继任摄政。噶厦乃推派噶伦大多、宇妥等人为代表，前往驻藏大臣衙门和布达拉宫报告，请求驻藏大臣向清朝皇帝转奏。在清朝皇帝的批示未到以前，按照过去旧例，第穆呼图克图可先代行摄政职权。

是年九月，光绪帝批准第穆呼图克图继任摄政。圣旨内称："仍饬第穆呼图克图再行掌办商上事务五年，钦此。"九月十三日，拉萨举行了隆重的正式就任藏王的仪式。噶厦下令是日在布达拉宫和拉萨市区的所有屋顶上，一律熏香，插五彩旗帜，吹大号角，敲钹击鼓，以示庆祝。在布达拉宫的日光殿上，新藏王朝见了达赖，驻藏大臣把藏王的银质大印，交给了第穆呼图克图，然后举行噶卓庆祝会。

十二、九世班禅灵童举行金瓶掣签

八世班禅丹白旺修圆寂后，札什伦寺布即着手寻访九世班禅灵童。清光绪十三年（1887年）三月，札什伦布寺派苏本堪布旺加、大卓尼达娃二人前来拉萨，向达赖"禀到"，献哈达、曼札，并请示九世班禅灵童找寻的方向问题。四月初十日，达赖在布达拉宫吉祥天母佛像前打卦问卜，据说问卜的结果是班禅灵童业已转世，其方向以东南方为最吉云；根据达赖算卦的结果，札什伦布寺即派人分赴卫藏各地寻访灵童，结果访得了三个小孩，一是前藏达布地方的（即九世班禅），一是前藏拉冒地方的，一是后藏托不甲地方的。按照清朝政府的规定，这三个灵童要经过金瓶掣签的手续，确定一人为九世班禅。

六月十六日，札什伦布寺派了业钦苏康巴、卓尼苏岗二人前来拉萨，筹备金瓶掣签的准备事宜。达赖也派堪穹楚臣同丹协助札什伦布派来的官员，加速准备工作的完成。

十一月，经过光绪帝批准，确定清光绪十四年（1888年）正月十四日，举行九世班禅灵童的金瓶掣签仪式。

清光绪十四年（1888年）正月初四日，札什伦布寺的札萨喇嘛诺门汗罗桑团柱到达拉萨，同来者有札什伦布方面的僧俗官员500余人，还有后藏托不甲地方找到的日囊巴家的一位灵童。初五日，札萨喇嘛前往布达拉宫谒见达赖，向达赖献了哈达、曼札、古松图，札萨喇嘛同时向达赖提出了班禅灵童确定以后要请达赖给灵童剪发，并取法名。还请求达赖给新班禅著作一篇赞词，与一篇消灾经文。

正月十四日，为九世班禅灵童举行金瓶掣签决定之日，仪式在布达拉宫的萨松南甲殿上举行。此时驻藏大臣色楞额已任满回京，新任驻藏大臣文硕业已到任。是日，驻藏大臣和札什伦布来的全体僧俗官员，还有念金瓶经的喇嘛多人，首先到达布达拉宫，接着达赖喇嘛、摄政第穆呼图克图、副佛师普觉以及三个灵童和他们的家属也同时到齐。按照过去的旧例，三个灵童的名字，用满汉藏三种文字写在三个象牙牙签上，呈给达赖、摄政、达赖佛师，及驻藏大臣、札寺札萨喇嘛过目，然后由满洲秘书将牙签用纸包好，投入金瓶，即由达赖、摄政、佛师和念金瓶经的全体喇嘛一同诵经，念完经后，驻藏大臣起立，向东方磕了头，然后拿起金箸，在金瓶内搅了三匝，用金箸箝出了一个纸包，打开看时，牙签上写的是达布地方的灵童的名字，于是达布灵童就确定为九世班禅。

正月十五日，举行达赖给班禅灵童剪发并取法名的仪式。是日班禅灵童自住地德吉林噶前往布达拉宫，到甘丹洋仔殿上，班禅灵童向达赖磕了头，献了哈达、曼札、古松图，又向殿内的释迦牟尼佛像挂了哈达，然后坐到达赖前面特设的座位上，达赖念了吉祥祝辞，念毕，剪掉了班禅的头发，并给班禅灵童取了法名："吉总罗桑曲结尼马格勒南嘉"（简称曲结尼马）。取法名毕，达赖给班禅送了一条长哈达，一尊释迦牟尼像，还有达赖亲自著作的赞颂班禅的经文一部，"加喀"一条。班禅也向达赖致谢，然后达赖和班禅一同前往聂畏殿，噶厦预备了盛大的噶卓，庆祝班禅落发取名典礼圆满完成。

二月初五日，班禅返回札什伦布，达赖派古觉堪布阿旺尼马和卓尼楚臣全培二人，陪送班禅一直回到札什伦布。

十三、第一次抗英战争

英帝派人第二次入藏被阻以后，即着手积极经营哲孟雄（英人称之为锡金），作为侵略西藏的前哨阵地。其活动的情况可从丁宝桢的奏牍中见之："臣现接西藏委员候补通判赵咸中密禀，大吉岭一路夷人蛮子往来日众，汉人亦复不少，闻洋人深为得计，广行要买，接待蛮子尤极殷勤，汉人次之，有放债于蛮子者，有赊货于蛮子者，现在蛮子皆乐于前往。又探闻该处铁路已修过大吉岭，欲直达帕克里为止。帕克里即界后藏，地距前藏仅十二站，赶行八九日可到。窃查洋人用意，大非良善，不得不密为禀陈等语。"

英帝在哲孟雄境内的侵略活动，自然引起了西藏各阶层人民的戒备心理与自卫措施。为了与英帝争取哲孟雄，噶厦劝哲孟雄王移居西藏境内。这一工作开始还顺利，因为哲孟雄人和西藏人语言相同，也信奉格鲁派，关系原很密切，所以当西藏方面劝哲孟雄王移居西藏境内，"王从其劝，弃本国而入居西藏者殆二年余，其间英国数次迫王归国……如不速行归国……则英必停给王之年俸以惩罚云云，王卒不归，且贻书辱之。"（《西藏通览》）

清光绪十二年（1886年），噶厦又派了藏军一部，在原属西藏后给哲孟雄的隆吐地方，建立了卡房，一面阻止藏人与英人通商，一面也为了防止英人强行入藏"游历"。

英帝看见藏人在隆吐设卡，即向北京清朝政府提出"抗议"，施行外交压力。1886年11月29日，英国驻华公使华尔森向当时清政府的总理各国事务衙门提出："现在藏番因闻英人停止入藏，边界外距大吉岭相近百里地方，建立炮台，意在阻止通商，在英国不难将其炮台毁去，但本国亦不愿多事，请行知驻藏大臣，转饬藏番，不可妄为。"清光绪十三年（1887年），英国驻北京公使，又向清政府提出照会，施加压力。照会内云："本大臣复云，实不相瞒，若西藏兵丁不肯受屡次谏劝之语，仍在界外距守地方，则五印度节度大臣势不得已，唯有自行设法，迫令退出。兹准五印度节度大臣电咨内称：藏兵据守锡金地方，中国政府似有漠然之势，唯有即刻调兵驱逐出境。"

当时的清朝政府经过鸦片战争与英法联军几次战争的失败，国势日蹙，在涉外问题上采取屈服政策，因此一经英国提出恫吓，不问青红皂白，立即命令驻藏大臣强迫藏人把隆吐驻兵撤回。清光绪十三年（1887年）九月，总理各国事务衙门致函驻藏大臣文硕：

> 惟查英人入藏游历，及藏边通商务事，蓄意已久，去夏本处与英署使议定条约时，多方抵制，舌敝唇焦，始得停止入藏，而其觊觎入藏，每思借端寻衅之心，甚为叵测。今藏番若于藏边界外，筑台踞守，则彼族即有可乘之隙，势必持强肇衅，不独入藏一事不能缓办，且恐侵占藏地，增朝廷西顾之忧，启边界无穷之祸，事机甚迫，殊为可虑！……亟应剀切晓谕藏众僧俗，申明利害，饬将界外踞守藏兵，迅即一律撤回，切无任其滞留。

四川总督刘秉璋也于九月十三日，致函驻藏大臣文硕：

藏番之炮台，万不足抵御英之后门枪炮，何苦以此为招敌之媒？且与敌以出师之名，自宜撤回藏界，设法以免彼族借为口实，而作兵端，乃藏中僧俗之福，尚望剀切开导，以靖地方。

川督给驻藏大臣的另一信中又说："英人之志，仅在通商，该番众邃谓灭绝佛教，其用心甚左。英人欲入藏游历，蓄志已久，今并通商一事，而亦拒之，自开边衅，兵凶战危，胜不可必，徒使民兵惨罹锋镝。况该番众仅持刀棒，以御洋枪炸炮，利钝之几，后悔无及。来禀谓虽男尽女绝，不愿通商，试各平心细想，与其男尽女绝，何如息事安民，祸福相悬，明明霄壤，昏顽至此，实所悯痛。"刘秉璋的信，充分代表了当时清朝政府中一部分人的畏难苟安思想。噶厦接到指示后，没有执行上项命令。

清光绪十三年（1887年）二月，当时西藏形势日趋紧张，战争即将爆发，清朝政府又慌忙向驻藏大臣下令："目下事机紧迫，无论隆吐属藏属哲，将来自可辩明，现在总以撤卡为第一义，有泰未到以前，文硕责无旁贷，仍著凛遵迭次电旨，剀切劝谕，迅速撤卡，即令印兵已到，强弱势殊，藏中番兵不可与之接仗，我兵驻藏无几，尤宜严加约束，无得稍有干涉，致生枝节，将来难以转圜。"

当时清朝对西藏的统治，已非乾隆时候可比，加上清朝政府的命令违背西藏各阶层的利益，因而虽然清朝政府一再下令，噶厦仍然拒绝执行。清光绪十三年（1887年）二月，西藏三大寺、札什伦布以及其他寺院，噶厦七品以上全体官员联名向驻藏大臣给了一张公禀，申述他们在隆吐设卡的理由：

……惟此案该英人等开端生事，欲入西藏佛地游历通商……该外洋与小的番人性情不同，教道不合，势为冰炭……小的阖藏僧俗大众，纵有男尽女绝之忧，惟当复仇抵御，永远力阻，别无所思。……

查大吉岭实系哲孟雄所辖地境，不但均被英人侵占，复敢越界屡次开设市面，新建铺房，修路造桥，种种恃强恶霸，横肆异常，去岁又复多方寻衅，以致大众志切同心，议定永远力阻，遂于险要关口，新建防堵人等住歇房屋，安设官兵，责成各该处大小营官头目百姓等经管。……若要据实禀明此项建修房屋缘由，情因去岁屡据哲孟雄部长以及头目人等，由帕克里营官二人禀报，外国英人拟定期限进藏礼佛，务准畅行，无得阻拦，如能照办，即毋庸议，不然定即带兵进藏等因，节次来禀，甚为紧急。惟查相距大吉岭二百余里藏属之热纳地方，从前系商上赏归哲孟雄经管……今小的藏番即在于藏属热纳地方以内之隆吐山岩上，新建防堵人等居住房屋，以及围墙，并稍设官兵，就近防堵，以期各保疆土，不但非印度所属地境，且距大吉岭甚远。

现在哲孟雄所属大吉岭地方，英人修设铺面，安设英兵，据为己有。哲孟雄、布鲁克巴（不丹）两部落，原归汉番版图，本系嫡亲子民，英人岂有不知，该英人当初并未恳求大皇帝赏给，亦未通知唐古忒商上，竟敢擅自夺霸民土，反自以为有理，今我唐古忒在于本境修建房屋，自保疆土，动辄借故冒昧，妄禀大皇帝圣聪，擅弄是非。

从这个公禀内容来看，当时西藏各阶层僧俗人民是一致坚决反对英帝侵略的，而当时的清朝政府害怕因此"增朝廷西顾之忧"，不敢支持西藏各阶层人民的反英斗争，这就导致了清朝中央与西藏地方之间的关系日益恶化。

清光绪十三年（1887年）八月，藏王第穆呼图克图面告驻藏大臣文硕："去岁在隆吐山上，建房修墙，以资巡防栖止，实有其事，先是因闻英人带兵入藏，不得不自备御，后来其事虽缓，唯恐附近边民无知，潜往界外私与通商，既予英人借口，且虑日久别滋事端，故仍酌留数人驻彼，稽查隘口，此卡房之所以不得不设也，然在藏界之内，英人不应搀越不依。况藏境之内，西南是廓尔喀，正南是哲孟雄，迤东是布鲁克巴，既不与英国壤地相接，何谓越界？无论所建卡房未及英境，且与哲孟雄界尚隔一草场，其地相距大吉岭甚远。即以大吉岭而论，实系哲孟雄境，英人不过出资租赁，乃竟掠为已有，屡以为言，今又捏词蒙混，暗将藏境之隆吐山亦欲牵入其境内，即此亦可见其阴鸷叵测，志在土地人民，非仅通商遂能积久相安之一证。……英人意在侵渔，是彼有心寻衅，而非我唐古忒先事发端也。"

十一月，三大寺和僧俗文武官员，又向驻藏大臣递了公禀，反对清朝政府下令藏兵迅速从隆吐卡撤退的命令。公禀内称："此地实是藏治本境门户，并非甲噶尔（印度）与廓尔喀互相往来之大路，我守我境，自保疆土，既无越境惹事之曲，我理甚直，英吉利不应非分干预……虚捏妄告，诬赖我藏番越界生事，拨弄是非，天良丧尽。……小的等早经出立誓结，处心已定，纵然有何胜败，唯有尽人事听天命而已。……所有隆吐山撤去卡房兵役一事，无论如何，实多碍难，断不可行，小的番民人等，纵有男尽女绝之忧，唯有实力禁阻，复仇抵御，绝不容忍，毫无三思翻改，亦无一语变更。"

十二月，三大寺和全体僧俗官员，又向驻藏大臣上了一张公禀，直接批评了清朝政府的对外政策。公禀内称："隆吐山为藏中门户，倘一退让，势若开门揖盗，自古及今，可有以疆域门户让人之理乎？……抑思大皇帝圣德虚衷，遇事自必延访执政大臣，而京外办理洋务大臣，或因远隔万里，不悉下情，且迩来洋人强悍，动辄要挟，无论隆吐山一隅之地，无足重轻，即以全藏而论，亦较畿辅悬殊，但是四肢有病，天君终恐不能泰然，大概割地求全之谋，终恐不能久持，或执政大臣未遐思耳。总之，通商本多后患，而让地尤属无此情理。"

此时英国提出藏军限1888年正月底退出隆吐，清政府也下令藏军在限期内撤退，三大寺和全体僧俗官员，又给驻藏大臣上了一道公禀，公开拒绝执行清朝皇帝的命令："隆吐山设卡之事，无论英人展期明年正月底，即使目下有男尽女绝之忧，亦不甘心以门户让人，虽奉严旨，亦不能听从英人之要挟，乞代转奏。"

当时西藏各阶层人民不但反对清政府的对外政策，而且还认为驻藏汉官"祖护洋人"。驻藏大臣文硕致续侍郎信中说："……遂疑内地官员无一不贪货赂，举凡措置是非，左祖洋人，于是拦阻委员防闲消息，种种抗违，皆从此起，且有英人不见汉官，断无进藏之事，英人一见汉官，藏事终无不坏之理之语。"

驻藏帮办大臣色楞额的奏牍中也说："惟自洋人倡议入藏以来，每疑驻藏大臣及驻防官兵，祖护洋人，遇有洋务，番众颇形不驯，即如边界通商一事，筹办愈急，该番众愈疑忌而拒志愈坚，倘逼勒过甚，恐生他虞，势必外侮未临，内患先作。"

上述历史文献，反映出西藏各阶层人民当时一方面积极反抗英帝侵略，同时也反对清朝政府的对外屈服的错误政策。从本质上来说，是当时西藏人民（和当时中国境内各民族人民同样）与清朝政府两种不同的政治路线的斗争：即坚决进行正义的民族自卫斗争，反对英帝国主义侵略的正确路线，与在英帝武装侵略面前恐慌害怕，主张对外屈服的错误路线之间的斗争。

在这两种不同的政治路线斗争当中，却穿插了驻藏大臣文硕被革职的一出悲剧。

当时的驻藏大臣文硕是一个满人，他不赞成清朝政府的对外屈服的错误政策，同情西藏人民的反英自卫的正义斗争，这可从如下的文硕奏牍中见之。光绪十二年（1886年）七月初九日的奏折中说："洋人在藏通商，其势难图厚利，彼亦非不知之，乃英人蓄志既久，俄人又复生心，以一隅之地，两国争窥，即此察其注意之隐衷，迨非仅为通商而已也，形迹可疑，亦无怪藏番之坚持力拒，盖为保护格鲁派正宗，保全山川灵气，本非毫无情理，似亦未可尽斥而非之。"

清光绪十三年（1887年）年九月，文硕又致函四川总督刘秉璋，替藏人辩护并无越界筑炮台添兵之事，该函内称："本大臣到任半年以来，随时稽考，并未闻有筑炮台添兵之事，查唐古忒兵数三千，原有定额，前藏一千兵，除分防瞻对及患病者外,存营914名,本年秋操校阅,初无短少。其后藏1000兵,定日、江孜各500名,今据代巡委员理藩院员外郎裕刚节次禀报,亦未见有告病空缺等事……以此证之,是该番众历次不先生事之说,似尚可信。"

是年十月初七日,文硕又致函总理各国事务衙门,引证帝国主义侵略中国的事实,证明英国对西藏确有侵略意图,该函内称:"藏番以洋人性情阴鸷,行事深险,每以甘言饴饵,日久漫使流毒,屡鉴他处前车,深恐自蹈覆辙,此时若一应允,日久难保不致有伤地脉,甚且碍及佛门教法,此其处心积虑之隐衷也。虽属番愚偏见,顾洋人贪得无厌之心,亦实有难以揣测者,即以通商而论,自道光二十二年南洋五口开办以来,至咸丰十年,推及北洋三口,随又兼及长江,繁阜码头,尽为侵占,华民失业已多,洋商获利不少,如果意存见好,何在藏地一隅?况藏地土产无多,珍奇更渺,固亦英人所稔知者,而必多方规划,强欲藏众通商,不知是何取意,此而谓其志仅通商,确无他虑,不惟番愚却顾,即文硕亦无把握于其间也。……且迩年之所以迁就英人,导我藏众者,本为边务敌情两无窒碍起见,今者藏番愚蠢,坚定不移,此必强其所难,因而更增疑忌,导之愈力,拒之愈坚,正恐敌情未洽,边计先驰,徒使300年之藩服,梗化离心,而终无补于时局,不更为失计之甚乎?"

十月十九日,文硕又致函总理各国事务衙门,信内说:"窃维通商一事,开导十余年,迄无头绪,叩唐古忒所以始终固执之说,则谓洋人教道不同,性情阴鸷,唯恐受绐,致滋后患,诘其所以顾虑之由,则历举他处覆辙,而述哲孟雄之被害为尤切,先犹以为是藏番诿卸托词,近见英人屡以藏番所属哲孟雄交界之隆吐山设卡稽查,指为越界置戍,变幻其说,竟暗括隆吐山于大吉岭以内,是其意在蚕食,流露言表,固亦不能尽怪唐古忒前此之鬼蜮蛇蝎视之也。"

十一月,四川总督刘秉璋致书文硕,要他"务望作速剀切开导,略事以威严",意思是要压迫藏人撤兵。文硕又复信力辩隆吐山是西藏地方,不能强迫藏人撤兵,信中引证说:"昨偶翻昔宗伯和泰庵先生西藏赋注,亦有帕克里俗名帕哩,自帕克里至支木山一带臧猛谷、日纳宗官寨,此内为唐古忒境,此外为哲孟雄境,其东为布鲁克巴境,俗名竹巴云一段,是日热音近两呼,即此亦可概见,而日纳下之宗字,尤为形容确切,盖唐古忒语,凡山水分歧合会三角处,皆谓之宗,今考地图,热纳实在隆吐山南,正与哲孟雄、布鲁克巴三角接壤交界处,据此则唐古忒未曾越界更为可信,此而欲以英人前次潜修道路之捻纳山,凭空牵混,藏番安能心服?令其以疆域门户让人,藏番又安肯从事?抑且无理可说,此令撤卡之所以尤难威迫也。"

在主张对外屈服的清朝政府统治下,一个同情和支持西藏人民反帝斗争的驻藏大臣，是不可能长期存在下去的。清光绪十四年（1888年）二月，清朝政府对文硕予以申斥："隆吐设卡一事，前经叠谕文硕，令其开导番众，赶紧撤卡，以为保全该番之计，朝廷于此事权衡利害，度势审机，筹之至熟……文硕于此事筹及军旅，殊属昧于事情，不顾大局。"三月，清朝政府正式下令，将驻藏大臣文硕予以革职，该命令说："文硕自抵藏后，于开导番众事宜，并不懔遵谕旨，切实妥办，识见乖谬，不顾大局，已降旨撤令来京，兹复擅将未奉明旨之奏稿密电等件，竟行移咨都察院，殊属胆大妄为，此风断不可长，文硕着即行革职。"

文硕革职回京事件，对西藏政局发生了一定的影响，如《清季筹藏奏牍》跋语中所述："文硕筹藏之旨，在抚绥番人使心内向，然后谋共御外侮，故藏人在隆吐设卡，英人借口陈兵威吓，朝廷令文硕命藏人撤卡，文硕力为辩护，谓隆吐为藏境，筑卡系自卫，请推诚与英人交涉，章数十上，虽严旨屡责不稍易其宗旨，于是褫文硕职而以升泰代之。……文硕于国外形势，殊多隔膜……然保全藏土之苦心，实足多者……深得藏番之爱戴，自文硕去职，达赖喇嘛谓中朝不知用人，无足依赖，遂谋联俄，是则文硕一人关系西藏存亡，而继任者畏葸无能，辄讥其刚愎自用，由此书观之，则功罪大白其各不相掩欤！"

当文硕革职之时，西藏第一次抗英战争业已爆发。清光绪十四年（1888年）三月二十日（藏历二月初七日），英军约四五百名，开始向隆吐藏军防线进攻，当时战争情况，可由噶厦给驻藏大臣文硕的报告中见之："英人于二月初七日午刻，由隆吐山下札鲁隘口突来攻寨，该孜本当即率众抵御，枪炮互施，相持之际，藏兵枪毙黄衣英人一名，其兵随即退下，看其情形，似是英官。是役也，幸叼文殊菩萨大皇帝洪福，藏兵无一伤损。初八日清晨，英人由旧路又复来攻，该孜本激励民兵，誓死抵御，鏖战许久，伤毙英兵约有100余名，收队查点，有甲本一员，民兵20余名，身无下落，该孜本仍当加意严防，唯恐兵势尚单，禀请商上再为添拨，以资分布等情。"

过了四天，英军大举进攻，藏军不支，受了惨重损失，撤出隆吐，退到卓马依地方，日人所著之《西藏通览》中，对此次战役有如下之评述："林东（即隆吐）者，藏英通商中一要区也，高于平地600余尺，拔出海面12617尺，道路险恶，空气稀薄，人马有登者，数步一休，藏兵据此为营，然卒见败于英人者，实由武器恶劣之故，其第一防御栅立于9600尺高地上，纯用生竹为壁，顶上石城，防御亦严，英古那哈姆将军督兵攻之，损伤甚少，不破藏人，假使藏人此时稍有普通武器，必不至为英人所破也。西藏指挥官称代本，即弓长也，小铳称米达，即火弓也，除火绳、弓矢、铳、投石之外，别无武器，惟笃信喇嘛咒文及占卜等事，以为一诵咒文，不惟神人必助，即枪林弹雨之内，亦可无害，故己军死伤遍地，彼等心中尚谓此次咒文背诵之法或有未善，次回改良，必可有效，喃喃不已，终不信其败也。英人于阵地上拾视所弃风车，上刻咒文，皆击破敌人杀尽敌人等语。"

隆吐失守后，噶厦下令征调前后藏及康区各地民兵前往增援，由吞米拉丁色和仔卓尼索南坚赞二人率领工布民兵九百人，第一批增援，二月十六日（藏历）出发，开往前线。接着又派彭康色和仔卓尼强巴丹增二人率康区民兵千余人开往前线。之后又续调了波密、硕板多、科曲等地区的民兵数千人，开往增援，总计前后派往前线民兵约万余人。每一批军队在经过拉萨开往前线之时，十三世达赖亲自给每一战士摸头，并发给经过喇嘛念过咒语的特制的白伞盖轮一个，作为护身符。

隆吐山的守卫，本由噶厦派去仔本多吉仁增指挥，隆吐失守后达赖又委派噶伦拉鲁为哲孟雄马噶基巧（兵营总管），负责前线总指挥。又派仔本擦绒为帕里马噶基巧，负责后方运输等事宜，支援前方作战。后来又增派噶伦然巴为帕里马噶基巧，还有三大寺各札仓的负责喇嘛一同前往，加强帕里前线的藏军部署和指挥。达赖还下令三大寺，积极组织僧兵，准备一旦必要时开赴前线。

与此同时，达赖又命令多札堪布、拉惹僧布、客拉半见、参巴噶桑等人，还有念咒喇嘛15人，在布达拉宫秘密念《武经》放咒，诅咒英军失败。又在布达拉宫请乃均降神问卜，乃均说："事先不应作此事，即已作了干到底"，于是抗英决心更加坚定。

清光绪十四年（1888年）六月，藏军3000人向隆吐反攻，企图收复失地，但结果又遭失败，荣赫鹏所著之《英国侵略西藏史》中，有如下记载："然两月以后，藏人又肆凶焰，以兵3000进攻隆吐我军阵地，旋被击退，再度撤兵。"

十月，藏军第三次组织反攻，又被英军打败，退回卓木境内之仁进岗。关于这次战役，荣赫鹏所著之《英国侵略西藏史》载："至十月间，彼等三度进兵，逾我边境，一夜之内，恰在隆吐上方锡金境内数哩之某处，建一长三里高三四尺之障壁，其建筑之奇巧如此，盖彼等原以建筑著名者也。次日格累谡将军即进攻此阵地，将藏军追过哲拉伯拉山峡，连日追过春丕谷，然依照吾人不激怒中国之原则，我军在春丕谷并未逗留一日，立即撤至隆吐。"

《西藏通览》中也载称："提俄可那岭为海拔13550尺高地，当未战之前一夕，英军斥堠过此，寂无一西藏人，其夜英军屯于那塘附近，去此一英里半，终宵亦毫无声响，万籁俱静，至晓忽见西藏人于其间筑墙以为防卫之计，高与胸齐，长约四五里，英人惊诧为鬼工，数千藏兵麇集其内，纵横呼噪，乃英兵一举队前进，开炮轰击，藏人终至大败涂地。"

该书又载:"炮兵藏人视为最大劲敌,故英军炮弹坠裂藏军中央,全队立乱,溃走不遑,退至一高地暂期堵御,复为英人所破。英人以破竹之势,逾咱利岭,直至春丕平野,如使决意再战,藏人必至全军覆没,幸其碑碑塘之地,有中国官署旗帜高悬,飘飘天际,英人虑伤中国感情,乃弭兵休战,移屯那塘。……其地接近咱利……附近林木无多,然有松桧等树,可供薪伐,水则有小溪清池,可供饮用,唯登高远瞩,则寒山无语,冻水不流,空色阴沉,天风萧瑟……安辉经此,见平地有无数巨石堆筑为台,其上皆英人墓,盖战死于此者也。"

该书又载:"安辉曰:吾前经此地时,从仆指旧战场为吾言曰:前年战役,是处死尸累累,所谓流血成川,积骨为山者也,呜呼!当日藏人死伤之巨,由此可以知矣。"

在新任驻藏大臣升泰的奏折中,对此次战役也有如下之记载:

讵八月十七日(藏历),印兵出队,将哲孟雄地土全行收取。十八日,藏番以捻都拉印兵时来山顶,施放枪炮,实距番营太近,即以夜间分队赴捻都拉两山札营,连夜修筑战墙,为防守计。十九日天明,洋兵见藏番扼扎两山,以不便于己,遂出队直冲,藏兵力不能支,败回姑布冬曲原营,洋人跟踪来扑,两营不守,狂追逐北,藏番连夜奔逃,以致咱利、亚东、朗热等隘,同日失去,印兵复分股包抄,所有藏营番兵一万数千全行败溃,枪刀器械,锅帐什物,弃置满道。印兵追逐,统带噶布伦公爵伊喜洛布旺曲于二十日败回仁进岗,适遇奴才委弁署江孜守备花翎都司尽先守备萧占先奉饬阻战到彼,正遇该噶布伦狼狈奔逃,伊喜洛布旺曲仓皇面告萧占先云:洋兵火炮甚利,万难抵敌,赶紧迅速同走逃命为是,言语之间,枪声不断,旋踵而至,萧占先回告云:我遵驻藏大臣札饬阻战而来,不料尔等又复多事,以致败北,如果英人力追,势必全军俱没,帕隘不保,我系汉官,究与汝等有别,唯有在此力阻,……倘不能听,亦尽人事。伊喜洛布旺曲见洋兵已近,飞窜逃去,萧占先旋即竖起江孜汛营旗一杆,上书有汉字,印兵远处望见,旋即止枪,萧占先遣人往告奉委前来阻战之故,印洋统带兵官巴了色优又称萨海者,当云既有汉官应即停战,即约相见,萧占先告以原委,并阻其追杀,英官允诺,始末穷追,面许静候办理,唯云天气已寒,不能久待,务请奴才速办等语。

英帝打败藏军之后,即派人把哲孟雄国王土朵郎思哄骗回去,囚禁在噶伦堡,另派锡金行政官一人驻到岗都,"其内政外交,咸依英国之指挥以行,名虽为保护国,实则已成英国之领土,王不过拥一虚位,作傀儡而已。"(《西藏通览》）《西藏六十年大事记》也载："英人既掠哲地，复拘禁哲部长于噶伦堡，驻重兵于哲境，招印度及廓尔喀之游民，辟地垦荒，廷议以哲事无从挽救，虑梗藏议，谕升泰勿问。"《驻藏大臣考》也载："先是哲孟雄部长之母递禀乞勿将哲孟雄划出藏境之外，部长既被拘，其母及子仍居春丕，英人假作部长书，取其子赴噶伦堡，部长母坚持不允，乃携其两孙赴升泰营哭诉，乞中朝做主，升泰无以援之。八月哲部长复来书云：当回春丕，情愿弃地，不受洋人折磨，升泰虑为英人借口，复阻返藏。"

十四、中英关于西藏的第一次条约

新任驻藏大臣升泰到任以后，坚决执行清朝政府的对外屈服政策。他到任以后，首先找寻根据，证明西藏人建卡的隆吐地方不是西藏地方，证明西藏人是不对的，英国人是对的。如光绪十四年（1888年）五月给清帝的奏折中称："始于多年未经调阅之案件堆中，寻出乾隆五十九年前大臣工部尚书和琳、内阁学士和瑛任内所立奏设鄂博原案一卷，注明藏南界址，系在距帕克里三站之雅拉木支两山，设有鄂博，又有春丕、日纳宗两处，上年虽系藏界，因乾隆五十三年（1729年）廓番用兵，将哲孟雄追过藏曲大河，哲番穷蹙，经过达赖喇嘛将日纳宗地方赏给哲孟雄管理，原派委员西藏游击张志林原禀，即声称日纳宗不应作为藏界。"

根据上述论据，升泰在是年八月十八日的奏折中更进一步陈述："查藏番自作不靖，肇起兵戈，所有隆吐山南北本皆哲孟雄地方，在英人遂视为保护境内。……藏番既不知优待边藩，遇有哲孟雄受人欺凌，亦不为之伸理……忽又攘夺哲孟雄之地，以为已有，更扬言哲夷勾结英人屡议起兵攻伐，以致哲夷内不自安，不免勾结，直使英人虽不愿多事而不能，藏番更自速其祸，此又藏印交兵之所由来也。"

八月十八日，升泰又派员向西藏噶厦僧俗官员传话："告以如恪遵谕旨，即不为背约，将来诸事均可商量，若必好勇斗狠，倘再一败挫，欲求保守现界而不能，即或万一侥幸得胜，试思尔藏番以蕞尔小邦，失去隆吐兵卡，犹思忿争，况印度系属强邻，雄视海滨，纵使偶然失利，又岂能遽罢兵革，恐仇怨愈深，彼此兵事无已，尔藏番虽赖我朝庇荫，不至立见灭亡，亦不免元气大伤，全藏虚耗，尔等宜于熟思。"

噶厦对升泰的上述观点不能赞同，仍申辩日纳宗的主权属于西藏，升泰奏折中提到："该番等虽有愧色，总以日纳宗本系藏境，从前虽经赏给，近因哲夷私通英人，应即收回自管，狡辩不已。"八月十八日，全藏僧俗官民又上公禀，向升泰提出："洋人如能撤兵，一切照旧，藏番亦遵旨不敢越界滋事，如洋人必欲据哲孟雄地以为已有，则藏番仍难任彼横行。"九月初十日，升泰奏折中又大骂藏人："奴才查藏番狡险昏顽，实为世所罕有，奴才到任以来，极力开导，恨不能剖心以示，无如该番等别具肺肝，不解度德量力，唯知问卜降神，……更有以此番战败，系因遵旨所误，昧心之言，不堪入耳。"同日另一奏折中又称："藏番存心至愚而至险，每目汉官为洋党，开导委员但据理而谈，则大拂其犬羊之性，每以人众挟制我驻藏官兵无多，力不能勒令办理，此历任大臣之所以曲为该番掩饰百事迁就者职是故也。"

光绪十四年（1888年）十月二十三日，清朝政府给升泰指示："藏番此次私犯敌营，又致大败，昏愚顽梗，可为痛恨。……升泰抵藏后布置一切，均尚中肯，目前印藏情况，非该大臣亲赴边界与英国面议，终难定局，且事机亦万难再缓。据英使华尔森告知总理衙门，有该大臣于十月十二日起程之说，着即懔遵叠次谕旨，熟商妥办，该大臣务当勉为其难，竭力开导，绥靖边疆，以副委任。"

升泰根据这一指示，就去和达赖喇嘛、噶厦磋商，当时西藏方面因为三次战事失败，受了很大损失，亦思得一休息机会，以便医治战争创伤，因之经过大会商量以后，同意升泰出面调解，达赖并派噶伦然巴、代理噶伦大喇嘛益喜彭措、代理噶伦奔塘大喇嘛及三大寺代表等人，陪同升泰前往。

清光绪十四年（1888年）十一月初十日，升泰到达藏印边境之仁进岗地方，当时藏军万余人还驻扎该地，升泰下令要他们撤退，"该番官等回称，以驻藏大臣尚未与洋官等晤面，事在未定，弗敢遽行撤回，唯有遵谕退扎数十里之灵马塘地方，以观动静"。十一月十九日，英方代表柏尔与升泰在哲孟雄境内的纳塘地方会面，西藏方面派来的噶伦及僧俗官员，仍驻在仁进岗，听候消息。

柏尔与升泰见面时，首先提出："哲孟雄与英国订约已27年，归英国保护"，接着又提出了要西藏方面赔偿兵费。当时升泰向柏尔答复："哲夷向为藏地属藩，从前哲印立约，并未准印督照会，藏番亦未赴印度地方滋事，索费实为无名。"经过多次往复争执，谈判结果为提出了订立印藏条约的如下意见："查哲孟雄全部，藏番本不干预其地方事宜，唯在西藏商上，向有年节礼物，及驻藏大臣贺禀而已，其向来是何礼节，均当照旧，则英国向来如何保护，亦可照旧。……又通商一节，开来款内，英人直欲到藏（指拉萨）贸易，委员等严词以拒,百计辩说,始言退至江孜,仍答以万不能行,刻又意在帕克哩……奴才坚未允应,英官意甚拂然……察看英人心不忘藏……每露于口角之间,诚知拒之过力,祸结难消。"(光绪十四年十一月二十三日、十二月初十日升泰给清帝的奏折)

光绪十五年(1889年)二月十一日,清朝政府的批示下来,同意升泰意见。批文内称:"哲孟雄与英国订约租地,事属已成,无可挽救,该国本在版图之外,现在势穷力竭,愿求内附,若照所请办理,英人窥伺已久,必不相让,殊于藏事无益有害,该大臣许其保护而争照旧二字,所见甚是。"意思不过是争争面子则已。

清光绪十六年(1890年)正月,升泰根据清朝政府的批示,向达赖和噶厦提出了"撤兵"、"定界"、"通商"三条,要西藏方面讨论答复。三月初,第穆呼图克图、三大寺及全藏僧俗官员联名向升泰递了一张公禀,内称:"……迭谕迅办撤兵、定界、通商三事,我藏番等不敢违旨,业经遵谕撤兵。至于定界,上年本有旧界,嗣因将日纳宗赏与哲孟雄,其隆吐山之格压倾仓地方,实有我藏番百姓的游牧草场,系藏哲旧界。……若通商一事,我藏番实属万难,万不得已,遵谕通商,惟咱利以内洋人断不可来,总求施恩,能在咱利以外,实占恩典。"这里可见西藏仍然坚决反对通商。

升泰以一年的时间,贯彻清廷对内强压西藏民意,对外乞怜谄媚的投降旨意,博得清帝"深明机要"的赞语,清朝政府于光绪十六年(1890年)正月初九日电谕:"驻藏帮办大臣升泰着作为全权大臣,与大英国所派全权大臣立约画押。"升泰乃于二月二十日自大吉岭前往加尔各答,会晤印督兰士顿,稍加争议,便在光绪十六年二月二十七日(1890年3月17日)订立了《藏印条约》。该条约共计八条,要点如下:

第一条:藏、哲之界,以自布坦交界之支莫挚山起,至廓尔喀边界止,分哲属梯斯塔及近山南流诸小河,藏属莫竹及近山北流诸小河,分水流之一带山顶为界。

第二条:哲孟雄由英国一国保护督理,即为依认其内政外交均应专由英国一国经办。该部长暨官员等,除由英经理准行之事外,概不得与无论何国交涉来往。

第三条:中、英两国互允以第一款所定之界限为准,由两国遵守,并使两边各无犯越之事。

第四条:藏、哲通商,应如何增益便利一事,容后再议,务期彼此均受其益。

第五条：哲孟雄界内游牧一事，彼此言明，俟查明情形后，再为议订。

第六条：印、藏官员因公交涉，如何文移往来一切，彼此言明，俟后再商另订。

第七条：自此条款批准互换之日为始，限以六个月，由中国驻藏大臣、英国印度执政大臣各派委员一人，将第四、第五、第六三款言明随后议订各节，兼同会商，以期妥协。

第八条：以上条款既定后，应送呈两国批准，随将条款原本在伦敦互换，彼此各执，以昭信守。

《藏印条约》是清朝政府在西藏问题上与英帝国主义进行外交斗争的一次重大失败，从此英国占领了哲孟雄，而英国则连升泰所争的哲藏来往"照旧"一点，都没有承认。这一条约订立的结果，打开了英人入藏的门户。

升泰签订了《藏印条约》以后，即由加尔各答返回西藏，于六月初一日抵达拉萨，六月初二日在布达拉宫会见达赖，并告诉了《藏印条约》的内容和订约经过。达赖即将该条约抄文发给西藏僧俗大会讨论。

升泰认为此次订立《藏印条约》很有"功劳"，自吹自擂，并向清帝保奏出力官员，给以"奖赏"。升泰在奏折中说："上年藏印拘兵，藏事几不可问，奴才受任以后，夙夜忧惧，计自到边，历时两载，彼族狡展迁延，事几中变，深幸迭承谕旨，指受机宜……始得令其就范，从此定界通商固修邻好，当可保藏中或少他故，藏事幸得挽回。"但西藏人民对《藏印条约》有相反的看法，指摘升泰媚外卖国，升泰致赫政的信中，自己也提到这点："印藏一案，经泰会同噶厦督同委员，用尽心力，始克就绪，本年六月回藏，乃有长（庚）大臣随带员弁及本藏不肖汉番，妄称西金（即哲孟雄）之地，中国皇上不愿划归英国，系本大臣有意见好英国，私将西金划出版图等语。……又春丕地方西金部长之弟，时有私函勾结藏番，云伊兄弟及部落之人，均仍愿归藏，系本大臣不肯做主云云。……经泰将掌办呼图克图痛加申斥，复饬拿为首主人，刻下始得风平浪息。"

根据《藏印条约》的规定，英帝向西藏步步进逼有了法律上的根据，光绪十六年（1890年）九月，驻藏大臣接到孟加拉巡抚白礼的来信，催促驻藏大臣派出委员，和英国委员继续谈判《藏印条约》没有明确解决的第四、第五、第六三条。升泰乃派西藏粮务黄绍勋、文案委员张昉二人前往大吉岭，与英方委员柏尔继续谈判，没有结果。清光绪十七年（1891年）十一月，清朝政府来电，要升泰再赴大吉岭，与柏尔亲自会商。此时适逢九世班禅曲结尼马

（1883～1937年）选定次年正月初三日在札什伦布受沙弥戒，并举行坐床典礼，藏王第穆呼图克图要去札寺给班禅传授沙弥戒（本来应由达赖传授，因当时十三世达赖还没有受过比丘戒，还不够授戒资格，因此由第穆呼图克图代理），光绪帝即令升泰也顺道前往札什伦布，主持九世班禅的坐床典礼。

清光绪十八年（1892年）正月十二日，九世班禅坐床受戒诸礼完毕，升泰从日喀则起程前往仁进岗，写信邀请英方代表柏尔来仁进岗会商，英国方面提出了关于通商、交涉、游牧三款的书面意见，其中所提很多条款，西藏方面表示不能接受。二月二十日，第穆呼图克图给驻藏大臣转交三大寺和全体僧俗官员的一张公禀，内称："第二条，在亚东地方赁买地基，修建房屋，不能遵依，由商上在于关外修建房屋，与英国商民居住，按日收租，不得短少。第三条，通商五年出进货物概不纳税，请由商上收税，不肯延宕五年之久。第四条，应禁各物，如甲噶尔（印度）地方向无盐茶进藏之规，请仍照旧，至军火器械迷醉药等项，并请严禁出入。又续款第二条，日后两国均以亚东设关为无益，或改移藏内他处，或另添通商一口数口所有章程，俱照前开通商各条办理，无论如何誓不依从。亚东设关，不得不勉遵大皇帝谕旨，决无复在藏内他处改关及添设商口之事。"升泰把西藏方面的意见转告英方代表后，同年六月十八日"中间斡旋"的英人赫德来信称："前呈各款，皆系印度国家念切邦交，再三裁减通融办法，无可增删。"升泰接此复信后，一面去信噶厦，要三大寺派代表到仁进岗接受"面谕"，一面还向赫德诉苦："番情冥顽，莫能言状，本大臣前接印度拟约，即已专弁取结，讵意商上三大寺及僧俗大众，迭据禀结，议论纷纭，徒滋烦扰，出乎情理之外，有不敢以遽渎贵国者，中间曾略陈梗概，想亦周知矣。本人臣译饬前后数千万言，禀结掷还四次，委员摘顶听参，至今迄无定议，现复饬调三大寺堪布，不日将到行营切实面谕，再看如何，此番饬取遵结能否照办，统候到时，再为上陈。"

是年九月，升泰在仁进岗病逝。清朝政府又派奎焕为驻藏办事大臣，延茂为驻藏帮办大臣，依照升泰的原议，继续和英国人进行谈判，对英国原案略有修改，于清光绪十九年（1893年）十月二十八日在大吉岭签订了《藏印续约》九条，附约三条，中国方面以四川越嶲营参将何长荣、税务司赫德（英国人）为代表，英国方面是当时英国派驻哲孟雄的行政长官柏尔。

《藏印续约》九条要点如下：

通商

第一款：藏内亚东订于光绪二十年三月二十六日开关通商，任听英国诸色商民前往贸易，由印度国家随意派员驻寓亚东，查看此处英商贸易事宜。

第二款：英商在亚东贸易，自交界至亚东而止，听凭随意来往，不须阻拦；并可在亚东地方租赁住房、栈所。中国应允许所建住房栈所均属合用，此外另设公所一处，以备如第一款内所开印度国家随意派员驻寓。其英国商民赴亚东通商，无论与何人交易，或卖其货，或购藏货，或以钱易货，或以货换货，以及雇用各项役马、夫脚，皆准循照该处常规，公平交易，不得格外刁难。所有该商民等之身家、货物，皆须保护无害。自交界至亚东，其间朗热、打均等处，已由商上建造房舍，凭商人赁作住宿之所，按日收租。

第三款：各项军火、器械及盐、酒，各项迷醉药，或禁止进出，或特定专章，两国务随其便。

第四款：除第三款所开应禁货物外，其余各货，由印度进藏，或由藏进印度，经过藏、哲边界者，无论何处出产，自开辟之日起，皆准以五年为限，概行免纳进出口税。俟五年限满，查看情形，或可由两国国家酌定税则，照章纳进出口税。至印茶一项，现议开办时，不即运藏贸易，俟百货免税五年限满，方可入藏销售，应纳之税不得超过华茶入英纳税之数。

第五款：各项货物到亚东关时，无论印度货物、藏内货物，立当赴关呈报请查，开单注明何项货物多少，及分量若干，价值若干。

第六款：凡英国商民在藏界内与中藏商民有争辩之事，应由中国边界官与哲孟雄办事大员面商酌办者，固为查明两造情形，彼此秉公办理。如两边官员意见有不合处，须照被告所供，按伊本国律例办理。

交涉

第七款：印度文件递送西藏办事大臣处，应由印度驻扎哲孟雄之员，交付中国边务委员，由驿火速呈递。西藏文件递送印度，亦由中国边务委员交付印度驻扎哲孟雄之员，照章火速呈递。

第八款：中印两官所有往来文移，自应谨慎呈递，及来往送信之人亦应令两边委员照料。

游牧

第九款：从亚东开关之日起，一年后凡藏人仍在哲孟雄游牧者，应照英国在哲孟雄随时立定游牧章程办理。凡该章程内一切，须先晓谕通知。

（《续款》略）

《藏印续约》是清朝政府在西藏问题上与英帝国主义进行外交斗争的另一次重大失败，根据这一续约，给予了英人在西藏境内建立据点的权利，为进一步侵略西藏形成了更有利的条件。

《藏印条约》和《藏印续约》，都是由驻藏大臣和清朝驻藏官员一手包办签订的，并未取得噶厦和西藏人民的全部同意，事实上当时正处在反英浪潮中的西藏人民，也不会同意的。因之条约虽然订立，但西藏人民并不承认，更谈不到履行。荣赫鹏在他所著的《英国侵略西藏史》一书中说："事实上，此次条约已证明毫无效用，西藏人民从未承认之，而中国当局又完全无力强制藏人也。"

该书又说："商埠开幕式定于清光绪二十年（1894年）五月一日举行，届时锡金行政官怀特奉命来亚东，参加商埠开幕式。怀特于六月九日自亚东送来报告书……彼觉藏人太无礼而多刁难，且信拉萨当局曾下令勿许自由贸易之实施，一切进出口货，凡经春丕谷上游之帕里者，当地官吏悉课以什一之税。……怀特又言中国官吏对彼虽表好感，且似不吝以方便，然毫无权力之可言。彼等亦承认条约未以适当精神履行，而怀特又历数藏人之实行毁约，盖认该约系由中英两国政府签订，而藏人不与焉。无论如何，即令货物可免税通过亚东，藏人仍坚持其在帕里任意征税之权。"

西藏人民并未承认《藏印条约》一点，驻藏大臣安成的奏牍也提到："从前界务一事，藏臣升泰虽订立约章，以支莫挚山南北流分水为界，藏番并未允从，所以迄未勘划。"

十五、受比丘戒

达赖在7岁时受了沙弥戒后，到11岁，开始学习"因明"。五世达赖以前，达赖也参加哲蚌寺的僧众集会，学习辩论，自六世达赖以后，即不参加三大寺的僧众集会，专门请了两个有学问的喇嘛，名为参协巴，每天到布达拉宫来给达赖教授和共同辩论经典，所以当十三世达赖11岁时，噶厦请了色拉寺的罗桑索南和噶丹寺的罗桑彭措二人为参协巴，教授达赖学习辩论。

达赖到18岁的时候，即开始学习显宗法，20岁时，即应受比丘戒。比丘戒律有253条，包括"盘巴"四、"拉马"十三、"邦东"三十五、"苏厦"四、"尼结"八十等，主要内容是不杀生、不偷盗、不奸淫、不谎骗和穿僧服的规矩、饮食的规矩，以及其他言语、行动、起居、念经、礼佛等等方面的详细规定。作为一个喇嘛，这些规定均应严格遵守。

藏历木羊年（清光绪二十一年，1895年），达赖年届20岁，按照过去旧例，应由班禅传授比丘戒律。现因九世班禅年幼，刚受过沙弥戒，不够资格，因而改由佛师普觉罗桑楚臣前巴嘉措传授。受比丘戒的仪式与受沙弥戒的仪式大体相同，日期定于是年正月十一日，在大昭寺释迦牟尼佛像前举行。正月初五日，达赖由布达拉宫移住大昭寺，受戒之前在释迦牟尼佛像及显宗四大部佛经前，一律上了酥油灯和供品。从初六日开始，布达拉宫南木甲札仓的念经喇嘛就开始念预备经。11日，达赖和佛师普觉前往释迦牟尼像前，由普觉佛师担任授戒堪布，由达赖副佛师多吉强·林佛罗桑隆多丹增池来巴桑布担任勒罗（补充讲解），珠康活佛罗桑阿旺丹增嘉措担任桑敦（在受戒时向达赖询问是否明白戒义），噶丹寺池巴罗桑楚臣担任堆郭娃（司时，由他主持受戒进行的程序），噶丹寺的夏仔曲吉、强仔曲吉担任者巴保（捧着食具，到时献给达赖），还有念经喇嘛11人，陪同诵经。受戒完毕，达赖和佛师、噶丹池巴等人一同赴前日钦冒殿上，由佛师、噶丹池巴、摄政第穆呼图克图、公、噶伦、台吉、札萨、三大寺洛本以及全体僧俗官员，依次向达赖献了哈达、曼札、古松图等物，表示祝贺。然后举行噶卓。

受戒完毕，达赖即返回布达拉宫，并照例向清朝皇帝报告受戒经过，派白也尔堪布一人背了奏折前往北京。

十六、亲　政

按照过去旧例，历代达赖年满18岁时，即应亲政，接管政务。但自九世达赖以来，都是青年夭亡，政权常在摄政（掌办商上事务）手中。十三世达赖年届19岁时（光绪二十年，1894年），光绪帝曾下令要达赖亲政，但达赖因自己年龄还幼，同时正在学经，恐亲政以后，政教两误，推辞未就，只是把历代达赖的三颗印玺接受过来，交给了噶丹掌管。（按，第一颗印名司西德吉，意为政教平安，举行大典或颁发重要文告时使用。第二颗印名达丹木，是达赖签发公文常用之印。第三颗印名塞丹木，专门用于清算经济账项。）

达赖受了比丘戒后，按照佛教学经程序，已完成了一大阶段。此时西藏政局正处在大动荡的时代，英帝的侵略蚕食日益加剧，西藏统治集团乃想把达赖捧上政治舞台，亲自掌政，一方面在西藏人民中当然有更大的号召力，另一方面也容易对抗驻藏大臣。因之当达赖受过比丘戒后，三大寺和噶厦僧俗官员，借口"神意"，压迫摄政第穆呼图克图辞职，要求达赖亲自出台掌政。

清光绪二十一年（1895年）八月，摄政第穆呼图克图向达赖提出辞呈，达赖接了辞呈后，就交给三大寺和全体僧俗官员会议，要他们讨论。会议经过讨论以后，向达赖作了如下报告："参与会议的全体僧俗官员一致认为，早在水龙年和木马年时，大家就有过亲政的要求，但达赖喇嘛因为年轻，没有接受。现达赖喇嘛已学完显密诸法，不应再因借口学经而有所推辞。况历代达赖喇嘛均在18岁时亲政，现达赖喇嘛年已20，超过了亲政的年龄，更应接受全藏人民的希望。为了全藏众生的福祉，大家一致要求达赖喇嘛批准摄政的辞呈，自己出来执政。"

是年八月初八日，在布达拉宫内的司西彭措大殿上，举行了隆重的达赖亲政大典。这天，布达拉宫的各屋顶上，拉萨全市的僧舍民房的屋顶上，均悬起了五彩旗帜，香炉内熏燃了松枝，表示庆贺。

这天，拉萨青年男女，穿了彩色鲜艳的衣服，在拉萨巴郭大街，布达拉宫前广场上，一队接一队的跳着吉祥舞，唱着吉祥歌，打着皮鼓，吹着号角，自早晨一直闹到晚上。达赖在参加噶卓庆祝会完毕后，也到大丹巴侧殿上，俯瞰拉萨全市和布达拉宫前演出的舞蹈和藏戏。

为了庆祝达赖亲政，不仅拉萨是这样热闹，全西藏地区的寺庙和村庄，这天在屋顶上都悬挂了五彩布帛，房顶上熏了香，各寺庙里面都在念经、打鼓、吹号、击钹。

从八月十一日起，每日举行噶卓，庆祝达赖亲政。首先是噶厦，其次是札什伦布寺，再后是三大寺，各大呼图克图的拉让，还有全藏各地区僧俗代表，不丹国王、廓尔喀国王、哲孟雄国王，均派人来送礼祝贺。外蒙古法王哲布尊丹巴也从远道派人前来庆祝。

按照过去旧例，达赖亲政以后，卸职摄政第穆呼图克图前来向达赖辞行，表示"回寺参禅"。达赖派了卓尼一人，陪送第穆呼图克图回寺。自是达赖身兼法王、藏王两职，总理西藏政治宗教两方事务。

清光绪二十二年（1896年）正月，为十三世达赖亲政后的第一个新年，照例举行了措派大典。正月初八日，达赖从布达拉宫移居大昭寺，在大昭寺的爱王母殿上举行了噶卓，参加者有千余人，噶厦大小官员、三大寺代表、四大林的呼图克图，均向达赖献哈达。并有木鹿寺的护法，在会上表演降神。

正月十五日，达赖前往大昭寺西边的松曲热噶讲经场，向参加默朗木大会的三大寺两万多僧众，第一次讲经，讲的内容是"显宗教律"和"释迦牟尼传"。这天夜间，达赖赴八廓尔大街观灯，从香曲觉兰地方看起，由东向西绕行一周。这一年的酥油灯制作非常精巧，所塑的人物龙蛇鸟兽等，非常生动。达赖经过的时候，在每一座酥油灯前停留一下，用少许青稞向酥油灯上洒去，叫做青勒（意为加持）。当达赖观灯的时候，除少数侍从堪布及重要官员之外，其他的官员百姓均不许在街上行走，屋顶上也不准有人探头，达赖看毕回到大昭寺后，才开放给普通官员和老百姓看。

自达赖亲政以后，西藏地方与清朝中央在对付英帝的态度上，对立更加尖锐化，因为达赖与驻藏大臣地位平等，驻藏大臣对他更没有办法。这在当时边务开导委员何长荣给四川总督的一份报告中，作了很具体的描写，该报告中说："……光绪二十年以前，商上事务归第穆呼图克图掌办，达赖喇嘛未尝干预一切公事，驻藏大臣尚可译行，甚则加以申斥，前大臣升泰赴边阻战，尚能创设亚东关者，盖事权犹在也。今则达赖自行掌办商上事务，以清净恭修之人，忽而干预公事，其毫无识见可知。且其体制与驻藏大臣平行，先有一不受笼络之心，所任噶布伦等半皆私人，罔识大体，平日高居山寺，驻藏大臣不易见之，即见之彼亦傲睨自若，默无多语，公事但凭译咨来往，稍拂其意，咨亦不答。"当时驻藏大臣和达赖之间的关系，和驻藏大臣的处境以此可见。

十七、瞻对之争

达赖亲政之日，正赶上瞻对事件，因而更加速了达赖与驻藏大臣及四川总督之间的尖锐对立。瞻对在康区东部，理塘之北，藏名雅龙。瞻对事件发生的经过，当时四川总督鹿传霖于清光绪二十二年（1896年）四月向清朝政府的报告中，有如下叙述："查瞻对原分设上、中、下三土司，自土酋工布朗结父子叛乱多年，屡剿未平。同治四年，奉旨川藏会剿，川省派委道员史致康督兵至打箭炉厅，迁延不进，藏兵先捷，攻克瞻对，据有其地，借口耗费兵饷30万，索偿如数，始允交回土地。维时川中蓝逆等匪，势正披猖，帑项亦极支绌，史致康遽请以其地赏归西藏，前督臣刘秉璋据禀奏请，朝廷因念藏番有破贼之功，且其时视川藏原属一体，遂降旨将上中下瞻对，赏给达赖喇嘛，派番官管理，此瞻对拨归藏辖之原委也。自番官管理以来，虐政横征，瞻民不堪荼毒，数年必一内讧，上年瞻番与明正土司互斗，时值帮办大臣纳钦过境，该番官旋即退兵，初谓其尚知畏惧，迨后确探，始知系因瞻民又复内叛，故撤兵回顾巢穴。及驻藏大臣奎焕奏参革换，而该番官竟敢抗顽不遵，其恃强藐法，已可概见。"另据恭寿的奏折中称："实因关外那珍三村乃革布什咱土司游牧之地，同治年间瞻酋工布朗结侵占其地，遂据为己有。近年那珍百姓苦于藏番苛虐，相率纷纷逃投明正，该番官挟明正收其逃民之嫌，遂迁至明瞻交界各土司属地肆行焚掠，兼之朱章土司翁婿争袭，朱窝投瞻对，番官复干预其事，迭扰章境。"根据这一材料来看，事件发生的原因是由于部落纠纷而引起的。

当时的四川总督鹿传霖认为这是瞻对藏官（是噶厦派的）"恃其地险人强，往往侵扰附近土司，越界滋事"，于是由四川总督和驻藏大臣同时向清朝政府"参奏"瞻对藏官对堆多吉，僧官夷喜吐布丹二人，请将藏官两人予以革职。清朝政府的革职命令下达后，据驻藏帮办大臣纳钦致鹿传霖函中说："接奉谕旨，恭录译行商上遵照，而该商上竟敢不遵，禀复之词，语多悖谬，并不将瞻对番官撤换。"这样噶厦和驻藏大臣及四川总督之间就形成了尖锐的对立关系。四川总督鹿传霖认为"既经抗旨于前，复敢肆扰于后，藐玩梗顽，形同叛逆，若再不示以兵威，稍加惩创，不特该革番官无所畏惧，难期慑服；且恐川属土司畏其强横，以汉官不能保护，势将纷纷依附该番，边事将不可收拾。"

是年五月，四川总督派记名提督周万顺为帅，率领安定各军，自打箭炉出关，又动员了明正土司的几百民兵，协同前往。五月二十六日，周万顺率汉藏军向章谷土司寨子进攻，遭到藏军的坚强抵抗，西藏官员并动员了然马公山梁上的牛厂娃（即牧民）马队数十人，和章谷寺喇嘛数百人，"由山梁而下，施放排枪，为瞻番接应"。五月三十日，川军攻克朱窝土司寨子，西藏官员率全部藏军退守瞻对，"即将中瞻哨楼木寨十余座，处处设兵，逆巢则尽用藏兵防卫，不准瞻民近身，并将瞻对得力头目，禁锢数人，严防内变，入瞻隘口，均设重防，并将雅砻江大桥拆断，柯玉卡、恩觉科，均派仔仲率其悍党扼扎，以图死拒"。从这里可见当时的瞻对之争，已是四川清军与噶厦派驻瞻对的藏军之间的冲突，而不单是部落之间的纠纷了。

是年八月初十日，周万顺所率领的川军和各土司的民兵攻入中瞻对，遇到藏军的激烈抵抗，双方死伤很大。但因川军武器较占优势，最后包围了瞻对大寨，一直相持到九月十七日，尚未攻下，川军乃挖掘地道，准备用炸药爆破。此时藏官对堆夺吉和仔仲则忠札巴二人业已逃往西藏，寨内只留僧官夷喜吐布丹一人，乃派人出寨向川军接洽投降，并要求："献寨之后，无地自容，恳求赏给乌拉，酌派弁勇护送回藏，周万顺当即宣布皇仁，概为允许，当撤开一面之围……至二十六日，夷喜吐布丹率同喇嘛番众妇孺三百余人，开门而出，并据呈缴大炮五尊，放出羁押明正、革什咱、德尔格、霍尔五家番众76人，当即询明分别资遣，分派各营移驻寨内，三瞻地面一律肃清。"

当瞻对战事正在进行当中，达赖听到川军攻入瞻对境内消息，主动作了让步，答应撤换噶厦派往瞻对的两个藏官，并提出了正副两个新总管的名单交由驻藏大臣向清朝皇帝报告，请求批准。四川总督知道这个消息后，即向清帝建议，要乘机收回瞻对，派汉官前往管理，不准噶厦再派总管。但当时清朝政府尚考虑到收回三瞻，恐达赖"外向"，因此表现犹豫，没有允准。

十月十二日，清朝政府复川督的电内称："该督于易换番官一事，坚持前议，不知三瞻乱在理塘中间，为入藏要路，此等办法，达赖岂肯甘心，即无藏兵援瞻之谣，亦当虑及。总之保川固要，保藏尤要，筹善后，设流官，此保川之计，非保藏之计也。叛则诛之，服则抚之，已给之地不索还，已授之官不更易，隐示达赖于兵威，而不使借口生衅，此保藏而并保川之计也。"

清光绪二十二年（1896年）年十一月，鹿传霖又提出了将三瞻地方改土归流的具体方案，奏折内称："窃维三瞻之地，南接理塘，为入藏通衢，北界德尔格土司，为茶商入藏之北路，居众土司之中，形势险要，今既收复其地，拟改设直隶同知一员，更名曰定瞻直属厅，隶于建昌道，而移建昌道于打箭炉，毋庸添设道员，以归节省，并将打箭炉厅亦改为直属厅，径归道辖。同城之阜和协，请仍其旧。其章谷、朱窝两土司，则改土归流，仿金川五屯之制，设立屯官，作为差缺，并将麻书、孔撒、白利三土司，分隶于两屯官兼辖，而统隶于瞻对同知，并添设游击一员，与同知同城……又德尔格土司……亦设屯官一员，都司一员，以镇抚之，并隶于瞻对同知。臣已分饬唐承烈、张继等，各将瞻对、章谷、朱窝等处疆域、赋税、户籍等项，分别查勘，造具图册呈核。"

所谓改土归流，就是取消土司，改设流官。以前清朝统治藏区，是通过藏族原有的政权组织和藏族的土司头人，进行统治。改土归流政策，则是取消藏族原有的政权组织，取消藏族原有的头人土司，剥夺这些头人的特权，直接委派汉官统治藏民，这种政策自然更要引起藏族原有头人的一致反对，这点在奕寿给清帝的奏折中，已多少作了反映："自倡议改流，关外人心为之骚动。"

清光绪二十三年（1897年）正月，达赖派了仔仲罗桑培结，前往北京，向光绪帝控告四川总督，并请求将瞻对地方仍赏还西藏管辖。当时清朝政府为了顾全大局，乃将四川总督鹿传霖予以调职，瞻对汉官汉军一律调回，仍交给噶厦派去的官员接管。同时指示驻藏大臣文海："即着与达赖严定约章，取具填造番官不再苛虐侵扰确据，以期永远相安，并传谕达赖，嗣后番官等倘再滋生事端，定唯该达赖是问。"清光绪二十四年（1898年）七月，驻藏大臣文海给清朝政府的报告中称："旋据噶布伦等来署面称，瞻对地方既蒙圣恩赏还，达赖自当慎选番官，始去该处接收任事，至出具确据一层，恐滋瞻民口实等语，经臣严加申饬，并谕以朝廷主意，不过为慎重地方，抚恤百姓起见，尔达赖竟敢不遵，殊难代奏结案。该达赖无可奈何，始具信字前来。"

瞻对之争至此告一段落。

十八、第穆呼图克图被杀

瞻对争执刚刚过去，清光绪二十五年（1899年）七月，西藏又发生了"阴谋杀害达赖"的案件。根据藏文达赖十三世传所载："摄政第穆呼图克图阿旺罗桑成烈热结，自卸职以后，退居丹吉林寺静修。第穆之弟傲布才仁和另一僧官同丹勾结，共同掌握丹吉林拉让大权。这两人阴险恶劣，虎狼成性，对达赖亲政表示不满，企图将达赖谋害杀死，然后仍拥第穆呼图克图为摄政，彼等即可为所欲为。彼等乃勾结通巴日佛和业仓佛，将达赖出生年月日，写在符咒上面，埋在布达拉宫四周，桑鸢寺之海布山上，以及其他神地，进行诅咒。彼等又送达赖一双靴子，在靴底里面，缝了达赖出生年月日之符咒。达赖穿了靴子以后，感到心神不安，饮食不进，乃请乃均降麻东益喜神，看出达赖靴底有可疑之处，拆开检查，发现符咒，根据这一线索进行追查，遂逮捕傲布才仁和同丹，该犯因见证据确凿，无可诡辩，全部供认不讳。此案发现以后，噶厦召集三大寺及全体僧俗官员开会，进行审讯处理。此时第穆呼图克图正在丹吉林寺坐静，听到破案消息后，即于是晚暴病而死，时年45岁。"

刘家驹所著之《西藏政教史略》，对这件事是这样说的："藏政府假护法神之口，诬藏王第穆呼图克图阿旺罗桑称勒阴谋不轨，诅咒达赖，旋将第穆佛禁毙狱中，查抄阐宗寺财产。同时加罪丁结林（即丹吉林）之臣僚罗布顿朱等，先后被杀，达赖于是威服全藏，莫敢有违。"

第穆被杀后，达赖下令将第穆所属乃东、伦孜、则岗、江孜、策堆德、洛隆宗、达布、蔡里、昂仁、墨竹工卡等地的庄田、寺庙、财产全部没收充公，并由噶厦派了僧俗官员八人、仔仲七人、仲廓尔三人，前去查点经管。又下令将第穆呼图克图的名号予以革除，禁止以后转世。并将处理经过请由当时的驻藏大臣裕钢代奏。

英人柏尔所著的《西藏之过去与现在》一书中，提到第穆呼图克图被杀是一大冤狱，该书中说："前锡金两君王捉贼勃兰节与细底僵兰节皆藏族……细底僵曰：'西藏人多以为今日国步艰难之原因，在于丹吉林摄政之遭虐待而卒至于死，丹吉林摄政甚得人民尊敬，然西藏人非深交至好，不以此意相告也。'此等意见吾觉甚为普遍，其故不徒在丹吉林摄政之得人尊敬，及其巫蛊蒙冤，为世共晓。"

究竟第穆被杀内幕如何，现无材料可以判明，但有一点可以肯定：即第穆被杀事件，基本上反映了西藏统治集团内部的矛盾和斗争。

自从杀了第穆呼图克图之后，十三世达赖在西藏统治集团里面的实际领袖地位，才基本上巩固了，十三世达赖的威望也大大提高，正如《西藏政教史略》中说的："威服全藏，莫敢有违。"

十九、达赖、班禅失和

清光绪二十八年，九世班禅曲结尼马年已20，到了受比丘戒的时候，应由十三世达赖传授。

藏历水虎年（清光绪二十八年，1902年）四月十五日，为班禅受比丘戒律之日，此时达赖受过比丘戒已近八年，故已有资格。根据藏文十三世达赖传载：是年四月四日，班禅一行抵拉萨，哲蚌寺在寺前的参宁林卡，搭了欢迎帐篷，哲蚌寺拉基的僧官，乃均寺降神的乃均曲均，都向班禅献了哈达，表示欢迎。

在哲蚌寺与拉萨中间的尖杂鲁丁地方，噶厦搭了欢迎帐篷，自噶伦以下，全体僧俗官员都在此站班欢迎。在噶厦帐篷的旁边，有一所口叫做吾叶的房屋（俗称接官厅），钦差驻藏大臣和大小汉官在这里等候，欢迎班禅。

班禅一行快到拉萨时，拉萨市民和各大寺庙的喇嘛万余人在大路两旁排队欢迎，大道左边是喇嘛群众，手里拿着各种仪仗、法器、佛像等等，吹着大号，打着鼓钹。右边是俗人群众，有西藏腰鼓，边打边跳，有穿着鲜艳衣服的青年男女，唱着吉祥歌，跳着吉祥舞。

班禅首先赴布达拉宫，在参僧康殿上与达赖见面，彼此交换哈达，然后告辞出来，直赴大昭寺，噶厦在那里给班禅预先准备了行馆。

四月十三日，达赖为了要给班禅传授比丘（格隆）大戒，从布达拉宫移住到大昭寺。四月十五日，为班禅受戒的"吉日"。是日，达赖和班禅并肩走上大昭寺的大殿，一同向释迦牟尼佛像献了哈达，然后班禅向达赖磕了头，献了哈达、曼札和各种重要礼品，作为向师傅的贽礼。献毕，有一侍从堪布把班禅请到卧巴拉康偏殿内去暂时休息，这里达赖和其他僧官、念经喇嘛等人诵经祈祷，祷毕，又派人去请班禅进殿，立在释迦牟尼佛像面前，达赖一人兼行了堪布和洛本的两种职务，另由噶丹寺池巴，卸任噶丹池巴，噶丹寺的夏仔曲吉（夏仔札仓的堪布）、强仔曲结（强仔札仓的堪布）等人作为达赖的助手、司仪并帮助念经。达赖首先给班禅传授了居士戒和沙弥戒，这两戒是补行的。最后传授了比丘戒。授戒毕，班禅向达赖献了昂作哈达一条、金质曼札一盘、镶珠宝的轮子一个、镶银的白海螺一个，及金银、各色缎子并缎质郭参三方，这是给师傅的谢礼。达赖也给班禅回赠了宝石装琢的释迦牟尼小佛像一尊。接着噶厦和札什伦布寺，为了祝贺班禅受戒大典圆满成功，特向达赖、班禅二人送了很多贵重礼品，并向释迦牟尼佛像献了新佛衣，上了供品（酥油灯和食子）。受戒完毕后，达赖和班禅一同又去巴拉角殿上，参加南木加札仓僧众的集会，向同将女神念感谢经。

四月十六日，噶厦在大昭寺爱王母殿上举行噶卓盛会，庆祝班禅受戒圆满成功。在这个会上，札什伦布寺的代表古相台吉（班禅的舅父）、苏本、森木、却本堪布、大卓尼、四大省噶、贡康巴（均为班禅的侍从僧官的职称）等人，全体向达赖献哈达、曼札及其他贵重礼品，表示谢意。

四月二十三日，达赖向班禅辞别，先到小昭寺降香，然后返回罗布林卡。此后几天，三大寺、拉孜宗的文米林寺、盘布林噶丹曲科寺、色康寺、尼冒加曲寺、肖科门寺、贡噶曲德寺、策满林拉让、普觉拉让、策觉林拉让、李龙拉让、多札作巴寺等寺庙，第本吞巴（据传为吞米三百札的后裔）、多喀哇（西藏老贵族）等贵族，均单独向达赖班禅送礼致贺。

五月初二日，班禅准备返回札什伦布，特赴罗布林卡向达赖辞行，噶厦在罗布林卡的日光殿上，举行噶卓，给班禅饯行。

五月初四日，班禅一行自拉萨起身返回后藏，达赖派了后藏代本拉丁色、雪仲噶西巴、仔仲丹巴若杰、三木噶查巴班丹等人，自拉萨护送班禅一直到札什伦布。班禅自拉萨起程时，噶厦又在尖杂鲁丁地方搭了欢送帐篷，给班禅送行。四大噶伦和达赖的基巧堪布则一直把班禅送到对陇岗（距拉萨约30华里）。

关于达赖给班禅授比丘戒一事，《西藏六十年大事记》一书是这样记载的："光绪二十八年（1902年）春，班禅往朝达赖，由布达拉宫前击鼓而过（鼓为佛前之仪仗），达赖怒为班禅过师门而击鼓，妄自尊大，遂罚银一千五百两，自此左右互相诳拘，嫌隙日深。"从这一材料来看，达赖和班禅之间的关系从此开始了恶化。

究竟班禅、达赖失和是否即因上面这一件事，还不能肯定，因为四川总督鹿传霖在光绪二十二年（1896年）给光绪帝的《瞻对全境收复，番官应请撤回，达赖难邀生衅外向，及英俄窥藏情形》的奏折中曾提到："乃后藏班禅素与达赖不睦。"由此可见，达赖和班禅"不睦"还在受戒之前。

二十、英人得寸进尺

自从签订《藏印条约》与《藏印续约》，英人并吞了哲孟雄，并在西藏境内亚东地方开辟商埠，建立了进攻西藏的据点以后，即积极策划向西藏内地侵略。清光绪二十二年（1896年），英国借口"1890年条约规定之某处边境，均被藏兵占据"，"故建议在最近期间，设法使双方边吏集聚于边境，并会同巡视条约规定之疆界"。据说"驻藏大臣于十月来文答复，内称西藏行政会议反对英国官吏巡边，尤不能同意英吏巡藏方之边地。惟对于派员勘定边界之建议，彼认藏方或可同意，因此派定统率边军之某军官、并由藏方派定某统兵及某总管各为勘界委员，不日齐赴边境，偕孟加拉总督派遣之官吏，会同巡视依条约规定之锡藏边界，并从事精密之勘察，以便设立界碑，使双方永守勿替。最后驻藏大臣请总督来文知会派何官员及何日到达边地，俾便训令中藏两方委员准时前来办理划界事宜云。……总督于十二月答复驻藏大臣，内称开始工作之期，彼意可于（次年）五月一日至七月一日之间，任择一日，又称已派定怀特君为勘界委员，可在边境任何便利地点与其他委员会晤。"（《英国侵略西藏史》）

当驻藏大臣奎焕向噶厦提出"勘界"问题时，噶厦不但反对勘界，而且下令封锁，不准驻藏大臣派员前往勘界。四川总督鹿传霖在奏折中称："目下勘界之期日迫，英人催促愈急，而藏番坚持不从，不惟不派番官会勘，并不办夫马，而且禁止番民，不准私行应雇，经奎焕再三开导，该商上置若罔闻，纳钦甫经到藏，人地生疏，又属帮办，殊觉一筹莫展。"

清光绪二十三年（1897年）五月，英人按时派怀特前往印藏边境，等候汉藏方面勘界委员前往会勘，因到期西藏方面委员未到，只来了驻藏大臣派来的一个军官，"此新来军官要求怀特延期，怀特拒之，遂偕中国军官确定界碑所在于则拉普拉山，此系以分水线构成界域之处，依照条约毫无疑义，且山脊连亘，极易识别也。怀特立碑柱于此，然后与中国委员约定七月一日会晤于达加拉立另一界碑，而本人则趁此时间前往东库克拉，立一碑柱，以后再由中国方面勘定"（《英国侵略西藏史》）。这里可见英人未等汉藏委员到齐，自行在西藏边界立了界柱，又把很多西藏地方划到英国辖境，这种侵略行动，更激怒了西藏人民。"数日后，闻悉怀特在则拉普拉所立碑柱，已为藏人毁除，而记录碑柱号数之石板亦被除去。六月十一日，怀特又电告彼在东库克拉所立碑柱，亦遭有意之毁坏，该处记数之石板，亦被移去，且认毁碑之事，当属三喇嘛所为。以上各情俱经总督知照中国驻藏大臣，旋得复文，声称西藏行政会议实未发布毁碑之命令，本人对此案已下令彻查，其窃取碑石者，当予严惩。"（《英国侵略西藏史》）

清光绪二十四年（1898年），驻藏大臣换了文海。是年八月，文海又派边务委员李毓霖，与噶厦所派的代本彭措旺对前往干坝宗（即康巴宗），与英方委员怀特会勘印藏边界。当时西藏方面坚持印藏边界应以历史上西藏与哲孟雄的旧界为基础（旧界设有鄂博——即大石堆），英国方面提出如将帕里开为商埠，则可维持旧界，否则英国将进兵占领春丕谷（即亚东一带地方），这点在荣赫鹏所著之《英国侵略西藏史》中明显地表白出来："要不外警告藏方从速准备划界，否则由英方单独办理之。其业经树立之界碑，亦要求藏方派定管理人员切实负责保护，否则英兵即将直捣春丕谷，而暂时或永久占领之。彼认边地民族之文化阶段如西藏者，唯此种横蛮高压之手段可令晓谕也。"

在英帝国主义积极进行侵略，并肆口宣布将要进兵春丕，占领藏南门户的严重情况面前，西藏各阶层人民自不能不作抗战的准备；又因为当时驻藏大臣在涉外问题上一贯主张屈服让步，与噶厦政见相左，达赖乃于光绪二十五年（1899年）三月二十六日，通过外蒙古的法王哲布尊丹巴，向光绪帝上了一道奏折，其要点如下：

（一）以强欺凌，议和非计：光绪十四年英印起兵侵扰，达赖喇嘛等率属公议，派兵万余与敌人决战两次，初次我兵力大，英印败走，当摩拳斯杀之际，经驻藏大臣屡次严饬不要动兵，以致兵心懈怠，为敌所知，复求寻战，我兵稍却，正欲增兵备饷，驻藏大臣仍饬毋庸动兵，亲自赴边议和，因此英人任其纵横。

（二）巴赖忠（即哲孟雄）地方，前驻藏文大臣曾将界图送部，该部落系归顺我朝，曾经钦赏名号、顶戴，现英将该部落之汗缚去，用刑逼降，该汗忍刑不降，恳将该地方赏还仍为藏属。

（三）与英印相争案内，闻拨赏库款40万两，内承领修大昭寺银4000两，修理亚东门墙银2000两，奎大臣任内修工银5000两，又12000两，各有甘结，惟所领银数与原数不符。

（四）亚东边界立约时，奎大臣云五年后倘另有事，应六个月前声明，虽经议定，但英人不可深信唇舌。

（五）布鲁克巴（不丹）部落与藏英两国连界，原与西藏结好，英人狡猾，恐该部落被其网罗降附，恳赏给该部长爵衔，以慰其心。又廓尔喀（尼泊尔）毗连藏地，与藏盟誓结好，现该王兄弟不睦，地方已分，伊弟欲附英国，该王深恐关通扰害，当乘此犹豫之际，降旨施恩劝勉。

（六）亚东设立商埠以来，地方税课原交藏中，英人越境通商，并不纳税，驻藏大臣札开通商税责令官员收支，寻有英国萨达勒特等率众假充委员取税。

（七）亚东分界通商后，经升大臣出示，英国所贩杂货，如系藏内应用之物，即准买卖，否则停止互市。今英商所贩物件多系枪、刀、火药、烟酒等项，均与藏人所用不合。又欲印茶赴藏，茶系内地四川商人大利，原有缴库茶税缴藏地税，兼之藏众欲饮此茶，若令英人贩卖，必贪易售，且于税项一项诸多窒碍，应请一并禁止。

（八）五年后亚东地方买卖地税，请赏给达赖喇嘛，以济军粮，连年藏地困苦，驻防兵不下万余，已有七年之久，筹拨粮饷不易设法，并乞恩施将驻藏大臣所属三十九族及喀拉乌苏八旗归藏管辖。

（九）唐古忒兵众人数足额，而器械不齐，若欲制造，又无精匠，伏乞赏给大小枪械火药铅丸等件，或派工匠赴藏制造。

（十）以上情形驻藏大臣置若罔闻，嗣后若遇紧要事件，准由达赖喇嘛径报理藩院代奏，请旨另赏给印信。又分界时驻藏大臣并不秉公，如有查办，请指派京员来藏会商。

这一历史文献证明，西藏各阶层人民当时不仅没有承认藏印条约，而且不承认哲孟雄属于英国，还提出了巩固西藏与尼泊尔、不丹之间的友谊，巩固西藏的藩篱，并要求清朝政府帮助解决西藏的军火与财政困难，以便准备抵抗英国的侵略等一系列建议。从这里也可以看出：当时达赖对清朝的统治虽已非常不满，但还是希望能从中央方面取得援助。

当时清朝政府对达赖的这些要求，不但没有接受，反给以逐条"驳斥"。对第一条"驳斥"说："查印藏构兵，藏人以弱御强，所操者寻常兵器，又无纪律，势不能支，朝廷轸念旧藩，熟权利害，煞费苦心，为之议和罢兵，俾得纾急艰，以徐图自强，所以保全藏人者无微不至，今该达赖喇嘛等事后反称议和致懈军心，阻挠胜算，殊非事实，未免不达时变。"对第二条"驳斥"说："查文硕所送图说及旧册，并无巴赖忠部落，核其所述情事，应即哲孟雄，该部落亦奉格鲁派，向为西藏附庸，该部落于道光咸丰年间，先后立约，私附于英，英人占据其地，设官招垦，修路造桥，已历年所，藏人欲顾全旧属，不能力争于英人将占之初，乃欲索还久据之后，前既坐失时机，今亦空烦禁止出入。"关于第三条"驳斥"说："查前大臣升泰及奎焕任内，先后拨款12万两，修建靖西内外关卡城垣及各衙署房屋工料银58000余两，有册可稽，并无拨款40万两之事。"关于争取团结不丹和尼泊尔两国一条，批文内称："该两部落毗邻藏印之间，举足左右，便有轻重，鉴于哲孟雄之事，亟应联络该部长之心，以固全藏唇齿，应如何羁縻固造，应饬驻藏大臣查明办理。"关于帮助西藏方面解决财政困难一事，批文"驳斥"说："近年添兵驻防，用款支绌，亦系实情，然该达赖喇嘛席有全藏，其于务本为农、通商惠工一切生财因富致强之道，概未知加以讲求，以致贫弱不振，乃欲兼辖驻藏大臣所属之39族及喀剌乌苏八旗，以为附益，所计殊不识大体，查39族及喀剌乌苏八旗，旧制隶驻藏大臣管辖，以资控驭边陲，用意甚远，妄议更张，侵权滋弊。"关于要求帮助西藏军火武器一项，批文内称："查整军经武，必资利器，藏人欲图自强，讲求器械制造，原所应为，然必俟勘界通商务事办有端绪后，由驻藏大臣察度情形，奏明核办，若遽设更张，恐于界务诸事转多窒碍。"关于达赖要求直接向清朝皇帝上奏一条，批文内称："达赖喇嘛以藏事壅于上闻，多由外间专擅，殊不知自光绪十四年藏中多事以来，事无巨细，均经历任驻藏大臣，奏达圣聪，钦遵谕旨办理，并无壅遏专擅之弊，所请应毋庸议。"

经过这次的逐条"驳斥"以后，十三世达赖感到对清朝政府的依赖完全落空，到了最后失望的境地，因此在英军压境的情况下，开始向外寻求支持，遂有积极联俄的行动。

中编 十三世达赖喇嘛土登嘉措

十三世达赖喇嘛土登嘉措

二十一、帝俄觊觎西藏

　　达赖的联俄，是在下述情势下造成的：一方面是英帝国主义兵临藏边，西藏的危亡迫在眉睫；另一方面是清朝政府向英帝屈服，不敢大力支持西藏人民进行反抗，在这样的情况下，达赖想找别的外援，帮助他们抵抗英国侵略，因而当时上了沙俄帝国主义的当，错误地认为帝俄可以帮助西藏反抗英国。

　　十三世达赖联俄，开始还是由帝俄主动的。早在1870～1879年间，帝俄就派"探险家"普杰瓦尔斯基上校和罗布洛夫斯基分别从新疆进入藏北草原，到达黑河，因为噶厦反对，这两个人又由黑河前去青海，曾三次与当地藏族人民发生冲突，并野蛮行凶，打死藏族人民三四十人。1889～1890年，俄国又派人到西藏北部活动，四川总督鹿传霖于清光绪二十二年（1896年）给清帝的奏折中有如下叙述："查藏番通俄一节，事在印藏拘兵之时（1888年），俄人乘间借游历为名，取道后藏而来，甘言厚币，以诱藏番，又因语言文字不能相通，特予密函三件，约令遇有急难，将函驰送俄境，即可电达，助兵援应，藏番欣然信从，结好而去，秘之未敢宣露。乃后藏班禅素与达赖不睦，而附于英，因泄其事，前驻藏大臣升泰闻知查究，追出原函存案，惜未及时销毁，迨升泰出缺，藏番贿通司文案者，仍将三函盗去。"前四川总督刘秉璋在光绪二十年（1894年）六月给清帝的奏折中，也提到达赖联俄之事："至藏番愚蠢，势屈于印度，意欲结俄抗印，而俄人复从而诱之，此情理事势所宜有者，惟藏番既坚不承认，是尚有忌惮隐匿之心，似亦不必指明，授印度以口实。"

　　帝俄勾结达赖，是通过俄属西伯利亚布里亚特蒙古人德尔智进行的。布里亚特蒙古人也信奉格鲁派，德尔智本人是一个喇嘛，由沙皇派来西藏，在三大寺以留学名义掩护，进行活动，其来西藏当在光绪初年（1880年前后）。日本人所著之《西藏通览》中说："俄国先使哲布尊丹巴说达赖喇嘛，而直接当交涉之任者，为在西藏得参宁堪布阶位之德尔智也。德尔智者，又系俄属布里亚特人，俄政府勉彼对西藏之密策，给多数资金，使为喇嘛，留学西藏。彼在拉萨研究西藏语十余年，曾受文明教育，以明晰之头脑，研究西藏文学，其学识远超庸众，未几遂选为达赖喇嘛之侍讲（藏语为参宁堪布，即与达赖辩论经典者），彼即被选为达赖之侍讲，乃以得意之才略，论世界之大势，谓清政府不足依赖，谓英国北侵，藏事危迫，喇嘛教之命运，势不至被外教蹂躏殆尽不至，因就地图指示俄国幅员，剀切说明谓其国力之膨胀，版图之扩张，大有兼欧并亚之势，默察将来，定可认为世界之统一者，确足倚为喇嘛教之保护者。复援格鲁派经书中引证未来纪，谓其中所谓佛法大王者，即俄国皇帝是也。促达赖暗为注意，谋脱清国之束缚，依俄国之援助，以防英人之北侵，谋自国之独立，原来敏锐如达赖，为彼说所浸渍，其志意似怦怦欲动。"

清光绪二十六年（1900年），达赖向清帝要求财政军火的援助遭到"驳斥"以后，乃秘密派遣大卓尼同德尔智前往俄国，携有达赖致沙皇的亲笔信，达赖信中称沙皇为护法皇帝。英人所著之《英国侵略西藏史》一书中载称："俄历一九〇〇年十月二日（西历15日），《圣彼得堡日报》政府公布栏宣布俄皇接见一外宾，名德尔智，其人即通常称道为西藏达赖喇嘛第一玄学宗师者也"。次年七月十二日之《奥德萨时报》："据云奥德萨将以是日欢迎西藏达赖喇嘛特派之使节，该特使一行顷正驰赴圣彼得堡，携有外交之重要训令，领袖使臣为德尔智氏，其主要目的，为谋与俄国亲善，并增进友好关系，据云，此一使节系由达赖喇嘛拼挡布置，并备亲笔书函及各色方物，呈献俄皇。又关于讨论在俄京圣彼得堡设立西藏永久使馆，期与俄国保持良好关系，闻亦此行任务之一云。"《新时代报》评论谓：西藏使节之再度出现于俄境，足证德尔智氏前此奉使来俄，满载良好之印象而归，使达赖喇嘛决意与俄国缔结最友好之关系，自彼（指达赖）视之，与俄亲善，必为最合理之步骤，盖俄为唯一强国之能破英国阴谋者。俄国官报于俄历一九〇一年六月二十五日（西历7月8日）宣布：俄皇于六月二十三日接见西藏达赖喇嘛特使于圣彼得宫。

"专使自俄国返拉萨，除带货物外，并交付一批俄国军械火药，俄皇又赠西藏法王以俄国主教之袍服一套。"（柏尔：《西藏之过去与现在》）

英帝获悉达赖派遣使节联俄之消息后，英印事务大臣于清光绪二十七年（1901年）七月二十五日"咨照外部，谓达赖拒我总督之通款，不一而足，对我总督无礼至此，而于俄方则公然派遣使节，此项使节新近到达圣彼得堡之消息，使印务当局，不能不深滋忧虑，未审此后之谈判究具何种目的，及将有如何结果也。并谓英政府对于一切所倾向于变更或扰乱西藏现状之行动，势不能缄默不问云"。清光绪二十八年（1902年），英人在查界的借口下派兵侵入了西藏南部的干坝宗（亦作康巴宗，系班禅所属地区），作大举向西藏进行武装侵略前之试探。

帝俄听到英帝进兵西藏消息后，即向英外交部提出了抗议，照会内称："俄政府据可靠消息，英国远征军已到达康巴乌华列可，刻正取道春丕谷向北进发，俄政府认为英国此次远征，或将发生异常严重之局势，因而迫令俄当局采取一切手段，以保护该处俄人之利益云。"英国对俄国的抗议，以更强硬的态度作了答复："印度政府，深表惊异于俄方送致英外交当局之照会，因俄国若在英国属土毗连之西藏有所举动，不能不使英国属土之人民惊异，以为英之势力日蹙，而俄之势力则速进于向所视为在俄国势力范围以外之地也。且英之与藏，其关系之密切，远胜于俄，俄若在西藏有所举动，则英国决不退让，俄若派兵入藏，英必效之，且所派之兵力，必厚于俄也。"

当时日俄关系正日趋紧张，帝俄抽不出力量对付英国，俄国不得已表示了让步。四月八日，俄驻英大使送英外交部一件照会，内称："俄国对于西藏，别无企图，但西藏之局面若有大变更时，俄国不能缄默无言，盖西藏之局面一旦有变更，则俄国或须设法保全其在亚洲之权利，但西藏局面虽大有变更，俄国仍不干预，因俄国无论如何，总以不干预藏事为政策也。唯俄国若为势所逼，或须在别处另筹对策耳。俄国认定西藏为中国之一部，而对于中国领土之完整，原极关切也。"从这个照会来看，帝俄已表示即使英国侵入西藏，俄国亦不敢出兵干涉。于是英国又答复俄国："英人固无兼并西藏之意，惟西藏紧接印度，而英与西藏又订有各种条约，并享受贸易上各种便利之权利，凡此皆俄大使所稔知也，倘藏方阻我享受各项权利，或不履行其条约义务，吾人即应有坚持吾人权利之绝对必要也。"这就是英国侵略西藏的借口，因为西藏没有"履行条约义务"，故有进兵西藏之"绝对必要。"

二十二、第二次抗英战争

清光绪二十八年（1902年）六月，英国曾派怀特率英兵200人，侵入西藏南部的康巴宗所属甲岗地方，侦察西藏边防实力情况，由于当时俄国的干涉，这支部队不久又撤回印度。英军撤退时，抢去当地藏族牧民的羊5000余只，牛600余头。

当时清朝政府派英人巴尔帮办中英交涉，巴尔在清光绪二十八年（1902年）五月二十六日，致书驻藏大臣安成，将英国对西藏问题所提出的意见，转报如下：

一、印政府因见华官无权,不能整治西藏,拟与有权之藏官重订约章,以后华官无治理西藏之权;

二、西藏政府倘不派员与之商议,彼竟乘机入藏,代为治理;

三、恐俄国亦由北方进兵,南印北俄,两面夹攻,强令西藏为自主,与高丽同等;

四、贵大臣须速与达赖喇嘛商议,简派干员,给予全权,随同华官办理,勿使藏官联络洋人,私订密约。

——《清季筹藏奏牍》第二册

这几条里面,已将英国并吞西藏的阴谋赤裸裸地暴露出来。

清光绪二十九年(1903年)七月,英帝派荣赫鹏为正帅,以怀特为副帅,二次侵入西藏南部的康巴宗。

荣赫鹏和怀特率领之英军300人及辎重军300人,由布兰德尔大佐指挥,于七月一日在哲孟雄境内集结,七月四日进抵甲岗地方,七月七日侵抵康巴宗,未遇到藏军的抵抗,只有地方官员前来拦阻,英人置之不理。

七月十八日,荣赫鹏本人亦抵达康巴宗,据《英国侵略西藏史》所载经过情况如下:"余于七月二十日正式拜会何君(即何光燮)及西藏各代表,两日后,彼等皆来回拜,照例寒暄后,余即宣称将履行前日之约言,并告舌人开始宣读余事先准备之言辞,而由鄂康诺大佐用藏语妥为传译。然鄂康诺尚未发言,藏人即起而反对,根本不欲举行谈判于康巴宗,谓谈判地点惟甲岗可称适当,于是藏人又反对余之扈卫为数太多。"荣赫鹏要求藏方代表把他的演说稿转达噶厦,"藏官谓此点亦难办到,非俟余等退返甲岗,彼等殊不能对政府有所呈报。此辈所谓代表者,嗣后在康巴宗更不与吾人接触,惟镇日蛰居堡垒,若有不豫色然。而班禅喇嘛忽派代表谒余,渠之政治势力虽不逮达赖喇嘛,而其精神上的威权,则正相伯仲。该代表声称:彼等奉命前来敬告吾人者,即以吾人此番莅临康巴宗,致班禅喇嘛与拉萨当局之间大起纷扰,拉萨当局谓吾人越境事,并由班禅喇嘛负怂恿之责(因康巴宗属班禅),故班禅为避免此种纠纷计,唯有恳余退出边境,或即退往亚东。八月二十一日,札什伦布寺有一长老代表班禅,再来谒余,长老进言云:班禅喇嘛顷召开一度会议,决定再派代表谒余。长老对于甲岗会议之主张坚持甚力,渠谓藏人颇疑吾人来意不善。长老遂又询余,在未来谈判中,吾人希望究何在?且询余所谓开一商埠之说,究竟真意何在?八月三十一日,有一消息灵通之亲信人员告余:藏军2600名,今已占据帕里、日喀则间一带高原及界岭,然据来人推测,彼等目前尚不至袭击吾人，彼等目前即抱定消极妨碍之政策，决定在西藏境内不与吾人谈判，一任吾人坐困于康巴宗，如必欲前进即以武力抗拒之，彼等深恐吾人得寸进尺，如今岁任我来康巴宗，来年或更往日喀则，又一年直抵拉萨，故毋宁决心自始即予以阻遏也。一月又过，局势仍无进展，反之，近且不断谣传藏人方在进兵，且在拉萨备战甚力。"当时清朝政府命令驻藏大臣裕钢亲赴康巴宗与英人进行会谈，阻止前进。但噶厦和三大寺僧众不同意驻藏大臣赴边议和，裕钢奏牍中说："日前奴才设法雇觅达木八旗夫马，拟即自行赴边，该番等闻信，复集大众数十人来署，坚称英兵即使入藏，番等自有主张，奴才如决意赴边，是迁就英人，失中朝体统，该番等必当尽力阻留，且词色桀骜，众情哓哓，大异平日……奴才处此情形，如再力斥众议，决意孤行，不但不能出为藏人御侮，且恐番众借此生衅，激成内变，关系更大，再四筹维，实难锐意前进。"裕钢的奏牍中又称："查藏番用兵御侮之志牢不可破，虽经百般开导，该番等谓从前隆吐之役，藏虽败绩，犹可恢复，因升大臣力阻战争，以致失地，此次如再阻用兵，是藏臣又将误事等语。且自前次请转调兵夫马，钢未照准，以后番众四处严密征调，并不知会藏臣。……是战之一字甚难阻止，恐非战后不能和议也。"在此危急情况面前，驻藏大臣两人都向清朝政府提出辞职。清朝政府乃派有泰为驻藏办事大臣，纳钦为驻藏帮办大臣，前往西藏接任，并宣布将原任驻藏大臣"着交部议处"。

在英军侵入康巴宗的同时，印度总督建议中国驻藏大臣派遣代表与英方代表会晤于康巴宗，"总督建议英方代表应携扈卫200名前往该处，同时更备援军于锡金，倘中藏两方代表皆不果来，或前者虽来而后者不至，英代表即应直趋日喀则或江孜。"（《英国侵略西藏史》）康巴宗谈判之目的，已不限于通商问题，而是要确定西藏与英国的从属关系。英人所著的《英国侵略西藏史》中明白道出："目前所争论者，乃藏印间未来政治关系之整个问题，非复关于通商疆界之详细节目，虽此等节目亦尚有达到某种协调之必要也。英国政府有可同意于印度当局者，即衡以西藏在印边地理上之形势，及其对于尼泊尔之关系，拉萨方面应以某种条件，承认英国之势力，使任何其他强国欲施压力于西藏，以违反英印利益而不可能，此点实有绝对必要也。"

清光绪二十九年（1903年）年十月，英军又自动从康巴宗撤退，荣赫鹏返回印度后，即与英印当局商议大举进攻西藏的军事布置问题，"十月一日，汉米尔敦爵士电告印度政府云：当局今再衡量形势，如果谈判决裂已证明不可避免，则不仅批准占领春丕之议，即使节直趋江孜计划，只要能安全进行，当局亦准备予以裁可"。

由于英帝国主义疯狂地准备侵略西藏，自然激起了西藏各阶层一致的抗英情绪，西藏地方政府在光绪二十九年（1903年）用雪勒空的名义，发布了一张布告，动员全藏各阶级均服兵役，准备武器，与英国侵略者进行坚决的武装斗争。这张布告，实际上就是动员令，现摘要如下：

> 关于西藏的边界问题……现在该边界上，由中英会议，虽正在进行商谈，双方是否能和睦倾听，是很困难的。倘仍无理要求，吾等必献身于世间安乐的基础——佛教，只缩手等待，是决不可能的。应遵照西藏共同签订的协同所规定的，起来回击其无理的举动。为此，除在土鼠年所颁布的布告中所减轻的贵族差、兵役差、贫民差及铁兔年考察后颁布的减差条例之外，凡属贵族田庄、滚拉、属政府征收差之牧区，凡上六岗者等上述各部分，应各担任一兵役。此外，各地区之人名年龄等，均须写成新的名册，遵照以往向国家支应兵差的办法或规例，把已列入新名册中的人，必须是各家的人，送来此处。但属该家之人，如确系衰老、幼弱，可另请人代替者，则应选精神饱满、真能胜任者才可以，不准以施予交差观点，随便敷衍塞责。关于武器、火药、子弹、火药线、一月薪饷等军需品，则遵照江孜雪巴在土鼠年颁布之规则。

从这张布告来看，在第二次抗英战争爆发之前，西藏上下均已作了应战的积极准备。

是年十二月十日，荣赫鹏所统率的侵略军又在隆吐地方集中，"此时集合之实力，计来自皇家炮队之七号山炮二尊，诺福尔克联队附属之麦格沁炮队一分队，廓尔喀第八队七磅大炮二尊，工兵第二连半连；锡金工兵二十三队之工兵八连，廓尔喀第八队中拨来六连，加以战地医院、战地工程队、军火纵队，及电信、测量各部悉附属焉。而麦克唐纳将军（此次侵藏之英军指挥官）率领战士1150名，大炮麦格沁炮各四尊之第一纵队，亦能于十一日前进数程，直抵哲拉普拉之山麓。"（《英国侵略西藏史》）这次英军选择了从亚东经帕里至江孜的大道，作为进攻西藏的路线。

英国侵略军于是年十二月十二日，越过哲拉普列界岭。侵入西藏境内的亚东地方，未遇藏军抵抗，只遇到汉藏官员各一人拦路阻挡，荣赫鹏在《英国侵略西藏史》一书中自述经过如下：

> 当地官吏挽余马缰，从事最后而无效之抗议。麦克唐纳将军率领795名战士组成之轻装纵队，于十八日首途赴帕里，渠见帕里宗（堡垒）空无一人，该宗系以水汀建筑，崇高而强固，位于通向唐拉驿路之交点，麦克唐纳于宗

内驻扎廓尔喀兵两连,另七磅大炮一尊,其余纵队人马则屯驻宗外之平地。

清光绪三十年(1904年)一月六日,荣赫鹏抵达帕里,"即有三大寺代表及代本(兵官)一名莅至,鄂康诺大佐曾见其人,异常乖戾,声言非待吾人退返亚东,毫无讨论之余地也。有游击李某(即都司李福林)来谒余,其人即驻藏大臣遣代赵参将之职务者也。渠告余:欲与藏人有所交涉,殆不可能,渠谓藏人乃最顽固之民族,此时彼等全赖俄人为奥援,故毫不尊重中国当局云。"(《英国侵略西藏史》)

当英军于1903年冬开始集中兵力,准备侵藏之际,清朝政府于十二月二十日指示新任驻藏大臣有泰:"迅即开导藏番,毋开边衅,无论如何拦阻,赶紧设法前往,亲与英员妥当办理,想有泰受恩深重,必能不负委任也。"英军侵入西藏以后,清政府外务部又于清光绪三十年(1904年)二月二十三日电示有泰:"执事抵任已久,何以与英员尚未接洽?希钦遵迭次谕旨,亲与英员妥速商办,并切实开导藏番,听候开议,毋梗顽生事,致酿巨衅切要。"

西藏三大寺和噶厦全体僧俗官员于1903年冬给了驻藏大臣一张公禀,该公禀对1902年怀特率兵侵占甲岗地方作了如下的控诉:"上年惠德(即怀特)等带兵来至干哲边境,越过乾隆鄂博石堆,拆毁卡房战墙,伊等以原告一边之人,任意恃强越界,竖立旗帜,藐侮汉番委员,抢劫干坝(即康巴宗)百姓牛只酥油,仅给微价,祈请转奏大皇帝,传谕印督,惩禁萨海等,所有边境旧有鄂博石堆,不应稍有争论。"公禀对驻藏汉官也作了如下的批评:"此案汉番大体一局,派令知府前往料理,不特不能认真维持,且内外两歧,内则一味勒揹番人,外间唯知顺从外番,一切任随英人之意,实属伤心之至。"公禀最后表示了西藏人民坚决反抗英帝侵略的决心:"祈请钦宪大人,札饬边务委员何知府,并照会印督,总得英人饬令将兵撤回边界以外,若再照此实难会商,唯有撤回中译戴本等,万难束手弃置佛门教务。现今无论有何利害,亟照公立甘结照依报复,力为从事,实已处心准定,兹将旧有番兵之上,派调各处营官属下土兵,及后藏江孜番营官兵,即向卓木(即亚东)干坝(即康巴宗)各紧要地方,分起前往,业已分别札饬,恳请钦宪大人,援案准其自炉关(即康定)以下各汉属,派助兵丁,或捐助军资各情,谨当陆续叩恳代邀天恩。"

当时驻藏大臣有泰还想说服达赖放弃抗英的主张,但达赖"推病不见"(见裕钢奏牍),实际上此时噶厦正在调集全藏民兵,准备沿途节节抵抗。

英军进占帕里以后,荣赫鹏于清光绪三十年(1904年)二月初五日,致驻藏大臣有泰一封照会,内称:"本人臣等定日开赴江孜,恭候驾临面商一切,并请随带主权番官，再请贵大臣严饬藏番，本大臣等开赴江孜，途次不得妄动启衅，若果无状，以后遇事则大有为难矣。"有泰于二月初十日照会荣赫鹏，复文内称："至所称定日开赴江孜一节，在贵大臣军行已久，所事未成，急欲进兵，计亦良苦，但蛮番狡诈，不在情理之中，现经本大臣实力挽回，少知向化，若贵大臣遽然深入，窃恐其桀骜之性，故态复萌，将来立约通商，更多棘手。且达赖译咨文书，有贵大臣退回亚东关，当拣派藩员，请本大臣赴边等语。查此番边事，相持已有十年，始则误之因循，终则误于推诿，兼以各委员之不力，实偾事之所由，贵大臣不肯星夜进兵，已属全藏生民之福，尤欲请退回亚东地面，本大臣实差为立言。细思通商为政令所关，劳师亦惫民之本，与其炫士卒于外，而久无成功，何若从一时之权，而事能顺手，细流土壤，聊助山河，或行或止，贵大臣其图之。"

荣赫鹏对有泰的这一媚外乞怜照会，根本没有理会，挥兵向江孜进犯，当进抵吐纳地方时，即与藏军接触，西藏人民的第二次抗英战争正式爆发。这次战役的经过，荣赫鹏自述如下："吾人自到吐纳后，首一重要事件，接得拉萨官吏来函，欲与吾人图一晤见，余指定正午为晤见时间，时有藏兵数百，出现于山村以下之平原，彼等蹒跚来前。……数日后，拉萨将军即所谓拉丁代本者，随一日喀则高级官吏（系班禅方面代表苏本堪布苏康努布）及前在亚东迎余之某将军（驻藏之都司李福林）同诣吐纳谒余，拉萨将军声言渠极盼获得友好之解决，正与余意相同，故请余退回亚东，俾以亲睦态度举行谈判云。余告将军，请其转达并警告藏政府者，即退回亚东之议，今日已成过去，吾人不但不退却，抑且不能留止此间，而须进一步深入藏境。后此将军告余。曾将此次谈话内容详告拉萨各喇嘛，然彼等声言，非俟余等退返亚东，决不将余意转告藏政府。同月十日，更有两使者来，要求限期撤退，且恫言余苟淹留勿去，祸且不测。嗣后数星期内，此种威胁与夫藏军进攻之谣言，纷至沓来，并传诸喇嘛已离营五日，将以妖法诅咒吾人。麦克唐纳将军于三月二十四日发自春丕，二十八日到达吐纳，携有十磅大炮三尊，七磅大炮一尊，第三十二队工兵四连，第八队廓尔喀兵三连半，及野战病院、工程队等。余向藏人下警告后，即于三月三十一日开始进兵，当吾人行经一沙原时，即望见藏军阵地，在山脊上成一系列，吾人顿兵于千码之外。在藏军方面，彼等亦表现犹豫不决，彼等亦似奉命不先开枪射击，藏军初时退入战壕中，旋又冲出，我军渐逼近其侧面，卒与藏军面面相接。恰于此时，上次迎余之拉萨将军又策马而来，并向余言藏军已奉令不许开枪，亦请余下令停止前进，余答以余等必须前进，盖任何军队不能听其停顿于道旁。麦克唐纳与余已经一度商榷，觉在此种情势下，唯一办法，即将彼等（指藏军）缴械遣散，余两人同往当地视察，发现垣后之藏人挤作一团，有似羊群，一方我步兵已在山旁据有阵势，去藏军仅20码，另一方我之麦格沁机枪与大炮已向彼等瞄准，相距不过200码，我骑兵已在平原严阵以待，相去不过1/4哩，我印兵实际上已逼近垣下，其枪尖直指藏兵，相去仅数尺，拉萨将军本人及其左右则另外在垣外之我军方面，杂在印兵队中，此人已完全丧失其神志，余遣鄂康诺大佐向彼宣告，余与麦克唐纳欲解散其军队，彼除含怒不言外，一无所事。稍停片刻后，解散藏军事实已开始，彼乃亲手仆一印兵，拔手枪击毙之，彼今已发出号令，其他藏兵立即开枪，我军亦同时放枪，大炮及麦格沁炮皆开始发射，藏方剑手逢人辄冲杀，勇敢冒险之《每日邮报》通讯记者堪德列尔身受十余创伤，而军官当洛浦亦受重伤，藏军同时集中力量向我军冲锋，此一瞬间几将我单薄之阵线冲破，而俘我使节与军官。然此一瞬间迅即消失，数秒钟后，我之来复枪与大炮已将彼乌合之众扫射无余，拉萨将军本人开始即经杀死，数分钟后全部工作告竣，平原遍处皆藏人尸首。"（《英国侵略西藏史》）

英军在骨鲁地方大败藏军以后，荣赫鹏于清光绪三十年（1904年）三月十九日（西历3月31日）送了一封照会给驻藏大臣有泰，照会内称："至请可否退回亚东一事，贵大臣亦知难以立言，本大臣等万难从命。昨于十五日本大臣前往骨鲁地方，骨鲁系去江孜大道，行离该地不远，见番营驻兵扎墙于当路，本大臣即令该代本等，毋得拦阻去路，番人等胆敢向本大臣刀枪齐发，惟时势不容止，彼此争战良久，将彼代本等并八百有余番兵，一并阵亡，本大臣甚为不忍，凡活捉番兵，尽数释去，其受伤未毙者，概令医生医治。本大臣现定于十九日前往江孜，大约七日可以抵江，深愿与贵大臣并主权番官，在江孜晤商一切妥办事宜，以免无故生灵涂炭。"

有泰于四月初三日给荣赫鹏复了一道照会，内称："查前藏代本不遵约束，竟在骨鲁地方始祸称戈，大国之威，败其徒众，厥咎由自取，实以本大臣开导无方，三复来文，悲惭交集。所幸贵大臣悯其愚顽，宽其既往，生擒者尽数释放，受伤者饬人医调，仁者用心，恩威并著，造福西藏，有涯量哉！本大臣自愧鲜能，惟是率领番民，瓣香遥谢而已。昨据边务委员马都司全骥来禀，据称贵大臣已驻江孜，限礼拜之期，约本大臣来江会议，否则直进前藏（指拉萨）等情，当即据情译咨达赖喇嘛，并令其迅速遴派能干番员随同前往，约计月内必到江孜，断不似前任大臣出言不信。"有泰一面照会英方，一面向清政府外务部报告英藏战争情况，报告内称："外务部王爷中堂大人钧鉴，咸电敬悉。内称抵任已久，何以与英员尚未接洽等因，查此番边事相持数年，泰到任数日，即晤商达赖，剀切开导，奈始终执迷，不肯支应夫马，察其言语，且处处疑忌汉官，未便力争，只好缓图办法，示以圣旨，晓以利害。嗣据其复文内称,已在骨鲁地方与英人交战而败,伤毙番官四员,番兵数百名,并称保守藏疆,应由番边做主,已饬前藏一带士兵起程,请大皇帝谕调汉兵,资助军饷各等情,披阅之余,令人发指。此事既经开衅,决裂已成;而又似非决裂者,盖英人战胜之后,颇具不忍人之心,即其照会前来,仍是虑周藻密,以邦交为重,惟藏番执拗无理,胆大妄为,即仪秦复生亦无所施其辩,今欲折服其心,非任其战,任其败终不能了局。目前不独不支夫马,难以进言,且屡此圣训煌煌,并不遵守,虽未敢形诸公牍,而言语之际,违悖颇多,唯有镇定处之,俟有隙再图善策。好在英人深知底蕴,不致有碍邦交,不过将来多费唇舌,倘番众果再大败,则此事即有转机,譬之釜底抽薪,不能不从吾号令也。此系实情,祈为转奏。"三月十九日,有泰致外务部电中又称:"幸英员往来照会笃念邦交,即令前来,不过多费唇舌,而借以收回事权,亦觉有益。"上述文件证明,有泰居然希望藏人抗英失败;因此又可见有泰并不想去江孜阻止英军前进,不过以"夫马不齐"作为借口,好让英军打到拉萨。

藏人在骨鲁失败以后,战斗力一时难以恢复,江孜城防空虚,英军得以顺利进抵江孜。荣赫鹏自述称:"往江孜途中,在张塘山峡藏人又于狭道中横建一墙,以阻我前进,麦克唐纳将军攻毁之,予以重大之损失,吾终以四月十一日到达江孜。吾人但见平原满布小村落,建筑良好,树木众多,垦殖极繁,居民大都逃避,惟平原之中央高处,有一堡垒,尚有一部分士兵占领。麦克唐纳通告堡中守备(宗本)欲于次晨占领该堡,盼在九时以前撤出。十二日晨,吾人发现藏军撤退,未经抵抗即占领该堡。"(《英国侵略西藏史》)

不久,西藏各地民兵又重新动员起来,包围了江孜,给了英国侵略军以很大的打击。关于这次战役,荣赫鹏也有如下的描述:"不久即有谣诼传来,谓藏军再谋会合。二十四日,又闻悉藏人正在往拉萨途中之加罗拉岭跨路筑墙,又闻当地已建立起营垒足容七八百人,又闻达赖喇嘛正趁时努力募集四方藏人以抗御英军来拉萨。五月四日,窝尔顿之病人警告窝氏,谓吾人在江孜大有遭受攻击之可能,于是第八廓尔喀队队长谋利遣马队沿日喀则道上巡逻数里,然彼等回营报告,谓一切安静。次晨黎明时,风波突发,枪声与叫骂声逼近余之营幕,将余惊醒,余立即冲出,但见藏人由我营墙之炮眼放枪,相隔仅数码,约800人之军力自日喀则方向潜夜进行,其中有不少兵士,在黑夜掩护之下,爬过我营之墙壁,天明时彼等突然跃起,在余人声援之下,企图冲破我营寨,该寨房屋坚实,一面有花园,吾人即在园墙上作有炮眼。在最初危机一发之瞬间,彼等即已成功,彼等尽力冲入,愈逼愈近,然被勇敢之廓尔喀小队哨兵两人强力挡住,以待我军冲出。攻击开始于四时半,直至六时半始停止,此时藏人在我营四围遗下死伤兵士约250人。谋利于击退藏军后立即追敌于日喀则道上约二里许,然今已证明附近之藏军尚不止此一攻击之部队,另一具有同样实力之队伍已占领江孜堡垒,且已向我军阵地射击,吾人已渐明了本身今在包围中。由俘虏处得消息,证明此类队伍系由拉萨当局新近任命之某将军所募集,同来者尚有拉萨噶丹寺之代表,达赖之秘书及其他拉萨官吏,故此种武力非仅由当地发起,而系由西藏中枢策划者,直迄布兰德尔回营时,吾人处于危险之境地者数日。最不幸者,当昨年十一月在大吉岭审计吾人实力时,吾人所认为或可发生之事变皆已发生,吾人今已达到精疲力倦之顶点。"

英军在江孜受到藏军的沉重打击,出乎英人原先的估计。六月五日,荣赫鹏率40名骑兵突围返回亚东,与麦克唐纳另议新的侵略布置,"余于六月十日抵春丕,后此数日,迭与麦克唐纳将军商议进兵事宜,改换困守江孜之单调生涯,雄厚实力之接济,顷已自印度运来,计有富勒大尉统率之山炮队全部,帝国炮兵之一翼,白登兵第四十队,及旁遮普兵第二十九队,余与麦克唐纳遂于六月十三日首途返江孜,以援救江孜之孤军,并备于必要时进攻拉萨。吾人于六月二十二日安全到达干马,到此耽搁一日,因自干马至加罗拉道上,有藏兵千名盘踞,特遣霍格大佐率兵击破之。吾人于六月二十六日到达江孜以前,在聂奈山村与寺院中,遭遇猛烈之反抗,该处有藏兵800名占领,是役自晨十时至午后二时,布兰德尔大佐自江孜来援,占领村后之山岭,工兵二十三队队长雷大尉手部受重伤,头部亦有微伤,该队到达时,我军正受炮台轰炸,但未命中耳。"(《英国侵略西藏史》)

此时拉萨方面派了噶伦大喇嘛一人,大仲译一人,及三大寺代表前来江孜进行谈判,同来者有不丹国的汤塞县长,从中作调解人,但驻藏大臣有泰并没有来。据《西藏六十年大事记》载:"英军占据江孜,仍函催有泰,限两礼拜到江孜开正式谈判,商上颇有悔志,合词恳有泰赴江孜开议,有泰以英军到此,必进拉萨,往议无益,故不愿往。"荣赫鹏自述此次谈判经过如下:"余于(七月一日)十一时接见大喇嘛及汤塞县长,同来者尚有仲译庆莫(相当于内地之秘书长,此人即昨年派赴康巴宗之藏方代表)及三大寺代表共六人,除大仲译外余人素未与吾晤面。"荣赫鹏首先讲了一通道理,说西藏人不遵守条约,并强占了印度边境地方,因而英国人迫不得已才进兵西藏,接着又诡辩曲鲁战事是藏人首先开枪,又问目前谈判如订立条约,藏人以后是否遵守?"余继言因前在江孜虽迭次通告驻藏大臣欲进行谈判,乃未警告先受袭击,此后藏军自炮台向我继续施行射击者两月于兹,故今须要求江孜炮台之撤退也。麦克唐纳将军准备限至七月五日之正午,俾藏方实行撤退,倘过期仍占据炮台,渠将开始军事行动矣。大喇嘛答言,藏军倘撤退炮台,亦望我军撤退,否则藏人不能无疑。余谓藏人已攻击使节,尚毫无悔过意,余更不欲讨论此事,彼等必须于五日正午以前和平退出炮台,否则以武力驱逐之。大喇嘛临行,婉言道歉,求余息怒,态度极和蔼谦恭,而大仲译临去竟无一言道歉,渠实藏人中之恶魔,在此番交涉中始终作梗。"(《英国侵略西藏史》)

七月五日,藏人并未按照英人的要求自动退出炮台,于是英军乃向炮台发动进攻,西藏军民进行了光荣而顽强的抵抗,但终因优劣悬殊,炮台被英军占领。

江孜抗英之战,是西藏人民反帝战争中的一次最大战役,不过西藏书籍里面尚未看到记载材料,但可从英人记载中见藏人的勇敢顽强,虽败犹荣。

英军全部占领江孜以后,即积极准备进攻拉萨。荣赫鹏在出发之前,给驻藏大臣有泰送了一封照会,内称:"照得本大臣出边以来,自干坝(康巴宗)至江孜,累盼贵大臣与主权番官不到,刻下只得来招(拉萨)会议。"

清朝政府听到英军向拉萨出动的消息后,又致电驻藏大臣有泰,内称:"近据总税司探称:英国荣大臣定准用兵直达拉萨,到时如达赖及驻藏大臣即出议和,尚易转圜,倘已避离拉萨,无人与议,只得暂踞地方,徐俟达赖回心乞和,惟事至此,更形棘手等语。近日藏番情形如何,达赖有无悔意,倘英兵进至拉萨,务劝达赖即与英员迅速开议,切弗退避,致误事机等因,此电已由打箭炉转寄,恐稽时日,兹托英国萨大臣代寄荣大臣径递收到照办,并速电复。"这封内部指示电报,竟托英国人代转,由荣赫鹏交给有泰,清朝政府之敌我不分,于此可见。

另据《西藏六十年大事记》载:

> 按英人华得乐《英军入藏记》云:英军至江孜后,荣赫鹏欲进兵直捣拉萨,申请英廷训条,英廷旋致电驻京英使,向外部探询,据复云:某日见某中堂,言英兵已到江孜,中国若不出面调停,英军将有直捣拉萨之举,讵料某中堂一闻我言,并无惊诧之状,亦无劝阻之语,英廷见此电后,始准寇仁及荣赫鹏之请。

英军由江孜开赴拉萨途中,七月十七日在加罗拉山梁上,又遇到藏军千余人的堵御,被英军廓尔喀山野作战部队所击败。七月十九日,英军侵至朗卡子宗,少数藏军依据堡垒进行抵抗,又被英军攻占。

英军进抵朗卡子时,达赖和噶厦又派了一个代表团前来阻止英军前进,荣赫鹏叙述代表团谈判的经过时称:"代表团计有许协摆(噶伦)、大喇嘛、大仲译及僧侣数人,许协摆为首席代表,渠以发言人资格,首次致词,声称因闻诸汤塞县长,吾人愿在江孜举行谈判,遂即首途来此,旋闻吾人已向前进行,吾人倘能退返江孜,则彼等极愿谈判,并将与吾人偕返江孜,即在该处缔结适当之条约云。余谛听一小时后,问彼等尚愿听取我方要求之条件否,彼等答言非俟余等退回江孜,不愿谈判任何条件。余谓余今亦无意讨论此项条件,唯现彼等稍稍明了之耳,彼等仍继续反抗在此间举行会议,余遂正告彼等,余等在拉萨,并无意久留,只要协议告成,即当引去,惟现奉总督命令前往拉萨,则此行势难中止。当余陈述上项忠告时,诸代表留心谛听,然经一度会商后,仍答称吾人即欲在拉萨缔结协约,其结果仍属徒然,盖在西藏一切以宗教为皈依,吾人果至拉萨,势将毁坏其宗教,因信奉他教之人,概不允许居留拉萨也。许协摆沉静而温和,告别时态度亦殊温雅,大喇嘛虽较激昂,惟大仲译则始终激烈,争辩独多。翌日代表团与吾作三小时半之长时间晤谈,彼等仍坚决反对吾人进趋拉萨,彼等谓拉萨有无数僧侣及不良分子,极易引起纷乱,余答言对于此项纷乱,惟有惋叹不置,盖纷乱结局,无非重蹈江孜之覆辙耳"。代表团之另一论点,"即谓吾人果至拉萨,当地或竟空无一人,余答言果至如此,余等唯有安心静守,以待彼等归来。彼等又言吾人今日果至拉萨,异日他国势将继起效尤,欲来瞻览风景,建立使节,余续声明吾人虽不欲在拉萨设立政治上之使节,但能盼在江孜开一商埠,其条件如亚东商埠相同,即有权派遣官吏,视察通商事宜。诸代表无论如何,不允讨论此项条约,谓非返至江孜,此事绝谈不到"。西藏代表于二十一日夜不辞而去,返回拉萨。谈判破裂后,英军即向拉萨急速进兵,七月二十二日侵至白地宗,二十五日侵占雅鲁藏布江的吉何三巴渡口,并俘获木船两只。

英军过江后,即进抵曲水宗,此地距拉萨只120华里。据《西藏六十年大事记》载:"英军到达曲水时,达赖惶急,亲请有泰同赴曲水议阻,有泰不允。"有泰听到英军到达曲水的消息后,派人前往曲水欢迎英军,并复荣赫鹏一封照会。照会内说:"贵大臣风霜辛苦,远道驰驱,该藏番蠢愚顽梗,不听开导,本大臣实觉怀惭!刻因大兵已抵曲水地方,贵大臣不日来招会议,特派总办营务处委员补用都司刘文通、帮办文案委员候选巡检吴祖萧躬赍照会前来,并迓节钺,一切近状,饬令面陈。本大臣业经译咨达赖,令其严饬番众,不准再以非礼相加,惟蛮族狡诈多端,必得其实在凭据,方有把握,拟俟接准来文之日,再行照会恭迎。"这时达赖也给荣赫鹏写了一封信,派基巧堪布、大喇嘛、噶厦仲译三人前往曲水再作阻止英军前进的努力。达赖致荣赫鹏的书信内称:"余已派遣两代表前来议和,与余朝夕相随之总堪布亦在派遣之列,阁下能与余所派代表商讨和平,则一切好办,倘阁下拂余之意,必欲来至拉萨,诚恐于英藏两国之和协不无妨害也，望阁下熟思之。"（《英国侵略西藏史》）代表团与英方谈判情形，荣赫鹏自述如下："彼等携有达赖喇嘛之书信，并重申勿赴拉萨之请求，彼等唯一之新论据，即谓吾人果至拉萨，达赖必以身殉，其于西藏宗教损害太多。余答言不能承认达赖喇嘛之要求，望彼等代求达赖喇嘛，曲为原宥。余以三时半之晤谈终了后，请各代表将谈话内容转呈达赖，达赖之总堪布立即返回拉萨，至二十九日，大喇嘛及上次列席之噶厦仲译复来谒余，谓总堪布已返拉萨，亲向达赖报告上次谈话结果，嘱余在此守候达赖之答复。余谓余在此间只能候至三十一日，余于会晤藏代表之日，复接得中国驻藏大臣来函，对余长途跋涉，表示同情。七月三十一日，全部扈军悉数渡江，只留少数队伍守护渡口，吾人于是再向拉萨进发，当余行经吉沙时，大喇嘛请予稍停片刻，听彼一言，渠对余进兵举动，深为惊讶，大喇嘛又欲劝余少携扈军，简从前往，渠谓余以大兵入城，则藏人将为之惊惧，而达赖已不信吾人有实行亲善之诚意矣。大喇嘛向余作最后之呼吁，求余在此间暂作一日之勾留，当渠向余握手告别时，复求余勿闯入拉萨圣城。"荣赫鹏置之不理，率军直向拉萨挺进，"此后两日内，吾人向拉萨兼程前进，八月二日，吾人抵一营地，距拉萨仅十二英里，拉萨全景今已历历在目矣。此时余又接见藏方最后之代表团，向吾人作最后之呼吁，计有年老之大喇嘛，余与怀特在康巴宗晤见之将军（即擦绒噶伦），驻藏大臣派遣之华官，随侍达赖起居之堪布，噶厦之仲译，及三大寺之代表等，彼等重申勿往拉萨之请求，余亦重述必往拉萨之旨趣，彼等阻余前进之最后努力终于失败。八月三日，吾人遂再首途作最后之进兵，吾人行经无数小村落，杨柳成荫，旋见一类似堡垒之伟大建筑物，崛起于川心石岩之上，饰以金顶，此非他，即达赖驻锡之布达拉宫也。"（《英国侵略西藏史》）

英军侵占拉萨以后，驻藏大臣有泰向北京外务部报告："英员荣赫鹏于二十二日（阴历）带兵抵藏，达赖尚未出见……地方百姓亦尚静谧。"实际上此时达赖已走出四日，逃往青海转赴外蒙古，驻藏大臣还不知晓。

二十三、拉萨城下之盟

英军侵入拉萨的当天，驻藏大臣有泰前往"拜访"荣赫鹏。

有泰在给清帝的奏折中，对会见荣赫鹏有如下之叙述："荣赫鹏抵藏，奴才当即往拜，并以牛、羊、米面犒其士卒，及以礼物酬应办事诸员，该英员等深念邦交，与奴才颇称浃洽。"

当荣赫鹏进攻拉萨之日，本想一下子把西藏占有，沦为殖民地，但英国政府没有同意。《西藏六十年大事记》载称："荣拟照哲孟雄例，收为藩属，设政治官常驻拉萨，英廷不准。"据荣赫鹏自述："当局竟使军事上之顾虑超过一切，余在拉萨，只许留一月半乃至两月，冬令前即须言旋。余既受此束缚，乃不得不加速进行条约之谈判。……麦克唐纳将军语余：渠在拉萨居留之期限，至迟不得过九月十五日。……军医方面之意见，以为欲谋将士安全，至迟应在九月一日离藏。各部军事长官以为如迟过九月十二日，必有危险。……麦克唐纳因此认定九月十三日为吾人安全撤退最迟之期限。"根据当时情况推断，英人之所以没有军事占领西藏，除了害怕冬季大雪封山，给养断绝之外，还因为受到西藏人民的坚决抵抗，才知难而退，只求订立有利条约，逐步征服。因而荣赫鹏到拉萨后，乃积极从事订立对英有利之条约。

荣赫鹏通知有泰的条约的内容是："在拉萨设置代表，如办不到，即改设江孜，而予以往来拉萨主权。对于英国特殊政治势力之正式承认，赔款之要求，占领春丕谷以作为担保，开江孜、亚东、日喀则及噶大克为商埠，规定藏锡界线，并订立关税及通商章程等。……藏方对我方条件之答复，次日由驻藏大臣之秘书转交威尔敦君，各款皆有否认之点，并谓赔款之要求，毋宁应由藏方而不应由英方提出。关于商埠事，藏方可让与者，唯有仁青岗一处，其地距亚东不及二英里，余遂将来文退还驻藏大臣，声言不能接受此种荒谬之答复。"（《英国侵略西藏史》）

英人看到藏人态度尚如此倔强，乃利用有泰出面压服藏人，并借以促成清朝政府与西藏地方关系更加恶化。荣赫鹏自述云："余于十日拜访驻藏大臣，向之剀切详言，谓劝导藏人完成协约之责任，应由中央政府负责之。渠谓本人实极欲与合作。"又说："余固已有充分准备，然非有绝对必要，余实不欲再动干戈，倘能由驻藏大臣方面施以必要之压力，尤所欣感者也。"

有泰当即斥责噶厦拒绝英方要求为不当，令其重新考虑；又思乘机推倒达赖，抬出班禅，以收回清朝在西藏的事权，乃向北京外务部打电报说："达赖喇嘛于前月十五日昏夜潜逃，询及商上僧俗番众，佥云不知去向，查本年战争，该达赖实为罪魁，背旨丧师，拂谏违众，及至事机逼迫，不思挽回，乃复遁迹远飏，弃土地而不顾，致使外人借口，振振有词……乞代奏请旨，将达赖喇嘛名号，暂行褫革，以肃藩服，而谢邻封。并请旨饬令班禅额尔德尼暂来前招，主持格鲁派，兼办交涉事务。"七月二十日，有泰又写了一封奏折，参劾达赖。奏折中说："自该达赖执掌商上事务以来，天威在所不知，人言亦所不恤，骄奢淫逸，暴戾恣睢，无事则挑衅邻封，有事则潜踪远遁，种种劣迹，民怨沸腾，盖自有西藏以至于今未有如该达赖之不肖者也。……查旧案凡达赖上下山等事，均应译咨，以便据情入奏，该达赖违例远出，并未咨报，究竟有无狡谋，实难悬揣，迹其丧师违旨，跋扈妄为，若不严行纠参，实无以谢邻封而肃藩服。"有泰参劾达赖之事，事先曾和荣赫鹏商量过，并取得荣之同意。荣赫鹏自述云："据谈该大臣行将向清帝纠参达赖喇嘛，并将召班禅来此，立为西藏宗教领袖……渠今已决定向清帝弹劾之，日内即将弹劾电稿送交余处，求余尽速为之拍发。余谓此事极愿效劳，余认为该大臣此番举动，极见贤明，盖藏方一切祸乱实达赖招致之，今受处罚，罪有应得。"清政府于七月二十五日（阴历）复电："奉旨，有泰电悉，着即将达赖喇嘛名号暂行革去，并着班禅额尔德尼暂摄，余着照所拟办理，钦此。"

达赖革去名号的告示贴出后，引起了西藏僧俗人民的反对，三大寺和噶厦全体僧俗官员联名向有泰上了一张公禀，要求收回成命。公禀内称："日昨大人派令翻话李大老爷往见噶勒丹池巴及署噶布伦等，谕云：因外藩言云须要与达赖喇嘛觌面商议，并再三言及，须候达赖喇嘛回藏等话，是以免致外藩借口，迅得议和了结，期其于事有裨，不得不暂将达赖喇嘛职名撤退，批示大众粘贴晓谕，一俟外藩返回，即当请其照旧，该僧俗大众不必寒心，务须开导等谕，奉此，小的大众皆诚信不疑，惟是大皇帝钦差替身，先后所允于事并无相符之处，致官民之间徒使生隙，示谕与事件两歧，乃系自设巧法，故于九月初三日，不得不递呈详细公禀。伏查达赖佛爷允照阖藏众意，施恩接管西藏教政以来，于色拉、布赉绷、噶勒丹三大寺为首，及各大小寺院以及阖藏僧俗大众，无不认真秉公持法，大众正在获享升平之福，是阖藏僧俗上下人等，均皆心悦诚服……而今务请免其照前，总得诚心信服，若不迅速赏发明白示谕之时，实难如此寒心置之。"

班禅看到西藏上下情绪如此，没有敢接受清朝命令，推故不来，其致有泰的信中说："钦奉恩命，自应谨遵，曷敢妄渎，惟查后藏为紧要之区，地方公事须人料理，且后藏距江孜仅二日程，英人出没靡常，尤宜严密防范，若分身前往前藏，恐有顾此失彼之虞。"

班禅既不愿来，有泰乃压迫摄政噶丹池巴罗桑坚赞和其他噶伦等人，接受英人所提出的条件，以便将就了事。但摄政和噶厦对英方议和条件表示不能完全接受，尤其是赔偿军费一条，声明西藏无力偿付。《英国侵略西藏史》载："彼等（噶厦代表）答言我方一切条件，皆愿接受，惟赔款无力偿付……西藏民穷财尽,又因迭次战争,蒙重大之损失,死亡载道,庐舍为墟,炮台寺院悉被毁坏……西藏岁入无多,而此区区少数又皆用诸宗教事业,如资助寺院,供奉神祇神祇等,官吏之俸给,皆由农民供应,对我方所需索之巨额赔款,实属无法筹措云。……藏人对于以后增辟商埠之条款,反对甚烈。"

荣赫鹏看到西藏方面态度如此顽强,而撤兵期限又日愈迫近,乃来用流氓手段,进行恫吓。荣赫鹏自述云:"余遂通告驻藏大臣,云将于九月一日前来拜会,盼能代约藏方许协擗及国会中人,届时共谋晤谈,余意盖欲于驻藏大臣之前,亲告藏方僧俗政教诸领袖,促其签订条约,否则以战祸恫之。"并以如不急速签订条约,则赔偿数字将愈增大予以威胁,"只要彼等不各偿付每日五万卢比之赔款,仅可从长考虑。"摄政和噶厦迫于无奈,才勉强接受了英方的条件。九月四日,摄政率同噶伦、秘书、汤塞县长、尼泊尔代表等同去会见荣赫鹏,宣称"藏方刻已准备签订条约,但冀赔款期限能以每年10万卢比之数额,延至75年偿清"。于是荣赫鹏决定于清光绪三十年(1904年)七月二十八日举行条约签订仪式,并挑选签字仪式在布达拉宫举行。

该条约共有十条,一般称为《拉萨条约》,其要点如下:

第一款:西藏应允遵照光绪十六年中英所立之约而行,亦允认该约第一款所定哲孟雄与西藏之边界,并允按此款建立界石。

第二款:西藏允定于江孜、噶大克及亚东即行开作通商之埠,以便英藏商民任便往来、贸易。……西藏应允所有现行通道之贸易一概不准有所阻滞,将来如商务兴旺,并允斟酌另设通商之埠,亦按以上所述之章一律办理。

第三款:光绪十九年中英条约所有更改之处,应另行酌办,西藏允派掌权之员与英国政府之员会议详细酌改。

第四款:西藏允定,除将来立定税则内之税课外,无论何项征收,概不得抽取。

第五款:西藏应允,所有自印度边界至江孜、噶大克各通道不得稍有阻碍,且应随时修理,以副贸易之用,并于亚东、江孜、噶大克及日后续设之商埠各派藏员居住,英国亦派员监管各该处英国商务……

第六款:因西藏违约,英国派兵前往拉萨责问,又因英国边务大臣暨其随员、护兵等被侮、被攻,是以西藏允兑给英国政府英金50万镑,合卢比银750万元,以赔补兵费及无礼侮攻各情……每年西历正月初一日兑银10万卢比,75年缴清……

第七款:俟以上所述之赔款照数缴清后,并第二、第三、第四、第五等款内所称商埠切实开办三年后，英国政府于未办之先，仍于春丕驻兵，暂守作质，至赔款清缴或商埠妥立三年后最晚之日为止。

第八款：西藏允将所有自印度边界至江孜、拉萨之炮台、山寨等一律削平，并将所有滞碍通道之武备全行撤去。

第九款：西藏允定，以下五端非英国政府先行照允，不得举办：一、西藏土地，无论何外国皆不准有让卖、租典或别样出脱情事；二、西藏一切事宜，无论何外国皆不准干涉；三、无论何外国皆不许派员或派代理人进入藏境；四、无论何项铁路、道路、电线、矿产或别项利权，均不许各外国或隶各外国籍之人民享受，若允此项利权，则应将相抵之利权或相同之利权一律给予英国政府享受；五、西藏各进款，或货物、或金银钱币等类，皆不许给与各外国或籍隶各外国之民抵押拨兑。

第十款：此约共缮五份，由商定之员在拉萨，于光绪甲辰年七月二十八日，即西历一千九百零四年九月初七日，画押盖印为凭。

此约在签字时，荣赫鹏请摄政代表达赖喇嘛，首先盖印，然后由三大寺代表噶伦等人依次盖印，然后要有泰在条约上盖印。有泰想盖，被一文案劝阻，《西藏六十年大事记》载："在布达拉山定约十条，交有泰画押，有泰不敢抗议，径欲画押，文案何光燮以未奉外部之命，劝阻弗画，英官言外务部如果不允，此约亦叫作废，有泰游移欲画，何曰：与其后日废约，莫若俟外部复电，万一画押后，外部不照准，英又不肯废，将如之何？有泰始以约稿电外部。"

有泰将条约全文电报清朝政府，清政府于八月初四日电复有泰：指出西藏是我国领土，"光绪十六、十九年两次订约，系中英两国派员议定，此次自应仍由中国与英国立约，督饬番众随同画押，不应由英国与番众径行立约"。八月二十六日又致电有泰："藏约十条，尚需妥酌，第九款尤为窒碍，其有损中国利权之处，既据先行照会不侵中国主权，不占西藏土地，应即照此定议。……至无论何外国各节，中国实有万难允应之势，因中国与各国凡属通商条约，皆系利益均沾，西藏为中国属地，不能独异。"有泰受到北京指责后，还复电为自己辩护，电报内称："电已敬悉，并非英径行画押，因光绪十六、十九两年所订条约，藏番全未依从，荣大臣恐其事久变生，复行狡展，与泰筹商再四，始限于七月二十八日在布达拉山画押，且称逾期不画，每日须偿兵费卢比五万元，藏番甚苦，亦愿迅结，不得已督率番众，先行画押，泰因未奉朝旨，不敢专行，业经电呈在案。查十条约内，有碍我中国主权者无不力争……适于八月初三日，准荣大臣照会内称：照得本大臣与番众议和订立条款十则，其第九条内开无论是何外国字样，系除中国不在内……请烦查照等情去后，反复思议，似无碍中国主权。"十二月十九日外务部又给有泰来电："藏约与英使商明，派唐绍仪赴印度会议，现已请训，于冬月二十一日航海前往。"

《拉萨条约》是西藏上层在英帝侵略和驻藏大臣压迫下屈服并签订的，并非心甘情愿。当时噶厦曾经禁止商人给英军出售食物，以困英军，拉萨市上还发现暗杀和殴打英人的行动，麦克唐纳所著的《旅藏二十年》一书中记载："有一不幸的事情发生，当我们到拉萨，正在想着没有危险的时候，忽然有个喇嘛，闯进我们的营幕，行刺麦克唐纳将军，那时麦氏虽免于难，惜有两位官员身受重伤，一时恐怖的空气，异常紧张，结果我们将这位刺客捕获，交付军法处审问，判以绞刑……色拉寺因为这件事情，被课以5000卢比的罚金。"从这些行动来看，当时西藏人民的反帝情绪仍很高昂。

《拉萨条约》签订后，荣赫鹏率领英军于1904年九月二十二日自拉萨撤退，比原定撤退期迟了七天。英军从拉萨撤走时，劫去了西藏的许多贵重文物，当时英国人自己承认其中一次就从拉萨运走了400余驮珍贵文物。

荣赫鹏行经江孜时，将鄂康诺大佐留驻江孜，充任商务代表，并留英兵数十人保护。经过亚东时，又派兵占领了春丕谷（藏名卓木），当时英人认为根据《拉萨条约》规定，可以占领春丕谷75年，一直到藏方赔款完毕。柏尔在《西藏之过去与现在》一书中，对统治春丕谷的情况，有如下叙述："春丕广700方里，人口稀少，一时为英占领，自必有人执行政务，分全谷为五区，确定各区每年之税额，由各村村长负责征收。各首领亦略有处理小事之司法警察权。至于西藏中央政府所派两官吏，则不得不禁其参入吾政府，但许其留居帕里宗官署中。……远征军留印度步兵四联为戍，仅雇用12人为警察，其余警察事务归乡人自理之，此等办法得印度政府批准，行之皆甚顺利。"从上述措施证明当时英帝已把西藏春丕谷当作他们的殖民地对待。

二十四、英对班禅的挑唆、班禅被迫赴印

英兵自拉萨撤退后，英帝国主义者又想出了一个新的侵略办法，想把九世班禅搞到印度去，予以笼络收买，然后放回西藏。目的是想以班禅代替达赖，

通过班禅来统治西藏人民。此事首先被清朝政府派往印度谈判之张荫棠发觉，张于清光绪三十一年（1905年）十月初一日致北京外务部的电文中称："闻印政府乘达赖喇嘛未回，已遣人入藏诱班禅喇嘛来印，借迎英储为名，实谋废达赖图藏，此事关系极大，拟请大部电有大臣飞速严密防范，设法阻止，以遏阴谋。"

与此同时，班禅也致函驻藏大臣有泰："窃驻扎江孜果洛萨海不日回到甲噶尔（印度），即与国王替身处请示，奉到示谕，特意前来与班禅佛爷禀辞等语，该主仆洋兵共50余人，本月二十四日行抵后藏，不得不与伊见面。"接着驻日喀则官员也向驻藏大臣报告，英人拟强迫班禅前往印度，该报告称："九月二十九日，英员卧克纳（即鄂康诺）谒见班禅，声称该国今年在印度有一大会，该国王太子均往，欲一见班禅，请班禅于十月束装往印。班禅当即回称：我往印不难，但须禀陈钦宪奏知大皇帝殊批照准。方可起程，否则难以从命。该英员即称该国有信，不去不行。请细思之等语，我班禅无奈，只得恳求禀陈钦宪做主。"

闰九月初六日，班禅又致函有泰，叙述英员逼迫情况，且答应赴印一行，函内称："……奈伊逞其兵威，甚属紧迫，暂时不从英国之意行事，不但有烦大皇帝圣聪，且与全藏教局有损，至于札什伦布寺院及佛尊经卷僧人并阖藏大众安危，不知出何利害，实属心中难担……只得不顾性命，暂行前赴噶里噶达（加尔各答），随伊之意，面晤太子，不得不允迅速前往，并非有意违背，此情务望大人迅速妥为具奏文殊菩萨大皇帝圣聪。"

有泰对英人威迫班禅赴印一事，表现束手无策，只告诉班禅，要他坚持不去。

班禅于清光绪三十一年（1905年）十月十二日自日喀则起程，沿途由英兵保护，不使与外人接触，十月二十七日抵印。英国对班禅赴印非常重视，据张荫棠十月二十六日奏牍称："班禅已在途，印政府以最优相待，在棠对门盛设行馆，英储预备答拜，印报谓班禅来印，非专迎英储，别有关系。"

清政府听说班禅已赴印度，于十一月初六日电示张荫棠："班禅世受封号，惟以捧经为事，藏中政治概不与闻，现因英储赴印，前往致贺，倘有擅行约定事件，中政府概不承认，昨日已将此事函致萨使，转达印政府。"

班禅给有泰的信中报告他赴印经过如下："道路炎热太甚，我与札萨克喇嘛等轻骑前往大吉岭，据该处萨海回称：本日接到英国电信，太子热娃森的近日必到此间打噶喜热地方，乃系古昔佛教古刹，请其顺朝佛庙往见，再三坚约，是以不能自主……即在热娃顷刻会晤太子问好后，依随彼意，看视驻彼英兵，此外别无谈论。行抵噶里噶达（加尔各答）与英国牟陆纳尔（印督）及太子会晤一次……俟会晤二次毕后，将起程情形专派札萨克喇嘛往见张大臣递呈公文。至于行止处所，所见英国大小官员数名，及哲布甲噶尔之人，以及甲班地方萨海及格隆四人，其言语大概均系问好之辞，实未谈及公务及别项新事。"至于英方意图，可从以下两个材料中露骨地表现出来，张荫棠十二月初五日奏牍中称："查班禅来印，待以王礼，韩探闻印政府拟令班禅请英扶藏自主，归英保护，俟回藏将中国不能治藏，今藏不能不图自治情形，宣示全藏，以成独立。英人谓班禅将来不免驱杀汉官，又谓见班禅意气自大，有心向英，似此情形，较私订密约，尤为重大。"十二月二十二日的奏牍中又称："印报载印政府遣班禅先回后藏，再赴拉萨，胁令番众拥立班禅为达赖喇嘛，如达赖回藏，决意不认等语。"

班禅于光绪三十一年（1905年）十二月十七日自加尔各答起程返藏，次年一月十六日抵达札什伦布。1906年（公历）9月，英帝又派柏尔前往札什伦布访问班禅，柏尔在他著的《西藏之过去与现在》一书中叙述此次访问时说："1906年九月……班禅请吾往游札什伦布，印度政府亦许我行……吾在日喀则极受欢迎……在此留一星期。吾至之次日，往谒班禅……两次私谒（友谊）更为显明，两次私谒均在城外班禅别墅花园内之帐幕中，此地风景佳丽静穆，四周环水，吾等所谈多端，无人能窃听之者。……班禅最注意政治状况，印度政府请其往游，彼亦应允，若以此发生不利，则赖印度政府助之。中国时方恢复其在西藏之权力，故彼惧被惩处，未知吾政府果能于必要时助之否也？我依政府所嘱，温语安慰，此次赴日喀则，或者可以保其不至遭逢不幸。彼又惧拉萨之西藏政府，吾政府与拉萨战而与札什伦布亲，则（藏）政府之仇视自不能免，盖（藏）政府疑札什伦布欲乞援英国而独立，以致西藏分裂而日于弱也。1906年十一月六日，吾谒班禅辞行，渠请以后私往相见，并赠吾以西藏艺术家所绘彼之肖像一张，亲以金字属其名号于下。"

二十五、中英关于西藏的第二次条约

英人强迫噶厦签订的《拉萨条约》，当时清朝政府认为损害中国主权太甚，电示有泰没有签字；同时和英方交涉，另派唐绍仪为中国全权代表，前往印度加尔各答，与印方代表商谈修改拉萨条约，英方也同意进行谈判。唐绍仪于清光绪三十一年（1905年）正月抵达加尔各答，因英方态度倔强，毫无修改条约之意，因之谈判时间拖延了一年毫无结果。是年八月，唐绍仪因病辞职，返回北京，清政府又令张荫棠继任全权代表，继续谈判，仍然毫无进展。1906年初，中英谈判移到北京进行，中国方面全权代表仍为外务部右侍郎唐绍仪，英国方面全权代表为英国驻华大使萨道义。在中英谈判当中，争论最激烈的一个问题是关于赔款问题，《拉萨条约》中原规定由西藏方面偿付英国军费750万卢比，分75年还清，后来英人为了收买西藏人心，自动提议减去500万卢比，只付250万卢比的赔款，西藏方面仍感财政困难，无力偿付，要求由清朝政府代付。噶厦于光绪三十一年（1905年）十二月十三日致有泰报告中说："前已陈明藏中无款可付，恳由驻藏大臣奏请大清主国大皇帝发款交付英国"，清朝政府当时答应代付，外务部于十二月十四日通知驻藏大臣有泰："现在藏中番情困苦，财力维艰，朝廷实深轸念，所有此次赔款120余万两，着即由国家代付，以示体恤，着有泰即行宣布知之。"在谈判中，英国方面不同意由清朝政府代替西藏地方偿付赔款，《英国侵略西藏史》载："萨道义爵士……曾建议政府勿许中政府代藏方偿付赔款，彼意中政府之为此，系欲借以束缚英印当局，以为异日干涉其他藏印交涉之借口云。当时前外长兰士敦勋爵犹未去职，渠对此事处置颇费踌躇……兰勋爵确信中政府之为此，意在恢复其对藏理论上之宗主权，且欲借此促成英军之撤退。"后来英帝受到国际上的压力等原因，不得不接受中国意见，于清光绪三十一年（1905年）十一月训令印度政府："因顾念藏方民穷财竭，赔偿可由中政府直接偿付。"

第二个争执的问题，是赔款的偿付期限问题。该书续载："关于华方代付赔款之议，吾人固已表示让步，惟另一问题连带发生，依照条约规定，每年偿付赔款十万卢比，减少之数，亦须25年偿清，而中国当局则声言欲于三年内付清250万卢比，印当局以为此种狡计，无非欲减削吾人在藏势力，故为发挥政治影响计，为弥补当地费用计，仍应责令藏方逐年在江孜偿付十万卢比，此种办法，原系条约签订时藏人自动请求者也。慕勒氏对于印当局此项建议之取舍，煞费踌躇，坚持25年付清赔款之议，在政治观点上固不无利益，然彼意则以为如减轻吾人长期军费之负担，其利益毋宁更大也。"

英人之所以在上述赔款问题上坚持原议，本质问题在于："与上述赔款问题有连带关系者，厥为春丕撤兵问题。中国当局最大目的，即欲实现此一问题，依照原定条约，吾人有权占领春丕75年，直至赔款付清时止"，如果清政府在三年内将赔款付清，则英军即应自春丕撤退，英国人所以不愿由清政府代付赔款，后来又要求仍按每年十万卢比偿付，不愿三年付清，其目的就是为了不愿将军队从春丕谷撤退。但英国最后在上述问题上作了让步,以换取中国承认《拉萨条约》,因此于清光绪三十二年(1906年)四月二十七日在北京签订了中英关于西藏的第二次条约,而将《拉萨条约》作为该约的附约。

这次中英条约共有六条,其要点如下:

第一款:光绪三十年七月二十八日英藏所立之约……附人现立之约,作为附约,彼此允认切实遵守……

第二款:英国国家允不占并藏境及不干涉西藏一切政治。中国国家亦应允不准其他外国干涉藏境及其一切内政。

第三款:光绪三十年七月二十八日英藏所立之约第九款内之第四节所声明各项权利,除中国独能享受外,不许他国国家及他国人民享受。惟经与中国商定,在该约第二款指明之各商埠,英国应得设电线通报印度境内之利益。

第四款:所有光绪十六、十九年中国与英国所定两次藏印条约,其所载各款如与本约及附约无违背者,概应切实施行。

第五款:此约分缮英文、中文……惟辩解之时,仍以英文为准。

第六款:此约须由两国大皇帝批准画押,自两国全权大臣画押之日起,限三个月在伦敦互换……

中英关于西藏的第二次条约签订后的第三年,即清光绪三十四年(1908年)一月二十七日,清政府付清了赔偿英国的兵费250万卢比(合中国白银120万两),英军不得不提前22年从西藏春丕谷撤走。

二十六、查办藏事

清光绪三十二年(1906年)正月二十三日,清朝政府派往印度与英方商谈修改《拉萨条约》之张荫棠,向外务部发了一个电报,提出了新的治藏政策,该电报称:"英人经营西藏,已非一日,耗费不下千万,阴谋百出,令人有不可思议者,前年乘日俄开战,知俄势力东西不能相顾,又趁我国多事,于是有侵藏之举;此次又诱班禅来印,待以王礼,印报谓英人深知班禅与达赖不睦,劝令班禅请英保护，拒绝达赖，以图独立。惟班禅年少质愚，虽无远志，难保不为所动，然班禅岂足以自立图存者，是即日本扶助高丽之故技耳！……窃思藏地东西7000余里，南北5000余里，为川滇秦陇四省屏蔽，设有疏虞，不独四省防无虚日，其关系大局实有不堪设想者。且各省办理边防，均有重兵镇守，西藏密迩印度，边患交涉与行省不同，其危险情形尤与上年不同，诚如当轴所谓整顿西藏有刻不容缓之势矣。惟整顿西藏，非收政权不可，欲收政权，非用兵力不可……拟请奏简贵胄，总制全藏，并派知兵大员；统精兵20000人，迅速由川入藏，分驻要隘，以救目前之急，俟大局稳定，陆续添练番兵，再行逐年递减汉兵额数，此后常年驻藏汉兵约需五千，即足以资弹压。一面将达赖班禅优加封号，尊为藏中教主，所有内政外交以及一切新政，由国家简员经理，恩威并用，使藏人实信国家权力，深有可恃，则倚仗之心益坚，又何敢再盟异志？况英人亦视我在藏兵力之强弱，能否治藏以为因应，我能自治，外人无隙可乘，自泯觊觎之心。"

清朝政府基本上采纳了张荫棠的新治藏政策，于是年（1906年）四月初六日，下令张荫棠"前往西藏查办事件"，四月十四日又降旨"赏给副都统衔"。

张荫棠即于七月二十二日经大吉岭入藏，十月十二日到达拉萨，"达赖代理人及四噶布伦，均亲郊迎，廓尔喀酋长排队来接。藏民万余夹道焚香顶礼欢呼"。张荫棠到西藏后，首先做了一件颇快人心的事，就是揭发了驻藏大臣有泰和驻藏官员的劣迹丑行，向清朝政府弹劾严参，其于十一月十八日《为沥陈积弊，请旨革除惩办，以维边围人心》的奏折中说：

> 查驻藏大臣历任所带员弁，率皆被议降革之员，钻营开复，幸得差委，身名既不足惜，益肆无忌惮，鱼肉藏民，侵蚀库款，驻藏大臣利其节寿，一切暧昧供亿反为讳饰，转交商上垫借亏挪，又暗许其借差浮冒报销，以为抵偿，藏中文武大小官，无不以边防报销，为唯一之目的，此藏中员弁积弊也。又驻藏大臣照章会同达赖奏补噶布伦缺，陋规12000两，额外需索犹不止此，挑补代本、甲本各官，陋规二三千至数百不等，藏官皆摊派于民间，民之何辜，罹此荼毒。至签掣达赖之年，则尤视为利薮，故达赖丑诋为熬茶大臣，日形骄蹇，一切政权得贿而自甘废弃，十五年查抄藏王第穆一案，商民至今冤之。又靖西、前藏粮台，节寿酬应，岁需3000两，此驻藏大臣积弊也。有泰于清光绪二十九年（1903年）十一月到任，英军犹驻堆朗，约赴帕克里议和，照十六年条约均实办理，愿即休兵，初

无直捣拉萨之意,乃裕刚一误于前,有泰再误于后,借口商上不肯支应乌拉,不能起程,仅派李福林前往,半途逗遛,迨英兵至江孜,又曰请有泰往议,仍不敢去,仅派马全骥、刘文通赴孜,不得要领而还,卒酿成六月之变。有泰始往见荣赫鹏,自言无权受制商上,不肯支应夫马等情,以告无罪,媚外而乞怜,荣赫鹏笑领之,载入蓝皮书,即以为中国在藏无主权确证,庸懦无能,误国已甚。……有泰到任半年,毫无经划,坐误事机,其三月十七日致外部电云:番众再大败,即有转机,谬诩为釜底抽薪,冀幸英军进拉萨,为我压服藏众,诚不知是何肺肠?坐视藏僧与英军在布达拉山议约十条,无一语匡救,约成哄令画押,仓皇失措,幸经外务部电阻诘责,又讳饰非英番径行画押,英官与泰筹商再四,复为荣赫鹏不画押,日偿卢比五万元之语所恫吓,自认督率番众先行画押,又格外允许江孜英员随便入拉萨会商商务,并见于八月初十日有泰致外务部电,此颟顸误国之弊,臣所不能为有泰讳也。英军驻拉萨两日,伙食均自备,其犒赏牛羊柴薪等项,约费千五六百两,借端报销至四万,八月外部汇款未到,先电称经费甚不能敷,预留浮冒地步,向章系由粮台报销,李梦弼初销3000两,被有泰驳斥,改由洋务局骁骑校余钊报销。又闻乍雅兵变围署,及噶布伦因赔款赴印京,所费亦不过六七百两,报销至二万。洋务局员皆驻藏大臣文案兼差,岁提边防项下经费一万两,委任私人朋比分肥,此报销浮冒之弊,臣所不能为有泰讳也。有泰信任门丁刘文通,自称系外委功牌,以之署理前藏游击,领带两院卫队,又总办全藏营务处,凭权纳贿,卖官鬻差,其门如市,各台汛员弁,纷纷借端更调,下至挑补兵丁台粮,需索藏银四五百不等,靖西游击周占彪,亲言被刘索到任礼1160两。又都司李福林获咎撤任,贿刘五千两转升游击,虽不自认,而人言籍籍,谅非无因。藏印军务倥偬之际,警报屡至,催赴敌前开议,有泰置若罔闻,刘文通购进藏姬五六人,献媚固宠,白昼挈随员等赴柳林子招妓侑酒,跳唱纳凉,该大臣醉生梦死,一唯所愚弄,又于巴塘案为之滥保千总。帮办大臣联豫抵任,以刘出身微贱,劣迹昭著,呵斥弗见,两大臣遂成仇隙,两日未尝会商公事,地方官出而再三和解,此纵容门丁需索之弊,臣所不能为有泰讳也。……又已革县丞范启荣,前充文案委员,招摇撞骗,现委署后藏粮台,兼署都司,物议沸腾;卸任靖西同知松涛,欠发兵饷六个月,侵吞入己,计共亏空银8000余两,交代未清,诿求英官甘波洛营救保护,潜回拉萨,令其子善佑拜甘波洛门认作师生,借敌国势力以图挟制,又私托洋官求官派差,实小人无耻之尤。以上各员声名狼藉,无可宽容,可否请旨将现在西藏之刘文通、松涛、李梦弼、恩禧、江潮、余钊、范启荣七员先行革职，归案审办，分别监追，以警贪黩。……有泰系二品大员，应如何示惩之处，圣明白有权衡，非臣所敢擅拟。再查噶布伦彭错旺丹，贪黩顽梗，勒索百姓，赏差银两，任意苛派，浪仔辖番官阳买，贪酷素著，民怨沸腾，均请先行革职查办。

十一月二十九日，清朝政府发布了有泰等人革职处分的命令，该命令称："奉旨，张荫棠电奏悉，据陈藏中吏治之污，鱼肉藏民，侵蚀饷项，种种弊端，深堪痛恨，刘文通、松涛、李梦弼、恩禧、江潮、余钊、范启荣等均著革职，归案审办分别监追，善佑著革职，永不叙用，递解回籍，严加管束，周占彪、马全骥均著勒令休致，李福林著革职留任，戴罪效力，倘仍前玩偈，即行从严参办。有泰庸懦昏愦，贻误事机，并有浮冒报销情弊，著先行革职，不准回京，停候归案查办，仍著张荫棠严加彻查，据实复奏。至噶布伦彭错旺丹番官，均著革职究办。

由于张荫棠揭发了驻藏官员的一些积弊，将有泰等人革职查办，因而做了一件振奋人心的好事，获得西藏各阶层人民的拥护。张荫棠在他的奏折中说："臣此次奉命入藏，全藏极为震动，屏息以观我措施，以为臣系奉特旨查办藏事人员，与寻常驻藏者不同。"

张荫棠到藏以后所办的第二件大事，就是整顿西藏内部的事务，也就是实行他所主张的新治藏政策。张荫棠于光绪三十三年（1907年）正月十三日，致外务部的报告中提出了新治藏政策大纲，该报告称：

> 应亟筹收回政权，练兵兴学，以图抵制，而杜借口。欲收政权，必趁达赖未回……因先献刍议，乞公裁正。……
> 一、拟达赖班禅优加封号，厚给岁俸，如印度各藩王之制，照旧制复立藏王体制，代达赖专管商上事，而以汉官监之。
> 二、拟特简亲贵，为西藏行部大臣，体制事权，一如印督用王礼。……设会办大臣一员，统制全藏，下设参赞、副参赞、参议、左右副参议五缺，分理内治、外交、督练、财政、学务、裁判、巡警、农、工、商、矿等局事务。其亚东、江孜、札什伦布、阿里、噶大克、察木多、三瞻、卅九族、工布、巴塘等处，酌设道府、同知，均用陆军学堂毕业生，督率番官治理地方……每有番官之地，应设一汉官。……
> 三、拨北洋新军6000驻藏，借壮声威，饷械由北洋拨给，归行部大臣调遣，三年后递撤回，改募土勇，以省远戍费繁。应如何调拨之处，由陆军部核办。

四、藏番民兵约可得10万，饷由藏拨，拟派我武备生统带训练，俸薪军械子弹由我给。

五、巴塘电线应由部饬速接至拉萨。

六、赶修打箭炉、江孜、亚东牛车路，以便商运。

七、广设汉文学堂，使通祖国语言文字……6年毕业。

八、现与商上议定……凡五金煤矿准中国西藏军民人等，报明矿务局开采。……

九、藏中差徭之重，刑罚之苛，甲于五洲，应一律革除，以苏民困。

十、拟于喀喇乌苏（黑河）、鹿马岭等处各盐井，设局征税，官商并运。

十一、羊毛、牛尾、骨角、猪毛、药材将来必为出口货大宗，三埠设关后应酌定出入口税则。

十二、收回铸造银铜纸币之权，设银行以利转输，官兵俸饷均由此发。

十三、前后藏台站额兵老弱缺额，徒饱私囊，应裁撤改办巡警。

十四、设汉藏文白话旬报派送，以激发其爱国心，进以新知识。

十五、以川茶籽输藏，教民自种，以图抵制印茶。

十六、拉萨向有制枪厂，惜狭陋，应派南北洋制造局匠头来藏，另购机器，以图扩充。

十七、布鲁克巴（不丹）廓尔喀（尼泊尔）为藏门户……宜派专使宣布威德，谕以唇齿之义，密结廓藏攻守同盟之约。

十八、由部拣派明干总领事驻印京，侦探印事，密报藏防备。

十九、岁费综计约200万，由部核议指拨。藏属纵横7000里，矿产甲五洲，将来必为我绝好殖民地，经理得人，10年收效必倍。

……

上述建议经清朝政府采纳，成为新的治藏政策纲领。

三月初十日，张荫棠根据新的治藏政策，命令噶厦成立交涉、督练、财政、盐茶、路矿、工商、学务、农务、巡警等九个局，作为执行新政的机构。又颁发了《训俗浅言》和《藏俗改良》两种小册子，译成藏文散发各地。

《训俗浅言》的内容是：父子有亲、君臣有义、夫妇有别、长幼有序、朋友有信、博学、审问、慎思、明辨、笃行、智、仁、勇、孝、悌、忠、信、礼、义、廉、耻、合群、公益、尚武、实业等，逐字都有详细解释。

《藏俗改良》的内容主要是："寡妇闺女不得私通苟合"，"兄妹姊弟叔嫂婶侄不得同炕宿卧"，"人死宜用棺木"，"身体每日宜洗浴"，"儿童七、八岁时宜教识汉字","喇嘛白昼不必诵经,宜兼做农工商业以生财,不可望人布施","夫死其妇不宜改嫁","见客礼,宜以合掌为常见礼,凡屈躬吐舌竖指头之礼,贻笑各国,皆不可行","楼下不宜养牛马","男子不宜戴耳环","小孩周岁必须种牛痘","两兄弟同娶一妇……各国均无此风俗,令人耻笑","妇人配一夫之后,必不可与人偷合","西藏宜遵用大清正朔"等。

由张荫棠提出,经过清朝政府批准的新治藏政策,标志着清朝治藏政策进入第四阶段。张荫棠本人颇有民族意识,因而在对外方面,是反对英帝国主义侵略西藏的,在这一点上取得了当时西藏人民的好感。张荫棠本人又受了一些欧美资产阶级产业革命的影响,也有一定程度的变法维新思想,因而提出了若干发展西藏农工商业,开发矿产,便利交通,发展教育,创办报纸、银行等建设方案,这些措施当时如能一一实现,对于西藏人民也是有好处的。

但是张荫棠的治藏政策也有消极的一面,例如:

(一)张荫棠一再强调"收回政权",除了维护祖国在西藏的主权这一积极方面的含义之外,实际上就是夺取达赖的政权完全归驻藏大臣掌握,以汉官代替藏官。张荫棠在清光绪三十四年(1908年)九月给清帝的奏折中露骨地提出:"政权归我掌握,达赖特为傀儡耳,收回政权为保藏一定办法。"

(二)"同化藏人",就是拿汉人的一套,包括了语言文字、风俗习惯、道德伦理等等强要藏人接受。

(三)干涉西藏的宗教生活,如要将喇嘛分为两种,一种不娶妻,一种可以娶妻,并规定喇嘛念经的时间等等。

(四)抄袭了一部分英国统治印度的殖民政策,并称西藏"将来必为我绝好殖民地"。

新政策的消极部分违反西藏各阶层人民的意愿,不会取得西藏上下层人民的赞成是肯定的,就是他的治藏政策的积极部分,也因为与西藏大农奴主的利益有矛盾,噶厦也不愿彻底执行,这点在张荫棠自己的文牍中也已提到,1907年五月,张荫棠给噶厦的咨文中称:"本大臣前因西藏地方内政外交亟须整顿,而现象贫弱,尤应亟谋挽救,是以谕令大众会议,创设交涉、督练、财政、盐茶、路矿、工商、学务、农务、巡警九局,并颁发章程,分派职事,以冀共相讲求,力图振作,俾尔西藏蒸蒸日上,蔚成富强。乃数月以来,虽据报成立,而详加考核,于一切局务多未实力奉行。"英人柏尔所著之《西藏之过去与现在》一书,对张荫棠的新治藏政策有如下述评:"此最高委员所行改革,不适合拉萨大多数官吏之脾胃,故彼等行之颇为困难而不纯熟,但西藏人大都视彼为抵抗英国侵略之干城,彼又新立开发西藏之规划,故初甚得众心,其后计划未有结果，彼又喜干涉旧习惯，于是众望渐减，然西藏人今日犹多敬仰此'海外驻藏大臣'也（因其由海道至拉萨，未经西藏东部陆路，故藏人称之为海外驻藏大臣）。"

张荫棠"查办藏事"当中，又碰到了一个棘手问题，即札什伦布与噶厦之间的关系问题。张荫棠抵藏后，班禅给张荫棠来了一函，提出了前后藏分治问题，张荫棠在给班禅的回信中称："来函具悉，噶拉仓一案，已于前次译文内明白晓谕，何得哓哓妄渎，争私利而不顾公义，致碍大局，且牵引康熙年间旧事，要求拉让（班禅方面）与商上（达赖方面）各管各地等情，本大臣行辕无案可稽，一面之词，碍难照准。贵班禅当念前后藏唇齿相依，同种同教，不宜各分畛域，现外番屡进后藏，查考情形，日图并吞后藏，以通阿富汗、喀什米尔等处，其诡计奸谋，比前藏尤为危险，此时唐古忒人等同心协力，尚恐难御外侮，不应同室操戈，以中外番之计……贵班禅夙慧明断，当知此理，意必左右札萨克等有谗诐面谀之人，造谣生事，意图离间，以作奸细，荧感聪听，本大臣若查出有此等小人，必当治以极重之罪，愿贵班禅亦将此人斥革而屏逐之也。……贵班禅恪诵佛经，参悟此旨，著仍遵照前谕，俟达赖回藏，和平酌办。"张荫棠在1907年给清帝的一个奏折中称："近年达赖与班禅又互相猜贰，班禅自到印京见英储后，隐恃英援，欲与达赖争权，英员时至后藏，煽惑班禅，又派班禅为印度夺垫地方佛教总管，百端笼络，冀遂其鬼蜮之谋。"另一奏折中又称："棠奉命入藏，道经江孜，班禅差札萨克来迎，谈次微露班禅有欲代达赖之意……及抵拉萨，以前情告知藏王，当时噶布伦等颇为惊慌。"张荫棠对班禅的上述各种不合理的要求虽予批驳，但并没有采取措施以改善札什伦布与噶厦之间的关系。

清光绪三十三年（1907年）五月，张荫棠查办藏事完毕，奉到清政府外务部电示，要他前往印度森罗（即西姆拉）地方，与英方代表会商江孜开埠事宜。张荫棠乃将应办事宜交给驻藏大臣联豫接办，他于六月离开西藏，七月十五日抵达森罗，与英方代表戴诺开会讨论。张荫棠此次赴印度还带了噶伦旺曲甲布及随员八人同行，这是英国方面特别要求的。

清光绪三十四年（1908年）二月，关于江孜开埠事同英方商妥，议定了藏印通商章程十五款，对江孜商埠的界限、租建房屋的规定、商埠的治理权、处理商埠居民的诉讼事件、英军撤退后英人所建沿途房屋电线收回问题，以及"英国商务委员与西藏官民或用函件，或面会往来，中国官并不禁阻"等内容，均作了规定，基本上承认了英人在江孜租界地有领事裁判权。此章程于是年三月二十日（阳历四月二十日）在加尔各答签字，中国方面全权代表为张荫棠，英国方面全权代表为苇礼敦，西藏噶伦旺曲甲布也在章程上签了字。

订约完毕后，张荫棠于清光绪三十四年（1908年）四月初五日离印返回北京复命。

二十七、西康的改土归流

当张荫棠赴藏查办藏事，推行新的治藏政策之时，西康方面正由赵尔丰严厉实行改土归流。这种改土归流政策并不是赵尔丰创造的，而是过去四川总督鹿传霖早就提出过的，不过当时清朝政府没有采纳。清光绪三十年（1904年）四月，驻藏帮办大臣凤全抵达西康巴塘，此时正当第二次抗英战争进行当中，"自英藏战争发生之后，廷议西藏危急，请及时收复瞻对为巩固川疆之计，德宗令川督锡良会同驻藏大臣有泰，帮办大臣凤全，乘机办理，锡良即电咨有凤二人，嘱其开导商上，调回番官，酌酬昔年戡乱经费，命将瞻对之地献诸朝廷，有泰庸懦畏葸，以英藏战事未解，虑生他变，持重不发。凤全锐意兴复，颇持异议，巴塘喇嘛首先煽乱，禀请川督诛戮凤全以谢藏人。"（《西藏六十年大事记》）

实行改土归流政策，首先与西康喇嘛寺庙发生了尖锐的冲突，因为凤全在巴塘一带首先从收回喇嘛寺庙的政权和土地人民着手实行，《英国侵略西藏史》中是这样记载的："四川总督曾与某制军会衔奏陈藏东变乱情形，略谓凤全意见，以为诸喇嘛在各部落间具有至高无上之威权，非减削彼等权力，则一切改革计划无由实行，以此力主实施，限制僧侣数目，二十年内禁止人民加入僧侣组织，诸喇嘛对凤全此举深恶痛绝，遂流言凤全所带部队皆着外国制服，并以外国方法训练之，又谓凤全之改革计划全为外人利益着想，观其保护教堂，即为媚外之明证云。"

由于凤全采取上述政策，因而激起了巴塘僧众的暴乱，凤全被杀。

对这次暴乱经过，有泰于光绪三十一年（1905年）四月二十八日的奏牍中是这样讲的："据巴塘粮务试用知县吴锡珍禀称：本年二月二十一二等日，有巴塘正副土司及丁林喇嘛寺所属之番匪五百余人，聚众寻衅，先在附近各处抢劫，继至茨荔陇垦场骚扰，经凤大臣饬派弁兵弹压，该匪抗拒官兵，烧毁房屋，连日愈聚愈众，不下三千五六百人，于二十八日夜间，四出扰乱，势甚猖獗，一股将法国教堂放火烧毁，司铎牧守仁不知去向，闻有被害之说；一股阻截街道；一股直逼凤大臣公寓，枪炮齐施，虽有卫队士兵，然而彼众我寡，势难抵御，巴塘都司吴以忠，委员秦宗藩同时阵亡。二十九日黎明，卫队防兵死伤甚众，凤大臣退居明正土司寨内，暂避其锋，番匪乘势将银鞘军器文卷等项，掳掠殆尽，复又紧围土寨，无法解散。三月初一日午刻，番匪声言伕马齐备，苦逼凤大臣启程回炉（打箭炉），不意行至距巴20里之鹦哥嘴地方，番匪设伏以待，胆敢戕害凤大臣，其随带委员陈式钰、王宜麟、赵潼及卫队兵丁等50余人，一并殒命。"

清朝政府获悉巴塘发生暴乱以后，即派建昌道赵尔丰与四川提督马维骐前往剿办，"六月十八日克复巴塘，九月，赵派兵剿办倡乱之七村沟，并搜擒各处余匪，巴塘戡定。……十月，查户口粮赋，派傅嵩炑征收。十一月，委员赴盐井设局，征收盐税，又以理塘属之乡城桑坡林寺，昔戕官弁，稔恶不法，派兵攻之不克，次年（1906年）正月，赵尔丰率兵队进攻，于闰四月十八日克乡城，歼番匪之渠魁，并攻克同恶之稻坝贡噶林，一律肃清。七月，旋即奉旨，充川滇边务大臣。八月中，赵尔丰由乡城稻坝至理塘，将理塘土司改流，乃以所部防军五营，分扎巴理塘改流之地……修建关外旅店，招募农民开垦，奏派吴学谟办学务，延聘美国人勘金矿，且兴制革于巴塘，雇洋技师往验水性，建钢桥于河口，雇洋工师往测桥基，并延日本农技师提倡农业于西康，委员出洋调查织绒机器，磨面机器，延医人购药品，出关设局，奏设理化县，定乡县，巴安县，并将西康应行兴革诸大端，如兴学、通商、屯垦、练兵、设官等项，次第奏陈，得部拨开办费100万两。"（《驻藏大臣考》）

赵尔丰就任川滇边务大臣以后，即在西康藏区积极推行改土归流。英国人对赵尔丰的改土归流作了如下的评语："其治理西藏东部地区各土司情形，渠将各土司先后改土归流，使直接受中国官吏管辖，并以特殊手段，取缔西藏东部地区喇嘛制度，如规定僧侣数目，削减寺院权威，除中国官吏外，概不许新建庙宇，增加寺院捐税，力辟祷告之无灵，凡此种种，皆不失为最好之改革。然赵氏方在藏东严厉执行此项改革时，不免引起拉萨僧侣之疑忌与愤慨耳"。（《英国侵略西藏史》）

英国人还把赵尔丰实行改土归流的情况作了如下描述："土司领袖已遭杀戮，土司制度亦永远废除，自后无论土人汉人，概归清廷派官治理，巴塘境内居民，亦五分汉藏，受治于中国官吏，不许土人听命于土司或臣属于喇嘛。又下令居民蓄发留辫，表示为大清百姓。乡长里长概归村民选举，任期三年，如举措有失公平，村民亦得罢免之。各县设长官六名，汉藏各半。关于征收地租，处理诉讼诸事，由六人共同负责，而此六人者，皆须兼通汉语及藏语。地租视土地之肥瘠而定，每亩占总收获额百分之二十、三十，或四十……此后官吏出行，一切运送事宜，概须偿付代价，此种办法实极贤明，且有规定之必要也。凡剧盗无论其有无杀人行为，概须处以死刑。……推设官立义务学校，凡儿童年至五六岁者，概须入校读书。又下令废止土人之葬礼，奖励清洁，提倡道德，劝导成年男女穿裤，儿童则强迫之，各家族须有姓字（指汉姓），废止奴隶制，严禁人民吸食鸦片，街道须保持清洁，到处设便池，墓地限于低处。"（《英国侵略西藏史》）

赵尔丰对喇嘛寺庙据说也作了如下规定："各寺喇嘛数目不得超过300名，其姓名年岁，皆须注册呈报。……寺庙亦应征收地税，一如其他田产，从前则寺庙概不征税也。乡民对喇嘛之岁贡，亦明令废止，以后喇嘛岁人减少，而负担增加，并不许其干预地方政治。然综观彼之所为，对于中国威权之树立，确有成就。"（《英国侵略西藏史》）

赵尔丰在西康藏区所实行的改土归流政策，从总的方面说，冲击了藏族地区的农奴制度，打击了僧俗大农奴主的统治，大部分地方取消了寺庙与土司的特权，这对于藏族地区的社会生产力的发展是有利的。但是改土归流政策也有它的消极的一面，它在取消了寺庙与土司的特权以后，并没有从藏族中选拔官员管理当地事务，而是完全派遣汉族官员去统治当地人民，因而在藏族人民的眼中，总觉得这是汉人在统治藏人，因而增加了民族隔阂。但从赵尔丰这样一个忠实于清朝皇帝的大官僚来说，他的这些做法是符合他所代表的阶级利益的。

二十八、英人侵略拉达克与不丹

拉达克原来是西藏的领土，9世纪时，吐蕃王朝发生奴隶暴动，吐蕃王室的一个王子尼玛贡带了一部分人逃到阿里地区，建立了一个小王朝（藏史中称为阿里王）。后来尼玛贡把阿里地区分给他的三个儿子管辖，把茫玉（即拉达克王）地区分给长子巴德日巴贡，把香雄（即谷格）地区分给三子德祖贡，把布让地区分给次子札喜德贡。11世纪时，阿里王拉喇嘛益喜沃礼聘阿底峡尊者由印度来西藏传法，这个拉喇嘛益喜沃就是谷格王。明崇祯三年（1630年），茫玉王（即拉达克卫）僧格南结灭了谷格王国，占领了阿里全境，当时西藏正处在第司政权统治崩溃之时，无力西顾，所以拉达克王统治阿里地区约50年之久。

清康熙二十年（1681年），当时五世达赖已取得西藏地方政权，与不丹的噶举派法王之间发生战争，拉达克王因为信奉噶举派，所以也反对五世达赖，第巴桑结嘉措就派藏军攻入阿里地区，大败了拉达克王的军队，并且乘胜一直攻入拉达克境内，占领了拉达克首府列城。拉达克王德勒南结向克什米尔王求救，克什米尔王派了一部分军队支援，与藏军打了一仗，不分胜败。清康熙二十二年（1683年），西藏方面与拉达克讲和，双方签订了一个协定，内容大体上是这样的：拉达克归达赖喇嘛管辖，拉达克王每年向达赖喇嘛进贡，西藏方面每年给拉达克200驮茶叶，阿里地区由达赖派官直接统治。从此以后，拉达克即归达赖管辖，《嘉庆一统志》一书的西藏地图中，就把拉达克地方完全划在西藏境内。清道光八年（1828年），清朝政府因拉达克王拿解张格尔余党有功，赏给拉达克王五品顶戴花翎。

清道光十四年（1834年），克什米尔大君派倭色尔侵入拉达克，拉达克王才贝南结战败被废。西藏人把侵占拉达克的这些人叫做森巴。清道光二十一年（1841年），森巴又侵入阿里，占领了阿里全部地区。驻藏大臣派噶伦才丹多吉和代本比喜率藏军反攻，斩了倭色尔，把森巴人从阿里地区驱逐出去，后来森巴人和西藏讲和，退出了拉达克，拉达克王才贝南结又恢复了王位，仍归达赖管辖，年年进贡。清道光二十三年（1843年），克什米尔大君又派军队侵入拉达克，藏军作战不利，撤出了拉达克，克什米尔人就占了拉达克，又把拉达克王才贝南结废了，另外扶植拉达克大喇嘛统治拉达克，实际上是克什米尔人统治了拉达克，但是克什米尔仍承认拉达克与西藏旧有的关系，每年照旧向达赖进贡。清道光二十六年（1846年），英帝国主义并吞了查谟克什米尔，借口拉达克为克什米尔的一部分，归英印政府统治，向清政府提议，要求划界，实际上就是要清朝政府承认英国已侵占了原属我国的领土拉达克。

对于英国的上述阴谋，清朝政府也并非毫无察觉。道光二十六年十二月辛未（1847年2月5日），清朝政府"谕军机大臣"的指示中就说："西藏地方本有一定界址，毋庸再行勘定；通商一事更有原立成约，自应永远遵守。兹该国①因与西刻夷人构兵，据有加治弥耳②山地，请与后藏交界地方，明定界址，并请与后藏通商，殊属显违成约。"这就是驳回了英人提出的无理要求。

与此同时，驻藏大臣琦善向清朝政府的报告中又说："据唐古忒西界堆噶

---

① "该国"原文系指"披楞"，又说"披楞即英咭唎国"。

② "加治弥耳"原文系指克什米尔。

尔本营官禀报，有披楞人投递洋禀。据来人口述：系披楞战胜，森巴已经归附，并收所属之拉达克、克什米尔分与管辖，欲向唐古忒交易，定有章程，令人前往会议等语。"清朝政府指示琦善，"办理洋务系钦差大臣之事，应由该商自赴广东与耆英商办。"

但当时昏庸的清朝政府，还弄不清拉达克究竟是不是我国领土，所以又指示驻藏大臣琦善："拉达克、克什米尔是否系卡外回子？曾否归服披楞？及现与披楞有无交结同谋情事？著赛什雅勒泰等严密探访。"

道光二十七年八月（1847年9月），琦善向清朝政府报告中说："差赴边外查访之人回称，披楞界连各部落，如常安静，并无备办兵马消息。唐古忒地方亦无披楞之人，惟据闻披楞现与读然部落打仗，又克什米尔与古浪森争战，此外毫无动静。"琦善的这个报告中，对于拉达克一字未提。

拉达克地方就是这样糊里糊涂地被英国侵占的。

英国侵略不丹，大体上与侵略拉达克是同一时期。不丹原来也是西藏的领土。据说在吐蕃王朝的赞普达磨（朗达马）时，不丹就是吐蕃领土的一部分。特别是在第司政权与噶玛政权统治西藏时期（1354～1642年），因为不丹法王就是噶举派的朱巴噶举，当时西藏与不丹的关系是非常密切的。

五世达赖喇嘛推翻了噶举派的噶玛政权，建立了格鲁派的噶丹颇章政权以后，因为教派不同，不丹法王就不服从五世达赖的统治，于是五世达赖就派兵征讨不丹，发生战争。清康熙和雍正两朝，不丹和西藏之间曾经连绵战争达五六十年。乾隆初年，颇罗鼐任藏王职，不丹才向西藏归附。清朝皇帝曾授不丹法王以诺门汗的名号，不丹法王也按时向清朝皇帝和达赖喇嘛进贡。

英国侵略不丹，是先用东印度公司的名义，以与不丹"通商"的方式进行的。道光二十一年（1841年），英国人用收买的手段，允许每年给不丹一万卢比，以达到侵占七个山口的目的。从此英国和不丹就经常发生边界冲突。

清同治二年（1863年），英人未经不丹同意，就派艾登为代表，带了一批武装人员到不丹首府布拉卡进行谈判。当时不丹政府要求英国归还被侵占的七个山口，艾登耍了一个花招，与不丹签订了一个条约，其中规定：（一）东印度公司占领的不丹的山口及土地一律退还；（二）今后互不侵犯；（三）不丹、锡金、库赤·贝哈尔和东印度公司相约，若有其中一方侵犯任何一方时，其他三方则可占领侵犯者的土地。艾登在条约上签字时，在他的名字之下写了"被迫"二字，为以后推翻条约作了伏笔。

艾登回到印度以后，主张立即出兵征服不丹。经过一番准备以后，同治三年（1864年），英国组织了阿萨密、孟加拉两个支队，首先占领了不丹与印度接壤的一切山口，并侵入不丹腹地。噶仑堡就是在这时强占的。同治四年（1865年），不丹军队向英军发动反攻，收复了一切失地。但是不久，英国又重新组织兵力，大举进攻，不丹方面终于失败了，被迫于是年十一月签订了《新曲拉条约》十条，要点如下：

第一条，英国政府和不丹政府间今后应有永久和平和友谊。

第二条，……现由于不丹政府对过去的错误表示道歉……因此，全部18个靠近绒铺，库赤·贝哈尔和阿萨密的山口连同华拉哥达的大罗及梯斯塔左岸的山地直到英国委员所指定的各地，不丹政府同意永远转让给英国政府。

第三条，不丹政府同意将所有违背其本人志愿扣留在不丹的英国、锡金、库赤·贝哈尔的臣民交出。……

第四条，英国政府同意每年给予不丹政府不超过五万卢比的金额。

第五条，在不丹政府有过失……或不履行本约条款时，英国政府有自由随意延期付此种补偿费的一部或全部。

第六条，英国政府同意……在不丹政府正式书面要求下，交出因犯下列罪行逃居在英国领土的不丹臣民。……

第七条，不丹政府同意在孟加拉总督及其授权人的正式要求下将交出犯有前条所述各种罪行而逃住在不丹境内的英国臣民。

第八条，不丹政府同意在其和锡金、库赤·贝哈尔大臣间发生纠纷或控诉时……服从英国政府仲裁。……

第九条，双方政府间应有自由通商贸易……不得收税。

第十条，此十条条约……在签字后30日内生效。

清宣统元年（1909年）四月，柏尔又向印度政府献策："吾等当努力诱不丹，以其国之外交，交英国政府处理，但英政府不干涉其内政。……印度政府亦赞成吾说，乃往不丹……公会中人初不愿以不丹之外交归英政府掌握，但吾能使之承认，盖吾担保不干涉其内政，故谈判甚为顺利，……即于清宣统二年（1910年）一月八日，四份条约均签字盖印。"（《西藏之过去与现在》）

该条约系对清同治四年（1865年）英国与不丹所订的《新曲拉条约》之补充，增加了如下两段文字：

一、英国政府愿将每年补贴不丹政府之五万卢比，从清宣统二年（1910年）一月十日起，增为十万卢比。

二、英国政府允许绝不干涉不丹内政，在不丹政府方面，则承认关于外交事件，愿受英国指挥。

英国在名义上是取得不丹外交权，实际上是不丹已完全沦为英之保护国，因此英帝就否认中国驻藏大臣与不丹国王有直接往来文书之权，以达到不丹完全脱离与中国之关系的目的。

清宣统二年（1910年）九月，英驻北京公使向清政府外务部递交了一封照会，内称："不丹国王接到七月四日中国驻藏大臣所发文书，中多命令语调，毫未注意邻邦国王之身份，动辄加以恫吓之词……英国政府对该驻藏大臣之文书语句，保留异日提出抗议，甚望中国政府自今以后，令饬驻藏大臣，凡致不丹王文书，须经英国政府转交，始能有效。"

清政府外务部接到上述照会后，于九月二十六日驳复英方，复文内称："不丹向为中国藩属，中国驻藏大臣对该部咨行文，向用檄谕程式。……至于不丹与英订有若何条约，中国政府未尝闻知，中国驻藏大臣对于不丹行文，采用何种程式，绝对不能受英国政府之限制。"而英国对清政府的答复尤为强硬，复文内称："英国政府不能承认不丹、尼泊尔两部落犹为中国番邦，今后中国政府对该两部落如仍有所干涉，英国政府不能不采取对抗之行动。"此后不久，我国发生辛亥革命，不丹问题就这样搁下去了。

二十九、达赖的流亡生活

这里根据达赖十三世藏文传的记载，把达赖从布达拉宫逃走以后的流亡生活作一追述。

清光绪三十年（1904年）六月十二日，当时英军已到达曲水（距拉萨一百二十华里），达赖仓皇由罗布林卡移到布达拉宫，留下了一道命令，着噶丹池巴罗桑坚赞出任摄政，代理达赖掌处西藏政教事务。六月十五日夜半，达赖只带少数随从人员，秘密离开布达拉宫。

达赖是夜由拉萨径越色拉寺后面的郭拉山，拂晓时到达山后巴雅地方，在这里略进饮食，并将所穿的僧装完全脱下，改着蒙古式便服，继续向黑河大道前进。

与达赖同行者究竟是些什么人，藏文传中并无记载，荣赫鹏在《英国侵略西藏史》一书说："余得地方消息，达赖今已出走八站之遥，同行者有布里雅特人德尔智氏，此人实为藏方祸首罪魁，据云渠力劝达赖暂行引退，以为英人不久行将如鸟兽散，譬犹沸汤中之泡沫，冷却后当复归于平静云。"日本人所著之《西藏通览》中也说："达赖……闻警，是夜仓皇出奔，临行时召噶尔丹寺大喇嘛，授以达赖印，以后事相托，伴七名侍从急行矣，时在光绪三十年五月十七日也。而彼参宁堪布者（指德尔智），率布里雅特人七十名护卫达赖，推达赖之意，迨欲利用此机，赴俄都谒见俄皇也。"

达赖由巴雅出发，越过盘布恰拉山，经达隆寺、热振寺，抵达黑河。六月二十八日，达赖又从黑河起程，七月初三日越过唐古拉山，七月初十日越过了通天河。七月十八日，抵达青海柴达木盆地，才碰到人家，当地的蒙古太济乃尔部落的桑青则桑王爷，率领蒙古牧民前来欢迎，送了很多酥油和骏马。此后沿途都有蒙古包和牧民，达赖每过一地，都受到当地蒙民、王爷、堪布、喇嘛的欢迎欢送。

八月底，达赖经过甘肃嘉峪关界地，进入外蒙古境内。九月十七日，到达外蒙古境内的三丹加德林寺。九月三十日，达赖到达甘丹德德林寺。外蒙古法王哲布尊丹巴已得到达赖进入外蒙古境内的消息，特派卓尼、则桑、喀拉切等四人前来欢迎，向达赖献哈达，致以慰问，并敦请达赖直赴外蒙首府大库伦。

十月二十日，达赖抵达外蒙古首府大库伦，受到盛大欢迎，在夏拉阿萨地方，外蒙古地方政府搭了欢迎帐篷，由钦差驻外蒙古文臣二人，带领全体汉蒙官员，首先向达赖献了哈达，接着有堪布诺门汗，太太堪布，满洲西曰堪布，曲结、翁则、格贵、库伦大寺的九大札仓、三十堪参的代表，依次向达赖献了哈达。库伦市区的大道两旁挤满了欢迎的群众，排成两条很长的行列，欢迎的群众穿了节日的新服，妇女们戴了美丽的头饰，喇嘛们手中拿着各种各样的法器、幢、伞等物，俗人们手中捧着香炉，炉中香烟袅袅。库伦市各房顶和蒙古包上面插遍了五彩旗帜。

达赖所经过的街道上，铺了黄布，达赖的行宫设于甘丹寺的聂畏殿上。

清朝政府获悉达赖逃到外蒙古的确实情报之后，立即派了一位钦差大臣，自北京前来库伦"看望"达赖，并带来光绪皇帝和慈禧太后送给达赖的很多礼品。

根据达赖自拉萨直赴库伦，并带了德尔智的情况推断，达赖原先有由此前往俄国的企图，但当时正值日俄战争时期，俄国被日本打败，国内又发生了革命，因而沙皇自顾不暇，没有力量积极侵略西藏，再加上达赖到库伦后，即被清朝驻外蒙大臣看视住，后来又从北京派来钦差加以监视，因此赴俄目的没有达到，达赖乃秘密派遣德尔智前往俄京，会晤沙皇。据荣赫鹏所著之《英国侵略西藏史》载："翌年（1905年）初春，闻达赖遣其近臣德尔智氏，赍书函礼物往俄京谒见沙皇，关于此事，俄政府亚务大臣曾告我公使，谓俄皇确曾接见德尔智氏，并接受其礼物，计有释迦佛像一尊，佛教祷文一份，织品一件，书函大意表示本人（达赖）对于沙皇尊崇备至，彼职责所在，势不能不回拉萨，然倘不能获得俄皇保护，则生命安全毫无保障云。俄皇答复达赖之书函，纯系友谊性质，答谢其来书慰问及关注而已。……俄皇又曾致电达赖喇嘛，表示慰问。关于此事，我驻俄公使曾于1906年四月与兰斯多尔夫伯爵一度谈及，伯爵告我公使云：俄政府对藏政策，系采不干涉主义，与英国政策毫无二致。俄政府以为达赖长此淹留蒙古，究非长策，极盼其速作归计。惟达赖深恐回藏后身命安全无保障，曾要求俄方予以保护，俄皇仅去电慰问，表示达赖喇嘛倘或遭逢不幸，则俄政府地位将异常困难，俄皇所能答复达赖喇嘛，并昭告俄国佛教子民者，如此而已。"

据十三世达赖传载，清光绪三十一年（1905年）五月初五日，俄国驻北京公使，奉沙皇命令，特来库伦看视达赖，并代表沙皇给达赖送了不少东西。日本人所著的《西藏通览》中也说："闻俄国现任驻清公使波可吉罗夫，昨年夏间赴任时，曾经蒙古库伦，与出奔之达赖密晤。"

1905年一年的时间，达赖在外蒙古首府库伦消磨过去，在此期间发生了达赖与外蒙法王哲布尊丹巴之间不睦的现象。据达赖十三世传所载：开始哲布尊丹巴对达赖非常尊敬，但后来看到外蒙人民对达赖的信仰超过了他，心中感到不快，逐渐对达赖有了厌恶之感，想使达赖离开外蒙，由于达赖与哲布尊丹巴之间发生失和现象，更促使达赖想早一点返回西藏。此时噶厦和三大寺僧俗联名向驻藏大臣有泰上了一道公禀，要求恢复达赖的名号。公禀内称："惟是达赖喇嘛前经被议，咎固难辞，然当离藏之时，已属迫不得已，第达赖喇嘛为格鲁派之主，一旦革去名号，恐难号召番众，维系人心，用是联名，务请代恳天恩，开复名号。"

有泰根据这一公禀，于清光绪三十一年（1905年）五月二十九日向清帝建议："准将达赖喇嘛名号开复，以顺番情。"同年九月初六日，接到清帝的批示："着俟达赖喇嘛由库伦起程后，再降谕旨。"

噶厦于具公禀同时，派了达赖之兄公爵团桂多吉、札萨罗桑团柱、古觉大堪布、拉让强佐等人，带了喀巴（音乐队）九人，前往库伦迎接达赖回藏，同行者还有三大寺代表，布达拉宫南甲札仓业巴，札什伦布寺的代表，班禅的苏本堪布，札什伦布寺四大札仓的代表等人，一同前往外蒙，于1905年十二月十四日到达库伦，见了达赖，代表前后藏僧俗人民，欢迎达赖立即返藏，达赖乃决定于次年春季动身返藏。

清光绪三十二年（1906年）四月，达赖由库伦起程，采取朝佛拜寺、讲经说法的形式，逐渐向蒙甘边境移动，离开外蒙。四月二十五日，光绪皇帝和慈禧太后又派了钦差大臣郭左、理藩院衙门大臣、笔帖式、汉蒙"红浦"二人，前来杂渊寺看视达赖。

五月二十七日，达赖由杂渊寺起身转赴甘丹格吉林寺，在那里熬茶、放布施、讲经。六月初八日，又转赴三音诺颜部的甘丹才培林寺，当地蒙古人民为了欢迎达赖，特举行了盛大的庙会，表演舞蹈、赛马、角力、射击等技艺，非常精彩。

八月初七日，达赖转到木仁喀相地方，已出了外蒙古地界，到达陕甘总督辖境，陕甘总督升允特派西宁河源巴仁前来欢迎达赖，并充任"帕兰基巧"，负责沿途照应事宜。九月初三日，达赖一行抵达甘肃平番县（即今之永登县），塔尔寺的丹子呼图克图、达隆呼图克图等人，赶到这里欢迎，陕甘总督升允奉到清朝政府的命令，也到这里欢迎达赖，同来者还有西宁大臣、镇台、道台等人。

九月十二日，达赖到达西宁，受到隆重的欢迎，西宁大臣命令沿途各县，对达赖所至之地，殷勤招待，沿途道路不平者，动员民工加以修整。十三日，塔尔寺的东科呼图克图、郭密曲登寺的大雪佛、噶厦派住西宁的商官等人，特来向达赖献哈达、致慰问。十四日，达赖应塔尔寺全体僧众之请，由西宁移住塔尔寺，在大经堂内向全寺3000僧众讲经说法。从十五日起，达赖给青海藏蒙僧俗民众开始"放头"，前后不下数万人。

十月十五日，噶厦又派颇本堪穷丹增曲结、其本（马官）吉素二人，代表西藏僧俗前来塔尔寺看望达赖，并敦请达赖早日返回西藏，主持政教。正在这时，达赖接到由陕甘总督升允转来清帝的命令，要达赖暂住塔尔寺，听候圣旨。

三十、入 京

英帝国主义者听到达赖返藏的消息后，表示坚决反对。清光绪三十二年（1906年）二月十九日，张荫棠的奏牍中称："印陆军总统与棠私言，达赖通俄，我英自有办法。韩税司探称印政府派前经入藏之马敦和，日间赴藏勘察进兵路途，似此情形，英人进取之心日决，拟请设法阻止达赖，勿令回藏，抑或令其留京，以杜衅端。"四月二十日，张荫棠致电外务部，报告与英之陆军总统吉治纳的谈话内容中又称："吉云：俄人所派多哲夫（即德尔智）与达赖私通，甚为秘密，贵国应将达赖监禁。"九月二十三日，张荫棠致外务部报告中又说："班禅与达赖仇隙已深，班禅久堕英煽惑术中，难保达赖回藏时不借端构衅……现值埠事未妥，春丕兵未撤之时，可否缓接回藏，以免牵动全局。"清朝政府根据上述情况，命令陕甘总督升允，制止达赖返藏。升允于同年十月十八日致电驻藏大臣有泰，告以"达赖喇嘛抵甘，弟赴平番接见，现到西宁驻塔尔寺，奉旨款留，暂不回藏。"因而达赖在塔尔寺又淹留了一年多时间。

在此期间，班禅向查办藏事大臣张荫棠提出要求"赴京陛见"。班禅来信中说："班禅开年25岁，开春后拟亲赴北京援案吁请陛见，跪聆圣训，为皇太后皇上虔诵万寿经典，一俟奉到谕旨，即当由北道入都，恳代奏。"噶厦听到班禅有赴京要求，"集议数日，二十一日商上等来称众议，令达赖于班禅未到之先，速行入觐云"。清光绪三十三年（1907年）正月二十六日，张荫棠代摄政噶丹池巴转奏："达赖濒行，曾言拟赴北京吁请陛见，面陈西藏情形，恭请圣训，俾得有所遵循等语，达赖现住西宁，商上等众议，令达赖就近吁恳陛见，乞据情代奏。"张荫棠也向清朝政府建议："臣查达赖班禅，自乾隆后久未入觐，致启强邻觊觎；得所借口。今天诱其衷，先后吁请陛见，则万国观瞻所系，主国名义，愈见巩固……可否准其陛见之处，伏候圣裁。"

清朝政府对达赖入京陛见一事，经过长期考虑以后才批准，清光绪三十三年（1907年）十一月二十七日，由礼部给达赖降旨，邀请达赖赴山西五台山朝佛。而对班禅入京一事，仍未表示同意。

十一月二十九日，达赖从塔尔寺起程准备赴五台山，西宁大臣派了笔帖式二人，负责沿途照应，西宁镇台也派了一位尹大人，带了骑兵20人，步兵20人，负责沿途警卫。

十二月十三日，达赖离开兰州东下，于闰十二月初十日抵达长安。达赖在这里休息了几天，然后又赴临潼，在唐皇所建造的温泉内洗了澡，然后又率少数随从堪布前往华山游览。

闰十二月十八日，达赖到达潼关，由此乘船渡过黄河，山西巡抚派人前来欢迎，并派了骑兵40人，步兵80人，在此等候，接换甘肃部队担任达赖警卫。

清光绪三十四年（1908年）正月初五日，达赖一行到达太原，受到当地政府的盛大欢迎。此时五台山札萨和五台山各庙宇的大喇嘛都已先到这里，前来向达赖献哈达致慰问，并代表五台山欢迎达赖。

正月十二日，达赖离开太原，十八日到达五台山麓，五台县官、五台山札萨、大喇嘛等人，在山门前下了帐篷欢迎，向达赖献哈达、曼札，一切按照西藏礼节。达赖进入五台山寺庙区时，全寺僧众排队欢迎，站成很长的两道行列。

达赖在五台山又照例给全体僧众讲经说法、放头，并派人给五台山各寺庙熬茶、放布施。

达赖到达五台山的消息传到北京以后，帝国主义驻北京的使节，和一些不三不四的外人，前来五台山看望达赖，第一个是德国驻天津的官员，和达赖谈了很长时间。

接着有一个日本喇嘛，前来五台山拜望达赖，送了很多东西。

五月间，美国驻京公使自北京前来五台山看望达赖，代表美国政府向达赖致以慰问。

六月，俄皇特派大臣黄斯（藏文译音）自莫斯科来五台山看望达赖，带来沙皇赠送给达赖的很多礼物，并有沙皇给达赖的亲笔信，据说信内是这样写的："沙皇本人对佛教也非常信仰，俄国首都最近建立了一所喇嘛寺，里面住了很多喇嘛，经常在里面念经"云云。

根据《英国侵略西藏史》一书所载，达赖自五台山曾致书英国驻北京的公使朱尔典："达赖既至五台，遣使赍函往北京见我公使，书函内容不过普通问候之词，与达赖送致其他公使者大抵相同。来使谓达赖因喇嘛教僧侣一再敦请，行将回藏。朱尔典答云：英政府对于达赖回藏问题之见解如何，渠尚不得而知，唯在达赖出走期间，藏印关系确有进展，1904年双方友好关系之破坏，实系历来误会之结果，而此种误会，又多于达赖主持藏政时发生。来使解释云：过去误会悉因达赖左右多方蒙蔽，以致本人不能明了事实真相，今达赖一切恍然，深愿回藏以后，对于壤土密接之印度政府诚恳修好云。"

清光绪三十四年（1908年）七月二十七日，清朝政府特派军机大臣和山西巡抚前来五台山，邀请达赖立即动身赴京陛见。达赖即从五台山动身赴京，在春户（译音）地方改乘火车，于八月初三日到达北京。达赖所乘列车到达北京车站时，清朝政府派拉中堂（即拉同）、理藩院部堂等人在车站欢迎，还有青海东科呼图克图，北京大小28个寺庙的札萨、大喇嘛等人。达赖下车后，乘自备轿子经过北京城内大街，前往黄寺行宫休息。

达赖到京后，清朝政府即派理藩部侍郎达寿、外务部右丞张荫棠，负责招待事宜，在达赖觐见光绪皇帝和慈禧太后的礼节问题上，曾发生很大的争执。据《英国侵略西藏史》载："清帝接见藩臣，例须行三跪九叩首礼，达赖只愿屈膝，不甘叩首，此自吾人视之，似不过繁琐无谓之礼仪，惟清廷对此极端重视，因此项问题争持不决，致朝见愆期至八日之久。卒之决定达赖须备47种贡品，下跪而不叩头，清皇赐宴时，并须跪迎跪送。"

关于接见达赖问题，张荫棠当时曾向清朝政府提出了如下建议："窃惟达赖以桀骜称，班禅以阴鸷著，棠在印度时，亟欲设法致二人于京师，羁縻之不遽放归，以便我整顿藏事，不至有所牵制。……现达赖已到北京，我羁留之固无不可，惟当此各国观听所集，稍着痕迹，恐滋议论，且伤藏人感情，计莫如奏请优加达赖封号，月给厚糈，似可借考校经典为词，供养于黄寺，转瞬冬令，藏地大雪，小路被封，不能行走，须俟至明年三四月方可行走，一面迅饬藏臣，密筹布置。……此次达赖觐见礼节，闻各国使臣甚为注意，如皇上起迎、赐达赖坐，虽旧制有此，不妨稍为变通，参酌各国使臣及蒙古王公觐见仪注，皇上不必起迎，达赖跪拜后，起立奏对数语，即时宣退，以示严肃。俟陛见之后，或即恩赐燕享，再行赏坐。或派亲贵及蒙古王公陪享，亦不失优待之典。达赖体制，旧甚尊崇，王公大臣均不亲谒，现今时势似不宜仍沿旧制，赏赉不妨优隆，体制亟应裁抑，当未陛见之先，应使人授意，令其拜谒邸枢，以尽属藩之礼，且无论与何项汉官相见，均应以宾主礼相待，不得仍前抗踞，此亦对于主国所宜然，而有系于各国注视也。"

清朝政府采纳了张荫棠的建议，未按五世达赖入京旧例接见，引起达赖很大不满。

八月二十日，达赖陛见了慈禧太后和光绪皇帝。

九月初一日，达赖前往北京雍和宫礼佛上供。

次日，达赖又赴麻哈噶里庙、嵩祝寺、惠衣寺（均藏文译音）、白塔寺，继续礼佛上供。在此期间，达赖给雍和宫等二十三所寺庙的喇嘛熬茶、放布施。

九月初六日，光绪皇帝在北京中南海设宴给达赖洗尘，应邀作陪者还有青海东科呼图克图、功德林札萨喇嘛、达赖的随从大堪布16人，还有蒙古王公、贝勒、贝子、台吉等多人。

达赖又提出希望皇帝在便殿接见，"面陈藏事"。

据藏文十三世达赖传载：在居留北京期间，慈禧太后和光绪皇帝曾数次召见达赖，除了谈论佛教经典之外，达赖曾向慈禧太后和光绪皇帝提出：现在有些外道国家心怀不良，时常想要攫夺西藏地方，进行侵略，清朝政府为了保护格鲁派和西藏众生安全，应帮助西藏进行抵抗，保全藏地。盖释迦牟尼所创的佛教，和宗喀巴所阐明之显密二宗教律，为汉蒙藏三族人民所信奉，保教即所以安民护国，此为历代大皇帝所奉行不移之政策，请太后皇上仍然贯彻列祖列宗政策，保护佛教圣地。慈禧太后和光绪皇帝都答应了达赖的请求。

十三世达赖喇嘛朝觐清慈禧太后的壁画

达赖接着又向慈禧和光绪提出：西藏事务重大，事事均要通过驻藏大臣，每多误事。今后可否由达赖遇事直接向清朝皇帝上奏，无须通过驻藏大臣，如此对汉藏双方同心协力保护藏地将有裨益。关于这个问题，当时没有答复，后来由理藩部以书面通知达赖："奉上谕，达赖喇嘛于万寿节，执礼甚恭，殊堪嘉奖，回藏之后，更望恪遵主国典章，所有事务，毋庸直接奏明皇帝，具报驻藏大臣请其代奏，静候敕裁，钦此！"

清朝政府在拒绝达赖提出来的要求的同时，又给达赖颁赐金册一份，册封达赖为"诚顺赞化西天大善自在佛"。并赠送绣有16尊佛像的绣像一帧、如意一柄、白玉瓶一对、白玉碟一对、云纹缎四匹、红妆缎四匹，黄、蓝、红、绿、金花缎各一匹。理藩部又通知达赖：清朝政府每年赏给达赖"廪饩银"一万两，由四川藩库按时拨付。

对达赖的随从堪布四人，光绪帝也给每人如意一柄、白玉瓶一个、"他巴子马"一个、古铜香炉一个、金花缎四匹、普通缎子八匹、黄绸四匹。其他人员每人也都得到一份赏赐的东西。

达赖在留京期间的外交活动，是很值得注意的。据《英国侵略西藏史》一书所载："朱尔典氏（即当时英国驻华公使）于十月二十日候晤达赖于雍和宫，至时两汉官来迎，其一即张荫棠氏。朱氏在候客室中守候良久，究系达赖有意慢客，抑系张某作梗，则不得而知。旋导人会客室，达赖喇嘛盘坐黄缎椅垫中，椅座颇似祭坛，高约四呎，凹入室内壁龛中，围以黄缎。……达赖与朱开始寒暄，先言华北气候较西藏温和，次述自五台山来京途中情况，然后道及藏印关系之密迩，谓过去发生不幸之事变，并非本人初意，深望今后藏印两方永葆和平友好之精神，请朱氏将此意代达英皇云。言至此处，舌人似有意含混其词，然朱氏综观前后词意，已能领会及之。遂答称英政府亦极望与西藏建立和平友好之关系，此语甫经舌人转达，达赖即重申前意，再请其转告英皇。朱氏允即遵办。继而沉默片时，达赖即起身与朱氏祝别，赠以长寿枣果约一二磅。此次晤见仅费八分钟，仪式极为庄重"。

从上述材料来看，达赖抵北京时，对英态度已有改变，即由坚决反英转变为对英讨好。根据当时达赖的处境来推断，达赖对清朝政府早就感到失望，原先达赖对帝俄寄以很大希望，但自1905年日俄战争后，帝俄被日本打败，国威大减，达赖的恃俄反英思想也有动摇，因而逐渐丧失了反英胜利的信心。再加上当时达赖急欲回藏，而英人反对达赖回藏，于是达赖只有走向对英乞怜讨好，向英人保证"回藏以后，对于壤土密接之印度政府，诚意修好"，"深望今后藏印两方永葆和平友好之精神"，无非取得英人同意，让他能够回藏。

用20万颗珍珠串制成的坛城（曼陀罗，藏语音为"曼礼"），是清朝慈禧太后赐给第十三世达赖喇嘛土登嘉措的礼品。

当时英帝国主义者也费心思在拉拢收买达赖。达赖抵京后，印度总督特派1905年强迫班禅赴印之鄂康诺大佐（汉文档案称卧克纳）带了哲孟雄王子前来北京，专门做达赖的工作。张荫棠奏牍中也曾提到："查英员卧克纳行为奸险，喜事邀功，印藏之事，均由其从中簸弄，此次携哲孟雄王子来京，偕同谒见达赖，该王子后又呈递信函，自见达赖。"从《英国侵略西藏史》一书之论述来看，达赖和英人最后已取得协议，达赖保证不反英，英人也不阻达赖回藏。"渠（指达赖）于首途前一日，派大臣两人代向英使辞行，赠以藏香等物，并领巾一条，请其呈献英皇。聊表敬意。并云达赖及其从人此番入觐结果，已得到良好之教训，此来已恢复其与中国悠久之关系，兼得向英政府代表面陈悃款，确信此后只要藏方能确守条约，则藏印之间必可保持友谊。此实达赖入京以来最有价值之成就也。"（《英国侵略西藏史》）

英帝国主义者当时也利用帝俄被日本打败，俄国国内又闹革命，沙皇一时无力积极侵略西藏的机会，经过秘密协商，于清光绪三十三年（1907年）八月三十一日在圣彼得堡订立了《英俄专约》。这个"专约"共有五条，全文如下：

第一款　两缔约国约定尊重西藏领土完整，并不干涉西藏内部行政。

第二款　按照所承认的中国对西藏宗主权的原则、大不列颠及俄罗斯约定，除通过中国政府外，不与西藏直接交涉。此项约定，并不排斥按照1904年九月七日《英藏条约》第五款所规定，并经1907年四月二十七日《中英续订藏印条约》所确认的英国商务代表与西藏当局间的直接关系，也不变更1906年《中英续订藏印条约》第一款的承担。

兹经明确了解，大不列颠和俄罗斯的佛教徒属民得与达赖喇嘛以及西藏其他佛教代表发生纯属宗教事务上的直接关系。大不列颠政府和俄罗斯政府方面相约，不得令该项关系损及本协定的各项规定。

第三款　大不列颠政府和俄罗斯政府各约定不派代表至拉萨。

第四款　两缔约国规定，不为自己或其臣民在西藏谋求或取得铁路、道路、电报、及矿山的让与权或其他权利。

第五款　两国政府议定，西藏岁入的任何部分，无论为实物或现金，均不得抵押或让与大不列颠或俄罗斯国家或两国的任何臣民。

此"专约"于清光绪三十三年（1907年）八月三十一日在圣彼得堡签字，英方代表是尼高逊爵士，俄方代表是伊斯福士基宫廷长官。

这个"专约"还有一个"英俄关于西藏协定的附件"，主要是说明如英方

"倘有任何原因"而不撤退占领春丕谷的英军时，英俄"对于此事友谊地交换意见"。

这个"专约"是英俄两帝国主义者剥夺中国对西藏的主权，而代之于所谓"宗主权"的罪恶的历史见证。同时也是英国束缚帝俄的手脚，使其不能直接插手西藏事务，而英国则依据其已得的权利，不受此"专约"的约束。这样，就更使英帝国主义者放手对达赖进行勾引，展开更加阴险恶毒的侵略活动。

三十一、返 藏

十三世达赖在北京居留期间，慈禧太后和光绪皇帝突然连续逝世。

清光绪三十四年（1908年）十月初九日，宣统帝继承帝位，此时噶厦又派了噶伦强金巴和布达拉宫南木加札仓的曲乘来京，敦请达赖早日回藏。达赖乃乘慈禧和光绪逝世后清朝政府正处在混乱的机会，提出了返藏要求，清朝政府批准达赖回藏，并给沿途各省下了命令，转饬所属州县，在达赖经过时准备丰富的招待，派兵弁担任警卫。

十一月二十八日，达赖离开北京起程返藏，清朝政府仍派拉中堂到车站送行。

达赖于十二月二十九日抵达西宁塔尔寺，立即进行返藏的筹备工作：购买

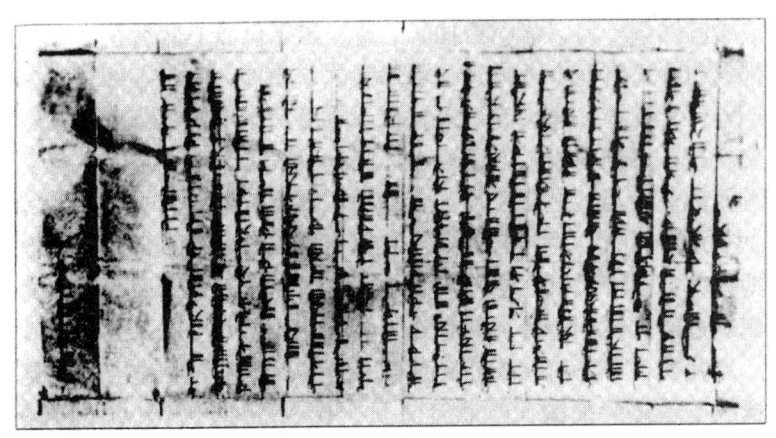

1908年，十三世达赖呈给清朝光绪皇帝的奏书。

骡马、缝制帐篷、购备罗锅炊具、采办人粮马料等等。清宣统元年（1909年）三月初九日，达赖命令第一批前站人员动身返藏，计有噶伦强金巴、大堪布札巴罗桑、札什伦布寺的苏本堪布、色拉寺结巴札仓的洛本、噶丹寺夏仔札仓的洛本及藏兵多人。

是年四月十五日，达赖自塔尔寺起程返藏，临行时前往宗喀巴佛堂，向宗喀巴像挂了哈达，献了供品，然后在全寺僧众排成的欢送行列中，离开了塔尔寺。

五月十五日，达赖到达香日德，噶厦又派噶伦喇嘛罗桑成烈前来欢迎，在此会合。当地蒙古人民为了庆祝达赖光临，举行了盛大的群众集会，表演了赛马、舞蹈、歌唱、角力。

五月十八日，达赖自香日德起程西进，六月初五日到达丹增窝博地方，西宁大臣把达赖一直送到这里，才辞别返回西宁。六月底越过通天河，七月上旬越过了唐古拉山。

八月初一日，达赖抵达距那曲只有一站的错冒拉地方，在这里遇到了从拉萨来的大批欢迎人员，计有班禅代表大卓尼春璞巴、萨迦法王的儿子和儿媳、噶举派的粗布噶玛巴法王、宁玛派的敏珠林寺法台、达赖的师傅林佛、山南拉甲里王、霍尔康札萨、达赖之兄古觉堪布强巴南结班丹、仔本凯墨巴、拉鲁公、姜乐建公等多人。

八月初二日，达赖抵达那曲，当地政府在那曲附近年布地方搭了欢迎帐篷。九世班禅自札什伦布远道亲来欢迎，同来者还有札什伦布方面的僧俗官员。驻藏大臣派来的札什城统领和一部分汉军、前后藏代本也在这里搭了欢迎帐篷。

达赖经过那曲僧俗群众的盛大欢迎行列，直赴那曲竹康寺。首先由九世班禅和那曲竹康佛向达赖献了哈达和曼札，然后举行噶卓，庆祝达赖胜利返回西藏。

达赖在那曲居住了将近一个半月，因为这时西藏政治军事各方面正发生着巨大事变，引起了达赖的更大不满。达赖自那曲致电北京英、法、俄、日各国公使，派人送往江孜，由英国电信局拍发。《英国侵略西藏史》载："1909年十月，我驻藏商务委员始来电报称：活佛已到达纳楚加（那曲），距拉萨约半月程，渠对于赵尔丰氏近在西藏东部地区压迫喇嘛教一切行动，此时似有所闻，故遣人送电至江孜，托我商务委员代发致英俄各国公使，计于1909年十二月七日共发电稿三通，其一声言汉藏两族虽属一家，而近来驻藏汉官赵尔丰、联豫辈种种措施，大不利于藏人，藏人或向清廷声诉，若辈则从中颠倒是非，不以真情上达清宫，又派大批军队入藏，以消灭西藏之宗教，以此声请各国政府向清廷抗议，要求撤退川军云。另一电稿嘱于前电发出后来获复电时再行拍发，谓目前西藏汉官虐待藏人之程度,殆有弱肉强食之概。第三电系拍致中国边务当局(即理藩部),词意略同前电,诘责清政府不守信义,欺压藏人。……观于达赖上述之行动,可知彼于未抵拉萨以前,对于赵尔丰氏在西藏东部地区取缔喇嘛之行动,已深怀疑惧,且虑本人回藏以后,中国当局对之不怀好意也。"

当达赖返回西藏之时,驻藏大臣联豫正在藏中实行政治改革。据《驻藏大臣考》载:光绪三十四年八月,联豫向清朝政府报告:"藏中锢蔽日久,欲开民智,非识汉字读汉书不可,因去年设立汉文传习所,后又添设印书局一处,由印度购到铅铸藏文字母,及印刷机器全份,择就民房安置,派满汉番员会同经理,现在恭译《圣谕广训》一本,拟先广为分布,然后再择有关兴学实业之书,陆续译印,即不认汉字者亦可就译本购阅,渐推渐广。……又臣前咨调四川武备将弁两学堂毕业生14人,现俱抵藏,拟先设一陆军小学堂,就制营及卫队中兵弁,选其年少识字而聪敏者,得20余人,并调汉属之达木、39族十人,藏番十人,又廓尔喀亦求送四人,一同入堂肄业,臣拟定为速成科,一年毕业,使个人略明战术,于边境不无裨益。……俟前调之徐方诏到藏,臣即当督饬该员及各毕业生先练一营,将来若能添练,则队长、排长亦可敷用。至于印书局之经费,仍由藏中筹划,无烦公帑,其陆军小学堂,臣拟将旧有札什城之演武厅,稍加修葺,可为教习等寝室,再于东西两旁添造讲堂,及学生寝室、食堂等屋,……统计约不过数千金,拟由新拨款项下开支。"

光绪三十五年五月(当时达赖正准备由塔尔寺起程),驻藏大臣联豫同帮办大臣温宗尧两人会衔奏陈藏事,提出了如下几条:

一、开辟商埠:去年九十月已将江孜、亚东两埠先行开办,惟开埠之后,急设警察,以期英兵早撤。噶大克一埠,离藏较远,俟派员测量后,按照约内界址,租地酌办。

二、添练新兵:川粤拨来银20万,此款解到先练达木兵一营,再从39族选练,逐渐扩充。去年五月已设武备速成学堂,……但需每年部拨饷银50万。

三、察台驻兵:察木多虽久隶川属,仍由该处之呼图克图管理,乍丫亦然。此次赵尔丰止宜添兵驻扎,善为开导,谓系保护地方,不干涉其财赋。否则隶格鲁派者,或阴为达赖所使矣,或且与唐古忒合谋拒我矣。

四、定路进兵:惟刻下尚未宣布,藏人抗否难料,故小路险阻,不如大路进退较易,或有阻滞,亦可改由39族前进。

五、兴办学堂:从前试办虽有16所,系由养廉捐款,难期普及,应加推广，拟作正开销。

六、筹垦荒地：藏中僧多民少，故荒地甚多，惟开垦必先移民，此事繁重，拟宜稍缓。

七、开采矿山：西藏矿源甚富，弃之可惜，且启外人觊觎，拟招商承办，但藏俗迷信风水，宜先由我属之39族办起，果有成效，藏人自欣羡乐从之。

数者皆为切要之图，宜乘时并举。

从上述材料来看，联豫和温宗尧正将张荫棠所拟定的新的治藏政策逐步实施。

与此同时，赵尔丰正在西康大力推行改土归流。清光绪三十四年（1908年）赵尔丰完成了打箭炉、理塘、巴塘一带藏区的改土归流工作，改打箭炉为康定府，另在中渡设河口县，理塘改为理化厅，设同知一人，稻坝改稻城县，贡噶岭改贡噶岭县，各设县丞一人，巴塘改为巴安府，三坝改为三坝厅，设通判一人，乡城改定乡县，盐井改盐井县，所有以上改流各地，由康定道总治，各级均派了汉官统治，土司和藏传佛教寺院的政权均被剥夺。

清光绪三十四年（1908年）十一月，赵尔丰开始向德格土司地区进行改土归流，据《驻藏大臣考》赵尔丰小传所载："因德格土司之事，奏明往办，十一月初六日出关，经泰凝、道坞、章谷、倬倭、麻书、孔撒、白利、绒坝、擦玉、龙濯、拉扩、络垛等处……二十三日抵德格，驻更庆，十二日派兵攻乱匪昂翁降白仁青等于赠科，匪窜杂曲卡。宣统元年（1909年）正月，瞻对藏官调兵欲来犯，赵尔丰派傅嵩炑于正月十三日率兵赴昌泰扼之，乃止。四月十九日，赵督师攻杂曲卡，五月初四日战于麻木，匪败逃，六月十一日派兵追匪十日程，至卡纳一战而匪降，德格肃清，土司请改流其地，乃招集百姓议定赋税则。"于是赵尔丰又将德格土司属地改为五县，北部改为石渠县和邓柯县，中区改为德格县，南区改为白玉县，西区改为同普县，各设汉官一人统治。

除了上述各种措施之外，清朝政府于达赖离开北京，准备返藏的同时，对西藏又采取了两项重要措施：一是宣布任命赵尔丰为驻藏大臣，兼川滇边务大臣；另一重大措施是由四川陆军中挑选精兵两千人，编为三营，由知府钟颖统率，于清宣统元年（1909年）六月（此时达赖已自塔尔寺起程）自成都出发，取道打箭炉、昌都，向拉萨挺进。这是清朝对西藏的第六次用兵。

赵尔丰兼任驻藏办事大臣和川军入藏，导致清朝政府与西藏上层的关系发展到最尖锐的对立阶段。赵尔丰之入藏，无异宣布西藏亦将实行改土归流，这就意味着不仅要剥夺西藏贵族的权利，剥夺西藏各大寺庙的权利，还要剥夺达赖的统治权利，因而引起了西藏上层的一致反对，并扬言如汉兵强要入藏，藏人将要派兵抵抗。

清朝政府对西藏上层的抗议置之不顾，下令川军于清宣统元年（1909年）六月自四川出发进藏。川军军纪败坏，沿途对藏族人民苦虐不堪，钟颖自己在《传知录》中也承认："乃查第一营自开拔后，途中用民间柴草，竟有不给偿者，且强拉番民背运，甚至殴打。"沿途藏民对入藏部队也很反对，而噶厦方面又秘密指示各地官员，组织民兵抵抗。为了支持川军冒险入藏，清朝政府电令赵尔丰率军前往昌都接应。

这就是达赖抵达那曲时的康藏军事政治情势，达赖向北京理藩部和各国公使呼吁："要求撤退川军"，就是在上述情势下提出的。

1909年九月十二日（藏历），达赖自那曲起程，经热振寺、达隆寺前赴拉萨。达赖在达隆寺时，又派人携带了致北京各国公使的亲笔信，经印度海道前往北京。《英国侵略西藏史》载："达赖更于11月7日（公历）遣使赍函由加尔各答往见北京英公使，时本人已行抵大庆寺（即达隆寺），距拉萨仅三日程，使者于翌年二月七日始抵北京，二月二十一日始晤英使呈献书函，书中力言彼对英印政府实有依依之情，今本人已抵拉萨附近，对于中国军队在藏种种不法行为，闻悉之余，深为忧虑，异日如有必要时，深盼英公使尽力为之声援，未尽之意，并嘱来使面达。来使尚赍有书函分致日法俄各国公使……俄使曾语我代办穆勒氏云：达赖寄彼之函，措词尤为具体而明确，公然恳请俄政府干涉中国云。"

达赖于十月三十日抵达拉萨郊外，选择十一月初九日举行回宫仪式。拉萨僧俗人民对达赖返藏举行了隆重的欢迎和祝贺。

达赖回藏以后，摄政噶丹池巴罗桑坚赞仍将印墨交还达赖，由达赖直接管理西藏政教。

在达赖进城的这一天，驻藏大臣联豫和达赖之间发生了一件不愉快的摩擦事件，促使达赖与驻藏大臣之间的关系更加恶化。据《西藏六十年大事记》载："达赖回藏，驻藏大臣联豫率属吏迎于札什城之东郊，达赖不理，目若无见，联豫愤甚，即言达赖私运俄国军械，亲赴布达拉检查未获，复派人往黑河查验达赖之行李，翻箱倒箧，搜检殆遍，未获枪械，而各物被检验军队乘间携去者颇多。"于是达赖也采取报复手段，停止了对驻藏大臣的柴草、粮食、人役等供应，并断绝驿站交通，一面积极征调各地民兵，阻止川军入藏。达赖派人赴江孜，找英国商务委员议商。据《英国侵略西藏史》载："达赖派一藏官往江孜见我商务委员陈述当时局势，其人于本年（1910年）一月三十一日行抵江孜，据称中国军队此时尚在昌都，与藏军前锋相距仅半日程，倘川军必欲开抵拉萨，将不免一场血战云。"

三十二、逃亡印度

达赖到拉萨不久，入藏川军即从昌都开始西进，达赖下令藏军在昌都以西进行抵抗，但被川军击溃。

清宣统二年（1910年）二月初八日，川军进抵江达（太昭），藏军在这里组织了一次最后的抵抗，焚烧了驻藏大臣预先在这里积存的粮秣，并进行了顽强的战斗，但最后仍被川军击溃。川军统领钟颖在命令中说："此次工布番兵麇集江达，意图抗拒，毁杀抢掠，惨不忍闻，深堪痛恨，幸赖第一营管带陈庆黑夜驰往，迎头痛击。"

江达战役以后，川军即直向拉萨逼近，达赖看到情势危急，乃找驻藏大臣协商，以便缓和局势。是年二月初九日，达赖请尼泊尔驻藏代表出面斡旋，邀请驻藏帮办大臣温宗尧，前往布达拉宫面谈："达赖面允三事：（一）将各处阻兵番众，立刻撤回。（二）渥贺朝廷封赏，咨请奏谢。（三）仍尊重联大臣，一切供应照常恢复。温宗尧欲安其心，亦允以四事：（一）川兵到日，自必申明纪律，维持安宁秩序，不致骚扰地方。（二）诸事均和平处理。（三）达赖固有教权，不加侵害。（四）绝不杀害喇嘛，以昭信守。"（《西藏六十年大事记》）

从上述的情况来看，达赖当时向驻藏大臣主动让步，进行协商，撤退藏军，恢复供应，可见开始达赖并无逃亡印度的决心。

是年二月十二日，川军进抵拉萨，当时正值藏历正月，拉萨大昭寺举行默朗木大会，云集喇嘛有两万余人。川军到达拉萨时情形，《西藏六十年大事记》载称："川军前队抵拉萨，联豫派卫队欢迎之，卫队归途开枪，击毙巡警一名，大昭寺之济仲大喇嘛，于琉璃桥畔饮弹而亡，卫队又向布达拉宫开枪乱击，僧众亦有带伤者，一时全城震动，人心不安，达赖恐遭危险，即掣其左右，逃往印度，联豫电告政府，有旨设法追回。"

达赖十三世传里面对这一事件的经过是这样写的：正月初三日（藏历）正午时分，约有汉军千人，持各式武器，到达了拉萨，这时拉萨正举行默朗木大会，汉军在街上碰到默朗木大会的总管彭康台吉、仔卓尼嘉样坚赞主仆等人，汉军即将彭康台吉予以殴打，并拉往汉军营盘。汉军同时向大昭寺、布达拉宫开枪射击，秩序大乱，商店关门。

当天下午太阳衔山时光，达赖临时决定，召噶丹寺池巴策满林呼图克图到布达拉宫，命他担任摄政，代理政教事务，并告以达赖本人为势所迫，不得不暂往他处避难。半夜时，达赖离开布达拉宫，前往罗布林卡，在那里做了出行的简单准备，天未明以前，从热马岗乘皮船过了拉萨河，然后沿着拉萨河急驶而下，沿途未吃未喝，一天赶了两天的路，到了甲三木拉让寺，在寺内略事休息，喂马并打尖。

驻藏大臣联豫侦知达赖出走后，立即派了百余骑兵，前来追赶，当达赖、到达甲三木拉让寺时，追兵也赶到对岸的曲水宗，并正在找寻渡船过江，达赖命令尖散（亲侍）达桑占东（即后来的擦绒），率领了藏军十余名，隔江抵抗，将追赶的汉兵，用火枪击毙十余人，因而阻止了汉军过江，达赖乘机走脱，经白地、朗卡子到了羊卓雍湖畔的桑顶寺（该寺有一女活佛名多吉帕母），在寺内匿藏了三日，自此冒着风雪，兼程前进，沿途未敢再作休息，经过堆乃塘、帕里，过当拉山时，雪深将及马腹。此时达赖已改着普通僧官的衣服，马鞍等物也换成普通僧官的鞍具，因此沿途无人认识达赖。过了当拉山后，达赖直赴英国驻亚东商务委员麦克唐纳的住宅，在此休息了一日。

麦克唐纳对达赖这次逃亡的情况，有如下描写："当达赖喇嘛到亚东时，适值午后五点钟，天已昏黑，他直趋英商务委员公署，请求英人保护……我接到印度政府的训令，假使达赖喇嘛要在商务委员公署避难，应予准许。所以我才能够欢迎他，并让他住在我房屋中……跟随他的六位重要官员，在我会客室内憩息……西藏卫兵住在靠近公署的场所。……第二天早晨，我接到中国关税监督的一封信，请求允可中国官吏居住亚东但凯康巴禄，我便即时允许。……当中国人来到公署时，立即请我举行中藏两方会议，并且要求准许与达赖谈话，西藏大臣等与中国人开始讨论，几经申辩与劝导后，才允许中国人见达赖，不过还须我亲自出席，并且不准中国人提出问题。中国人请求见达赖的目的，完全是想找出真达赖确在亚东，而非达赖的替身在那里。他们竭尽力量劝诱西藏大臣不要离开西藏，但是西藏大臣意见，假使要想叫他们不离开西藏，须有一个条件，就是所有从拉萨、江孜来追赶达赖的军队，要退回原来的大本营，而且增加的援军，也须班师立回北京。总结会议陷于毫无办法。……最初达赖喇嘛不愿和他们发生任何交涉，不过他们现在要求，无论如何要见达赖喇嘛，结果须我先行亲自将中国人一个个严行检查，有无夹带武器，然后达赖喇嘛才决定准否接见，依照上述办法，我对每个中国人详细搜查后，并且只准一个人于一个时间内前往晋谒……每一个中国人奉献哈达一方，达赖不过仅示点首，自始至终不发一言。当他们离开达赖喇嘛后，中国人竭力请我劝达赖同他的大臣停留在西藏，我自然拒绝偏袒中藏任何方面。……他们在离开商务委员公署以前，郑重告诉西藏大臣，谓将电知中国政府，申述西藏重要官员愿仍留西藏境内，并请求等候一二日。以待北京回电。……1910年2月21号，我译读某要人从帕里宗给达赖喇嘛拍来的电报，知道中国主要部队，已越过离帕里宗八里的唐关，由此可知中国军队加速前进，翌日晚便可来到亚东了。……第二天早晨，我告诉达赖喇嘛，谓刚得到一个消息，中国军队正要离开帕里宗，这时达赖正在床上，听说这件事，马上披衣起床，准备就道，他的重要大臣也一刻不停地收拾行装，在一小时内，全体离开商务委员公署，向则拉普关进发。当时队中人员化装出奔，观众莫认谁是达赖，他们有西藏民兵护送，直抵边境，幸未遇险，不过当他们离开亚东时，正值大雪纷飞，终日不停，一路行程，不无痛苦，待抵边境后，民兵转回，只有达赖和他的六个大臣向前进行。"（《旅藏二十年》）

这就是达赖逃亡印度的经过。当达赖在亚东英国商务代表居所停留期间，达赖已写信要求英国予以保护，据麦克唐纳氏自述："在达赖喇嘛离开亚东时，他曾经交给我一个关于他出亡的叙述状，我马上翻译成功，送达西姆拉外交公署。叙述状称：'中国人在拉萨极力压迫西藏人，中国武装步兵开到那里，开枪射击民众，死伤颇多，我同六大臣不得已相率出奔。现在我到印度的意思，就是和英政府作一度磋商。自从我离开拉萨后，一路上受中国军队窘迫的地方很多，曾有200名中国军队，在哲克萨姆渡口紧迫我后，我留一小队人马作相当抵抗，结果战争发生，藏方死二人，中国死17人。我曾派一摄政，并各大臣代理人员，留居拉萨，我和我的大臣，将重要印玺，一并随身带来。我曾由英政府方面，得到优渥的待遇，心中非常感激，现在我正盼望你们保护'。"（《旅藏二十年》）

达赖逃亡印度以后，清朝政府宣布革去十三世达赖喇嘛的名号，并要驻藏大臣另找灵童代替。该文告中说："西藏达赖喇嘛阿旺罗卜藏吐布丹甲错济寨汪曲却勒郎结，夙荷先朝恩遇，至优极渥，该达赖具有天良，应如何虔修经典，恪守前规，以期传衍格鲁派。乃自执掌商上事务以来，骄奢淫佚，暴戾恣睢，为前此所未有，甚且跋扈妄为，擅违朝命，虐用藏众，轻起衅端，光绪三十年（1871年）六月间，乘乱潜逃，经驻藏大臣以该达赖声名狼藉，据实纠参，奉旨暂行革去名号，迨达赖行抵库伦，折回西宁，朝廷念其远道驰驱，冀其自新悛改，饬由地方官随时存问照料，前年来京展觐，赐加封号，锡赉骈藩，并于起程回藏时，派员护送，该达赖虽沿途逗留，需索骚扰，无不量子优容，曲示体恤，宽既往而策将来，用意至为深厚。此次川兵入藏，专为弹压地方，保护开埠，藏人本毋庸疑虑，讵该达赖回藏后，布散流言，借端抗阻，诋诬大臣，停止供给，叠经剀切开导，置若罔闻，前据联豫等电奏，川兵甫至拉萨，该达赖未经报明，即于正月初三夜内潜出，不知何往，当经谕令该大臣设法追回，妥为安置，迄今尚无下落，掌理教务，何可迭次擅离。且查该达赖反复狡诈，自外性成，实属上负国恩，下辜众望，不足为各呼图克图之领袖，阿旺罗卜藏吐布丹甲错济寨汪曲却勒郎结着即革去达赖喇嘛名号，以示惩处。嗣后无论逃往何处，及是否回藏，均视与齐民无异。并着驻藏大臣迅即访寻灵异幼子数人，缮写名签，照案入于金瓶掣定，作为前代达赖喇嘛之真正呼毕勒罕，奏请施恩，俾克传经延世，以重教务。朝廷彰善瘅恶，一秉大公，凡尔藏中僧俗，皆吾赤子，自此次降谕之后，其遵守法度，共保治安，毋负朕绥靖边疆维持格鲁派之至意。钦此！"清朝政府除了革除达赖名号之外，凡跟随达赖逃亡的几个大臣，也都宣布革职，并予通缉。联豫在奏折中称："已革达赖狡谋叵测，劣迹多端，其与达赖同逃之商官，已革噶布伦边觉夺吉、大仲译丹增汪布，造谋煽乱，同恶相济，逆迹昭著，拟俟缉获，即行正法。已革噶布伦彭错团柱，已革喇嘛噶布伦济汝白桑，代本格桑坚赞，雪第巴鲁朱，党恶横行，调兵毁汛，拟请革职，俟缉获后，发边远充军。在任噶布伦策丹汪曲，及达赖私放之代本江堆夺吉，附和阴谋，举动狂悖，拟请即行革职，严缉讯办。"

达赖被革除名号的命令宣布后，引起了中外佛教徒的一致反对，震动很大。《西藏六十年大事记》载："印度大吉岭一带之喇嘛，开一大会，满场一致议决三条：（一）认中国革去达赖一事为侮辱佛教，要求复达赖喇嘛之职。（二）要求中国撤回驻藏之兵。（三）要求将驻藏大臣革职。……而新疆巡抚，伊犁将军，乌里雅苏台、科布多、塔尔巴哈台、库伦、阿尔泰诸办事参赞大臣等，联名电奏，谓蒙古人民不以朝廷举动为然，请召还已革达赖，以镇抚之，政府未准。"

清朝政府为了缓和中外佛教徒的一致反对，乃将责任推到驻藏大臣身上，如《西藏六十年大事记》载："方藏事之殷也，有旨切责驻藏大臣办理不善，故驻藏帮办大臣温宗尧奏请开缺，许之，谕令取道四川，筹商藏事。"温宗尧于清宣统二年（1910年）七月自成都向清朝政府上了一道密折，陈述西藏情况和对策。该奏折末称："今日中国治藏，须分别表里，善为操纵，不必遽改为行省，而当以法行省之道治之，不必强同于汉民，而当以爱汉民之心爱之，宣威布德，较蒙古诸藩为易。臣愚以为达赖既革，当以呼图克图分任藏事，利用转世迷信之愚，永废达赖之制，则番官各自树帜，而英俄无从笼络，事莫急于此者。此外练兵、兴学、开矿、垦荒、通商、殖民诸政，则又循序进行者矣。"

清朝政府鉴于西藏情势严重，不得不改变若干错误决定，以缓和西藏人民的反对情绪，乃将赵尔丰调为四川总督，停止进藏。同时也再没有访寻灵童，另选达赖，并派人到印度劝达赖回藏，"达赖疑惧清廷，终不能释，因提出恢复达赖名号，撤退驻藏陆军，罢免联豫三事，清廷以二三事势不能行，遂无结果，达赖亦不返藏。"（《西藏史地大纲》）

清朝政府采取上述缓和办法，并不是治藏政策有所改变，而只是若干措施略有改变。驻藏大臣联豫利用达赖逃亡，西藏上层失去领导的混乱机会，积极进行政治改革。如《西藏六十年大事记》载："藏事粗平，政府议定乘达赖更迭之时机，取决政教分离主义，以后凡关于西藏一切教务，由达赖专司其事，所有全藏之商务、外交，在西藏省制未设以前，悉由驻藏大臣秉承政府命令，相机处治，达赖不得越权干涉，并将关于西藏政教分离之条件，由外部照会驻京各公使，嗣后事无巨细，非经驻藏大臣禀商政府许可，概无效力，如再有达赖私与外人缔结条约情事，中国政府一律不能承认。"驻藏大臣联豫更进一步提出调整组织机构与在西藏各要点增设汉官的措施。清宣统二年（1910年）十二月的奏折中称："现在厘定官制，责任必专，权限必明……藏地规模较简，驻藏大臣两员，政见一有参差，治理即多窒碍，贤者依违观望，不贤者各逞己见，遇事掣肘，内启番族之轻视，外贻友邦之讪笑，现在驻藏帮办大臣尚未简放，应请即予裁撤，并于前后藏各添设参赞一员，以前藏参赞作为驻藏大臣左参赞，禀承办事大臣，筹划前藏一切要政；以后藏参赞作为办事大臣右参赞，禀承驻藏大臣，监督三埠商务，均由办事大臣奏保堪胜人员，请旨简放，如蒙俞允，则办事大臣既有专一之权，又收得人之效，似以藏事不无裨益。"联豫奏折中又称："藏以西拟设驻曲水委员一员，藏以南拟设驻江达委员一员，39族地方拟设委员一员，管理刑名词讼，清查赋税数目，至于振兴学务、工艺，招徕商贾，经营屯垦，调查矿山盐场，皆责成委员，切实筹办。"所有这些条陈均被清朝政府批准，并委任了罗长裿为左参赞，钱锡宝为右参赞。

达赖逃亡印度之后，联豫也曾经走过有泰所走的老路，想把班禅抬出来，以代替达赖。当时班禅曾经应邀前往拉萨，并以元宝三大锭，犒赏入藏川军。麦克唐纳所著的《旅藏二十年》一书中载称："班禅喇嘛告诉我说，中国想教他夺取达赖的位置，这是实在的事情，但经他婉辞谢绝。他并且声明当他同中国的大臣办理交涉时，确曾在达赖的宝座上。但是他明白解释，谓当时没有预备别的处所，所以他只好在那儿处理一切。关于这桩事情，班禅似乎揣想到是中国人设计陷害。班禅喇嘛曾郑重坚决声明，他往拉萨，完全是被要挟，他宁愿牺牲性命，亦不愿对达赖喇嘛有不利地方。他表示很乐意同中国人和英国人保持友谊关系。他又讲到关于他游历印度时候，在加尔各答遇见英太子乔治，很觉高兴，他很纪念那英皇太子，同时问他的健康和皇室的情形。"

  班禅在拉萨停留期间，观察到当时西藏上层的情绪，对他并不欢迎，因而没有敢接受藏王的职务，于清宣统三年（1911年）仍返回札什伦布。麦克唐纳在《旅藏二十年》一书中对班禅此行有如下评述："中国人在1910年达赖逃亡印度后，将他的名位公然褫夺，并请求班禅承继他的位置，班禅喇嘛是很聪明的，将此事拒绝。不过在那时，班禅走进拉萨，政治上已铸成大错，他前往拉萨，至少给人家一个印象，就是他对中国人意见，定有采纳的倾向。……当时班禅喇嘛认为停留拉萨为不智，所以在1911年夏又转回本寺。"麦克唐纳对班禅的这一段评语是错误的，第一，班禅当时去拉萨，是应驻藏大臣的邀请，是应该去的；第二，他没有答应代替达赖的职务，是为了顾全大局，为了照顾西藏内部的关系，也是正确的，不存在什么"政治上铸成大错"的问题。

  赵尔丰被免去驻藏大臣职务，调任四川总督以后，仍逗留西康约一年多时间，积极进行改土归流，并议划太昭以东、打箭炉以西的地区筹建西康行省。赵尔丰小传载："清宣统二年（1910年）六月初四日，赵尔丰率兵赴乍丫（昌都之南），巡阅乍丫烟袋塘，审理民间词讼，改良呼图克图赋则……设乍丫委员。九月，三岩野番投书索战，赵尔丰于九月二十一日率兵赴贡觉，派傅嵩炑督兵攻三岩，一旬而克。十一月，设三岩委员。十二月清查贡觉丁粮，设贡觉委员。赵尔丰即东行，宣统三年（1911年）正月抵巴塘，试验巴塘番学生，复奏拨学费。二月，巴塘属之德荣浪藏寺，数年不服，派兵攻克之，设德荣委员。……四月初六日，赵尔丰奏请以傅嵩炑代理川滇边务大臣，初七日奉电旨允准。四月初八日，代理边务大臣傅嵩炑接任，初九日同赵尔丰自巴塘起程，至孔撒、麻书，设甘孜委员。并会檄灵葱、白利、倬倭、东科、单东、鱼科、明正各土司，缴印改土归流。……其时驻藏大臣联豫电请边兵会攻波密，赵傅会奏派副都统凤山率兵2000前往。五月二十八日，赵傅率兵自甘孜至瞻对，逐去藏官，收回土地，设瞻对委员，集百姓议征粮之事。十五日自瞻对抵道坞，以道坞设官理由集百姓而告之。二十日至打箭炉，会檄鱼通、卓斯各土司，缴印改流。二十一日传集打箭炉百姓，剀切开导改流事宜。二十二日赵入川，沿途收咱里、冷边、枕边三土司印，六月初八日到四川总督任。"清宣统三年

（1911年）六月十六日，代理川滇边务大臣傅嵩炑向清朝政府建议，拟建西康行省，奏折内称："各处土司喇嘛，只知有西藏，不知有朝廷，光绪二十年以后，乡城则据邑而抗杀长官，乍丫则入藏而围攻钦使，泰宁以开矿而戕毙武弁，巴塘以垦务而戕害大臣，叛乱迭兴，屡烦兵力。……近日改流及以前应行添设郡县之处犹多，已成建省规模。……查边疆乃古康地，其地在西，拟名曰西康省，建设方镇，以为川滇屏蔽，西藏根基。"上述建省建议，因辛亥革命而被搁置下来。

三十三、英帝的分裂阴谋

达赖自亚东逃入印度境内以后，先在噶仑堡住了几天。印度政府立即电召英国驻哲孟雄行政官柏尔，到加尔各答举行秘密会议，商讨对策。柏尔氏在其所著的《西藏之过去与现在》一书中称："达赖及其大臣今忽倾向于素来仇视之人，此为前所未有，数年前万万不能望此也。吾等于是不得不考虑如何接待彼等之法，彼等即曾与吾等开战者也。政府召吾至加尔各答会商，摩黎勋爵训令印度政府，对于西藏中国争执各点，采取严格沉默态度，但宜利用时机，优待达赖私人，以增进西藏之友谊。印度外交署谅解此种情形，许吾给达赖一宅及游息场，在大吉岭郊外。并时常按西藏俗，馈送食品及他物。达赖约留两年，吾等所费不及5000镑，以与所得令名相较，为数实不多也。"

达赖在噶仑堡休息了几天，印度驻哲孟雄行政官柏尔氏邀请达赖前往大吉岭，在大吉岭又住了几天，食宿完全由英方供给。柏尔在其所著中，曾叙述他和达赖第一次见面的情况如下："达赖未至大吉岭时，吾已先往，及其初到，吾即往谒，此为吾等第一次见面，寒暄毕，彼屏左右，密言清帝尝许以不减削其权力地位，不害其西藏人民，今皆食言。"

清宣统二年（1910年）三月十四日，柏尔偕达赖一行前往加尔各答，与印督民托会晤。对此次会见情形，《英国侵略西藏史》中载称："三月十四日，达赖喇嘛自大吉岭前往加尔各答，拜会印督，具道本人对印当局感激至深，依存至切，谓1888年及1904年藏印冲突，中国当局实有以致之。并谓中国驻藏大臣背弃清皇及皇太后之诺言，明目张胆，劫持藏政府一切权利，渠愿遵照条约，与英方直接交涉，盼能设法贯彻之。渠切盼英方击退中国之势力，俾得以友邦资格，与清皇直接谈判，一如当年达赖五世所处之地位。中国军队亦须撤退。1890年及1906年两次中英条约，藏方概来参加，未能承认。渠在拉萨虽派有摄政，且渠与各大臣虽携有印信，名义上仍系藏方主政者，然渠与摄政间之交通关系，已被梗断，一切往来人等，概被中国当局派兵阻止并加以搜查，除秘密通信外，不能得到正式情报。渠今所接得者，惟私人函件耳。故非一切问题获得满意之解决，渠绝不回藏。渠之前途殊难预测，暂时仍愿回大吉岭居住。盖中国皇太后之诺言尚可背弃，则今后中国当局纵能与以书面担保，亦不容轻易置信矣。渠否认本人曾有反抗中国之阴谋，驻藏大臣实怀有敌意，而中国当局所采取之政策，亦完全为敌对之政策也。……渠于晤谈终了时，询民托总督，对渠各项请求将作何答复。总督谓目前尚未能明白答复，惟极愿与彼缔交，极愿予以优待，并愿听取彼之意见，凡彼所云，将转呈英政府，听候答复云。"上述达赖与印督的谈话，系英人的记载，是否属实，尚难以全信，如果属实，这正反映了西藏大农奴主的反动立场。

达赖自加尔各答返回大吉岭后，租赁了一所叫做巴札堡的房屋居住，一直到清宣统三年（1911年）的秋季，不丹国王才把他在噶仑堡的一所宽敞华丽的别墅，让给达赖居住，于是达赖又从大吉岭移住噶仑堡，一直到他离开那里返藏的一天为止。

达赖之落入英人手中，促成了英帝国主义者侵略西藏的策略的转变。过去英帝侵略西藏，采取的是军事征服与条约束缚的办法，但当达赖落入英帝掌握以后，英帝即改用通过达赖，策动西藏上层脱离中国，转移西藏上层的反英斗争为反祖国反汉斗争，以"帮助西藏脱离中国而独立"的漂亮语句，迷惑西藏上层，在表面上不派英官治理西藏，但实际上则使西藏沦为英帝的保护国和殖民地。

达赖之落入英帝手中，除了他本身代表的阶级利益所规定，和达赖尚在北京时，英帝派人积极拉拢争取之外，清朝政府在西藏所实行的错误政策，也负有广定责任，如无赵尔丰出任驻藏大臣和川军入藏后随便杀人等错误行为，达赖与清朝政府和驻藏大臣之间，必将继续存在尖锐的斗争，是肯定的，但是否逃往印度，还是一个疑问。不过达赖落入英帝手中，只说明西藏民族的一部分上层被英帝拉拢过去，并不能说明整个西藏民族的上层都被英帝拉拢过去，例如班禅方面始终和清朝政府是一致的。至于构成西藏民族大多数的西藏劳动人民丝毫没有因为达赖逃印而改变其反帝立场，观之后来英人柏尔到拉萨时，拉萨市民举行示威行动，亲英派首领擦绒被群众殴打等事件，足见西藏人民的反英斗争并未停止。

达赖与印督会晤以后,英帝国主义者即以达赖的保护者的面貌出现。

清宣统二年（1910年）六月,英国派步兵两纵队、大炮四尊、工兵若干,开到印藏边界的郎塘地方,并于六月十九日由英使馆书记以照会通知清政府外务部。该照会称:"中国政府驻扎多数陆军于西藏,印度政府及其邻藏各部落,势必出而对抗,英国政府亦虑驻藏商务委员卫队将被袭击,决计增兵入藏保卫,已由印度派兵出驻郎塘地方,专为保护英国在藏商民,非至极端危迫之时,绝不逾越境界,挑衅汉军。倘若达赖十三回藏,藏境发生变乱,而致英国商民生命财产陷入危险境遇,驻扎郎塘英军,则须入藏以当保护之任。"

从这个照会来看,英人屯兵郎塘,显系给达赖撑腰,以便支持达赖回藏,策动脱离祖国,麦克唐纳所著的《旅藏二十年》一书中也承认:"自从达赖离藏以后,常密使西藏脱离中国,达到自由独立目的。……"

达赖在大吉岭居住期间,和噶厦的联系仍甚密切,据达赖十三世传载:达赖从加尔各答回大吉岭不久,噶厦派了堪仲（大秘书）丹增曲结、古觉大堪布帕拉强巴却桑、其本（马官）热噶厦公子,还有三大寺的代表,噶丹寺强仔札仓的洋贡佛等人,经过边界小路,绕道来大吉岭,看望达赖,送来给养和噶厦的报告。达赖经过西藏来往人员和函电往还,与噶厦建立秘密联系。

三十四、辛亥革命以后的西藏形势

清宣统三年（1911年）秋季,内地爆发了辛亥革命,英帝国主义者认为机会到来,立即唆使达赖策动西藏各地掀起反汉暴动,以实现西藏脱离祖国的阴谋。据达赖十三世传载:辛亥革命爆发后,印督木鹿拉（民托）特来大吉岭,会晤达赖,密谈甚久。会后达赖即派遣达桑占东（即擦绒）潜赴西藏,策动各地的反汉暴动。

是年九月,驻防拉萨的川军内部发生哄乱,据《西藏六十年大事记》载:"九月,四川争路风潮起,西藏川军遂乘机响应,右参赞钱锡宝见乱军均系钟颖旧部,乃请联豫将钟颖由札什城释回,维持现状,于是钟颖借招抚乱军之名,以报私仇,暗杀（左参赞）罗长裿于工布南山道上,法科参事范金、书记李维新相继被杀,最后更惨杀何光燮父子。时内地革命大作,钟颖遂组织勤王军,以联豫为元帅,向商上勒索饷银10万两,牛马5000匹,定期回川。商上见汉兵势盛,不敢抗议,即交银六万两,夫马如之,联豫受银之后,按兵不动,而汉兵得饷过多,大肆淫赌,转瞬用尽,随即掳掠妇女,抢劫商贾,而大招周围之房屋,亦被川军焚毁殆尽矣。"

当时另有一部分川军叛变,由谢国梁统率,和噶厦站在一边,与钟颖统率的川军作战,双方相持了十个月。

十一月,驻防亚东的川军也举行哗变,据《旅藏二十年》一书载:"1911年11月,中国数千年的专制被推翻,建立共和,戍兵既无命令,又无饷银,母国遭逢混乱,在西藏的中国人,自然很迅速的发生困难,驻藏中国官员当中,也不免发生分裂现象,有些人赞成帝制,有些人拥护共和,乔坦可布要塞的全队兵卒,依照他们的政治信仰,已经哗变,不惟捉拿帝制派的官吏,并且抢掠他们的物件,他们竟将他们的司令官,缚在柱上,公然酷打致死,这时兵士追索欠饷,官员自然不能发给。……乔坦可布的中国戍军,因缺乏食物和钱款,不久便开始掳掠附近村庄,同时威吓长官,使他们不加禁止。……第二天,我听说西藏人和中国戍军竟然开火,各有损伤,中国人并且有被俘虏的。……一星期后,住在亚东的中国人,感觉到在仇人当中,若不讹钱,就得不到任何东西,因此中国的兵,便卖掉他们的枪械子弹和用具于当地的西藏人,并且越过则拉普关而至印度。"亚东哗变的川军将枪械卖给藏人,逃往印度以后(其中大部分取道印度返回内地),驻防帕里的川军也继起效尤,《旅藏二十年》载称:"所有在帕里宗的中国军队,不久便来到春丕谷……驻亚东的西藏商务委员皮西代本,和中国司令官交相畏惧……后来我将他们聚在一处,使他们互谈,最后讨论到这一点,就是中国人要卖给代本30枝来复枪和一些子弹……几经争论,才议定每支枪价,计售50印度卢比,至于子弹,全不取费,当交钱时,中国人才将枪械交出,并且离开西藏,前往印度。"1912年3月,钟颖统率的川军因拉萨市区已无掠夺对象,乃驱兵进攻色拉寺(此时拉萨贵族官员富商大贾避难色拉寺,寺内财物甚富),被色拉寺的喇嘛打败回来,《西藏六十年大事记》中对此次战事载称:"民国元年三月,川兵以色拉寺富裕,乃驱兵围攻三日未克,寺僧数千人猛出逆袭,川兵大败,寺僧乘势攻陷札什城(川军兵营),焚其官署街市,并毁城垣,时商上以川军杀戮过甚,招募士兵万余,以谢国梁为统领,日与钟颖酣战,并用达赖名义,通告全藏之营官喇嘛攻击各地汉军。"

噶厦公布的达赖命令大意如下:"内地各省人民,刻已推翻君王,建立新国。嗣是以往，凡汉人递到西藏之公文政令，概勿遵从，身着蓝色服者，即新国派来之官吏，尔等不得供应，惟乌拉仍当照旧供给。汉兵既不能保护我藏民，其将以何方法巩固一己之地位，愿我藏人熟思之。至西藏各寨营官，刻已召集，啜血同盟，共图进行，汉人官吏军队进藏，为总揽我政权耳，夫汉人不能依据旧约，抚我藏民，是其信用既以大失，犹复恣为强夺，蹂躏主权，坐令我臣民上下，辗转流离，逃窜四方，苛残恶毒，于斯为极！推其用意，盖使我藏人永远不见天日矣，孰使之，皆汉人入藏使之也。自示以后，凡我营官头目人等，务宜发奋有为，苟其地居有汉人，固当驱除净尽，即其地未居汉人，亦必严为防守，总期西藏全境汉人绝迹，是为至要。"达赖的上述命令发布以后，再加上达桑占东在各地各寺积极活动，迅速组织起了万余西藏民军，达桑占东任卫藏民军总司令，统一指挥，围攻拉萨、日喀则和江孜的川军。在这全藏动乱当中，西藏大部分僧俗贵族是拥护达赖的，只有班禅系统和丹吉林寺，哲蚌寺大部分喇嘛，站在清朝政府方面，据《西藏六十年大事记》载："联豫避居哲蚌寺，以印信交与钟颖，钟颖即代理驻藏大臣之职，势处危急，遂求援于班禅，班禅暗令哲蚌寺僧助之。"柏尔所著的《西藏之过去与现在》一书也称："班禅之政府暗与中国人勾结，不援助其拉萨同胞，几至被兵力强迫，西藏最大之哲蚌寺，僧侣数达万余，云亦倾向中国，及数大僧被杀后，仍来完全忠心助其'信仰之主'，盖寺中大多数僧侣来自中国边界，不肯与庇护其家之人为敌故也。丹吉林寺（即前藏王第穆呼图克图之寺）之首领，当达赖揽权时，被捕入狱致死，其寺中财产悉被查封，故公然为中国人而战。"

当时站在清朝政府方面的，即在噶伦里面，也还有人。《旅藏二十年》一书中载称："1911年9月……拉萨发生中藏冲突，战争激烈，继续不绝，结果西藏方面败北，主要原因是藏人内部里边有叛逆他本国的分子，后来发觉关于西藏军事行动，中国方面每能预知，于是藏方对于防止泄露消息的办法愈加严密，然而藏方仍有一位高级官员，把信缚在箭上，射入中国衙门，这位官员后经捕获斩决，从此再没有消息走漏了。西藏大臣中有一擦绒协摆——按协摆为西藏噶厦中之大臣共四人，例定三俗一僧，其职为二品——当达赖同他的大臣逃往印度时，只留他自己在拉萨供职，他现在也被疑惑有倾向中国的活动，于是色拉寺的喇嘛，把他从布达拉宫会议室里拉出，不加审问即行杀掉。同时还有几个高级藏官和擦绒的儿子，也被疑惑有帮助中国的情事，结果都被杀害。"

西藏民军总司令选择了江孜的川军，首先开始进攻。英人麦克唐纳在《旅藏二十年》一书中载称："当我得到江孜扰乱的消息后，马上就前往该地，希望中藏两方事件和平解决。在未到江孜前,江孜的藏人已派一部分军队堵截驻日喀则的中国军队来援,此种军队移动,便开了双方敌对行为的先声。……藏军出发,想半途截击从日喀则奔江孜而来的中国军队,所以埋伏他们在崖冈地方一座屋里……开枪射击中国军队。当时中国军队也立即回敬,马上进攻那埋伏藏军的房屋,杀掉几个藏卒,并斩获一个副指挥……藏军乃不得不投掷白色哈达,表示投降。中国军队把解除武装的藏军辫子对辫子的系结起来,带到江孜,嗣经审问后,枪决36人,并将藏军司令枭首示众。我到这里,此事刚刚过去,所以就无法挽救了。一部中国军队,约计百人,不久来到江孜增援,中藏两方战争,也渐渐扩大起来了。……西藏军队大部人马,开始从江孜北部,由曾在哲克萨姆渡口著有战功的大将趁撒南噶(即达桑占东)率领前来,加上这些援军,藏人便可包围造纸厂。……一天,中藏两方代表,一同来到英商务委员公署,用最恭敬的方式,彼此交互申述贺忱,并声明俱愿从此获得谅解,中国军队虽有新式枪械和子弹,但是缺乏食物;在藏军方面说起来,他们要想把中国军队从造纸厂里驱逐出来……一定受很多惨祸,才能达到目的。当会议时提出一种办法,就是中国人应当将军械交我存储,在藏方能交给我一万卢比作代价时,我便将军械交给西藏方面,银钱交给中国方面,那么中国军队即可离开西藏,不再扰乱了。同时藏方并允许担任运输中国军队和供给口粮,直至边疆则拉普关,绝不索费。……此问题最后在这一点上解决,就是西藏方面出9250中国卢比,换取144枝来复枪及许多子弹。关于运输免费及供给口粮这个条件,两方也都同意……条约共草就四份,曾经中藏两方首领于1912年4月3日签字,尼泊尔代表同我也签字作为保证人。中国人得了钱以后,马上离开江孜,一直到了印度,没有任何严重事端发生。"

江孜的川军被解决后,达桑占东又指挥西藏民军围攻驻防日喀则的川军。关于日喀则战事,《旅藏二十年》一书中也有如一下记载:"在江孜举行和平会议后,中藏两方人员都送信到日喀则,告诉他们的爱国同胞,停止敌对行为。虽然有这种训令,而回到西藏的趁撒南噶(达桑占东),仍然向中国人占据的日喀则要塞进攻,但是重遭失败。这次努力失败后,在江孜所订条约,又同样在日喀则重行订立,结果中国人也是卖掉枪弹,换取金钱,以便转回中国,他们也同江孜的退兵取同一路线,先回印度。当在日喀则战争时候,流弹射到班禅所住的札什伦布寺,班禅活佛为保全生命起见,马上逃向西藏和锡金边境的康巴宗,在这时候,我正在江孜,班禅活佛差人送来一封信,请我在开拉地方会他,讨论重要问题,我马上就到开拉。班禅和他的大臣很欢喜见我……他问我在这扰乱期间,应取何种态度,我很坚定地告诉他,回到札什伦布，静观事态的变化。他考虑一刻后，便决议照办，尤其是当我告诉他，假使这时离开日喀则，未免有倾向中国的嫌疑，他更为折服，因为他的敌人一定要将中国人离开，和班禅喇嘛出逃，有互相关联的揣想。"

江孜和日喀则的驻防川军被解决后，达赖认为回藏的时机已经成熟。1912年藏历五月初十日，达赖自噶伦堡起程返藏，当地英国官员举行了隆重的欢送仪式。哲孟雄国王也在阿查噶热地方搭了欢送帐篷。达赖经过亚东前往帕里，那里有三大寺喇嘛组织的僧兵200人，全副武装，担任警卫任务。达赖抵达热隆寺时，班禅从札什伦布寺赶到这里欢迎达赖。据《旅藏二十年》一书中载称："在这时候，两大喇嘛（指达赖、班禅）电请印度政府，在热隆开会时派我出席，居间调解，虽然我很喜欢出席，居间调解，但总觉得热隆既在江孜商务委员公署势力范围以内，最好请江孜的商务委员出席，较为妥当。"另据《西藏六十年大事记》载："班禅迎于江孜，达赖恶其助汉，罚银四万两，班禅向英官麦冬梁处借债呈交，从此嫌隙日深矣。"另据《旅藏二十年》一书记载："在伦青霞札（达赖的首席大臣）回拉萨后，不久我接到他一封信，便知有很多问题尚没解决。在信中又悉达赖的大臣，新于班禅复增加一些恶感，另外还有反对班禅同他的大臣的一种申述，列举如下：（一）达赖喇嘛逃亡后，班禅喇嘛被中国人邀请到拉萨，占据达赖的位置，自然形同篡窃。……（二）班禅喇嘛的重要大臣，有倾向中国心理。（三）在1904年，荣赫鹏远征队入藏时，班禅喇嘛政府不帮助拉萨中央政府。（四）班禅喇嘛政府拖欠税银，约计数十万卢比，这些税银，是从1904年积累而成。伦青霞札请我在印度有名报纸，将反对班禅各节，尽情披露。"从这些材料来看，达赖和班禅之间的关系，此时已非常恶化。

达赖从热隆寺起身后，没有去江孜，取道札拉噶冒到达朗卡子宗，驻于桑顶寺内。当时拉萨方面的战争还没有解决，因之还不能直赴拉萨。达赖到桑顶寺不久，联豫和钟颖捎书给达赖，请他派代表前来拉萨进行谈判。达赖乃派伦青强金巴、色拉寺擦娃池巴佛、仔卓尼丹增坚赞等三人为代表，前往拉萨进行和谈。

拉萨谈判的情形，《西藏六十年大事记》中有如下记载："1912年7月6日，藏军在拉萨包围钟颖，行总攻击，川兵饷糌既竭，腹背受敌，延至30日，由廓尔喀驻藏之官噶卜典居间调停停战，缔结媾和条约四款，其文如下：（一）川军枪弹交廓人手封藏藏中，后无汉、廓、藏三面人齐，不得擅取。（二）陆军全行退伍，由印度回国，其钦差、粮台、夷情各官，仍照旧驻藏。（三）钦差准留枪30枝，统领准留枪60枝。（四）汉兵出关后，所有前次兵变损失财产房屋，须照实议赔。……八月十六日，钟颖同廓官与商上交出各式毛瑟枪1500余枝，开花炮三门，机关枪一架，子弹80箱。……"此约定后，驻西藏之汉军多数于九月一日由拉萨经印度返国。

根据拉萨的和谈条件，西藏方面还同意驻藏大臣等人留在拉萨，说明达赖还不是想要脱离祖国。但联豫系清朝的忠仆，此时大清帝国业已崩溃，他不可能在西藏存留下去，因而西藏地方与中央政府之间的联系从此暂时中断。

达赖在桑顶寺居留了约两个月时间，拉萨停战协定签订后，于八月二十九日自桑顶寺启程前往拉萨，由尼阿索地方乘船渡过雅鲁藏布江，到达塞曲科羊子寺。此时拉萨川军尚未撤退完毕，所以达赖又在该寺停留了一个时期，到十二月初六日，才从羊子寺启程，直赴拉萨，于十二月十六日举行了返回拉萨的入城仪式，其隆重的程度，与达赖由北京返回时相似。

达赖返回拉萨后，所办的第一件事情，是惩办那些支持过驻藏大臣的喇嘛和寺庙。《旅藏二十年》一书记载："达赖入布达拉后，第一步工作便是没收皇家丹吉林寺，并解散其僧侣，因为他们被认为帮助中国，这寺院从那以后，便改作邮政电报局了。"《西藏六十年大事记》亦载："汉兵既由拉萨赴印，从前助汉之喇嘛亦有相随而行者，达赖甚恨，故暗杀其哲蚌寺之大堪布元典喇嘛于彭多宗。"

达赖返回拉萨后，所办的第二件大事，就是晋升在反对川军的战争中的有功人员，第一名首推卫藏民军总司令达桑占东，由平民一下子提升为札萨，并将已被色拉寺喇嘛杀死的亲汉派擦绒噶伦的田庄、百姓完全赐给了达桑占东，自此以后，达桑占东即成了擦绒札萨。其次是摄政策满林诺门汗，他在达赖逃亡期间处理西藏事务，深合达赖意图，并且领导全藏人民，驱逐川军出藏，因而达赖给摄政赏了呼图克图的封号，颁赐印玺和呼图克图所用的全套服饰、马鞍、包加（侍从官肩上之缎袱）、黄伞等物，并赐了好几处地方的田庄。摄政的强佐，也得了堪穹官职。此外，因色拉寺的拉基（僧官名称）组织僧兵抵抗川军有功，达赖委任为丹木八旗的总管。噶丹寺拉基也有同样功劳，达赖委任为错那宗宗本。

达赖返回拉萨以后，召集了一次各宗豁地方头人代表会议，征求大家对西藏今后内政外交方针的意见。据《西藏之过去与现在》一书载称："1912年，达赖返西藏后，下令中部两省（即前后藏）各县派四代表陈达彼等对于外交内政所需改革之意见……其所讨论之问题，有以下三项：（一）西藏应与何国或若干国为友？（二）是否扩充军额，若扩充，则如何筹饷？（三）司法若有改革，则手续当如何？第一问题之答案如下：（甲）'与英为友，因其距拉萨最近'。(乙)'与任一强国为友,而依附之,不轻舍此就彼'。(丙)'与中国为友,彼兵强人众,若汝非确得别国扶助西藏,则中国后将报复'。关于筹饷问题之答案如下:(甲)'贵族地产,皆须纳税,服务政府者,给钱为俸,不复如今之赏以免税田地'。(乙)'寺产皆须纳税,惟以钱资助之',但或谓:'色拉、哲蚌、噶丹三大寺不应奉此命令'。(丙)'扩充军队,以钱发饷,授地于其父母,再增加政府金库借给商人之金额,则可以增加政府收入'。业已占领西藏东部之军队,停止进行,亦人民所提议。至于贷款商人、扩充军额、以钱发饷,今皆次第采行。诸代表大半为政府或私人之大小财产经理者,其慷慨发抒所见,颇出人意料外,此种集会,在西藏历史上为第一次。惟外交政策之难问题,尤以与中国有关系时,达赖仍愿信其大臣之言,或自行决断,盖国会讨论,费时太久,且中国时以书来言和,国会中人倾向之者,亦不少也。"由此可见西藏上层对清朝所推行的治藏政策,是不赞成的,但并不是大家要西藏地方与中央政权之间中断联系。至于下层僧俗群众更不赞成西藏地方与中央政权中断联系。因此,柏尔在《西藏之过去与现在》一书中也不得不承认:"西藏之官吏僧侣人民中,有左袒中国党,自无容讳,盖自然之亲近,及两国联合之久,有以致之耳。……在农民中,吾等亦时时闻其盼望中国复来。……西藏虽倾向自主,尚不欲其在政治上联合已久之中国完全分离。"这就说明当时西藏地方政权与中央政权暂时中断联系完全是英帝国主义者和西藏上层中的一小部分掌权的亲帝分离势力所制造的,是违反了西藏上下层广大人民的意志的。

三十五、川军二次准备入藏

和西藏驱逐川军的同时,在赵尔丰进行了改土归流的西康藏区,也普遍发生了武装暴乱,驱逐汉官汉军,恢复了原来的土司和藏传佛教寺院的职权。谢彬所著之《西藏问题》一书中载称:"达赖喇嘛……同时更令川边藏番乘机宣言独立,未几,川边各地果纷起而响应之,于是赵尔丰、傅嵩炑等多年经营扶持之势力,遂一朝瓦解,而理塘攻陷,知县被杀,盐井降附,汉兵逃散之报,纷纷传于北京矣。其时川边全境未被藏番攻陷者,南路仅有炉定(即咱利、沈边、冷边三土司地方所改）、康定（即明正土司地方所改）、巴安（即巴塘土司地方所改）三县，北路仅有道孚（即麻书、孔撒土司地方所改）、瞻化（即瞻对土司地方所改）、炉霍（即东科土司地方所改）、甘孜、德格、邓柯、石渠、昌都八县而已。"

此时中华民国政府在北京成立，由袁世凯任大总统。中华民国政府虽然在名义上标榜"五族共和"，实质上是由汉族北洋军阀政权代替了满洲贵族政权，在阶级本质上是相同的。因此它对国内少数民族，仍然继承了清朝的传统，实行民族压迫政策，袁世凯命令当时的四川督军尹昌衡率领川军进入康区，进行平乱。据《西藏六十年大事记》一书所载："民国元年（1912年）六月十四日，中央电令尹昌衡率师西征，惟虑英国误会，复由外交总长陆征祥面告英使，谓川兵入藏，全为平乱，至希英国严守局外中立。……八月十一日，中央乃向汇丰银行借款40万元，分给驻藏长官钟颖及经略使尹昌衡，作为讨伐军费，并令尹昌衡督师从速前进。……于是前藏秩序为之大乱，达赖惶恐，求援于英。"

与川军进入西康的同时，英国驻北京公使即向中国政府提出了强硬照会表示"抗议"。照会内容为如下五点："（一）中国不得干涉西藏之内政，并不得于西藏改设行省；（二）中国政府不得派无限制之军队驻扎西藏各处；（三）英国现已认定中国对于西藏有宗主权，应要求中国改订新约；（四）英政府前曾根据条约设通讯机关，后经中国军队擅行截断，杜绝印藏之交通，当由中国保护；（五）如中国政府不承认以上之条件，英国政府绝不承认中华民国之新共和政府。"又据《西藏六十年大事记》载："九月七日，英公使朱尔典奉英国政府之训令，赴外交部面晤外交次长颜惠庆，提出抗议，略谓：'如果民国政府定欲征藏，继续派遣征西军前进，则英政府匪特对于中华民国不予承认，且当以实力助藏独立'。"

1912年12月25日，中华民国政府外交部正式答复英国政府，对英国提出各条加以批驳，其要点如下：

（一）英政府抗议第一条，中国政府不得干涉西藏内政，不得改西藏为行省云云，查西历1906年所订条约，及其他诸条约，曾确实规定，除中国外，他国无干涉西藏内政之权，今谓中国政府无干涉西藏内政之权，理由甚无根据。西藏改设行省一事，为民国必要之政务……惟中国对于西藏，并无即时改设行省之意，此中颇有误会。

（二）英国政府抗议第二条，中国政府驻扎西藏之军队，不得毫无限制云云,查中国政府驻扎西藏之军队,未尝一无限制,惟依据条约,驻扎必要之军队,维持治安而已。

(三)英国政府以中国之于西藏,仅有宗主权,而无完全主权,要求改订条约决定此事云云,查中英两国关于西藏问题,曾于1904年及1906年,两次订立条约,一切皆规定明确,今日并无改订新约之必要。

(四)英政府抗议第四条,中国军队截断印藏间之通讯交通云云,查中国政府从前并无有意断绝印藏交通之事,以后更当加意保护。

(五)英政府声言,若中政府不将以上各条承认,英政府亦断不承认中华民国政府云云,查承认中华民国是另一问题,不能与西藏问题并为一谈,深望英国先各国而承认中华民国政府。

此时进入西康的川军与自云南进入西康的滇军,已在澜沧江会师,尹昌衡并向北京政府提出了进兵西藏的军事计划,准备直进拉萨。

英帝国主义者对川滇军入藏一事,又提出一道照会表示坚决反对,从外交上压迫中国政府停止派兵入藏,并且否认中国在西藏之主权。该照会称:"中国之于西藏仅有宗主权,而无完全主权,按之中英俄三国关于西藏问题无不如是,如1906年中英条约中所谓他国无干涉西藏内政之权云,中国亦在其内。……又中英关于派兵问题,彼此亦曾约定允中国驻扎西藏军队200名,其目的在保护驻藏大臣,非有他也。顾畴昔赵尔丰任驻藏大臣时,不遵约,率兵约达五六千,所至杀戮藏番,扰乱地方,达赖且受其胁迫,逃往印度,此犹前清言之也。迨至最近,尹昌衡又率师进攻巴塘、理塘,虽为藏兵击退,而尹于此时增调军队,围攻乡城,仍欲由此进攻藏地……此次民国政府回答,毫无诚意,英政府断难承诺。"

英帝一面从外交方面向中华民国政府施加压力,一面积极唆使西藏当局亲英反汉。据《西藏六十年大事记》载:1913年4月,"达赖与商上各番官及诸喇嘛堪布,在布达拉大开会议,议决四条,其文如次:(一)由内地来藏之汉人,限半年以内一律离境;(二)汉人之为西藏土著者,限一年以内一律离境;(三)30年以内藏地不得驻扎汉兵;(四)若民国政府派兵来藏,藏人不能阻止时,即请英人出而阻止,并以特别权利报酬英人。"当时英人也向西藏当局提出了如下六条:"(一)西藏宣言独立后,一切军械由英国接济;(二)西藏承认英国派员来藏,监督财政军事,以作英国扶助西藏独立之报酬;(三)英国以三百万镑贷于西藏,其抵押品一任英国指定;(四)民国军队行抵西藏,英国担负抵御之责;(五)西藏宣布独立后,英国首先承认,并介绍其他各国承认；（六）西藏执行开放主义，准英人自由行动。"

根据谢彬著之《西藏问题》载称，当时北京政府在英帝国主义的吓唬威胁之下，不得不命令川军停止入藏，对西藏仍用怀柔羁縻的老办法，"其时陆军总长段祺瑞，于临时参议院秘密会中，说明今后对于西藏方针，不主用兵，避免英国干涉，专与达赖喇嘛交涉，怀柔藏人，使之脱离英国关系。……同时国务总理赵秉钧，并在临时参议院秘密会中声明政府对藏政策：恢复达赖喇嘛之名号，以安全藏人心，派人赴藏，宣谕共和大义，顺藏人之所欲，不施一切新制，凡在前清时代，与英缔结之约，继续遵行。"

1912年10月28日，明令恢复了达赖喇嘛的名号。1913年4月，北京政府任命陆兴祺为驻藏办事长官，拟由海道前往拉萨。根据《西藏六十年大事记》载：自民国政府宣布川军停止进藏以后，达赖派人赴新疆，通过新疆督军袁大化，向北京民国政府也提出了汉藏恢复关系的条件五条："（一）西藏人保有与华人同一之权利；（二）中央政府每年补助西藏500万元；（三）西藏有权许可他国之民，采掘矿山，但西藏与英国所结条约，当遵守之；（四）西藏有自由训练军队之权，中央政府驻藏军队，其数不得超过1500名以上；（五）西藏官制，由中央政府制定之，但西藏政府之官吏，应以西藏人任之。"

与此同时，达赖又派代表赴打箭炉，与尹昌衡进行谈判，其条件是：（一）藏民与汉满蒙回四民族一律待遇；（二）藏民自由保守其宗教；（三）西藏领土仍在中国政权之下；（四）有教育及谙汉语之藏人得为华官，而北京中央政府亦得任命汉官赴藏；（五）达赖喇嘛每年津贴费仍得照常。

但是英帝国主义者不愿意西藏当局和北京政府发生直接关系，首先是不让北京派往西藏的办事长官假道印度进入西藏，英人柏尔在其所著的《西藏之过去与现在》一书中说："吾等实不宜承认中国有管理西藏内政之权，于是决定于必要时，运用压力，不准中国官吏经过锡金而入西藏。……若许中国官吏立足于印度或与西藏毗连之邻国，则足以为威吓印度西藏之源泉，故不许假道为一有力武器。"因之中华民国政府派往西藏的办事长官陆兴祺在印度滞留下来，无法进藏。

英帝挑拨离间汉藏关系的第二步，是阻止汉藏直接谈判，由英国提出举行中英藏会议，以解决一切悬案，并提出威胁："中国如不与会议，缔结关于西藏之新约，则与西藏政府直接商订矣。"中华民国政府在英帝国主义压力之下，同意举行中英藏三方会议，开始中国方面提议在北京或伦敦召开，而英国方面坚持在印度大吉岭召开，最后又改在印度西姆拉地方召开。

三十六、西姆拉会议

西姆拉会议于1913年10月13日举行，中国代表为西藏宣抚使陈贻范，副宣抚使王海平；英国代表为印度政府外务大臣麦克马洪，并以前驻华领事罗斯为中国事务顾问，以锡金行政官柏尔为西藏事务顾问；西藏代表为伦青（即司伦）霞札，助理人员有台吉车门巴、堪穹丹巴达吉、仁细（四品官）大多等人，西藏三大寺也各派代表一人参加。

当西藏代表尚未出境之前，英国派柏尔前往江孜，与伦青霞札见面，授意西藏代表在会上如何与中国代表进行斗争，并要西藏代表搜集有关汉藏疆界的材料，作为制造西藏"脱离"中国的根据。这些活动，在柏尔所著的《西藏之过去与现在》一书中也有所透露："当中国全权大使逗留中国之时，吾于江孜遇伦曲谢脱赖拉（即伦青霞札），彼方自拉萨起程为西藏全权大使赴印度会议……吾劝其搜集所有关于昔日中藏交涉以及陆续为中国占领，而西藏现今要求归还之各州县等项之文牍，携之赴会。"

会议开始时，英国唆使西藏代表首先提出了六项强硬要求：（一）西藏独立；（二）西藏疆域包括青海、理塘、巴塘等处并及打箭炉；（三）光绪十九年（1893年）及三十四年（1908年）之印藏通商章程由英藏修改，中国不得过问；（四）中国不得派员驻藏；（五）中蒙各处庙宇向认达赖为教主，均由达赖委派喇嘛主持；（六）所有勒收之瞻对税款及藏人所受损失，一律缴还赔偿。陈贻范自西姆拉给袁世凯的报告中说："西藏代表列议以来，态度异常强硬，对于我国方面提出条件，其借口于前清某大员进兵西藏，军纪不严，毁庙戕兵，感情甚恶，不愿承诺，并不认中国在西藏有主权之行使。"

从西藏代表所提提案来看，这个会议是英帝国主义勾结西藏的亲帝分离势力所共同布置的，其目的即在通过这次会议，压迫中国方面承认西藏脱离祖国，并订在条约上面，取得合法地位。

当时中国代表根据北京政府指示，针对藏方意见，提出了如下方案：（一）西藏为中国领土之一部分，其向为中国领土之关系，继续无间；（二）中国可派驻藏长官驻扎拉萨，所享之权利与前相同，并有卫队3600名，除1000名驻扎拉萨外，其余1600名由该员斟酌分驻各处；（三）西藏于外交及军政事宜，均应听受中国中央政府指示而后行，非经由中国中央政府，不得与外国订约；（四）西藏人民之以向汉人之故，因而身被监禁，产业被封者，西藏允一律释放给还；（五）藏员所开之第五款可以商议；（六）前订之通商条款如须修改，须由中英两方面根据光绪三十二年（1873年）四月初四日中英所订藏事正约第三款商议。

在会议中间，西藏代表在英国唆使之下，向中国政府代表进行尖锐争论的主要是主权和疆界问题。据《西藏问题》一书载称："西藏委员伦青霞札提出议案，以西藏为独立国，划新疆南方昆仑山脉阿尔腾塔格山以南，青海全区，甘肃、四川两省西部，及打箭炉一带，云南省之北部西部阿墩子一带，皆归西藏版图。中国官吏及军队不得驻扎西藏境内，不须经由中国介绍，得独立与英商订通商章程，规定英藏两国之权限，以达赖喇嘛为蒙古及中国各地佛教教主。中国委员陈贻范于是提出对案：则以西藏为中国完全领土之一部，凡中国在藏旧有各种权利，得以尊重藏人意见，稍予通融，英国亦应承认此点，中国于藏不得施行省制，英亦不能合并西藏土地或割取藏境之一部分，中国驻藏大员，得率卫队2500人，随同驻扎拉萨，西藏外交、军政应受中国之指挥，非经中国介绍，无论任何外国，均不能与之直接交涉，但英国驻藏商务委员，得按1906年中英协定规定，可与西藏官宪，直接办理通商交涉，西藏目为亲汉派各藏人，须颁大赦之令，并须发还曾被没收之财产，至于达赖喇嘛为中国蒙古佛教教主之事，可以从长商量，1893年及1908年两次中英通商章程，如有改正必要，则须经各关系方面，协议妥改，西藏疆界之事，今若仅以昌都及其以东之一线，划归中国统治，则殊不敢承认。"这些就是当时西藏代表和陈贻范争执的要点。英国代表最后以调解人的姿态，提出了一个"折衷"办法十一条，要求双方接受，柏尔在其《西藏之过去与现在》一书中说："英国提出折衷办法，分西藏为外藏内藏，如前所记，两国疆界大概依1727年（即清雍正五年，七世达赖时代）中国与西藏所立之界，惟里朗（即瞻对）则由西藏转入中国，此疆界自巴塘之西向北再向西北，里朗虽偏近中国方面，而素为西藏所管辖者也。西藏最反对于自治区内，割去德格、里朗（瞻对）诸肥沃之地。"

英国提出的所谓"折衷"方案，实则玩弄花样，愚哄中国代表，想把西藏、青海、西康及甘肃、四川、云南之藏区统称之为西藏，然后把金沙江以西地区称之为外藏，以东地区称之为内藏，外藏完全脱离中国，内藏则归汉藏共管，说来说去，是要中国政府承认西藏脱离中国。

当时袁世凯不敢认真与英国争执，基本上承认了英帝提出的"折衷"方案，承认划分内藏外藏，所争的只是内藏外藏的疆界问题。经过多次争论和让步，中国代表最后提出："当拉岭以北，青海原界，及阿墩子、巴塘、理塘各地，仍照中国内地完全治理。怒江以东及德格、瞻对、昌都、三十九族各地，仍沿喀木（康）名，定为特别区域。"（《西藏六十年大事记》）英国方面最后也表示了一些"让步"："凡白康普陀岭（即噶达素齐老峰，在青海中部，即黄河发源地）阿美马倾岭，（即大积石山，在青海黄河河套）东北之地，划归青海"，"及金川（川西北）、打箭炉、阿墩子划出内藏，全归中国，瞻对、德格划入内藏。"（《西藏六十年大事记》）

1914年4月27日，英帝国主义者以它以前提出的十一条"折衷"方案为基础，提出了一个条约草案，强迫中国代表签字。这个条约草案的主要内容如下："（一）西藏分为外藏内藏两区，前者接近印度，包括拉萨、日喀则、昌都；后者接近中国，包括巴塘、理塘、打箭炉及西藏东部一大部分；（二）承认中国对于全藏之宗主权，但中国不得改西藏为中国行省；（三）英国不得并吞西藏任何部分；（四）承认外藏自治，中国允不干涉其行政，而让诸藏人自理，并允不派驻军队及文武官吏[惟下（六）除外]，或于其间建中国殖民地，英国在全藏亦不得为此等事，但仍保留商务委员及其护卫；（五）内藏则拉萨之西藏中央政府仍保留其已有之权，其中包括管理大多数寺院、任命各地方长官，但中国得派遣军队、官吏，或殖民于其处，不受禁止；（六）中国仍派大臣驻拉萨，护卫军队限300人；（七）英国驻藏诸商务委员之护卫，不得超过拉萨中国护卫人数四分之三；（八）许江孜之英国委员来拉萨解决在江孜不能解决之事。"（《西藏之过去与现在》）

此条约后面附有西藏地图一张，用红蓝线划出内藏和外藏之疆界。

中国代表陈贻范在英国代表威吓之下，在该草约上签了字，签字之后，才打电报向北京政府报告："英代表告以所拟约稿，业与藏员画行，如贵代表不于今日画行，则约稿中之第二第四两款，全行删去，即与西藏订约，不再与贵代表商议云云，目睹情形，彼甚坚决，因从权画行，免致决裂。"

西姆拉草约内容和中国代表签字消息在国内报纸上披露后，引起了全国舆论的反对，痛骂陈贻范为"庸臣误国，良可痛心！""其卤莽灭裂如此，直谓之断送西藏可也！""贻范之罪，实不容诛！"袁世凯在全国人民的压力之下，也不敢批准该项条约，一面电陈贻范不得签字正约；一面于五月一日照会英驻北京公使，声明界务一端，不能承认，其余大致同意。六月六日，英驻华公使朱尔典复外交部一道照会，内称："本年四月二十七日中英藏三方委员，在西姆拉签订的藏约草案，实为解决西藏问题之唯一法案，中国政府既已拒绝正式签字，不欲解决藏案，则该草约所定之利益，中国不能享受。"

至此西姆拉会议遂宣告决裂。1914年7月3日，英国与西藏两方代表在该条约正文上正式签字。中国政府正式向英国提出了抗议："藏约不得中政府同意，纵英藏签押，万不能承认。"英国对此照会毫不理会，并提出恫吓："英藏缔约以后，以前中英藏三方所定草约，所有中国之特权利益，自然归于消灭，英国政府并当竭力援助西藏，抵抗中国对藏之侵略。"西姆拉会议后来因发生了第一次世界大战，英国无力东顾，但又不愿停止侵略，形成了无定期的休会状态。

在西姆拉会议之前，西藏还私与外蒙古签订了蒙藏协定，这个协定据说是由达赖委派德尔智赴库伦去签订的。据《西藏之过去与现在》一书载称："该约签订于1913年1月，内容要点如下：'蒙古西藏均已脱离满清之羁绊，与中国分立，自成两国，因两国信仰同一宗教，而欲增进古来互相亲爱之关系……会同议定如下：（一）西藏达赖喇嘛承认蒙古之自治权……（二）蒙古政府承认西藏之自治与宗教首领达赖喇嘛之独立；（三）因谋蒙藏两国格鲁派之繁荣，取同一之处置；（四）两国政府于内忧外患危险之际，永久互相援助；（五）两国政府对于在两方领土内旅行之人，互相保护；（六）物产家畜两方自由贸易，并互设新商业机关；（七）商业上之债权，惟政府及商业机关所承认者有效力。'"

蒙藏条约的签订，并不是英国人所策动和赞成的，是达赖秘密去进行的，因此条约签字的消息发表后，英帝国主义者非常吃惊，柏尔在其《西藏之过去与现在》一书中叙述道："1913与1914年之间，中英藏三全权大使会议于西姆拉，因闻蒙藏已由德尔智经手，订立同盟条约，会中空气颇形暗淡，其时蒙古落于俄国势力之下，果如所传盟约，则俄国必将增植势力于西藏，危及英属印度之利益。但吾闻此种报告，而疑其盟约未必已经签字，适西藏首相莅会，为其国全权代表，因询其真相，彼转询拉萨政府，得复如下：'达赖未尝授德尔智以与蒙古订立任何条约之权，遣德尔智之书，系属普通信札，仅请其努力为佛教谋利益而已。'"这些材料说明当时英帝与帝俄之间有矛盾，也反映了英帝与西藏上层集团之间有矛盾。

三十七、巩固农奴制度的新措施

英国积极侵略西藏，是在"帮助西藏独立"的外衣下进行的，目的不仅唆使西藏完全脱离祖国，并挑唆藏军向西康方面东侵，占据更多的地区。为了达到这个目的，英国大力协助噶厦扩建藏军，因为过去西藏只有3000藏军，武器也非常原始，是不能担负向西康侵犯的任务的。为了建立新式军队，1914年西姆拉会议以后，噶厦设立了马基康（即藏军总司令部），以擦绒（即达桑占东）为马基（藏军总司令），台吉车门巴为马基穹娃（副总司令），着手筹办新军。英人柏尔在他著的《西藏之过去与现在》一书中说："西藏政府时方筹设常备军一万，以靖内攘外，拟分500人为一代本，每一代本（下辖）四如本、十甲本、50居本。以50万方哩之国，军队只有此数，可谓甚少。……西藏之钱大半耗于宗教机关，常备军饷不易筹措，纵有大部分产业可以敛税，而为僧侣贵族所盘踞，款既难得，则军官更为难得。"

为了解决军官问题，英国在江孜办了一所军官训练学校，达赖派遣仲巴札萨、多仁台吉等高级官员多人，入校受训。关于这所学校。麦克唐纳在其所著之《旅藏二十年》一书中载称："西藏政府决定用新式战斗方法，训练军队，事经印度政府批准后，西藏一次派遣50名兵士和军官到江孜，由商务委员公署的卫队英印指挥官出来训练他们。藏军来此训练，一直到1924年。中间很少间断。"英国人训练的这些军官，后来分发到各代本中去任职，就组成了正式藏军。达赖原来计划组织30个代本的兵力，以藏文30个字母命名，如噶团代本、喀团代本……但后来因为军费困难，一直到最后，只成立了12个代本。

为了解决武器弹药的补充问题，1914年噶厦在札什城旧址设立了一所机器厂，委派喀其（伊斯兰教徒）米斯麻拉为技师。这个工厂建立后，因为不能大量制造枪械弹药，后来又改造为造币厂和印刷厂，铸造银币、铜币和印刷钞票、邮票，军火武器则完全由英国供给。

当时英国人又向达赖建议，要他派留学生到英国留学，柏尔在其所著《西藏之过去与现在》一书中说："达赖留大吉岭时，吾曾劝其选送青年游学英国……结果派遣上中等阶级子弟四人……一学采矿，一则稍得测量绘图之知识，其最幼而最聪敏者……专学电气工程，年龄最长之刚卡，则历受军事训练，在约克邑第十联队中服务十月，在武力赤之炮队中服务九月，不幸彼等学业未完即遣回藏，因此试验结果，所受成效，未能完全满意。……刚卡首归西藏，在拉萨以现代方法训练新兵。"据十三世达赖传载：派往英国之留学生四人：仁岗、门冲、吉卜、刚卡，噶厦派仔本龙厦为留学生监督，于1915年带往伦敦，仁岗学电机、吉卜学电报、门冲学采矿、刚卡学军事。1920年返回西藏，吉卜即筹办拉萨电报局，敷设拉萨到江孜段的电线（江孜到印度之电线是英国人办的），后来任电报局长。刚卡不久死去。门冲回藏后，政府曾派他在拉萨北山采掘金矿,结果挖出了一个虾蟆,喇嘛寺认为不祥,激烈反对,被迫停工。门冲本人不久也就死去,采矿事业从此无人再去过问。仁岗后来接办西藏机器厂,1927年又筹办拉萨水电厂,供给拉萨市区电灯,由印度聘请技师一人来藏协助。此后西藏再未派留学生赴英伦,但在印度留学者后来还不少,如1916年,达赖派遣仲郭尔喀的儿子索南贡觉等一批西藏青年赴印度学习军事。1921年,达赖又派了雪仲德门巴等一批贵族青年到江孜英国学校受军事训练,派雪忠吉苏宣巴赴印度大吉岭学习电报电话的建设和使用。同时又派仔仲麦如钦热俄周、仔仲曲丹丹达、热德更登热结等三个僧官,去印度学习英文。1923年,达赖又派姜乐建公赴哲孟雄岗都地方,考察印度军事制度与近代武器使用方法,同时还派多仁台吉赴印度各地,考察印度的政治、经济、文化等制度和方法。

从当时的措施来看,达赖和西藏若干上层分子到了印度,看到英帝国主义在印度的许多近代建设,受了一些刺激,想在西藏进行若干改革和建设,因此派遣西藏贵族青年前往英国和印度留学,并在西藏也进行了若干"新政"。在这些"新政"里面值得一提的,除了上面所说的创办新军,建立机器厂和电厂,敷设了拉萨至江孜的电线等之外,1916年,达赖下令在拉萨创办医历研究所(藏名曼仔康),以哲蚌寺名医钦热诺布负责主持,噶厦并下令前藏、后藏、西康、阿里各地派学生入曼仔康学习医历(曼仔康所研究的完全是西藏旧有的医学与历算)。1923年,达赖下令在恰曲绒地方(在波密附近)试种茶树,派如本列赞巴强巴噶桑为总管,前往该地试种经营,企图解决西藏广大僧俗人民日常生活中最需要的茶的供给,但后来没有下文,大概没有什么成绩。同年,达赖又下令在拉萨成立警察局(藏名波立斯代本),任命索旺勒登为警察代本,仔仲钦热贡桑为警察帮办,在拉萨各重要街口建立岗哨。达赖又派堪穹大喇嘛、仔仲钦热慈成、噶雪多噶公子、米本加春巴、雪仲青素巴等人负责研究制订警察法规和训练警察事宜。1925年,达赖又下令在西藏创办邮政局(藏名札康),委派仔仲札巴曲加、雪仲贝喜娃(一僧一俗)二人为札吉(邮政总管)。邮票由印刷厂代制,发给邮局使用,邮局则每六个月向噶厦报告一次营业情况,并向银行(藏名欧康)上缴收入。西藏邮政,完全是在清朝驻藏大臣所设的驿站基础上改建的,每45华里设一邮站,来往传递邮件。邮政只通拉萨、汪孜、日喀则、帕里,不出西藏境内,和国际邮政更无联系。拉萨电报局也是这年成立的,达赖委任雪仲吉卜巴(英国留学生),和仔仲曲丹丹达(印度留学生)二人为局长,同样规定每六个月向噶厦报告一次营业情况,并向银行上缴收入。拉萨电报局只通到江孜，与英国办的江陵电报局接线。

欧康（银行）也是这时成立的，开始由彭康公担任行长，后由擦绒噶伦兼任，最后由桑颇札萨继任。欧康成立后负责改革西藏币制。在这以前西藏通用章卡（每一章卡等于藏银一钱五分），还是乾隆时驻藏大臣所制定的。新币值规定制造铜币四种，分二分五厘、五分、七分五厘、一钱四种。银币为一两五钱和三两两种。又印制藏钞数种（如五十章卡、一百章卡），藏钞不兑现，但发行数字有一定限制，且规定发新收旧。

为了推行"新政"，达赖还将西藏政制作了某些重大变动，在噶厦之上增设了司伦一人，等于过去的藏王，秉承达赖意志，领导噶厦的日常工作。第一任司伦是出席西姆拉会议的霞札，霞札之后是雪康巴，1926年因雪康年老辞职，由达赖的侄子贡噶旺觉公爵（即朗敦）继任。自乾隆十五年（1750年）清朝取消藏王制以后，200余年来，都由活佛掌办商上事务，现在达赖又恢复了贵族（俗人）掌办商上事务的权力。

在"新政"当中影响最大、阻力最大的是改革西藏税收问题。因为建立新军，举办各项新政都需要钱，增加了噶厦的财政开支数字，必然要增加税收。柏尔在其所著《西藏之过去与现在》一书中说："为供给新军饷糈起见，西藏政府乃于1914年加征两税，一为张塘（即西藏北部）巨量产额之盐税，一为皮革税，尚有不足，又提议征收羊毛税，羊毛亦该国一大出产，为输入印度之大宗货物，惧因拉萨条约第四条而遭反对，乃请印度政府许其每打征一卢比，等于每吨征36先令，即照价约抽百分之五，印度政府许之。……军服均于拉萨制办，毛织布大半来自藏省及拉萨以南诸县，军食则由政府仓廪供给，因政府大部分税入即为谷、肉、乳油、茶等，故全国仓廪林立。"

增收新税引起了噶厦与寺庙之间的关系恶化，特别引起了噶厦与札什伦布寺之间的关系更趋恶化，因为班禅在后藏有很大的辖区，在清朝时代，班禅辖区只给札什伦布负担税款地租，对噶厦没有任何负担，现在噶厦实行新税制以后，命令札什伦布所管百姓也要交纳，因而班禅的官员和人民非常不满。噶厦为了压迫札什伦布服从达赖统治，乃于1914年冬，在日喀则增设了基宗（后藏总管）二人，委派僧官堪穹罗桑团柱、俗官木霞，总管后藏十六宗，班禅所辖的四个宗和30余个独立谿卡均包括在内。基宗设立以后，不但在班禅辖区征收羊毛、牛尾、皮革、食盐等税，并且积极干涉札什伦布内部寺政。1915年6月，班禅亲自给达赖写了一封信，提出基宗干涉寺政不当，并提议班禅和达赖会面一次，商讨解决一切悬案。达赖给班禅写了一封回信，拒绝了班禅的要求。

三十八、藏军向康区进攻

嗾使藏军向西康东侵，这是英帝国主义者挑拨汉藏民族关系，使汉藏两大民族互相残杀，结成冤仇的最毒辣的阴谋。1914年9月，达赖委派噶伦喇嘛为多麦基巧（西康总管），又派崔科娃为代本，带了一个代本的兵力，随同噶伦喇嘛前往太昭，具体布置藏军向康区进攻。随后达赖又抽调后藏江孜、日喀则、定日的民兵150人，派往太昭方面增援。1914年10月，达赖又委派穹然木为代本，带了藏军300人前往39族地区布防，积极准备内犯。当时川军统领彭日升带了三个营的兵力驻防昌都、类吾齐和39族一带，武器比较精锐，因之川藏两军在类吾齐附近对峙，藏军未敢遽行进攻。

1917年9月，类吾齐川藏部队发生了冲突。据《西藏六十年大事记》载："六年（1917年）九月，类吾齐炮队余金海因割草与藏番开衅，遂擒藏兵二名，解于昌都，边军统领彭日升，未询理由，率而斩之，藏人愤甚，自此发生战事矣。"

当时国际上正在进行第一次世界大战，帝国主义国家都顾不上注意西藏问题，国内则南北军阀进行混战，四川军阀和云南军阀也在内战，都无力西顾，英帝国主义者认为这是嗾使藏军向康区进攻的最好时机，因之在类吾齐冲突发生后，"英国与西藏接济五籽枪5000枝，弹500万，"（《西藏六十年大事记》）唆使藏军开始进攻，川军连战连败，金沙江以西完全失守。

关于这次战事经过，《西藏六十年大事记》一书有如下记载："七年（1918年）一月，类吾齐失陷，陆军一营营长逃于昌都。二十二日，彭日升令边军第三营营长张开胜攻击欧月（位于昌都南八十里），并令边军第十营营长曹树范由烟袋塘夹攻之，张开胜甫至敌境，即被藏军击退，败回昌都。曹树范以张开胜失利，败回察雅，旋察雅失陷，曹遂缴械降藏。……二月十九日，恩达县失陷，指挥官封云树败退于俄洛桥（昌都西三十里），是月下旬，藏兵进攻昌都，彭日升调俄洛桥之兵援昌，藏兵遂乘机占据昌都之后山。三月三日，彭日升选派各军，分道攻取后山，是夜将官无督队者，复为藏军所败。二十二日，藏军攻云南桥，未胜，是夜即以桥畔砌石卡一道，边军守卡者未知，彼此相隔半箭之遥，次日始见。四月三日，藏军攻陷鸡心山，昌都要隘从此失尽矣。十五日，四川桥失守，昌都愈危，彭日升函请噶布伦停战议和，噶布伦函复云'先缴枪械,别无异议'。十六日彭日升开军官会议,征求意见,各军官默无一言,第七营营长兼昌都县知事张南山主张逃走,众不赞成,均愿缴械降藏,遂与噶布伦提出善后条约五款:(一)各营兵士现有20余月或10余月未发饷者,其军械交贵军后,所有欠饷必须由贵军发给。藏军答曰:缴械后实必酌量发给旅费。(二)缴械后即发护照,由此路回炉,必须支发乌拉。藏军答曰:缴械后限一星期内汉兵完全走尽。(三)汉人由昌都至炉,必须保护,不得伤害图谋财物。藏军答曰:将来走时,必派军队护送。(四)保全汉人各界生命财产,不得任意伤害。藏军答曰:自然。(五)关外汉人随身番女,必须准其随带进关,不得阻挡。藏军答曰:汉人所娶女子,准其随意带去,并发口粮。十九日各营均缴械,亦有兵士自行往缴者。午后张南山投江而死。二十一日藏军前队入昌都。……二十四日,噶布伦降巴登达抵昌都,令将降藏者无论官兵,均行分批解藏,不准回炉,彭不敢交涉,俯首允应。从此逐日分股解送,由噶布伦发给糌粑旅费(营长六两,队长四两,军佐三两,目兵一两)。是月下旬,同普县失陷,边军第一营营长兼同普县知事蒋国霖缴械降藏。……四日,噶布伦清查昌都户口及受伤汉兵,查出番民自反正后降川者数十人,遂刖其足,或劓其鼻,刖足之后,复以酥油煎其伤口,计刖足者33人,劓鼻者40余人。……于是藏军由昌都以破竹之势,分南北两路进攻,所到之处,边军望风溃降,以致德格、邓柯、石渠、白玉、贡县、武城、宁静七县相继俱陷。是时川边镇守使陈遐龄……派知事王久敬、李芳懋前往拉萨交涉,并致书寄居印度之西藏办事长官陆兴祺,请其转告达赖,休兵息民,听候中央解决,久未得报。七月,指挥官朱宪文大战藏军于甘孜之绒坝岔,血战20余日,始据雅砻江之东,与藏军扼守。八月,陈遐龄复派韩光钧为交涉员赴拉萨,始得达赖复书,谓不肯悖逆中国施主,甚愿息兵,由汉藏英三面各派代表议和云。"

藏军进攻到甘孜附近以后,英帝国主义者指示潜入该地的副领事台支满出面调解。当时英国人认为"假令续战,则一二月后,西藏必有数千中国俘虏,拉萨势力必奄有全境,直达打箭炉云,此次西藏本可复取西藏东南全境,包括里朗(瞻对)、巴塘、理塘及其他合并四川已历两百年之旧地,但中国必不甘心割其所视为本部范围内之地域,而西藏兵力尚不足与中国久持,故其前卫不宜与中国人烟稠密处接近。"(《西藏之过去与现在》)这就是英国人当时出面调解的内心说明,目的是要西藏方面巩固已得的占领区,积蓄力量,再向康区进攻。

台支满于1918年8月抵达昌都,与西藏方面的西康总管噶伦喇嘛会面,商好了对策,才邀川军方面代表边军分统刘赞延前往昌都,协议了停战和约十三条。和约要点是:(一)巴安、盐井、义敦、德荣、理化、甘孜、瞻化、炉霍、道孚、雅江、康定为汉军驻扎地,类吾齐、恩达、昌都、同普、邓柯、石渠、德格为藏军驻扎地,汉藏所辖各部队,均不得越暂定之界限;本约成立后,汉藏长官及前方如再有冲突发生,不可用武力解决,应将冲突始末,从速函告英国领事,请为调停。(二)本约成立后,汉藏交界地方,不得驻扎多数军队,巴塘及甘孜,各限驻汉军200名;昌都及宁静各限驻藏军200名。(三)本约为暂时条约,他日当另开中英藏三方政府代表会议,缔结永远遵守之正约,但正约对于本约不得有所更改。从这个和约的要点来看,无非是要川军方面承认藏军向康区进攻占据七县的既成事实。据《西藏六十年大事记》载称:"陈遐龄以和约损失威权,作为无效",没有承认。台支满看到这一阴谋未能实现,又跑到甘孜前线,与川军交涉员韩光钧、西藏代本穹然木缔结了退兵停战四条,其要点是:(一)汉军退驻甘孜,藏军退驻德格,自退兵之日起,汉藏各军于停战后一年间,不得再进一步,静候民国大总统及达赖喇嘛派员集合昌都交涉解决。(二)退兵期限,自中历十二月十七日,藏历九月十二日起,至中历十二月三十日,藏历九月二十六日止。英国人当时认为藏军占领德格等地尚不巩固,如川军反攻,已占地区尚有失守可能,因此要双方停战一年,以便藏军巩固阵地。川军方面当时实际上亦无力反攻,因而接受了停战一年的协议。

停战协定签订后,英国又指派台克满前往北京,协同英国驻华公使向北京政府交涉,提议重开中英藏会议,解决一切悬案,并提出取消内外藏名称,但要中国政府承认藏军已经占据之地的既成事实。据《西藏六十年大事记》载称:"英使到外交部继续会议,提出调停办法,拟将内外藏名称取消,所有原议划归内藏之地,划分为二,将巴塘、打箭炉、道孚、炉霍、瞻对等处,划归中国,将德格以西各地,划归西藏。外部告以如此划分,中国收回地方无多,而划归西藏之地幅员甚广,中国实难承认。英使见我坚持,又允将冈拖地方划归内地,并言该地为西宁同(通)前藏要道,又前许瞻对为产金之地,均与中国有利害关系,较之德格以西荒僻之地,不可以道里计,不能以大小为比例等语。外部询以昆仑山以南,当拉岭以北,原拟作为内藏之地如何办理?英使谓此处离拉萨太近,不愿中国在彼处驻兵,致起冲突,必须划归西藏,且该处系不毛之地,不知中国力争何所取义?外部告以该地系青海辖境,政府无权变更领土,以故不能不有所坚持,但为预防冲突起见,中国以保证将来在该地维持一切现状,英使仍未应允。……是时甘边宁海镇守使马麒以当拉岭以北,昆仑山以南,即玉树25族之地,已有理事公署治理民事,玉防司令部驻兵边防,行将改县,不啻内地,政府因何变更领土,划为外藏,遂通电全国,极力争持。同时新疆、四川、云南各省也通电反对。"由于青海、新疆、四川、云南等地方势力极力反对,北京政府乃将中英关于西藏的谈判搁置下来,未敢再议。

1919年,北京政府派员入藏,与达赖建立了直接的联系。据《西藏六十年大事记》载称:"国务院电咨甘督张广建,特派专员朱绣、李仲连、宁玛派喇嘛古浪仓等,轻骑简从,由青海赴藏,与达赖联络感情,作釜底抽薪之计。"朱绣等一行于1919年12月到达拉萨,噶厦以敌国使臣对待,达赖在罗布林卡旁边的兵营里面,在会见外国人的地方接见了朱绣。朱绣等人在拉萨住了四个多月,于1920年4月返回青海。据《西藏六十年大事记》载:"朱绣等出藏回甘,濒行之际,达赖设筵俎饯,声言余亲英非出本心,因钦差逼迫过甚,不得已而为之。此次贵代表等来藏,余甚感激,惟望大总统从速特派全权代表,解决悬案,余誓倾心内向,同谋五族幸福,至西姆拉会议草案,亦可修改云云。复与甘肃张督军,及宁海镇守使赠给哈达、金佛、藏香、红花多种,并亲交汉藏合璧正式公文一件。同时班禅由札什伦布派人送来藏文公文一件,及礼物多种,其倾向共和之心,较达赖殆有过之。"

三十九、柏尔赴拉萨活动

英帝国主义者为了破坏汉藏民族关系,对朱绣入藏一事向北京提出了抗议,同时又派了柏尔(英国驻哲孟雄行政官)前往拉萨,进行挑拨离间之阴谋活动。

柏尔到拉萨活动的原委,他在《西藏之过去与现在》一书中有如下叙述:"……1930年1月半间,吾抵岗都……同时中国使者(指朱绣)经西藏东部之长途而至拉萨,提出表面有利之新条件于西藏政府,请其委派代表至中国磋商最后协定,但未得具体结果,淹留四五月后,仍于1920年4月离拉萨返国。自是中国在拉萨之影响渐大,吾见大局纷乱无望,乃请应达赖再三诚恳之招,往见达赖及其政府于拉萨。曩者吾数被招,而吾政府未审为必要,尼吾之行。藏人因吾等冷眼相觑,几全失望,中国使者已设法腐化西藏与其人民之心,使之反英,设吾往拉萨,吾能与达赖及其政府中人私谈,解释种种,并竭力挽回信用交谊。……是年10月，吾往西藏都城之问题已决定，吾奉印度政府电令，领使节至拉萨，为英政府诚恳问候达赖，说明现在政治状况。1920年11月1日，吾离亚东赴拉萨。"

柏尔于1920年11月17日到达拉萨，噶厦在尖杂鲁丁地方搭帐篷欢迎，达赖私人派卓尼一人，代表达赖向柏尔献了哈达，并选罗布林卡附近之西藏摄政夏季别墅为柏尔的行馆，该地离罗布林卡达赖住所只有半里。

柏尔到拉萨的主要目的是为了进一步破坏汉藏民族关系，不但不让西藏与祖国恢复正常关系，而且要进一步使西藏与祖国关系恶化。其采取的手段，则是迎合西藏上层中一部分亲帝分离势力企图建立"大西藏国"的幻想，嗾使藏军向西康、青海，可能时还向四川、甘肃、云南继续进犯，使汉藏民族关系不可能好转。柏尔到拉萨后，即与达赖和噶厦研究实现这计划的办法，提出了扩编藏军、增加赋税等一系列问题，这些问题柏尔在其《西藏之过去与现在》一书中都有叙述，他说："吾常与达赖密谈，所论问题甚多，有时论及西藏自卫之实力，一次随便询吾意见，吾言西藏军队仅5000人，殊不足用，吾意财政准备充裕时，当逐渐增至15000左右，此似为最低数额，不如此不足以平内乱而御外侮。"

为了扩编藏军，连带提出了增加税收问题，柏尔向达赖提出了向寺院和贵族实行征税的办法。柏尔在该书中说："今日西藏政府最大之阻碍在于难增税收，以养新军，盖亚洲各国皆以土地为生财之本，西藏亦然，惜大部区域久已赐予寺院贵族，非遇重大情形，如丹吉林寺之叛逆，政府不能没收之。国家既以地授寺院而免其税，又直接以金钱、大麦、乳油等津贴之，故消费特别浩大，约计全国税收几有一半耗于僧侣，又有四分之一耗于贵族，但贵族尚能服务于国，略有报效。总之全国税收四分之三已予人，所余维持行政之费遂无多矣。……故1921年当吾在拉萨时，复拟采激烈手段，征收寺院及其他地主最近所得产业之税，僧侣贵族所能左右之国会竟通过之，于是设一委员会，制定详细条例。"这个办法从表面上看，是征收寺院与贵族之税，实际上还是从寺院百姓和贵族百姓身上压榨财物。

除了扩编藏军，增加新税之外，柏尔还向达赖提出了如下方案："吾曾提出下列方案，以为如此始能维持西藏自主权，及其良善政府，所谓方案，简言之，即听其自由生活而已。吾之提议约为：（一）许其每年自印度输入少许特别规定之各种必需军用品；（二）于有限范围内，助之训练军队，备办军需；（三）先助之雇用寻矿师，察看矿山，苟已发现，则助之雇用采矿师试验之，于必要时实用采矿……西藏政府可自行保存矿产所有权，仅雇可靠之商号开采；（四）设一英国学校，教育西藏要人之子弟，校址应在江孜，将来可迁至拉萨。"

英国人提出的扩编藏军、加征赋税的计划传出后，立即引起了西藏僧俗人民的强烈反对，尤以三大寺喇嘛反对最激烈。柏尔是藏历十月到达拉萨的，转瞬到了藏历正月，三大寺两万多喇嘛集合到拉萨大昭寺，举行默朗木大会，当时传出三大寺喇嘛准备暴动，打死来拉萨的英国人的消息，达赖调藏军镇压，结果喇嘛与藏军发生冲突，外国报纸上谣传柏尔等人已被打死。关于这次群众性反英斗争，柏尔在他的著作中也曾提到，他说："二月，乃西藏新年之首，其节名曰大祈祷，乃全年中之大节，为时约三星期，拉萨僧侣照常云集，因僧侣首领与军官冲突，此时遂发生一大危险，附近僧侣四万，可一哄而入，劫掠杀人，达赖知此危机，乃运用机智，调军队离拉萨，但拉萨良民受此惊吓，多搬其杂物匿藏远近村中。拉萨一地素以杀人越货名，故大吉岭、噶伦堡等处谣传吾等使者均被刺。藏人以为扩充军队乃吾欲削除骄横之僧侣势力，此种思想固自有理，盖其圣主扩充军队，明明系采用吾策，而毅然努力实行者也。……达赖及首相之下，有四噶伦组织西藏政府，以此一被免职，一被罚款，又有三上校免职，两小军官罚款。……达赖并召僧侣首领，责其从严约束僧侣，且警告之：谓若战祸发生，则其寺院必遭重伤，彼等必须重惩。"

喇嘛与藏军冲突事件发生后的第五天，哲蚌寺五千喇嘛又准备集体下山，进攻拉萨，驱逐英人出境，达赖又派藏军3000前去包围该寺，解除了喇嘛的武装。这次事件，柏尔在其著作中也曾提到："后五日，哲蚌寺忽发生一事，但范围尚小，仅5000僧侣牵连在内……彼等扬言欲攻拉萨，此种事最易变为反对深入内地之外国人，盖外国人宗教不同，僧侣阶级怒外国影响之危及其宗教与其本身，仇恨每达极点。……西藏政府调集3000军队至拉萨，围该寺降之，恩威并用，此事遂平。"

印度政府接到拉萨骚乱的报告以后，立即命令柏尔离开西藏，返回印度。但柏尔"以种种理由，力持有停留之必要，卒从吾意。"（《西藏之过去与现在》）柏尔看到西藏三大寺反英情绪很高，乃调江孜商务委员麦克唐纳来拉萨进行"疏通"。麦克唐纳在其所著《旅藏二十年》一书中说："现在西藏政府想增加常备军的势力，由5000人到15000人，这种计划曾被哲蚌、色拉、噶丹各大寺院所反对，因为他们认为增加新军，喇嘛将被募招补充兵额，寺院的财产将被剥夺，税收也要增加以充兵饷，这议案提出，适在柏尔等到拉萨时，一部分西藏官家的意见，以为这种不好的计划，是由柏尔等所订出，最困难的一点，就是怀这种意见的人，不公然宣布出来。我到色拉寺参观，里边的高级方丈，便是我的老友，招待我备极殷勤，他告诉我说：寺院恐怕失掉财产和僧人募作兵士，色拉寺无论如何，要竭力反对这种新军的增加，他的结论是认为逐渐增加军队，比骤然增加军队要好得多，如果能采取这种办法，或可免去意见的分歧。他又坚持地说道：补募新军要从外省着手，并须在拉萨城外训练，借免拉萨城担负上的困难，方称妥善。当我再会达赖时，他认为逐渐增加军队，也是值得研究的一个问题，他明了在西藏任何改革，一定要遭强烈的反对，因为人民，尤其是喇嘛，都特别富有保守性。逐渐增加军队的倡议，是色拉寺的方丈提出，当我后日又见他的时候，他说这事已和平解决。达赖左右的俗官进步派，很想策动达赖骤然增加新军的办法，不过此事为僧众及平民所反对罢了。"

柏尔在拉萨一直住到1921年9月，差不多住了一年时间才返回印度。他想挑拨汉藏关系，扩充藏军，唆使藏军继续向康区进攻，因遭到西藏广大僧俗人民的坚决反对，未能完全实现。

四十、班禅逃亡内地

班禅集团在后藏地区拥有广大的土地、人民和寺院，自清朝雍正、乾隆以来，一向归驻藏大臣直接领导，和噶厦处于平行地位。此时驻藏大臣被赶走了，噶厦即强迫札什伦布服从达赖的统治，并向班禅辖区派粮派款，征兵征税，而札什伦布则援过去旧例，不愿有任何负担，于是双方发生了尖锐的斗争。1920年10月，为了征收羊毛、牛尾、羊皮和食盐的税收问题，札什伦布派了仲苏堪穹噶热巴罗桑才仁、大业仓仁木细团康、小仲译当青罗桑坚赞（即王乐阶）、列赞巴同吉明马团柱、列赞巴札门团柱等人前来拉萨，与噶厦进行谈判，要求免征，噶厦不予接受，谈判遂告中止。

1921年，噶厦成立了军粮局（藏名巴不细勒空），达赖任命大仲译罗桑丹将、仔本龙厦二人负责，分配和征收全藏的军粮，就给札什伦布分配了四分之一的军粮（一万尅。约25万斤），更引起了班禅方面的不满。是年10月，班禅又派大仲译德来康萨、大马官德来热登二人前来拉萨，向噶厦要求免征军粮，噶厦又未予接受。

此时，噶厦与札什伦布之间的关系已相当恶化，班禅曾企图请英国人出面调解未成。麦克唐纳在其所著之《旅藏二十年》一书中说:"1923年前数年,西藏拉萨、日喀则两政府,关系逐趋恶劣。1922年,班禅喇嘛异常恐惧,当时请我居间调处,但依照印度政府的法规,我不能出而担任这种任务。日喀则人民不愿供给拉萨来游官员需要的运输和工人,他们认为他们是日喀则直接管辖的人民,只有对日喀则长官有供应的义务。……因养兵费和西藏东边国防费问题,致两大喇嘛间发生意见,当危急时,班禅喇嘛正在日喀则西部四日路程的介地方温泉疗病,即刻回到他的首府,他的几个重要大臣已经被召,星夜赶到拉萨,并且在那里被拘入狱了。当这次事变最初发生时,我曾派人到日喀则问候班禅喇嘛,适巧他回日喀则的那夜,就同重要的侍从和百余扈卫,离开札什伦布寺向外逃亡。"

据刘家驹所著《班禅大师全集》载称:"民国十二年(1923年)十一月十五日夜,班禅知难相容,密率僧侣上差15人,乘黑夜赴纳当,涉藏青大河,经节耶而入旷野草地。此路平常商人需一月之程,佛等星夜遄行,仅七日七夜即到,时藏中尚无人知觉。是月十八日晚,班禅之苏本堪布罗桑坚赞、曲本堪布旺堆诺布、森本堪布甘登绕结、古觉堪布罗桑般丹、罗桑昂嘉,仲译钦布王乐阶,大卓尼钟苏郎,德匡巴夏慈仁、僧纲桑结甲错、苏德巴罗桑图丹……及随从念经喇嘛等共百余人,乘月逃出,追赶大师,过藏青大河,几遭灭顶……疾行五日五夜,得昭大师,咸庆脱险,向南再走三日,可合大路,佛忽改而北驰,众随之,过后始知若南去恰遇追兵,共仰大师之神异。从此力避大路,涉江踏云,曲入山道,苦行三日,至子聪草坝,遇孝珠堪布(外蒙哲布尊丹巴师傅)回脚骆驼百头,于是得借明驼千里足,送佛莅中原。时驻后藏之前藏官兵,得报班禅东去,专差往江孜以电话禀知达赖,飞饬孜本龙厦、代本崔科率藏卒千人,分道追截,卒以路歧而不知所向,且值大雪封山,遂止。"

班禅逃走以后,达赖即乘机收回札什伦布政权,统一于噶厦之下,委派古觉大堪布罗桑丹增为札什伦布寺札萨喇嘛,代替班禅管理政教两务。札萨喇嘛的任务是:(一)负责征收班禅辖区金银粮食,以供给佛前供养与寺僧口粮;(二)负责札寺所属各宗、各豁卡百姓的乌拉分配与使用;(三)负责向札寺辖区征收附加的军粮和羊毛食盐等税收,交噶厦以供军需。

为了协助札萨喇嘛统治班禅辖区,达赖又派仔卓尼罗桑仁青、业基苏本德强、雪仲将巴噶桑、仔仲罗桑札喜、仔仲钦热旺觉等五人,前往札寺工作,受札萨喇嘛领导,分别掌管札寺各宗政权和寺内政教事务。

噶厦接管札什伦布以后,对待班禅辖区的百姓是非常苛虐的,这一点连英国人也看不惯,麦克唐纳在其《旅藏二十年》一书中说:"自从这高僧离藏后，虔诚的喇嘛深感不安。拉萨方面派人管理藏省，苛捐杂税比往昔增多，于是那儿的人们，怨言载道，在日喀则住有一个拉萨大臣阶级的官员，还有四位四品官从旁帮助，他们下了许多命令，通知日喀则方面，关于拖欠拉萨的税银，须扫数结清。当班禅喇嘛离开日喀则前，给达赖留下一封信，谓他这次前往蒙古，完全为的是募款，绝没有引起西藏内乱的意向。……班禅已经离开西藏时，拉萨政府发出一种声明，谓班禅离藏完全出于自动，拉萨方面，对之绝没有用一点恐吓，所以不能负任何责任。"

班禅逃到内地以后，据《旅藏二十年》一书载称：也曾要求返回西藏，但因得不到任何担保而终止。该书中说："班禅喇嘛声明，愿返本寺主持，同时达赖喇嘛答复他，请他自由主张。然而班禅喇嘛在回藏前，想要求对他个人和随他出亡一些大臣的安全保障，他有一次向印度政府询请，可否从中保证，但是这很难办到，在我写这书时，班禅已离开北京，住在满洲奉天省，被人招待得很好。他住在中国政府特别为他建筑的行宫里。"

四十一、西藏与中央政府的联系

柏尔返回印度以后，英帝国主义者认识到西藏人民中仍存在着浓厚的反英思想，乃想加强西藏警察的训练，实行警察统治（即特务统治），企图把西藏人民的思想和行动控制起来，但这一阴谋又被西藏人民反对掉了。关于此事的经过，麦克唐纳在《旅藏二十年》一书中曾提到过："警察是由我的朋友擦绒协摆兴办，他劝达赖要不顾寺院反对，实行这种计划，曾经政府核准后，印度政府便派孟加拉警卫长官莱登拉前来西藏，帮助政府组织训练。莱登拉先生是个锡金人，善操藏语，处山民也有很多经验，所以担任这种工作非常相宜，他认识很多西藏高级官员，又是仔本龙厦的好友，办理各事更加熟手了。莱登拉到拉萨，采用印度训练警士的方法训练西藏警察。然而因西藏首府特别习惯关系，他不能发展雄才而遭人反对，因此所有行政权力，渐渐由行政当局方面，落到哲蚌、色拉、噶丹三大寺喇嘛手里，他所训练的人员，原来品性不是顶好，这一些新警士，都由财主送来，人品不齐，因兵饷很少，不能劝诱普通人来受训练。训练新警，是最困难的工作，他训练的结果，令人钦敬，不幸身体欠佳，只好遄回印度休养。他离开后，警士训练每况愈下，军士与警士中间，时常发生冲突。在开始训练时，拉萨城市居民深恶警士，不幸新警士对于他们的职务，又过于尽职，常盛气凌人，往往因细故逮捕，拉萨居民对于这种待遇，深表不满，所以对待他们也就深恶痛绝了。现在只剩有50个警士，由这城里县长——藏语米本——管辖，所有警士委任官，差不多一个个都被革职。无论高级低级人民，对于革新事宜都万分不满，有一个警官皮马强达被迫图逃，被军队追及，拘捕枪决。"

英帝国主义在西藏实行警察统治失败以后，又想进一步采取更毒辣的手段，扶持西藏的亲英少壮派军人，策动他们举行政变，推翻噶厦，而由少壮派军人另组政府（有些书籍说英国人是想推翻达赖，建立俗人统治）。这一阴谋的首脑是擦绒噶伦，他们先建立一个秘密的小集团，拉拢军官参加，待时机成熟再下手。幸亏里面有一个军官向达赖告了密，达赖发觉后，马上罢免了擦绒的藏军总司令职务，把参加小团体的青年军官一律予以革职，并停办了英国人在江孜所办的军官训练学校，于是英帝国主义的这一阴谋又告失败。这次事变的经过，麦克唐纳在其所著的《旅藏二十年》一书中也曾提到过；"当这时候（1924年），另外还有一种严重的谣言，使政府所在用一般很多的有希望的青年军官同时下台。这黜革的原因，是因为他们穿西式服装，剪短头发，但是真正原因实不在此，有几位年纪轻的军官，曾经于一种盟约上签字，表示无论如何，在军政暗潮里，要彼此互相帮助。然而有一位青年，虽然参加这订盟会议，但是拒绝签字，并将这消息报告政府。这位报告消息的是达桑传巴，后来被任为藏军的总指挥，代替了军事首领擦绒协摆。然而达桑居位不久，竟变成一个鸦片鬼，因而被革职，由仔本龙厦继任。"

擦绒被撤去总司令职务以后，达赖尚念其过去功劳，噶伦的名义仍在，委他筹办札什城机器厂并创建水电厂。他在印度请了几位外国技师前来拉萨，当时拉萨人民中谣传擦绒给英国人建立领事馆，于是群众又发生骚动，把擦绒殴打几乎致死，《西藏史地大纲》一书中曾提到此事："原来亲英派之首领擦绒，拟在札什城建筑英领事馆，早有勾结英人，废除达赖之野心，故此时藏人群起而殴建筑英领事馆之工程师数名，并殴擦绒，伤重几死。"

由于英帝国主义者积极干涉西藏内政事务，直接危害到达赖和他代表的阶级的利益，达赖集团和英帝国主义之间的关系起了变化，达赖开始有了觉悟，又想和祖国各族人民联合，以便对抗英国。这一思想在柏尔所著的《西藏之过去与现在》一书中也有叙述，他说："西藏人民仍有倾向中国者，以为本国尚未能独立，'若不加入中国联邦，为五大民族之一，则恐有遭印度人蹂躏之时'（一人向我言之如此）。"该书又说："西藏之与印度人接触者，多恐印度人侵入西藏，夺取势力，故彼等以种种理由，不愿与印度勾结太密。……西藏之天然亲属，自应为中国联邦中各种族，其宗教、伦理及社会礼仪风俗皆有公共基础，历史上亦系自始联结。彼与中国之关系，纵或保存，但不至为其领土之一。……若最后得承认其领土之保全与自治权时，亦可重行加入中国联邦，但必须以平等待遇之条件而后可也。"这一段材料反映了当时西藏统治集团之心理动向，他们已认识到和外国人不可"勾结太密"，愿与祖国各族人民建立兄弟关系，但又担心得不到"平等待遇"。

此时，1925～1927年的大革命已经失败，国共合作已经分裂，国民党政府在南京建立，但仍挂着孙中山先生的"国内各民族一律平等"的招牌，使达赖对国民党政府产生了若干幻想。1928年冬，西藏驻五台山堪布罗桑巴桑奉达赖指示，前往南京见蒋介石，蒋介石写了一封信，托他回藏后交给达赖，这是西藏和国民党政府发生关系的开始。1929年7月，国民党政府以文官长古应芬的名义，派了刘曼卿（国民党政府文官处的一个女职员）前往拉萨，试探达赖的态度。刘取道西康前往，在昌都被阻一个时期，于1930年春始抵拉萨，3月28日见了达赖，达赖没有表示任何态度。4月底，刘要求返回内地，达赖才答应在5月5日再予接见。这次接见时，达赖向刘曼卿谈了很多问题，嘱刘回去报告国民党政府。据刘曼卿所著之《康藏轺征》一书所载达赖谈话内容如下："过去中国均漠视西藏，弃如石田，今新政府初立，即派汝致意……尚望始终如一，继续不断，更进而为实际之互助。吾所最希求者，即中国之真正和平统一，前偶闻某某先后叛变，吾日诵经持咒以祝其平复。……至于西康事件，请转告政府，勿遣暴厉军人，重苦吾民，可派一清廉文官接收，吾随时可以撤回防军，都是中国领土，何分尔我。倘武力相持……兄弟阋墙，甚为不值。……"又言："印度人民近来因反对英国受极度之压迫，有难言之痛苦，中国在扶植弱小民族之立场上，应予以切实之帮助。"又言："英国人对吾确有诱惑之念，但吾知主权不可失，性质习惯两不容，故彼来均虚与周旋，未尝予以分厘权利，中国只需内部巩固，康藏问题不难定于樽俎。至于派遣代表，因西藏本以教治国，人民对于政治颇为冷淡，对于中原情形，尤为隔阂，恐去亦难有贡献，惟既承谆嘱，当竭力选派青年数人赴会（指国民党政府召开的国民会议）……吾于政府所希求者不大，能于最近予藏以织布机、制革机及各种工人足矣。"从达赖与刘曼卿的谈话来看，达赖认为康藏"都是中国领土，何分尔我"，又说："中国只需内部巩固，康藏问题不难定于樽俎"，说明达赖还是承认西藏是中国领土，康藏问题是中国内部问题，是拥护祖国统一的。

还在刘曼卿未来藏前,达赖又派驻北京雍和宫堪布贡觉仲尼前往南京见蒋介石,解释了三个问题:(一)达赖无联英之事,不过境域相连,不得不与周旋。(二)达赖无仇汉思想。(三)达赖欢迎班禅回藏。1929年12月,蒋介石又给达赖写了一封信,并委贡觉仲尼为"赴藏慰问专员"。贡觉仲尼取道印度回藏,于1930年2月抵达拉萨。贡觉仲尼入藏时,国民党政府蒙藏委员会拟具了"对于西藏问题如何解决"之条款八项,要求达赖一一答复。该八项条款的内容与噶厦的逐条答复如下:

(一)西藏与中央关系应如何恢复?噶厦答称:"中央能将中藏施主关系,照前至诚有信之待遇,而西藏以前原系至诚相见,现在更要竭力拥护中央。"

(二)中央对于西藏统治权应如何行使?噶厦答称:"西藏政教谋根本安定之法,商洽立约后,必更稳妥。"

(三)西藏地方自治权如何规定?范围如何?噶厦答称:"从此中藏施主诚意谋西藏安全,其范围自应照旧,若原系西藏地方,刻下未在西藏治下者,自应仍归西藏范围,久后必安。"

(四)达赖班禅加入中国国民党:噶厦答称:"达赖喇嘛现在年高,加之政教事务甚繁,又因三大寺及上下居巴僧俗官员未经同意之前,不能来京。至班禅现住内地,除札什伦布庙宇教务外,素无其他政务可管,自应就近加入国民党,但素无解决藏事之发言权。"

(五)达赖班禅在西藏政教上地位与权限一律照旧?抑或另有规定?噶厦答称:"西藏政教,向归西藏政府掌管,班禅早在后藏有一庙宇。至札什伦布系第一世达赖所修建,后一辈达赖到拉萨时,无人掌其庙宇,特选班禅掌管札什伦布,并赠予班禅。后由五辈达赖因屡次师徒关系,将札什伦布给予班禅,若照以前旧规办理,西藏人民无不悦服。"

(六)班禅回藏,达赖如何欢迎?中央如何护送?噶厦答称:"班禅左右人等,造前后藏名目,意在分离,素不遵守藏政府法令,往往以下犯上,思想行为均系恶化。甲辰年英人到拉萨时,班禅前往印度,与英人密谋,不得结果,仍回札什伦布。又辛酉年,班禅同联钦使设法谋夺达赖政教各权,后由三大寺僧及全藏人民反对,不得已仍回札什伦布。又向章班禅应出军粮四分之一,不但任意不交,还作不法行为,彼时若照西藏法律,着实解决,焉有现在之事,因思前辈达赖与班禅师徒关系甚深,竭力忍让,彼等不但不悔悟,还拥班禅舍札什伦布而逃,当时具函请其回藏,并未容纳,因与库伦共党有谋,虽往库伦,因库佛圆寂,方到内地,而此间将札什伦布庙宇,业经派员妥为保护。至班禅左右人等,时常挑拨,现在未声明逃奔理由之前,西藏碍难欢迎。"

(七)达赖是否在京设立办公处以便随时接洽?至于经费可由中央供给。噶厦答称:"先设办公处于南京、北平、西康三处,以后若有加添之处,再当陈请。"

(八)西藏对于中央有无其他希望?噶厦答称:"为防侵略守土之故,目前只希望中央接济军械,以后谋地方安全,如有所需,再当陈请。"

1930年8月,贡觉仲尼带了噶厦的答复返回南京,达赖又委派贡觉仲尼为西藏总代表,常驻南京。1930年12月,国民党政府蒙藏委员会又派委员谢国樑(谢原在驻藏川军中任职,川军哗变时,曾投噶厦带兵与钟颖战)为代表,偕秘书谭云山从印度入藏,打算和达赖作进一步地谈判。不幸谢国樑行抵曲水时逝世,由其秘书谭云山代表他看望达赖。谭云山曾从拉萨向国民党政府请示,拟提出以下原则与噶厦谈判:"西藏为中国之一部,南京中央政府为中国全国(合汉满藏蒙回苗)之中央政府,中藏之关系乃国家与地方或特别区域之关系,此次交涉,乃中央政府与西藏地方之交涉,所谓解决中藏问题,即解决中央与西藏地方联结统一合作,以共谋国是之问题。"国民党政府对谭云山的报告始终没有答复,谭云山在拉萨待了几个月以后取道印度回国。谭云山离拉萨时,达赖要求他在印度面晤甘地,有事托他代办。谭云山在印度巴多利地方找到甘地,"将达赖托事办妥"。从达赖主动与甘地发生联系一事来看,达赖当时至少是同情印度的民族独立运动,具有一定的反帝思想的。1931年,噶厦正式委派楚臣丹增等人到达南京,组成了"西藏驻京办事处",这时西藏地方与中央的关系有了初步改善。

达赖之所以与国民党政府建立关系,一方面是反映了当时西藏上层对国民党政府存在若干希望,以便了解国民党政府究竟有无力量能不能帮助西藏摆脱英帝国主义的控制;另一方面,也可能是向英帝国主义者表示了一下态度,英帝若再要干涉西藏内部事务,西藏就要投向祖国怀抱,要英国放聪明点,适可而止。一般的书籍把达赖的这种政策,叫做"骑墙政策"。

还要指出一点,即达赖和日本帝国主义者也有某种往来。这一点柏尔在其所著之《西藏之过去与现在》一书中认为值得注意,他说:"此时(指柏尔赴拉萨之时)西藏无论远近,均显有倾向另一岛国(日本)之趋势,以为日本曾助蒙古反对赤化,又为一强国,且渐逼近西藏,其枪价廉物美,蒙古甚流行之,故若英国枪不肯出售,可购自日本。吾国若继续此种孤高政策,其结果将如何耶?西藏必被逼而倾向中国或日本。"同书又说:"中日之战,日俄之战,日本声威远振,西藏以其种族宗教关系,自甚欣慰。战胜以前,西藏不过知有日本之名而已,但近20余年,日本约有六七人探险西藏,住于拉萨,其一为川口氏,秘密乔装而来……以后续来者则公然居于拉萨,其一为西藏政府特聘以教练军队者。吾在拉萨时,有一日本人在色拉寺发愤读书。……西藏人于是明白日本之强而倾倒之……少数西藏人曾旅行日本,其中最著者为大元帅。……日本新闻纸上,时有论及西藏文字,其一著于吾留拉萨之末……其他各种表示,大足见日本朝野均日益注意于西藏之事也。"日本帝国主义者早在觊觎西藏,派遣河口慧海、寺本婉雅等人以"佛教徒"的面目入藏,在三大寺"学经",进行间谍活动,这些日本"喇嘛"当然对达赖也在积极拉拢。至于十三世达赖当时对日本帝国主义的拉拢是什么态度?因无藏文史料,还不好判断。

四十二、藏军再次向康区进攻

达赖派遣贡觉仲尼为西藏总代表,在南京设立西藏驻京办事处,触怒了英帝国主义,于是采取流氓手段,唆使尼泊尔人进兵西藏,以压迫达赖与祖国疏远,并进一步破坏西藏与祖国的关系。英国人自己又不出面,预留了将来万一尼藏战争不可开交时,英国仍可出面调解的余地。关于这一事件的经过,《西藏史地大纲》一书中有如下记载:"达赖……派员来京,表示服从中央……因此遂为英人所不安,初则派遣大批人员入藏宣传,竭力挑拨中藏恶感,离间藏人之内附,继则又唆使尼泊尔进兵西藏,以谋武力之威压。"

当时尼泊尔与西藏之间,在商务关系上恰巧有些小的纠纷,该书载称:"尼人在藏经商,有不纳任何税捐之规定,民国十八年(1929年)达赖因财政困难,令侨藏尼商,照通例缴纳捐税,因之遂起抗税风潮。达赖为震慑起见,曾拘捕一人,后该犯乘隙逃脱,避入噶巴丹公署(即尼国驻藏办事处),以图幸免,旋为达赖所知,当即派兵前往拘捕,执行枪决,藏尼之纠纷遂起。但此种屑小事件,断不致引动大兵相抗,其所以不惜调兵遣将,小题大做者,即为英帝国主义……利用尼泊尔之名,以武力侵压西藏,尼泊尔国王慑于英人之淫威，不敢反抗，遂从之。……尼泊尔国王乃于民国十八年（1929年）废历八月，命令全国官兵，给假三月，回籍省亲，然后大举侵藏。一面命令二十四苏色（如我国之县长）拓筑入藏之军用汽车道，宽约二丈，凿山工具，均由国王发给。十一月购买械弹粮秣，征发牲口，并向印度调回属于该国国籍之现役军人二万数千人。十二月，即发动员令，由王太子巴布塞姆希亲自率领出征。"

当时藏军大部集中西康东线，藏尼边防空虚，达赖闻警后即向国民党政府请求救援，引起内地舆论的关注。国民党政府派了一个代表前去尼泊尔"了解真相"。《西藏史地大纲》载称："民国二十年（1931年）蒙藏委员会为求明了尼藏冲突真相计，特呈准国府，派该委参事巴文骏前往尼泊尔调查。巴氏抵尼，备受礼待，尼藏之争亦已消逝。迨巴氏返京时，曾带来尼国馈赠国府礼品多种。……原来此次尼藏发生冲突，全为英帝国主义所策动，并非出于尼泊尔之本愿，惟尼泊尔为蕞尔小国，无力抗御强英，一时不得不俯首听命云。"

英帝嗾使尼国侵藏，原为一种流氓手段，意在吓唬达赖，并不是真要发动尼藏战争，但也有可能在尼藏边境打些小仗。达赖向国民党政府求援看到不解决问题，不得已又向英帝屈服，请求英国出面调解，这正合了英帝国主义的目的。1930年正月，英国派遣驻哲孟雄行政官，到了拉萨，进行"调解"。《西藏史地大纲》称："后此事闻仍为印度政府委派委员团赴拉萨，与达赖作亲密之周旋，双方始罢兵息争云。"这次谈判的结果，没有材料证明，但从后来发生的事实经过来看，尼泊尔侵藏的军事行动停止了，但藏军第二次向康区进攻的战争却在1930年六月间爆发。从这种情况判断，英帝国主义者派人和达赖谈判的结果，是以达赖命令藏军再向康区进攻，与英国命令尼泊尔停止侵藏战争为交换条件的。其目的则是破坏汉藏关系。当时达赖迫于英人威力，不得不接受英帝国主义的条件，这就爆发了藏军第二次向康区进攻的战争。但这次战争和上次战争稍有不同之处，即达赖方面的被迫性很大，并不是出于完全自愿的。

1930年六月，驻防在西康德格的藏军，借口大金寺和白利土司之间的纠纷，奉命向驻防甘孜的川军进攻。《西藏史地大纲》载称："民国十九年（1930年）白利活佛亚拉智古，欲借大金寺势力，压服白利土司……径将以前白利老土司划交亚拉寺听差之十五户差民，送予大金寺，大金亦竟公然受之，白利不服，大金更用高压手段，于六月十八日黎明，突来马队数百骑，占据白利，大肆焚掠，驻甘孜川军得报，前往震慑，而大金隔溪抗御，阻断大路……而藏军之驻大金者，不惟不促大金退出白利，且向川军挑衅，遂启战端。""此次大金白利之争产纠纷，本为西康甘孜境内之小事，无关西藏之得失，而达赖竟派兵越境，帮助大金，进攻甘孜，复分兵夺据瞻化（即瞻对），并将瞻化县知事张次培及其属员眷属等30余人，悉解昌都，康藏纠纷于是遂起。""此次达赖内犯，所有战具，皆系印度孟买兵工厂所制，且前线复有英人为之指挥。"

关于英帝供给藏军军火一事，当时国民党政府驻英大使曾向英外交部质问，英外务部答复国民党政府驻英大使说："西藏购械事，（一）系根据1921年《印藏条约》，印度不得不供给西藏军械；（二）以后供给军械时，当严厉限于治安与自卫之用；（三）中藏纠纷如中政府同意，英政府愿调解。"中国驻英大使答以"中藏纠纷系我内政，谢绝调解。"

藏军此次向康区进攻之时，四川内部正在军阀混战，因之驻防甘孜、瞻化之川军根本没有抵抗即行撤走，四川委派的瞻化县长都做了藏军的俘虏。藏军占领甘孜和瞻化以后，四川当局就向国民党政府报告，请求向达赖交涉，制止藏军进攻。

1931年4月，国民党政府一方面派了蒙藏委员会委员唐柯三前往甘孜一带进行调查；一方面通过达赖驻京总代表贡觉仲尼致电达赖，请其命令藏军停止进攻，并要求派员谈判和平解决办法。1931年5月，达赖复电，云已令驻军停止军事行动，静候中央派员和平解决。5月末，唐柯三到达西康，接国民党政府电告，达赖已派定琼让代本为代表，在甘孜等候谈判，但等到唐柯三到达炉霍，接琼让代本来信说他只负责招待，并无奉行谈判权力。以后又接西藏派驻昌都总管噶伦敏堆巴来信，谓"奉命办理康案，特先函接洽"，于是唐柯三又去信催噶伦敏堆巴速来甘孜举行谈判，很久，噶伦敏堆巴来信说他已交卸，正办交待手续，不能前来，于是康藏谈判又拖下来。一直到1932年春，达赖才命令琼让代本与唐柯三举行谈判，双方拟定了一个停战草案，该草案要点是：（一）甘孜瞻化暂由藏军驻守；（二）道孚、炉霍各驻汉军200人，甘孜、瞻化各驻藏军200人，不得互相侵犯；（三）大金原属甘孜喇嘛寺，所有白利争执，归琼让秉公处理，不得虐待；（四）被掳官兵一概送回，所有优待费拨垫归还。根据这个草约来看，仍是要川军方面承认既成事实，藏军占了的地方，即归藏军永远占领。

这个草约传出后，引起当地群众和西康各界的不满，纷起抗议。据《西藏史地大纲》载称："康藏停战条约成立后，甘孜既暂由藏军驻守，而大白纠纷亦由琼让处理，白利民众闻讯，莫不痛哭失声，当群赴炉霍请愿，并由白利土司之妇率领全部夷民，分赴特派员及安抚专员两行署，痛陈该部夷民苦况，金谓'此项和约如果签字，则将来甘孜在藏军势力之下，彼等因亲汉关系，虽得重归故土，自难免受藏军与大金寺之虐待，而琼让势必袒大金而仇白利，全村夷民永沦为奴隶矣。'……西康军政当局及民众亦纷起责难，和议进行遂告停顿。"

此时四川军阀内战仍在继续，西康地方实力派首领格桑泽仁，乘川军内外受敌机会，突于1932年3月9日，在巴安宣布成立"西康建省委员会"与"西康省防军"，并且提出："康人治康"与"驱逐川军"的口号。格桑泽仁在巴安起事之后，不久即占领盐井、乡城、稻城、义敦、德荣及中甸等十余县。

当时西康还酝酿着另一事变，国民党政府派往西康之唐柯三，系一回民，而驻防康定之刘文辉部一旅长马骥也是回民，唐柯三和西北四马①关系很好，因之亦想乘机夺取西康政权。据《西藏史地大纲》载称："唐柯三亦信回教，对马福祥、马鸿逵等人均有相当好感……遂有联络甘、青、康三省回军，驱逐藏番出康，另组西康省政府之议。未几……马啸为叛兵击毙，唐柯三又离康回蓉，此种计划无形停顿。"由于川康军阀内讧，藏军乃得占据甘孜、瞻化约两年有余。

1931年8月，英帝国主义者又派驻哲孟雄行政官噶乃木魏阿尔前来拉萨，策动藏军向青海玉树进攻，想把康藏之间的内战扩大到青海与西藏之间的内战，以便进一步破坏我国的回藏民族关系。噶乃木魏阿尔与达赖会谈以后，达赖即宣布委派仲译钦冒（秘书长）欧细娃图丹贡丹前往青海玉树方面，主持军政大计。仲译钦冒奉命后，连夜出发。不久，就发生了藏军攻入青海境内的消息。噶乃木魏阿尔在拉萨居住了约三个月，于11月返回哲孟雄。

1932年1月，藏军开始向青海玉树防区进攻，这次藏军侵犯玉树，也是以当地噶丹寺与得塞召寺发生的土地纠纷，作为借口。此事发生经过，高长桂所著之《边疆问题论文集》有如下记载："玉树苏尔莽地属噶丹寺，在90年前改奉格鲁派，请求达赖派堪布来寺监督，噶丹寺恃堪布之势力，日趋跋扈……无恶不施，民众亦群起反抗，不与寺院支差，噶丹寺无处泄愤，遂将寺院附近田禾抢收，是则十数年前事也，嗣后年年抢收，形同占据。查此田地原属旧教德塞召寺，亦属苏尔莽族，故该寺僧徒及苏尔莽一部民众，屡向玉防司令部及玉树理事署起诉，结果判归德塞召寺。不意噶丹寺……向达赖申诉，达赖批交昌都沙旺千布（昌都总管）查办，沙旺千布派员与玉树当局几经会商，未得要领。……二十年，玉防司令马彪莅任伊始，对处置苏尔莽两寺之争，以主权完全在我，与藏方无磋商余地，……而藏方因战胜西康之余威，骄横不可一世，抽调重兵。率入玉树辖地，始则以保护噶丹寺为名，继则向玉树驻军防地进攻，而战事遂爆发矣。"

该论文集续称："民国二十年（1931年）十二月，西藏驻昌都沙旺千布贡布阿丕，要求青海军须退出大小苏尔莽，海南军民须一律欢迎藏兵，不得稍有

---

① "西北四马"系指马步芳、马步青、马鸿达与马鸿宾。

违抗情事。时马彪司令力持镇静,据情呈报省府,马师长步芳派秘书王家楣,偕玉树各百户头人,前往接洽,与堪穹接见,陈述青藏平昔和睦,此疆彼界毫无恶感,不能轻起衅端等情,堪穹佯为许诺,约定明年春天,双方择定相当地方,讨论苏尔莽噶丹寺问题。民国二十一年(1932年)三月二十四日,藏军突以猛烈炮火,向大小苏尔莽攻击。"藏军进攻青海时,集中兵力有4000余人,当时青海马家只有防军五百余人,所以藏军进攻大小苏尔莽时,青海防军吃了亏,营长马占海阵亡,残部退到玉树。藏军占领大小苏尔莽以后,又向囊谦进攻,防军力量不强,马步芳下令退守玉树,于是藏军又于四月三日占领了囊谦,并一鼓作气,包围了玉树。当时马步芳认为:"结古(玉树)若失,青边危急",下令驻军死守,等候援军,一面报告蒋介石请求拨枪拨款,同时集结部队,增援玉树。

1932年7月,青海部队准备就绪,开赴玉树前线,举行反攻,大败藏军,不但收复了囊谦等地,并夺回了民国八年(1919年)以来藏军侵占的西康金沙江以东的好几座县城。这次战役经过,《边疆问题论文集》中有如下记载:"马师长步芳先派马训旅长率兵百余人赴玉宣慰,继派旅长马骙率兵千余来玉增援,青军于是实行反攻,期谋恢复失地,故有七月十四日通天河之战。歇武之战后,又得喇平福团长援军到玉,遂于八月二十日之夜战,解玉树之围。后集中兵力,分向大小苏尔莽反攻,遂有八月二十四日当头寺之激战。八月二十七日克复小苏尔莽后,九月二日克复大苏尔莽,四日克复囊谦。十二日青军马旅援军到玉,于十月二日青军稍败,五日反攻当头寺,克复毛口斜寺。"

至是进入青海境内的藏军完全被驱逐出去,青海部队乘胜追击深入西康境内百余华里,占领了民国八年藏军所侵占之石渠、邓柯等县城。

青海马家部队在玉树境内大败藏军,并插入西康境内以后,西康战局马上起了重大变化,突人甘孜、瞻化一带的藏军的侧翼完全暴露,并威胁到藏军的补给和运输路线,藏军不得不向金沙江以西撤退。此时格桑泽仁和刘文辉之间的冲突,得到和平解决,格桑泽仁交出了政权和军队,离开了西康。刘文辉乃抽出了一个旅的兵力,配合青海军队向瞻化、甘孜方面进攻,乘藏军向金沙江撤退的机会,收复了甘孜、瞻化、德格等县城,金沙江以东被藏军侵占的地区至此完全收复,川藏两军隔江对峙。

藏军撤退到金沙江以西以后,马步芳曾电蒋介石和刘文辉,提议青康两军乘胜夹攻,收复昌都,当时英国驻华代办歌兰赴国民党政府外交部,说"现在川青军队要攻昌都,昌都属外藏,西姆拉条约第二条载有尊重外藏疆界完全之原则,今华军举动,实为对外藏的侵略行为",并威胁说:"如果康藏纠纷不能和平解决，必发生严重之后果"。国民党政府外交部虽答以"西姆拉条约中国未签字，自不能发生效力"，但是蒋介石命令青康两方面停止进攻，等候与达赖方面和平谈判。当时达赖也看到藏军接连溃败，侵占的江东地方全部丧失，西藏内部也因连年战争，民穷财尽，人民的反战情绪很高，乃向国民党政府提议，举行和谈。

1932年10月8日，刘文辉派出的交涉专员邓骏、交涉委员姜郁文，和达赖委派的交涉专员琼让代本、交涉委员吉卜，在岗拖地方举行谈判会议，签订了岗拖停战协定六条，其要点如下：（一）汉军以金沙江上下流东岸为最前防线，藏军以金沙江上下流西岸为最前防线；（二）自10月8日起至28日止，双方作战部队各自撤退，其最前防线，汉军在白玉、邓柯、德格，藏军在仁达、同普、武城境内，双方每处驻军不得超过200名；（三）自停战撤兵日起，双方交通恢复原状，商民往来无限。

至于青海和西藏方面的和谈，则拖了很长一个时期，一直到1933年6月15日，才签订了停战和约，其要点如下：（一）噶丹寺管理寺院之堪布，由该寺僧众自行推举后，准达赖大师加委，堪布权力，照旧以宗教为范围，毫不准干涉政治；（二）青科、当头两寺宗教权，准归作巴照旧管理，惟该两处双方均不得驻扎军队；（三）和议条约成立后，藏方先行撤兵，青方于藏方撤兵十四日后，即继续撤退，双方除原驻兵额外，其余限一月内撤退，兹后青藏两方各守疆土，不得侵犯；（四）双方对于宗教寺院一律极力保护；（五）双方对青藏来往商民，须极力保护；（六）所有青方俘获藏方官兵，在条约成立签字后，青方即完全归还藏方。

英帝所策动的藏军二次向康区的进攻，至此以失败告终。此后藏军和川军方面也还发生过些冲突，还签订了关于处理大金寺僧众善后协议，但双方战线再没有发生大的变化。

四十三、达赖班禅之间的斗争

在康藏内战进行期间，达赖、班禅两集团展开了激烈的互相攻讦。班禅逃来内地以后，并非甘心流浪生活，而是想借中央力量仍回西藏，并且想得到中央保证,不再遭受迫害。但班禅到达内地,正逢南北军阀混战之时,中央无力解决西藏问题,因之班禅就在内蒙、东北、华北各地过着流浪生活。国民党政府在南京成立以后,派遣代表入藏,达赖也派代表在南京设立了办事处,这就使班禅集团复活了返藏的希望,也对国民党政府产生了若干依靠的幻想。1929年2月,班禅请求国民党政府批准,在南京设立了办事处,委任罗桑坚赞为办事处长,正式和国民党政府建立了关系。班禅驻京办事处成立时,还发表了一个宣言,强调指出:"征诸历史与地理之关系,西藏欲舍中国而谋自主,实不可能。反之,中国失去西藏,亦犹车之失辅。故中藏关系,合则两益,分则俱伤,此一定之道也。"1929年末,发生了英人嗾使尼泊尔侵藏事件,当时班禅驻在沈阳,派了大堪布王乐阶、驻川代表阿书散巴、驻印办事处长福康安,偕同驻京办事处长罗桑坚赞一同由沈阳渡海来南京,向国民党政府提出了如下书面要求:"尼泊尔大举攻藏,乞准予组织卫队入藏,发给枪械5000枝,弹250万发,军装5000套,月发饷10万元,如一时不能筹发,拟请准予自行设法办理,俾便保护原有领土,抵抗帝国主义。"(《西藏史地大纲》)

  根据以后情况来看,国民党政府并没有批准班禅入藏的请求。1930年7月23日,班禅又致书蒋介石、阎锡山、冯玉祥三人,信内详述逃来内地以后的许多感触,并再度提出要求国民党政府帮助他返回西藏。该信内说:"班禅自抵祖国,八载于兹,诸蒙关垂,五中感篆!惟以国步艰难,内部多事,藏边问题,兼顾未遑,沈水潜修,俟机以清。……惟是藏事起因,即由于内部之不团结,一不团结,不但不能御外侮,且有媚外以迫内者,往事前车,谅经洞鉴。目下藏民如居水火,救之宜急,不宜再事因循,盖藏与祖国,唇齿相依,实西南之屏蔽,藏事一日不解决,即中华民族一日未能完成,亦即西南国防未能巩固。承示以孙总理遗教,尽力扶持,足征天下为公,眷念边陲之盛意;然羁旅人奔驰八载,都缘祖国多事,筹边未遑,惟冀祖国早日安谧,政府健全,除调解尼泊尔事件外,请再进一步设法进行,俾西藏仍为五族之一,汉藏恢复当年之好,庶班禅归藏,常思饮水之源,而康藏全体人民,亦犹出水火而登衽席,其感激之忱,必踊跃图报于将来也。"(《班禅大师全集》)

  1931年,国民党政府在南京召开国民会议,制定所谓训政时期的约法,邀请西藏派代表参加会议。在代表名额问题上,达赖、班禅两集团发生了争执,《蒙藏新志》一书载称:"关于国民会议西藏代表选举一事,先是蒙藏委员会接达赖来电,以前后藏政教统归执掌,西藏代表应完全由达赖选充。嗣复接班禅电称:前北政府时代,参众两院国会议员人数,均系前后藏平均分配,此次国民会议代表,亦应依照历届成例办理等语,双方争执颇坚,迄未解决。旋因时间急促，深恐有误会期，迭经蒙藏委员会设法调处，拟于西藏代表定额内，由达赖选出六人，班禅选出四人，为出席代表，以符法定人数。复经该会派员与达赖班禅在京各代表一再磋商，该代表等始无异议，惟达赖仍以出席代表人数过少，请增加列席代表三人，班禅亦以后藏代表不足全人数之半，引为憾事，拟请增加列席代表五人。当经两方将出席列席各代表名单，呈送蒙藏委员会恳予转呈核定，该会乃拟以呈明国民会议选举总事务所，并谓经再三考虑，以解决藏事正在进行，达赖班禅两面自应兼筹并顾，以免有伤感情，且双方一再请求增加代表名额，足征达赖班禅拥护中央均皆具有诚意，似应准如所请，以示怀柔远人之至意云云。至是前后藏代表名额之分配问题，始告解决。"

这次参加国民会议的达赖方面代表六人是：贡觉仲尼、曲批图丹、巫明远、楚臣丹增、阿旺坚赞、降巴曲旺，列席代表三人是：楚臣尼玛、罗桑桑结、降巴年札。班禅方面的代表四人是：罗桑楚臣、罗桑坚赞、罗桑昂嘉、王乐阶，列席代表是：邵章、金孝本、白瑞麟、海涛、樊泽培。

国民会议召开之前，蒋介石派人到沈阳去请班禅前来参加会议，班禅应邀于1931年5月4日到达南京，5月5日出席国民会议。在会议期间，班禅代表罗桑楚臣、罗桑坚赞、罗桑昂嘉、王乐阶等人联名向国民会议提出了"拟请政府恢复西藏行政原状案"。该提案内容如下：

> 按西藏古为三危地，三危者为喀木、为危、为藏。喀木亦曰康，即今打箭炉、理塘、巴塘、察木多之地。危亦曰卫，即布达拉亦名拉萨。藏即札什伦布，今称后藏。……明永乐间宗喀巴创行格鲁派，以其弟子达赖、班禅二人转世持教，分驻前后两藏，于今已数百年，即前清派遣大员驻藏，亦以正者驻前藏，副者驻后藏，故谓西藏无前后之分，及达赖、班禅五分领之地者，皆不明历史地理之所致也。自民国成立以来，中藏不幸多故，以致班禅内款，转瞬九载，我国政府尚未决定解决之方，而后藏人民企望班禅回藏，真有如饥如溺之势。兹值国民会议开会伊始，所以谋全国之统一，求边圉之治安，而前后藏不能恢复原状，似于国家统治权之行使，终有遗憾，特提专案敬候公决：
>
> （一）达赖、班禅两教宗，向以掌理格鲁派为其本职，其前后藏行政，悉会商驻藏长官而行，自民国所派办事长官不得其人，此职遂同虚设，致有权限不明，此轩彼轻之弊。今请参用前制，由政府特设办事长官二人，一驻前藏，一驻后藏，分理藏务，其戍藏兵队，亦由长官统辖支配，庶无两藏侵欺之患。

(二)英藏条约始于前清光绪十六年,终于光绪三十二年,其要点即英国国家允不占并藏境,及不干涉西藏政治,中国国家亦允不准外国干涉藏境及其政治。……民国三年,陈贻范与英所议之西姆拉条约,未经我国正式签字,此后或由前藏片面与英人所订各约,中国不与闻者,后藏均无承认之义务。……此后无论与何国交涉,应由国民政府主持,而不得由藏擅订私约,致有损主权领土之虞。以上内政外交二端,为解决西藏问题最重要之关键,此外若交通、若税则、若司法均有彻底改良之必要,俟前后藏实行划分,内政外交与中国关系实行恢复原状,自当次第议及,兹不赘述。"

——《班禅大师全集》

当时国民会议对西藏问题并没有作出任何决议,只在约法第八十条里面,作了"蒙古、西藏之地方制度,得就地方情形,另以法律规定"的笼统条文,因之班禅集团感到失望。班禅又于五月十六日致书蒋介石,信内除了重提恢复中国对西藏的主权之外,并再次提出回藏问题,信内说:"中藏关系之深,远自唐、宋、元、明、清以来,叠蒙戡乱护法之嘉惠,故民元汉藏交哄之后,班禅不避嫌怨,救济旅藏遇难之汉人,冀报祖国于万一。不图异己交攻,艰难内涉,旷日持久,呼吁无门。近年以来,中藏信使往还不绝,前藏已派代表来京,表示服从……兹值双方在京之际,机会难得,务请垂念藏民,于最短期间通盘筹划,解决藏事,俾班禅得以早日归藏,宣示威德,则不惟西藏僧民之幸,抑亦国家无疆之休也。"(《班禅大师全集》)

1931年7月1日,国民党政府正式册封班禅为"护国宣化广慧大师",并给了玉印一颗,册文一本,并定年俸为12万元。

国民党政府册封班禅,而没有同时册封达赖,引起了达赖及噶厦的很大不满,因之达赖和噶厦命令西藏驻南京办事处展开了对班禅的攻击,并抗议国民党政府对班禅的各种待遇。1932年5月20日,西藏驻京总代表贡觉仲尼与代表阿旺坚赞向国民党政府行政院和蒙藏委员会,提出了如下四项要求:

(一)对于班禅名号印册及新授职位,即予收回成命;
(二)班禅购储军火,立予分别没收查禁,并将班禅暂留平、京;
(三)对于班禅俸银及招待费,速予取消;
(四)班禅各地办公处,迅令裁撤。

——《西藏史地大纲》

西藏驻京办事处同时发表了西藏三大寺及僧俗官员大会反对班禅的宣言一件，全文如下：

查西藏雪山周绕，完全为观世音菩萨行化之地，菩萨常应众生种种愿望，予以种种幸福。达赖喇嘛即观世音菩萨化身也，征之印度佛祖流传，藏中经籍记载，莫不班班可考。札什伦布者，乃达赖第一辈根敦朱巴所创建，噶当列邦经及其他经典，亦均悬记其事。该庙建立后，达赖喇嘛对于庙中僧众，以养以教，一切规划，靡不殚竭心力，示寂时以管庙权命其弟子桑布札喜龙热嘉错及益喜则木轮流任之，任此管庙职者，即呼之曰班禅，盖取梵语大能之意云尔。此后第二辈达赖喇嘛根敦嘉措，仍于札什伦布领众传法，弘扬佛教，尝至春戈界（即群科甲）建修庙宇，事毕后，复由班禅益喜则木迎回札什伦布驻锡，事迹不少，未久仍归拉萨，乃命教徒哈遵罗桑垫巴主持该庙。至达赖喇嘛第三辈索南嘉措，第四辈云丹嘉措，均以机缘成熟，先后宏佛蒙古及内地，教化大行，西藏佛法之远播，实由此植其基焉。厥后五辈达赖喇嘛继掌政教两权，人民向化，地方安宁。时有小寺名安贡，比丘曰恩沙巴罗桑曲结者，达赖喇嘛嘉其能，召居札什伦布，令其传法，遂亦呼之为班禅，自是传世相承，以迄于今，此历辈达赖喇嘛培植札什伦布，优待班禅之往事，考诸经籍而不谬者也！

若现辈班禅者，实从现辈达赖喇嘛受比丘戒，拨诸律仪，比丘之戒，视师当视佛，师之身影，亦不可故践，一切善行尤须重于生命。乃现班禅匪惟不能依教奉行，又且多行不义，今举其最著者：班禅有叔名觉拉敦真，其生母与之有隙，班禅为其母图报复，捕觉拉敦真置于傲不忍宗之监狱，阴使人棒毙之，未几班禅属下内讧；泄其事而诉之于拉萨政府，派文官降巴丹增及商上管库官色琼散驰往查办，廉得其情，论法班禅罪无可免，而达赖喇嘛垂念师弟之谊，特予宽宥，仅治其属下人而已。班禅上辈有兄曰珠藏生本，遇事谏劝，班禅既不听从，复怒而加以酷刑。凡班禅故旧及属下之老成者，微拂其意，辄被抄没。拉萨政府以班禅暴行如此，由于幼失经教，因遣热振呼图克图往为之传，冀可悔悟，班禅竟加拒绝，并灌顶而不受，热振无论如何，遂返拉萨。

甲辰岁（1904年）藏人为英所败，全体会议，佥请中国皇帝于西藏为檀越，宜请援助，合词请由驻藏大臣转奏，全体署名签章，而班禅独不允。及英人撤兵回印，班禅复求庇于英，随往印度，并欲遂彼私图，卒以其事无成而复归札什伦布，是时达赖喇嘛方在内地，尚未回藏也。班禅旋遣其母舅降养丹巴至内地，阳迎达赖喇嘛，阴谋班禅入京及种种离间中藏感情之事。然亦未告成功。达赖喇嘛避难大吉岭时，班禅又使杂郑者赴京，潜携珠宝，大肆运动，遂偕江孜马监督入拉萨，结纳联大臣及钟颖，声言达赖喇嘛被革，已畀班禅以政教全权，于是班禅窃据宝座，僭居日光殿，逆师犯上，莫此为甚，而其比丘戒律，实已毁灭无余矣。

札什伦布庙及班禅原有香火赡养各地，悉前代达赖喇嘛所赐，例供西藏政府差役，与政府直属民户无异。乃班禅无故令其香赡各地众户，抗不供应，后藏民户受此影响，负担加重，几至不能生存，诉于拉萨政府，派仲译钦冒及孜本往查，班禅所有噶单文件匿不交出，遂将两造带至拉萨，另派卓尼钦冒与仔本研讯，以所供与文据歧异，再三驳诘，始自承其罪。查西藏人民对拉萨政府供给牛马等等，全藏田户均须尽此义务，无能免者，否则亦必以钱折价，付供差之各户，班禅香赡各地诸户，因未应此役，结算应折之价积累至巨，达赖以班禅师弟关系，悉予免除，且对于后藏首县所属班禅香赡各地，应有差役减轻一部，以示体恤，此案结果，旧欠既除，新役又轻，彼应如何感激，乃不惟不知感激，反欲以彼方所应负担者，加诸普通民户，而民户之力有限，何能尽担耶？！

西藏向例遇有战事，军饷所需，札什伦布寺应负四分之一，均系历来照办，自戊子年起，藏英战祸频开，催征饷糈，札什伦布复不遵交，政府为之垫出，历年积累，为数不少。达赖又为体恤起见，垫款利息概予豁免，仅令偿还正款，分年补缴，彼方不惟毫无知感，而班禅且借此小故，于癸亥年十一月十八日率百余壮丁喇嘛，携械而逃。先是班禅每有行动，例须呈明达赖喇嘛，今其出逃也，变换俗服，躬佩枪支，托辞沐浴于温泉，以比丘之身，而自甘离弃庙宇与其僧众，一若非宗教中人也者，其破坏佛法为何如？当是时，阖藏僧俗莫不诧异，咸以达赖喇嘛之待班禅备极优厚，而班禅行为若此，宁非咄咄怪事？

达赖喇嘛自闻班禅逃讯后，师弟关怀，眷念不已，亟谕大臣噶厦曰："我必书劝班禅，速回后藏，尔等亦当力请其归，俾免流离。"于是达赖喇嘛以亲笔书并噶厦等之函件，加以礼物，派员追请，讵班禅有牛毛帐房，预在北路沿途准备，又有教徒堪布早由库伦以驼马来迎，班禅兼程奔驰，星夜不休，所派人员追至黑河不及而还，仅以原赍函品易员送至西宁面交班禅。夫达赖喇嘛及其大臣噶厦官员对于班禅毫无缺点，而班禅无故出此，综其一切行事，均不免仇视西藏，此西藏各界所为大惑不解也！

班禅出逃后，达赖喇嘛对于札什伦布寺庙香火，僧众给养，经卷供品，与夫香赡各地人民，无不优加待遇，胜于畴昔。今又以班禅49岁，正值厄运，拨款于札什伦布庙，为兴大规模之修法，其他各大寺庙，亦同时举行，为之禳解。达赖喇嘛待遇班禅之优，可谓无以复加矣，班禅不惟不思感恩图报，反于内地作种种不利于西藏之举动，是诚何心耶？

　　自昔以来，班禅于全藏政教二方面事权，从未与闻，其印章仅有郎鸠汪垫一方，此外中央亦无印信之给予，乃于去年藏历五月十一日，班禅竟获得中央护国宣化广慧大师封号，并给予玉印玉册，月俸银一万元，供应费月俸银三万元。其左右仇视西藏诸人，及诺那喇嘛辈之凡与西藏为敌者，中央概授予职位，彼辈并可至各省地方任意活动，是无异对于西藏政治为之大破坏也。以上各项，中央政府如不能予以撤销，则中藏两方和好，恐根本上无成功之希望矣！

　　夫班禅之札什伦布管理权，实为前代达赖喇嘛所赋予，其本庙不过安贡一隅，今至内地，张大其事，蒙蔽中央，何其贪而无厌耶？抑知达赖喇嘛主治西藏，始终萃尽心力，人民赖以安乐，政治日见清明，泽被全藏，已非一日，人民感戴之深，无复过其上者，班禅何人，乃颠倒若此。藏人全体爰开会议决，宣言如上所言，毫无差谬，特此寄示藏政府所派各代表转达中央各机关，冀得明确之认识，对于班禅方面之谬行，中央如再不了解，尚拟由全藏民众举派代表向中央请愿，在未撤销班禅诸人名号职位以前，决定一致进行，非达目的不止也。"

——《西藏史地大纲》

　　噶厦反对班禅的宣言发表后，班禅驻京办事处处长罗桑坚赞代表班禅也发表了针锋相对的谈话，并列举达赖的十大罪状，予以还击。其谈话全文亦录之如下：

　　西藏人民对于达赖班禅之崇拜信仰，初无二致，藏有谚云："天上的太阳月亮，人间的达赖班禅。"故二者地位平等，无分轩轾，且在官书中如《理藩则例》，私书中如《卫藏通志》等，均有详明之记载，而贡觉仲尼等谓班禅无政治权力，纯系捏词曲解。

　　清军入关时，西藏之来归也，班禅居先，是以有清一代，对于班禅之待遇，较之达赖尤为优隆，因而后藏对于中国之感情，亦较前藏为密切。然终顺治朝，西藏对于中国之关系，仍为朝贡国，与前代毫无差异。及康熙五十五年，西藏为准噶尔所据，清政府劳师数万，费时五载，卒将准噶尔征服，还藏政于藏人。厥后继之而起者，又有乾隆年间朱尔墨特之内变，廓尔喀之外侵，亦经政府先后派兵次第戡平，始有驻藏大臣之设置，上自达赖班禅之掣瓶转世，下至噶布伦等之选拔任免，均须经由驻藏大臣奏准政府，然后实行。从此以后，西藏即为中国版图之一部，而外人谓西藏非中国所有者，均系强词夺理，造谣离间。

达赖喇嘛秉性骄横，凡事专断，内而排斥班禅，以期操纵前后藏大权，外而听人离间，希望脱离中国独立。班禅大师洞悉世界大势，烛照列强阴谋，深知非拥护中央不足以图自存，拒签密约，反对独立，接济驻军，维护汉人，凡所以有利于国家者，无往而不奋斗力争，忠心耿耿，毫无私意存乎其间。

达赖在藏倒行逆施，乘辛亥鼎革之际，驱汉官，逐汉军，背叛中央，其罪一。认贼作父，始则联俄以拒英，继则亲英而叛华，勾结外援，贻祸地方，其罪二。第穆呼图克图在世日，藏王秉承达赖班禅及驻藏大臣意志，掌管西藏政教，忠诚笃实，人民爱戴，达赖谋夺其权，于光绪乙未年卒被困毙，自行兼摄藏王权，阴恶险狠，侵权害命，其罪三。民国元年达赖返自印度，闻第穆寺有接济汉军粮饷情事，密遣大军四面包围，全寺喇嘛五百余人，杀戮充军，无一幸免，其他藏人，稍有亲汉嫌疑者，亦无不立遭屠戮，违背佛法，惨杀同种，其罪四。达赖喇嘛骤易常规，擅定刑名，凡僧民之稍拂其意者，割鼻刖足，视为故常，清末流落西藏之汉军，遭此酷刑者尤难数计，现在驻京之西康三十九族代表彭楚，因亲汉而被达赖割鼻，即为明证，滥施酷刑，罪及无辜，其罪五。班禅离藏以后，所有后藏寺庙，以及随从堪布之财产，均被达赖抢掠一空，人民财产之被强抢者，亦不下数百家。吞没民财，以饱私囊，其罪六。达赖喇嘛据西藏为已有，不使汉藏人民互相往来，即无政治作用之商贾贸易，亦均严加阻止，偶有违犯，杀戮随之，违背世界潮流，阻碍中藏交通，其罪七。近闻达赖喇嘛已将西康宁静山之煤油矿，允许外人开采，其他各矿亦有同样情形，媚外求荣，不惜断送国权，其罪八。近年以来，达赖喇嘛巧立税名，逐渐增加，甚有所谓双耳税、四蹄税者，不论人畜，不分老幼，凡长耳长蹄者即当按数纳税，对于流落西藏无以为生之汉人，须每月缴纳藏币二元，方准沿街乞食，美其名曰乞丐捐，横征暴敛，开租税史上未有之奇闻，其罪九。达赖喇嘛割据西藏，心犹未足，借大白细故，挑起康藏斗争，一占甘孜，再占瞻化，迄未解决，近复分兵青海，进据苏囊，无端启衅，侵略边省，其罪十。

——《西藏史地大纲》

此时正值藏军进入青海南部，围攻玉树，国民党政府的参谋本部，于9月18日召集川、滇、陕、甘、青五省军事代表，在南京召开西防会议，讨论当时藏军二次向康区进攻的对策问题，达赖和班禅两集团的尖锐斗争，又在这个会议上反映出来。西防会议进行之日，班禅向会议提出了解决办法12条，其要点如下：

（一）西藏绝对服从中央。（二）所有西藏与外人缔结条约，非经中央承认者，一律无效。（三）西藏外交，应由中央主持。（四）侵西康之藏军应即撤退，并速组西康省政府。（五）达赖所拘押后藏人员，应即释放。（六）请中央派大员赴前后藏主持一切。（七）即请中央将西康与前后藏地界划清，并立界址，以资遵守。（八）达赖主持前藏，班禅主持后藏，政教分清，彼此互不侵犯。（九）班禅在未返藏前，应将青海锡盟拨归班禅教徒住居之所。（十）在班禅未返藏以前，请中央按照前议，每月拨给十万元，为其费用。（十一）请中央准其编练卫队两团，并供给枪械与饷项。（十二）请中央拨发无线电五架，及长途汽车二十辆，以便灵通消息，并改进蒙藏交通。

——《蒙藏新志》

达赖代表贡觉仲尼也向西防会议发表了如下谈话："康藏纠纷，原属细故，嗣因当事者各秉意气，遂将事态扩大，如果中央能遴选公正大员，径往西藏与达赖商议和平解决办法，极易奏效。此后双方如能为国家前途着想，一秉诚意，坦白相见，不难化干戈为玉帛也。外间或谓达赖拒绝班禅返藏，斯实不明真相之谈，盖达赖未尝欲侵夺班禅之权，当日达赖与班禅之发生意见，亦由于一般宵小从旁蛊惑，至疑忌互生，乃酿成班禅之出走，余敢言班禅不论何日返藏，不仅达赖绝不有不轨行为，即民众亦甚欢迎也。但外间传说班禅回藏时，将统大军前往，果尔，则予殊不敢担保此后纠纷不再扩大。"（《西藏史地大纲》）贡觉仲尼的此篇谈话，和上述宣言精神已有所不同，并表示欢迎班禅返藏，说明当时达赖集团在对付班禅的办法上已有改变。

西防会议对于解决藏军向康区进攻问题，并没有做出什么决定，也不可能有什么决定，只议决向政府建议，召开和平会议，邀请西藏派代表前来参加，"推诚相见，解决康藏间一切纠纷"。后来这个和平会议并未实现，而由于青海部队反攻胜利，藏军撤退到金沙江以西，双方签订了冈拖停战协定和青藏停战和约，结束了康藏、青藏战争。

1932年8月间,国民党政府拟任命班禅为"西陲宣化使",达赖方面听到这个消息后,又向行政院具文抗议,并要求国民党政府彻查以下五事:

(一)中藏关系之中断,英国兵力之压迫,西藏大错之铸成,究竟孰实为之?孰令致之?

(二)班禅之来内地,自储军备,为国事乎?为私愿乎?为拥护中央乎?为出卖西藏乎?

(三)川藏战争之酿成,康藏纠纷之扩大,究应谁负其责?谁尸其咎?

(四)石委员长左右,因受万金贿,因是请求发表班禅以"西陲宣化使"名义,直系为班禅个人遂私愿,甘置完整国家边防之西藏于不顾。

(五)格桑泽仁盘踞巴塘一带,石委员长早已与其通谋,协助格桑泽仁弃西藏据西康之主张,武力对付西藏。

——《西藏史地大纲》

西藏代表的上述控诉发表后,国民党政府蒙藏委员会委员长石青阳才作了如下的答辩:"川藏用兵,青海构衅,皆发端于藏方,政府始终力持镇静,何来武力?至甘瞻争执,并系地方长官保持原境之自卫行动。若夫班禅名义,早决定于去年八月,旧事重提,岂能以万金运动。"(《西藏史地大纲》)

1932年12月,国民党政府邀请班禅再到南京,商讨西藏问题与班禅返藏事宜,同时正式发表了任命班禅为"西陲宣化使"。12月24日,班禅在南京国民党政府礼堂举行了就职典礼。班禅就职"西陲宣化使"后,即派安钦佛丹增鸠昧、秘书长罗桑坚赞(即王乐阶)、列赞巴罗春嘉等人,携了班禅致达赖的亲笔函,于1933年2月7日,取道海路,经印度前往西藏,向达赖交涉班禅返藏问题。安钦佛等一行于1933年4月才到拉萨,见了达赖。

班禅返藏问题,不但达赖集团认为是一件大事,英帝国主义者也非常重视,班禅代表抵达拉萨不久,英国即派哲孟雄行政官威里接踵到了拉萨,和达赖商讨班禅返藏问题。据《西藏政教史略》载称:"二十二年,班禅派代表安钦多杰锵,藏文秘书长王乐阶等,持亲笔函至拉萨,晋谒达赖上师,报告愿率属回藏,要求赐还后藏一切固有权利。达赖优礼延见,大悟过去全系两方属僚猜忌而起,切望早日回藏,共谋众生安宁,班禅得报亦欣慰无已。"经过双方代表谈判,噶厦答应发还札什伦布原属之拉孜、昂仁、彭错林、康巴等四个宗及若干豁卡,在班禅未返藏前,四个宗的宗本,由噶厦和札什伦布各派一人,共同管理;班禅返回以后,噶厦答应撤回札萨喇嘛和所有宗本,札寺政教权完全交还班禅,唯一的条件是噶夏的差粮徭役,札寺百姓仍须照常供应,实质上就是要札什伦布寺承认噶厦的统治。

从当时的情况分析起来,国民党政府积极协助班禅返藏,其目的是把班禅送回后藏以后,先在后藏地区建立亲国民党的政权,以与达赖政府对抗。观之国民党政府当时不顾达赖方面一再抗议,初则册封班禅为"护国宣化广慧大师",继又委任为"西陲宣化使",这种意图是明显的。而英帝国主义者和达赖集团所以同意班禅返藏,则另有他们的打算,因为班禅在西藏人民中有仅次于达赖的崇高信仰,不管对班禅如何毁谤,这种信仰丝毫没有削弱,如让班禅长久流亡在外,被其他帝国主义者(特别是日本帝国主义者)拉拢收买过去,终究成为西藏的心腹之患,不如作些让步,把班禅诱骗回来,置于噶厦政权控制之下,就不怕再出事情,所以达赖集团才"欢迎"班禅回藏,并在若干具体问题上作了某些"让步"。

四十四、整顿格鲁派

根据藏文十三世达赖传所载:达赖晚年对于西藏格鲁派曾经下过工夫进行整顿,因为贪污受贿之风已从西藏政治界侵入到宗教界,各寺喇嘛不守清规,吸烟、喝酒、嫖妓、赌博或出外做苦工谋生,等等,事态严重,每况愈下,因而引起了达赖的注意并严厉进行整顿。

1928年冬天,达赖风闻现在各大寺院的堪布多为贿买,经典学问一无足取,特召拉萨上密院堪布罗桑云丹赴布达拉宫,由达赖亲自出题考问,结果堪布不能对答,达赖立即下令革除了该堪布的职务。与此同时,达赖又派了三个僧官前往三大寺,了解寺内僧众对教规遵守的情况如何,堪布洛本等人是否称职,寺内财政收支有无贪污情事。

1929年正月,拉萨举行默朗木大会,按照过去通例,每年默朗木大会上要考取十八名拉仁巴(系格鲁派的一种学位),有人密告这年由三大寺提出的拉仁巴候选人名单,系由三大寺堪布受贿买放,因此达赖亲自参加了默朗木大会,亲自主持拉仁巴的考试,果然发现很多人经典学问太差,根本不够考取拉仁巴的资格。达赖发现此事以后,除把那些不够资格的拉仁巴候选人斥逐之外,并将各大寺受贿堪布,都给了应得的处罚。

1930年春,达赖又发现了小昭寺的管庙喇嘛有严重贪污行为,把噶厦拨给该寺经常在释迦牟尼像前点灯上供的油钱,未按照政府规定上供,大多数中饱私囊。达赖指定由协尔帮(法院)和上密院堪布两人负责,彻查此事,清算账目,追退赃款,并给了管庙人以严厉处分。

与此同时,达赖又发现了三大寺僧众有不遵教规戒律,胡作乱为的行为,如僧众参加大经堂诵经和领取布施时,不披达干木(僧人的斗篷),达赖下令严厉禁止此种破坏教规的行为,命令各大寺霞鄂(执行纪律之僧官)严行纠察。达赖又下令禁止三大寺僧众喝酒、吸烟、下棋、化装俗人夜游等破坏戒律的不良行为。该命令中说:"三界无余众生,应遵守释迦牟尼佛的经律,和三界法王宗喀巴对显密两宗清理完成的法规,众生固应精进佛法,三大寺僧众尤应遵守三律……切戒饮酒、吸烟、下棋、夏天耍林嘎游玩,或白天穿僧衣,夜间化装俗人乱搞等行为。僧人化装到乡间游玩、弹唱歌舞,或依仗权势鱼肉乡民,皆所不许,望各大寺洛本、格贵等人切实负责,严行纠察,以前犯者既往不咎,以后犯者从重治罪。"

三大寺喇嘛下乡有两种情况:一部分系贵族家庭出身的喇嘛,在乡下招妓饮酒,依势欺人;大部分是农奴家庭出身的穷苦喇嘛,因为生活所迫,寺内发的一点口粮和布施不够维持生活,因此多到乡下去念经乞食。据十三世达赖传载称:当时达赖听到噶丹寺有许多喇嘛因为衣食不足,背了经卷,分赴各地村庄念经乞食,达赖对此很不满意,派人到噶丹寺去调查原因,据说是因为噶丹寺僧人数字不断增加,收入不够支出,每年要短口粮青稞6895魁(西藏之量具,一魁约25斤),茶水银短少5400两。达赖就向噶厦下令,所有噶丹寺银粮不敷之数,由噶厦津贴补足,出外乞食的喇嘛,派人叫回。同时达赖又用他的名义,作了化缘簿子,由噶厦派了两个官员,前往康、卫、藏、阿里各地募化,准备募捐青稞5500魁,藏银45000两,交给噶丹寺作为基金,放债收息,以供养僧众。其实各大寺庙的权力都掌握在少数贵族家庭出身的上层喇嘛手中,大多数贫苦喇嘛都出身于农奴和牧奴家庭,他们在寺庙内部依然受上层喇嘛的压迫剥削,募化来的粮食和银钱,都被上层喇嘛贪污侵占,下层贫苦喇嘛还是得不到多少利益,并没有解决多少问题。

因此,达赖所作的上述各种努力,并没有把格鲁派整顿起来,相反,情况是越来越加恶化。1931年,达赖又向全藏格鲁派寺院下了一道进行整顿教律教规的命令。严禁僧众喝酒、赌博、酗酒打架、跳舞、打石头等恶劣行为,并不许僧众出外做苦工挣工资,也不许去农村做短工帮助春耕秋收,一切世俗活动，均不许僧人参加，只准在寺院内静坐参禅，诵经办道。如有违犯，即以破坏教律教义治罪。

该命令说："现查三大寺大经堂例行集会中，僧众恒视有无布施决定参加与否，有布施时即去参加，无布施时就不去参加，这是违犯教义教规的行为。以后每逢例会集会，不论有无布施，僧众均须参加，翁则（大经堂内负责领导诵经之僧官）应严格执行此项命令。"

命令又说："三大寺除大经堂集会诵经外，每月还有一次芒加（早晨集会），一次曲拉（中午时互相辩论），每月还有三次索将（系在每月初八、十五、三十），此等例会亦须严格执行，全体僧众均须参加。"

命令还说："每年夏天有一个半月的坐夏（在此期间僧众一律禁止外出，以免踏死昆虫），在此期间，有的僧众回到自己母家坐静，以后一律不准，只许在寺内坐静。"

命令最后说："今后噶厦、贵族、商人向三大寺施放布施时，除按原先规定的等级和倍数外，不准随便增加或减少，不准看人戴帽。"

达赖之所以大力整顿格鲁派，维护教规，一方面反映了西藏格鲁派的黄金时代业已过去，已在趋向衰败；另一方面也反映出了西藏政治与宗教的关系，维护格鲁派，就是为了维护西藏统治阶级的利益，这可从下面一件事情明显地表示出来：1932年藏军向康区进攻失败以后，西藏僧俗人民对噶厦非常不满，这时达赖亲自出马，以维护格鲁派、防止"赤化"侵入为借口（因当时国民党正在进行"剿共"战争，国际帝国主义者正在叫嚣"武装干涉苏联"），来转移人民的不满情绪，把事变压了下去。这次事变的经过，刘曼卿在其所著的《康藏轺征》一书中有如下记载："藏军一排长为余言，自战争起时，藏内人民谣诼大起，谓川青及康南各军，将直捣拉萨，多主从速议和，惟达赖左右力主一战，加紧征兵勒捐，拉萨三大寺及人民深怀不满，几至哗变，幸达赖机警，乃借南无法会，召集僧民，恳切解说。向之，达赖深居简出，为一般僧民所不易见，今则亲上讲坛，对众说法，谕以团结一致，共挽时艰之意，滔滔历数小时之久，口沫横流，音调沉痛，听者有至掩面饮泣。"后来达赖又把演讲词写成文告，颁发全藏各地。

经过这次南无法会，达赖讲话，又散发文告，西藏人民对政府的不满情绪稍有缓和，但问题还是存在，一直到达赖死后才正式爆发，擦绒撤职，龙厦挖去双目，亲帝分离势力遭到沉重打击。

达赖喇嘛传

达赖喇嘛土登嘉措

四十五、圆 寂

据藏文达赖十三世传载：藏历水鸡年（1933年）十月十三日，达赖患病，食欲大减，行动时感到气促，心神恍惚不安。

达赖患病的消息传出后，拉萨大小昭寺和三大寺僧众自当天起，每天诵平安经，祈祷达赖平安长住。

十月三十日正午十二时左右，达赖精神变化，闭目不能言语，延至下午六时半"趺坐圆寂"。

达赖气绝后，随从堪布等人，把达赖的尸体移到法座上，脱去了平常穿的僧衣，换着龙古神服，面部覆以红巾，前面桌上供了酥油灯和食子等供养，由卸职噶丹池巴带头念《拉曲德当永埋》经，进行超度。

此时布达拉宫和拉萨大小昭寺各佛堂的神像前，均献了供养，并集合僧众在佛像前诵经祈祷。噶厦还通知三大寺（即噶丹寺、色拉寺、哲蚌寺）、四大林（即功德林、喜德林、丹吉林、策满林）、全藏神地人地（指寺院庄园与贵族庄园），在三星期内一律在屋顶上燃点佛灯，贵族一律取掉耳垂（贵族左耳所带之松石长耳垂），妇女头上不准带巴珠（三角形之头饰），男女一律禁穿华丽衣服，所有寺院、住宅、商店的屋角上的旗帜和窗沿上的窗布，一律取下，以致哀悼。

为了达赖的治丧问题，司伦、噶伦、基巧堪布、苏本、森本、却本三大堪布等人，举行特别会议，决定由参协巴等人起草祈祷达赖早日转生的文告，并在卫、藏、阿里、西康各大寺院散放布施、熬茶、诵经祈祷。

达赖尸体在法台上趺坐了三天，据说鼻内流下红白鼻涕，下垂有一尺多长。到第三天尸体软化，于是又移置到特制的轿内，由布达拉宫南木甲札仓的喇嘛，拉萨木鹿寺、喜德林寺、功德林寺、药王山的喇嘛约三百余人，簇拥着抬到德吉鄂擦巴吉殿上，一面念经，一面用香水洗尸体，洗后在前面献了酥油灯和各种供品，于是开放让拉萨僧俗各界祭悼。

尸体在这个殿上一共陈列了十四天，首先由三大寺和四大林的代表向遗体献哈达，然后是达赖的家属、噶伦、公、古觉堪布、佛师、参协巴和苏、森、却三大堪布，依次献哈达。向遗体献的哈达叫做东加。噶厦在遗体前献了千盏酥油灯，叫做东布。官员贵族祭悼以后，是西藏各地区、各寺庙、各宗、各豁

建立在布达拉宫内的十三世达赖的灵塔

卡的代表，从西藏四面八方赶来，都向达赖遗体献丁东加哈达，并各以自己力之所及，献出了金银珠宝等财物，以便制作储藏尸体的宝塔。

此时噶厦已将达赖圆寂的文告，散发到西藏各个角落，所有的格鲁派、宁玛派、噶举派、萨迦派、本布派的寺院，一律集合僧众诵《牛均松德布》经，祈祷达赖早日转生。拉萨上下密院的全体僧众，则集合到罗布林卡的聂畏殿上，由噶丹寺池巴带头，向达赖遗像献了千盏灯，然后诵念《德交》、《桑堆》、《久切》等三种经，前后念了七天。三大寺各出一千喇嘛，共三千喇嘛，在拉萨大昭寺内念《默朗木》经，这三千僧众的茶饭，完全由噶厦供给。

达赖尸体开放给各界人民祭悼完毕，进行防腐措施，将外衣脱去，用香料水重新洗了尸体，然后用防腐药料涂抹，又用喀其白布裹了，只留头部和两臂在外边，最后又用食盐浸了全身，然后仍将尸体放到特制的木龛中，面向南方，供在殿之中央，给遗体头上戴了五见柔鄂帽子，身上穿了旺则神服。

十二月二十二日，噶厦又召开特别会议，讨论建造盛藏达赖尸体的灵堂和灵塔问题。会议认为十三世达赖喇嘛与五世达赖喇嘛阿旺罗桑嘉措、七世达赖喇嘛噶桑嘉措同样伟大，对西藏政教事务与众生安宁造福无穷，各界人民在祭悼过程中，献出的金银珠宝无数，足够建造金塔和灵堂的费用，于是决定仿照五世达赖灵塔的规模，建造金塔，并决定在布达拉宫的红宫之旁，另建格勒堆居宫殿一座，作为达赖十三世灵堂，盛放达赖灵塔。会议又决定塑造十三世达赖的肖像五具，分别安置在格勒堆居宫、布达拉正宫、大昭寺、雪印经所、罗布林卡等五处，供善男信女献礼供养。

在藏历木狗年（1934年）正月的默朗木大会上，噶厦为了追荐达赖，向与会僧众大放布施。是年二月，噶厦又决定将二月间举行的错却会期延长二日（原来规定为十天，现在改为十二天），这两天的时间，专门给十三世达赖念经祈祷，这两天的僧众茶饭供养，由噶厦负责供给。

按照前清的规矩，达赖逝世以后，噶厦要向驻藏大臣和班禅报告，由班禅主持，集合僧众诵经超度。因此，噶厦于1933年一月一日打电报给西藏驻京办事处，一面向国民党政府呈报，一面电告班禅（当时班禅在内蒙古）。致班禅的电文中称："兹奉西藏司伦噶厦电开：西藏驻京办事处转班禅喇嘛慧鉴，大慈悲堪青达赖拂座，十七日（达赖逝世为阳历1933年12月17日）傍晚圆寂，照例供养，已由贵代表安钦喇嘛呈递，尚请修法，祈祷佛身早日转世，圆满本愿等语，肃电转达。"

班禅接到达赖圆寂的消息后，也作了盛大追荐。据《班禅大师全集》载称："十二月，忽闻达赖于十七日圆寂，噩耗传来，全辕哀悼，大师尤感伤悲，当即派各级堪布，各办公处处长，分住青康蒙藏各大小寺院，及五台山各

国民政府于1934年封十三世达赖喇嘛的玉册

名刹，诵经追荐，先拨供养金十万元。一面电请中央从优追封达赖大师，隆典致祭。……班禅亲撰祈祷达佛慧灵重来之经赞，分发各地寺院，随时诵祷。"

国民党政府对十三世达赖逝世也很重视，于1933年12月发布了追封达赖的命令，并于1934年2月15日在南京举行了隆重的追悼大会，班禅也参加了追悼大会。班禅是1934年1月15日自白灵庙启行，来到南京的，随后2月20日在南京就任了国民政府委员职务。

按十三世达赖土登嘉措生于藏历火鼠年（清光绪二年，1876年）五月初五日，逝于水鸡年（1933年）十月三十日，享年58岁。是第八世达赖以后寿数最长的一位达赖。

十三世达赖20岁（清光绪二十一年，1895年）时执掌了西藏政教两权，一直到58岁逝世为止，前后38年。其间虽因两度出亡（一次跑到外蒙、内地，前后五年；一次逃亡印度，前后两年）曾派摄政代理，但重大决策问题，噶厦仍派人不远千里，前往请示达赖，因之在这38年时间里面，达赖没有离开过西藏政教领袖地位。

据藏文十三世达赖传载称：达赖平素非常勤学，他从印度返回西藏以后，曾聘请了不少教员，学习"兰札"、"乌尔都"（以上两种是印度文字）、汉文、蒙文、英文等各种文字。达赖不但精通佛学，而且也研究各种新学说，诸如政治学、法律学、经济学、天文学、音韵学、地理学等，还喜欢听人给他讲说。达赖对于医学尤其非常爱好，据说还能看病下药。

十三世达赖在繁忙的政教事务之中，仍抽空写作经典。据藏文传记载称，十三世达赖共有五部著作，第一部是《佛师普觉传及建塔史略》，第二部是《关于音韵学的注解》，第三部是《关于僧众戒律问题》，第四部是《佛教讲论经典的解释》，第五部是《在蒙古、青海、西康各大寺及拉萨默朗木大会上讲经说法的底稿》。这五部著作在布达拉宫印经所均有木刻板本。

四十六、黄慕松入藏致祭

十三世达赖逝世不久，西藏发生了不甚激烈的政变，三大寺代表和噶厦僧俗官员会议决议罢免了擦绒的噶伦和龙厦的藏军总司令职务，并囚禁了尖赛公被拉（是达赖生前的侍从）。不久龙厦又被捕入狱，被挖去了双目并抄没了家产；公被拉放逐到珞渝区（以后逃到印度），擦绒亦只剩了札萨的头衔，在政治上已毫无实权。

这次政变的根源，现在还无充分材料说明，从擦绒和龙厦两人的背景来看，都是亲帝分离势力的代表人物，擦绒积极主张"改革"西藏内政，龙厦则坚决主张藏军向康区进攻，因而在达赖生前已经结怨多人，遭到西藏统治阶级里面占多数的保守势力的痛恨和不满。从这些情况分析，这次政变不会是英国人所策动的，而是西藏统治集团内部的保守势力对亲英势力的一次严重打击。这种打击在客观上则又代表了西藏人民的反英情绪，因之得到西藏僧俗广大人民的欢迎和支持。

这次三大寺代表和噶厦僧俗官员会议又决定在十四世达赖未执政前，特请热振呼图克图出任摄政，掌管西藏政教事务。西藏驻京办事处将噶厦来电于1934年1月26日书面报告国民党政府行政院："至尊无上达赖佛之职位，在佛未转世及转世后未登座期间，现经大会公举热振呼图克图代理。热振呼图克图自幼灵异昭著，智慧第一，道行学问，全藏信仰，此次大会一致推举，并向布达拉宫怕却洛格学瑞菩萨像前虔诚占卜，最为吉祥，所有全藏政教大权，决定迎请热振呼图克图暂为总摄。至军事政治一切事宜，仍由司伦噶厦负责办理。特此电知，并请转报中央为要。"国民党政府行政院于1月31日复电批准。

西藏发生政变，亲英代表人物下台，噶厦向国民党政府呈报摄政人选，这一系列的现象，在国民党政府里面引起了若干错觉和幻想，以为西藏上层可能在向中央靠拢，因而国民党政府决定派遣参谋本部次长黄慕松入藏，以致祭达赖为名，试探噶厦态度。《西藏史地大纲》一书对黄氏入藏一事有如下叙述："中央对于达赖十三世之逝世，除在南京为达赖举行盛大追悼会，表示哀悼外，又特派大员黄慕松氏前往致祭，并追封达赖为护国弘化普慈圆觉大师。至于对藏政策，在黄氏未启行前，亦曾举行会议多次，决秉孙总理之遗教，以民族平等为原则，除外交国防及各国通商等重要交涉归中央负责外，其他问题仍由藏政府自行处理，并将恢复驻藏办事处，由中央遴选廉洁人员担任，以便沟通中藏隔膜，促进西藏建设，完成近代化之自治政府。而达赖班禅原有之薪俸，及三大寺之津贴，亦仍依前清律例照给，并拟开发交通，先完成主要各汽车道及飞机场，豁免中藏间一切关税，保护藏商至内地贸易等。"

黄慕松于1934年4月自南京出发，取道西康，于同年8月到达拉萨，受到噶厦的隆重欢迎。黄慕松到达拉萨之日，按照清时驻藏大臣的规矩，先到大小昭寺朝佛，又给三大寺施放布施。9月23日。在布达拉宫大经堂举行了追封达赖为护国弘化普慈圆觉大师的典礼，向达赖遗像献了玉册玉印。10月1日，在布达拉宫达赖灵堂举行了致祭典礼。和黄慕松入藏的同时，国民党政府又派了黎丹等人组织西藏巡礼团，由青海前赴拉萨，配合黄慕松进行活动。

英帝国主义看到国民党政府派了大员先后入藏，为了破坏汉藏两大民族取得协议、恢复友好关系，也派了怀特其人，带了一个英国代表团，同时到达拉萨，也以致祭观礼为名，实际上则是进行挑拨离间，破坏谈判。英国代表团到达拉萨时，噶厦同样表示了欢迎，并在罗布林卡附近的德吉林噶（从前柏尔住过的地方）安设了行馆，英国人还参加了一切宴会和典礼。

黄慕松在拉萨一共停留了约三个月，和噶厦方面进行了多次谈判。黄氏根据国民党政府的决定，向噶厦提出了如下的谈判原则：

（一）请西藏首先认定之前提二点：1.西藏当然为中国领土之一部分。2.西藏服从中央。

（二）对西藏政治制度之声明：1.共同尊崇佛教，予以维护及发扬。2.保持西藏原有之政治制度，许可西藏自治，于西藏自治范围内之行政，中央可勿干预。其在对外，则必共同一致，凡关于全国一致性质之国家行政，应归中央政府掌理，如：（1）外交应归中央主持；（2）国防应归中央策划；（3）交通应归中央设施；（4）西藏重要官吏，经西藏自治政府选定后，应呈请中央分别加以任命。

（三）中央既许可西藏自治，则为完整国家之主权领土计，自应派遣大员，常年驻藏，代表中央，一面执行国家行政，一面指导地方自治。

噶厦对黄氏所提出的上述方案，经过讨论以后，提出了如下的十条答复：

（一）对外西藏为中国之领土，中国政府须答应不将西藏改为行省。

（二）西藏之内外大小权力及法规等无危害政教者，可以依从中国政府之谕。

（三）西藏内务之政教所有例规，应如现在自权自主，所有西藏之文武权力，不由汉政府加以干预，应如先后口允者为准。

（四）为西藏地方安宁，故边界之国家及奉行佛法之人类。应予和好如现时。然西藏与外国立约未尽之事，其重要者，由汉政府共同办理。

（五）西藏可驻汉政府代表官一员，但主仆从人数以二十五人，此外不得另派官兵。代表请派真正崇信佛教者一员，新旧替换时，往来皆由海道，不得取道西康。

（六）达赖喇嘛未转世认定，及未亲政教时，代理司穹（即摄政）以及噶伦以上之官，概由藏政府任命如现在之状况，毕后函呈汉政府驻藏之代表。

（七）西藏所有久住之汉民等，在壬子年汉藏战争以后，即归西藏政府之农务局管理，屡经维持，将来应遵地方法律，由西藏政府管理，不能由汉政府驻藏代表约束。

（八）西藏边界所需守土之军人，由藏政府自派如现在之状，外国或来侵犯之时，方会商汉政府酌行。

（九）汉藏和好，永久不发生纠纷，安宁边界，故东北青藏边界，应遵行前年交涉，俄洛早已经属于西藏，西藏与四川两地之边界，德格瞻化大金寺以上之土地官民，应从速点交西藏政府。

（十）西藏之僧俗人等，背叛西藏政府逃往中国地面者，中国政府不得收留任为代表。

从这十条答复的内容来看，显然是受了英帝国主义者的重大影响，因为内容的基本精神和英国在1914年西姆拉会议上提出的条件，没有什么大的出入。黄慕松允将藏方意见带回南京研究，于1934年11月28日离开拉萨，取道印度返回南京。

黄慕松回京以后，曾向国民党政府写了书面报告，详细叙述了致祭十三世达赖的经过，并对西藏情况作了自己的分析。下面一段话是颇值得注意的。他说："惟现时藏人对汉确具好感，达赖亲汉之心，亦确具真诚，近已先后遣使晋京，请命归诚，恢复旧制。惟盼我政府善为因应，勿亏一篑之功而已。"这个分析如果属实，那就可以说十三世达赖是有一定的爱国思想的。

黄慕松这次到拉萨的唯一的实际收获，就是取得噶厦同意，在拉萨设立了蒙藏委员会办事处，留蒙藏委员会委员刘朴忱担任处长。这个办事处对西藏内外事务丝毫不能过问，不过在办事处之下附有一部交通部的商业电台，还办了一所拉萨小学（学生主要是拉萨的汉回人民的子弟），一所诊疗所，还有一所气象测候台，一共不过四五十个工作人员。

英帝国主义者看到国民党政府在拉萨设立了办事机关，竟也要求英国在拉萨设办事处，噶厦也同样允许了。英国办事处之下，还附设了一所医院，免费给藏民看病，并有一所无线电技术学校，代替噶厦训练无线电技术人员。英国办事处有一职员，名叫锐衣巴都，系哲孟雄人，还取得了噶厦的札萨爵位，他可以以札萨的资格，参加各种会议，出席各种典礼，监视噶厦与国民党政府办事处之间的来往等等。

四十七、班禅回藏被阻

黄慕松回京以后,国民党政府积极进行准备武装护送班禅回藏事宜。1934年,国民党举行四届四中全会,决定派遣诚允为护送班禅大师回藏专使(后来诚允辞职,改派赵守钰继任)。

为了搞好护送班禅回藏的工作,国民党政府于1936年9月21日颁布了"护送班禅回藏专使训令"。"训令"共十一条,要点如下:

第一条 西藏对于中央应保持原来密切之关系,为中华民国领土之一部。……

第二条 西藏不得与外国订立条约。

第三条 西藏与外国旧订之约,应提请中央政府处理。

第四条 中央政府……允许西藏自治,方案另订之。

第五条 西藏之军政、外交及其他有关全国一致性质之重大事项由中央政府处理之。

第六条 中央政府……允许维持其固有之政教制度。

第七条 中央政府尊崇西藏宗教。

第八条 达赖、班禅之待遇及在西藏政教上之职权,概仍旧制。

第九条 康藏驻军及行政区域维持现状,应即恢复交通,所有划界问题,可从长计议。

第十条 中央政府派大员常川驻藏……执行国家行政,并指导地方自治各事宜。

第十一条 西藏得派专员在京设立办事处,并可由中央政府酌给办公费。

在此之前,班禅一面积极进行回藏准备,一面于1935年3月11日,向蒋介石提出了一个回藏方案。该方案要点如下:

(一)藏案近况:自派安钦佛、王乐阶等二次入藏,现已数月,叠接函电，卫藏交涉，大体就绪，轻骑回藏，亦无不可，惟闻中藏悬案，尚无具体答复……若就私略公，有负班禅来华倾向祖国、团结五族之初志，是以有望于执政诸公恩威并济，早定方针。

（二）宣化步骤：……拟克日入青转康，凡被灾之寺宇，倡助葺修，流离四方之喇嘛，竭诚招抚，寺产僧纪，严加整饬，民众痛苦，力图苏救，开诚宣化，团结五族，用报国恩于万一。……尚希中央酌拨赈款，分散民间，以示党国爱扶边民之至意。

（三）建设计划：……班禅此次回藏，拟先开辟青康卫藏公路，以应急需。继在重要各县，架设电台，分置邮局，并饬各宗豁，兴办小学，教授藏文，再进而加授中文，及科学常识，按期选派青年，留学内地，以资深造。此项开办经费，预计在百万元，尚望政府及早筹拨。……若能再饬教育交通两部酌派专家技师，协同办理，尤所欢迎。

（四）回藏必需：班禅无论采取何种方式入藏，必须略备卫队，以资仪仗，而扬国威，切盼政府选派武装整齐、军纪严肃之队伍，用壮行色。

——《班禅大师全集》

从班禅提出的上述方案中的建设计划来看，他并没有指出是只在札什伦布所管的范围内实施，而是全藏性的。同时又根本没有提到噶厦。这是容易引起噶厦方面的误会和反感的。后来国民党政府对班禅提出的上述方案，加以修改，定名为"西藏建设初步计划"，经过行政院修正通过，由蒙藏委员会答复堪布会议厅。批示重要内容如下：

"欲图建设西藏，应以开发交通、振兴教育为先着，诚以西藏山岭绵亘，道路崎岖，地少良田，民多寒户，言商业则货物转运维艰，言军事则粮秣输送困难，加以文化落后，民智幼稚，举凡中央一切开发计划，以及扶植边疆人民之至意，因种种关系，一时实难实现。班禅大师此次回藏，所请修筑道路，设置邮电，及兴办学校各项，在原则询属切要之图，惟当此中央政费紧缩之时，势难力拨巨款，从事举办。且以西藏情形特殊，若开发过事操切，转恐藏方滋生疑虑，兹谨参酌班禅原案，审度国家财力，及中央与西藏间目前情势，在可能范围内，拟定西藏初步建设计划如下：

（一）公路：……拟由旧时西宁至拉萨驿道，修筑西宁至拉萨公路……拟由铁道部派员随同班禅，前往详细勘测，造具修筑计划，呈准施工。

（二）电台：……拟先在后藏札什伦布增设五百瓦特电机一架，仍由交通部派员，随同班禅前往架设，以资灵通消息。

（三）邮政：……拟设法将拉萨邮局（西藏政府的）归并邮政总局管辖办理，由交通部令饬邮政总局派员随同班禅前往考察，筹拟整理及发展计划。

（四）学校：……拟就班禅回藏之际，在后藏札什伦布，及其他相当地点，设立小学五所，课程及编制，不必尽与内地相同。……

各部所派专员，拟暂由班禅大师委以西陲宣化使公署顾问、参议等职，前往襄助办理，以期易以推行。至于工商农矿卫生等建设事业，虽现时尚难举办，拟亦由各主管机关派员随同班禅前往，实地调查，以做他日建设之准备。

——《班禅大师全集》

从国民党政府的答复来看，还考虑到"藏方"（即噶厦）情况，要班禅集团不要"过事操切"，但从总的精神来看，"建设西藏"，重点仍然放在班禅集团及其辖区。

噶厦对于班禅返藏，采取的态度是一面派人欢迎，一面宣布不让班禅带一个"汉官汉兵"入藏，否则坚决予以拒绝。1935年8月16日，班禅派往西藏交涉的代表安钦佛自拉萨给班禅拍来电报，内称："藏政府亟盼佛驾早回，已派定僧俗官员及三大寺堪布，不日来青欢迎，后藏代表亦率侍佛工役300名，均已首途东下，望佛不带蒙、汉官兵，径回后藏，以免前藏政府之阻难。"1936年5月9日，噶厦致电国民党政府蒙藏委员会，公然反对中央派军队入藏，电文中说："中藏交涉未解决时，中央官军绝对不得入藏，假使班禅随带官军入藏，民众必然惊惧，发生意外，断绝中藏感情，最为可能。……请熟筹善策，不派一卒一官前来为幸。"1936年6月，班禅抵甘肃拉卜楞寺，西藏三大寺派来的欢迎代表同时抵达，欢迎班禅返藏。此来代表计有哲蚌寺堪布阿旺堪却、色拉寺堪布罗桑根却、噶丹寺格贵敦珠甲措等十余人。同时札什伦布寺的欢迎代表恩久佛等300余人，也同时到达，并带来噶厦给班禅的藏文公函，堪布会议厅将噶厦原函，节译报告蒙藏委员会，其要点有三：

（一）自达赖圆寂后，全藏僧俗妇孺，莫不盼祷班佛早回藏土，同人亦经竭诚派遣代表前往欢迎，望速启节惠临。至于卫藏一切条件，多可接受，祈释念。

（二）中藏问题尚未解决以前，望佛座勿带蒙汉官兵，以免如油浸纸，危害西藏政教，此系全藏人民公意，如不容纳，将必坚决抗拒。

（三）中央决派汉蒙官员护送，只可带至汉界，不得擅越藏境一步，以免双方发生冲突。倘我佛需要卫队，迨临藏境时，愿选拔后藏籍士兵担任保护。

堪厅在信末附有如下按语："噶厦函中各件，不过为一、二当局之私见，绝非民众公意……班禅仍拟依照原定计划，开春入藏，望中央一秉成案，以期贯彻，倘明春行抵藏边，万一藏方有武力拒绝汉兵入藏之时，想善后策划，中央定有成竹。"

1936年12月18日，班禅进抵青海玉树，噶厦派的第二批欢迎代表堪穹强巴曲汪也赶到玉树，又提出"要求轻骑回藏，不带汉方官员"。同时接到昌都方面头人来信："职方乌拉，均已筹备就绪，近奉藏政府谕，在交涉未圆满前，不许供应，请暂勿西上"等语，班禅行辕乃向国民党政府请示如何处理。此时抗日战争业已爆发，平津失陷，上海危急，国民党政府已经顾不上经营西藏，乃复电班辕和护送专使行署，要他们考虑停止入藏。护送专使接电后，即致公函给班禅，内称：

敝专使于国历上月二十三日奉到行政院电令，劝留我佛暂缓入藏……敬请我佛再予转示三大寺代表，致电噶厦，应明白表示下列三项：

（一）中央所派专使与其率领人员，以及仪仗队，此次护送大师入藏，噶厦不得加以阻难；

（二）前后藏问题未经解决者，候大师回札什伦布后再作解决；

（三）大师及中央官员仪仗到达藏境时，噶厦应迅速支应乌拉。

如噶厦对于上述三项于十日内来电完全表示同意，敝专使再与我佛会同请示中央，作最后决定。设过期不复电，或有复电而不能完全接受上述意见，则噶厦对我佛必仍无诚意，拟请我佛即遵中央劝告，暂行缓进。

当时班禅集团急欲回藏，西藏三大寺代表也盼望班禅回去，经过班辕、三大寺代表和噶厦代表再度商讨结果，藏方表示可以允许中央代表和仪仗队进入西藏境内，俟使命完成后，休息数月，即行撤回，并要"国际担保"。噶厦电文中并说："护送班佛之汉方官兵许遣回案，如无确切表示而入藏境，此间决不能放过，此系民众决议。……关于护送事，我政府要外国担保，以资慎重。"1937年9月，西藏三大寺给班禅来了一电，提出了调和办法，电文内称："前西藏全体决议，不许汉兵入藏，颇关重要，兹为求僧俗民众了解起见，请由北路径赴札什伦布寺，到寺后休息一两月，即将中央官兵，不留一人，由海道撤回后，服从拉萨政府命令，及不妨碍师徒圣谊诸端，务恳大师承认，亲笔盖章，赐给保证，以便三大寺再呈藏政府，作切实担保后，沿途乌拉事宜，自当筹备。"接着噶厦给堪厅也来了一个电报，内容和三大寺大体相同，"由班禅堪布会议厅出一印据，载明随带之汉方官兵到藏后，住憩三个月，保由海道或北路撤回外，届时不得有所请求，其他事项，若不得大师赞同，允予缓议，务恳佛驾早日回藏，以慰众望"。三大寺和噶厦最后来电中虽然取消了"国际担保"，但要班禅承认"汉官汉兵"不留一人，仍遣回内地。并借三大寺口，提出班禅"服从拉萨政府命令"，这些条件都是当时国民党政府和班禅集团不可能接受的。因之班禅于1937年2月1日致函护送专使赵守钰，同意暂缓入藏。公函中除引证三大寺和藏政府前后来电外，末称："查来电含蓄甚广，毫无欢迎诚意，反欲使班禅与中央断绝关系，听彼指挥。班禅东来十有五载，谬荷中央依畀，殊遇优渥，心切五族团结，共安边防，冀报党国于万一，宁愿牺牲个人，力全大局，不愿中央威信陷于隳堕，即遵院令，暂缓西行，以待将来。"班禅回藏一事，至此乃告一段落。

　　阻止班禅回藏，虽由噶厦出面，实际上乃是英帝国主义者在后面操纵指使，从《班禅大师全集》所提供的材料中可以证实。当1934年国民党政府决定班禅入藏时，当时班禅尚在南京，英驻华公使贾德干和参事台克满、领事波朗特，于3月8日、27日分别去看班禅，提出"均盼大师由海道回藏主持藏务"。英帝国主义者诱骗班禅从海道回藏，其目的就在于使班禅不能带领"汉官汉兵"一同入藏，但据说班禅没有接受这个建议。1935年11月9日，英国驻华公使贾德干又向国民党政府外交部提出"抗议"，认为中国派军队入藏，"系违反西姆拉条约第三条"。国民党政府外交部答以：护送班禅的三百武装部队"完全系卫队，而非军队"。贾德干又质问班禅自己有卫队，"何必由中央派队护送？"11月27日，英使馆秘书比得本又访国民党政府外交部，口头提出："英国政府对于国民政府拟派仪仗队三百人护送班禅喇嘛回藏事，依据西藏当局之异议，及西姆拉条约第三条之规定，表示反对。"国民党政府外交部答以：（一）西藏当局对于此事"并无异议"；（二）西姆拉条约未经中国政府正式签字，英国援引西姆拉条约，"中国政府殊不能认为适当"。1936年10月24日，英国新任驻华公使许阁森，又到国民党政府外交部，说噶厦托他转告国民党政府，如果班禅带兵入藏，"藏兵必将抵抗"。1937年8月17日，英驻华公使许阁森又向国民党政府外交部口头提出："奉到本国命令，英方对班禅入藏带仪仗队，不能同意。"又给国民党政府外交部送了一道照会，内称："准印度政府送来西藏噶厦致驻江孜英国商务委员原函影印,为中藏问题未解决之前,吾人不准备令中国官员及仪仗队入藏,而中国尚在坚持派遣中,兹为公共和平起见,请求英国政府向中国政府促进吾人之抗议等语。本大使甚盼此项文件,能将外交部对于西藏政府斡旋此事之怀疑,得以祛除。并请中国政府对其行动,不再坚持。"噶厦后来一再提出的所谓"国际担保",显然也是要英国出面干涉,这就是英帝国主义者和西藏亲帝分离势力所主演的一出双簧戏。

班禅自回藏被阻以后,即染重病,据《班禅大师全集》载称:"1937年11月4日,大师欠安,命大夫堪布罗桑郎嘉诊视……四日以来饮食难进,每食即吐,左胁奶旁作剧痛,不能安卧……双脚黄肿,日渐加厉。延至26日……肿已过膝,兼咳嗽气喘,便赤口干,大夫束手无方……12月1日晨二时五十分,圆寂于青海玉树寺拉加颇章宫中。"

按九世班禅曲结尼马生于清光绪九年(1883年),卒于1937年,享年55岁。九世班禅自1923年逃亡内地以来。在祖国各地先后住了十五年,最后死在青海,始终没有达到回返故乡的愿望。

班禅逝世以后,国民党政府命令堪布厅全体人员护送灵柩前往西康甘孜暂住,同时决定派遣考试院院长戴传贤前往甘孜致祭,并发治丧费一万元。又决定"班禅行辕善后处理办法"几条,其要点是:

(一)西藏宣化使公署裁撤;

(二)行辕保留,公费照支;

(三)大师年俸停支;

(四)驻京办事处保留;

(五)护送专使行署裁撤。

甘孜地方系由刘文辉部下八一五团驻防,1939年12月,驻军与班辕发生武装冲突,即所谓"甘孜事变",班辕不支,率残部退往青康边境。1940年经过噶厦同意,堪厅派了秘书长王乐阶、卓尼绛巴朗达等400余人,护送班禅灵柩入藏,前往札什伦布寺建塔供养,堪布会议厅及其职员眷属卫士队等400余人,移住青海香日德(该地百姓属班禅教下)屯垦耕田,并派人四处寻访班禅转世灵童。

下　编
十四世达赖喇嘛丹增嘉措

一、寻访与坐床的经过

十四世达赖喇嘛法名丹增嘉措,出生于青海省湟中县南四十里地方的祁家川(藏名当采)一户农民家庭,藏历第十六"饶迥"的木猪年(1935年)五月五日生。父名祁却才仁,母名德吉才仁,大哥名土登居美诺布,二哥名嘉乐顿柱,三哥名罗桑三旦,丹增嘉措是老四,他有一个弟弟,是阿里活佛,一个姐姐,名才仁卓玛,姐夫名彭措札西,他还有一个妹妹,名益喜白玛。丹增嘉措被认为十四世达赖以后,其家属都跟着他到了西藏。噶厦按旧规旧例也拨给他家许多封建庄园和农奴,于是他家也成了西藏的一个大贵族,称为"达拉"。丹增嘉措未被认定为十四世达赖以前,乳名叫拉木登珠;被认定为十四世达赖以后,由当时的摄政热振呼图克图剪发并取法名为吉尊降白阿旺洛桑益喜丹增嘉措师松旺觉聪巴密白德青布,简称丹增嘉措。

十三世达赖圆寂以后,噶厦于1934年决定分三路访寻达赖转世的灵童:委

十四世达赖喇嘛,丹增嘉措在布达拉宫坐床

派格桑佛前往青海访寻，康色佛前往西康访寻，普觉佛前往西藏南部访寻。1935年5月，噶厦派往青海访寻灵童的代表格桑佛和凯墨色等三人到达玉树，当时班禅正在玉树准备入藏，他们奉噶厦命令，向班禅请示"指示达赖转生地点与灵童姓名，大师即开给青海三童姓名地点，并加派策觉林佛、恩久佛两人，襄助一切"。（《班禅大师全集》）班禅还写信给马步芳，信内说："该佛因青藏前经战争，内怀疑惧，行甚趑趄……敢请推爱，于该佛抵青时多予援助。"

格桑佛一行到达西宁后，经过两年多的时间，在湟中县南祁家川一家藏族农民家中，找到了一个灵童，即今之十四世达赖，找到的时候，年已4岁。《拉萨见闻记》一书载有灵童寻获的经过如下：

> 据曾在中央供职之贡觉仲尼氏语余，灵童之寻获，系遵照三种指示：（一）十三世达赖圆寂时面向东。暗示将转生东方。（二）乃均降神，谓达赖将转生东北汉人地方。（三）热振观海，现一农家，位马路将尽处，门前巨柳一株，旁系白马，一妇人抱小儿立树下，热振乃将海中所见情景，饬画匠详细绘出，派格桑活佛及古桑子（即凯墨色）二人，按图向东北方寻访。费时二年之久，果于青海地方寻获灵童家庭。

灵童认定以后，格桑佛等人向青海省政府要求，迎回西藏"供养"，马步芳开始不予答应。"民国三十七年（1938年）冬，西藏政府以寻获十三世达赖呼毕勒罕三名，呈报中央，并请派大员入藏，主持抽签事宜"，（《拉萨见闻记》）国民党政府乃致电马步芳，令其派兵护送入藏，并拨给护送费十万元，马步芳才派了一营骑兵，由师长马源海率领，护送达赖灵童于1939年七月自西宁起身入藏，十月初到达拉萨。"灵儿既抵拉萨，西藏僧俗欢喜如狂，入城之日，远道来此观礼者逾数万人，即送置罗布林卡，受西藏官民公开朝拜，俨然一小达赖矣。"（《拉萨见闻记》）

青海灵童到达拉萨之前，在噶厦内部究竟以何处灵童为真达赖，曾有争执，热振坚决主张青海灵童，而司伦朗敦则不同意。《拉萨见闻记》载称："民国二十七年（1938年），司伦以寻觅灵童事，与热振意见相左，经民众大会决议停职。"自是西藏事权集中到热振手中。

国民党政府为了主持达赖灵童掣签坐床，于1939年3月派了蒙藏委员会委员长吴忠信，取道印度前往拉萨主持此事。吴忠信于1939年12月到达拉萨，受到噶厦和僧俗人民的隆重欢迎。吴氏到达拉萨后，灵童问题发生变化，原先的

十四世达赖喇嘛幼年时与父母及其兄弟合影

三个灵童现在只剩下了一个灵童。《拉萨见闻记》一书称："初热振向中央报告，寻获灵童三名，并请派员掣签，此时忽只余青海灵儿——名，且已登殿受拜，有造成既成事实之势，自值慎重考虑。……据称青海灵儿灵异卓著，全藏僧俗公认为第十三世达赖化身，经民众大会决议，不再举行掣签，拟请中央援照第十三世达赖先例，准予免除掣签手续，吴当表示此事须呈请中央核定，本人只能负责转呈，不能即作决定。……经双方一再派员磋商，始决定免除抽签之前提如下：（一）由吴氏本人事先查看灵童是否确属灵异；（二）由热振正式具文呈请中央，免除抽签手续，两事热振均表示接受。"

在"察看"灵童问题上，又发生了波折。当吴忠信派人赴罗布林卡和古觉大堪布交涉时，古觉大堪布提出要吴忠信在达赖灵童登座时，"上殿参拜"。并说："灵儿坐殿，系经西藏民众大会决议，殿见亦系西藏之惯例。"又说："经民众大会决定者，不能变动。"其含意在不承认吴忠信有"察看灵儿"之权。"余等将交涉情形向吴氏报告，吴氏颇感不快，乃召贡觉仲尼至，晓以大义，语甚严厉，嘱其立向热振转达，须照旧议办理，否则中央人员不惜全体离藏。"①经此转折后，热振之态度顿趋软化，翌日即派员至行辕道歉，说明古觉大堪布不明底里，至有误会，请吴氏指定便见之时间及地点。吴氏即决定二月一日，在罗布林卡荷亭内查看。"（《拉萨见闻记》）

"查看"的时候，吴忠信给灵童送了四种礼品，表示了承认。1940年2月5日。国民党政府发布了如下命令：（一）"青海灵童拉木登珠慧性湛深，灵异特著，查系第十三世达赖喇嘛转世，应即免予抽签，特准继任为第十四世达赖喇嘛，此令。"（二）"拉木登珠业经明令特准继任为第十四世达赖喇嘛，其坐床所需经费着由行政院转饬财政部拨发四十万元，以示优异。此令。"于是噶厦决定1940年2月22日，在布达拉宫举行坐床典礼。

和吴忠信到达拉萨的同时，英帝国主义者也派了驻哲孟雄行政官古德一行数十人到达拉萨，借口"观礼"，实际上是来监视吴之行动，挑拨汉藏关系，破坏吴忠信与噶厦举行的政治谈判。当时国民党政府偏安西南，已经没有力量经营西藏，因之据说吴忠信到拉萨后，和噶厦并没有举行任何谈判，只是"主持"了达赖坐床典礼，并"册封"热振为"辅国普化禅师"，以象征国民党政府在西藏行使了主权。

在坐床仪式问题上，又发生了"座位"问题的争执。据《拉萨见闻记》载称："唯与吴氏之座位问题，意见参差，藏方初拟将吴氏之座位，置于热振对面，高低则与司伦等。吴以本人代表国府，主持达赖坐床事宜，又系主管蒙藏

---

① "离藏"原文为"回藏"，不通，改为"离藏"。

长官，体制攸关，不便迁就，主张至少应照清代驻藏大臣之例设座，即于达赖平行之左方，设面南之座。几经折中，藏方始允遵办。"所谓"座位"问题，说明吴忠信的身份至少与驻藏大臣是相等的。

达赖十四世举行坐床以后，吴忠信等一行于1940年4月间离开西藏，仍经印度返回重庆。噶厦援清代旧例，派了札萨阿旺坚赞随后前往重庆，向国民党政府"致谢"（在清代，达赖坐床以后要向清朝皇帝"谢恩"）。

二、"热振事变"

热振掌管西藏政教事务以后，和国民党政府的关系有了接近，热振接受了国民党政府的"辅国普化禅师"的封号，还曾派人赴内地各大城市募化，以修葺热振寺。1943年，国民党召开六全大会，热振还被选为国民党中央候补执行委员，可能在这以前热振已参加了国民党。热振执政时期，正是我国进行抗日战争初期，蒋介石表面上还在抗战。热振本人具有一定的爱国反帝思想，英人在拉萨要办学校，是热振反对掉的。抗日战争爆发后，热振曾领导三大寺念经，祈祷中国抗战胜利。

热振和国民党政府接近，又引起了英帝国主义的不满，于是策动噶厦内部的亲帝分离势力，造谣诽谤热振，压迫热振下台。亲帝分离势力通过宗教方式，指示乃均降神，说热振有三年"厄运"，要他暂时退休，闭关静坐，可以禳解过去云云。热振为了缓和攻击气氛，乃于1941年向噶厦提议暂时退休三年，而把摄政的职务让给他的师傅大札佛代理。大札是一个地位不高的小活佛，当时年岁已达70。热振选了这样一个小活佛代理是有用意的，一方面是为三年后卷土重来预留了地步，另一方面也是为了在退休期间，继续支配西藏政教作了布置。然后返回藏北热振寺，在那里度林泉生活。

大札佛代理摄政以后，很快即被亲帝分离势力所包围和支配，索康等人都升任噶伦，完全控制了噶厦，于是西藏地方与祖国的关系急剧恶化。1943年夏，噶厦突然宣布成立"外交局"，通知英国和尼泊尔驻拉萨代表，同时也通知了国民党政府在拉萨的办事处，"以后凡有接洽事件，不能如曩之径见噶厦摄政，必须先向外交局商谈转呈"。这一把戏的目的，就是把国民党政府的代表也同英尼等国代表同样列为"外国"代表机关，表示西藏是一"独立国"，这是英帝国主义指示西藏亲帝分离势力所演出的第一出滑稽戏。当时国民党政府因"此事与中国对藏主权有关，电令驻藏办事处仍照旧例接洽，不得与外交局发生任何关系，西藏既新设此局，以图无形中转变中央与西藏间旧有关系，自必坚持到底，虽陷僵局，亦不之顾"。这事发生后，噶厦为了压迫国民党政府办事处进外交局，曾以断绝供应相威胁，因国民党政府办事处工作人员坚持不进外交局，这一把戏才告失败。

英帝国主义和西藏亲帝分离势力的这一阴谋失败后，乃又玩弄另一把戏，1947年3月，印度新德里召开"泛亚洲会议"，邀请亚洲所有国家参加，把西藏也作为一个"国家"，邀请参加了会议。帝国主义者在会上又作了阴谋布置，一是在悬挂的亚洲各国国旗当中，把西藏佛教的"雪山狮子"旗当做西藏"国旗"，悬挂在里面。更突出的是在会场上悬挂的亚洲地图上，中国地图竟缺少西藏一隅。据说"经中国代表团提出抗议后，始加以修正"。所有这些阴谋活动，无非想造成西藏是"独立国"的事实，要亚洲各国无形中默认。

"泛亚洲会议"开会不久，西藏就发生了"热振事变"。原来热振退休之时，约定三年后仍恢复摄政职位。可是三年满期以后，亲帝分离势力控制了大札佛，不让热振恢复摄政。从此热振与大札之间的斗争趋向白热化。当时国民党政府驻拉萨办事处也在暗中支持热振，国民党允在财政上给以协助。热振本人也雄心未泯，不甘退出西藏政治舞台，也想卷土重来。在"热振事变"前不久，拉萨谣言纷起，有说："热振勾结色拉寺喇嘛，准备用武力推翻大札"，又说："噶厦政府要出兵攻打热振寺"，又说："热振要逃亡西康"等等。亲帝分离势力为了打击热振，竟采取了卑鄙阴险手段，制造热振"谋叛"的假证据，噶厦即派索康噶伦等，于1947年4月14日，率藏军200人，前往热振寺逮捕热振。热振在拉萨的人员侦知这个消息后，也向热振寺去报告，但藏军以24小时的急行军提前到达，热振事前毫无准备，还居住在离热振寺约一华里的河边别墅中，藏军于拂晓前包围了别墅，立即将热振加以逮捕，带往拉萨。

热振被捕入狱以后，噶厦组织从都大会审问，据是年9月2日成都报载拉萨通讯《最近的西藏政变》一文中称："热振在审讯大会中，有人问他：'何以西藏要亲中国？'他的回答是：'中藏在宗教上、地理上，都无法隔离，1904年英将荣赫鹏攻入拉萨之后，军事赔款，概由中国代付，所以不啻是中国的钱赎回了西藏的身'。"

"热振事变"发生以后，据《西北通讯》月刊透露，当时国民党政府曾致电噶厦，设法营救热振。"中央命令的要点有二：一是保护佛法，勿得炮轰寺院；其次是热振佛乃中央册封的呼图克图，且主持寻觅十四世达赖佛有功，应加优待，并从宽发落。"噶厦置之不理。

热振被捕到拉萨后，色拉寺结札仓（热振属该札仓）喇嘛数百人，在札仓堪布阿旺嘉措率领下，武装攻入拉萨，企图劫狱未逞。噶厦调集藏军包围色拉寺，激战了两昼一夜，寺僧死伤八九十人，被俘数十人，结札仓财物被抢一空，阿旺嘉措率领十余人突围而出，逃亡西康。

结札仓事件发生以后不久，亲帝分离势力于1947年5月7日，将热振勒毙狱中，依照旧例陈尸三天，受各界人民公祭。

热振被害的消息传到热振寺后，引起了热振寺全体喇嘛的悲愤，500喇嘛武装起来，将驻扎在热振别墅中的16名藏军全部杀死。噶厦又调集藏军千余人前往包围了热振寺，激战了七日七夜，寺僧不支，才向藏军投降，而为首的热振生前的苏本堪布益喜楚臣等十余人，突围而出，从青海草地逃亡西宁。

热振寺被藏军占领以后，贵重物品，金银粮食被抢一空，有些较好的桌椅都被抬走。热振在热振河边和拉萨热振拉让里面兴修的两处别墅，完全平毁。噶厦并宣布取消热振的呼图克图名号，以后如再转世，即为一普通活佛。热振寺所属的田庄百姓，大部分均予没收，只留了一小部分收入，供热振寺五百喇嘛每年口粮。与热振关系密切的十四世达赖的父亲祁却才仁也被亲帝分离势力毒死，凡是与热振有过关系的僧俗官员都被免职或调任其他闲散职务。"热振事变"是一出"亲痛仇快"的悲剧。从此西藏政局暂时落入亲帝分离势力控制之下。

三、受英美策动的所谓"驱汉事件"

"热振事变"发生的时候，第二次世界大战业已结束，国际国内政治形势起了重大变化，英帝国主义者在第二次世界大战当中，已丧失了过去所保持的"称霸世界"的地位，已经不是强国了，因而已无力积极干涉西藏内部事务，而不得不让美帝国主义者插手侵略西藏了。还在第二次世界大战进行期间，美帝国主义已作了插手侵略西藏的准备。1942年9月，美国政府派伊里亚·托尔斯泰中校带了一个美国代表团到西藏，他们携有罗斯福总统给达赖喇嘛的信件和礼品。这个代表团于1942年12月抵达拉萨，与噶厦官员进行过秘密会谈，在拉萨居住了五个多月，1943年3月才离开西藏。从那个时候起，西藏亲帝分离势力与美帝国主义拉上了关系。

1947年10月，噶厦组织了一个商务代表团，以仔本夏格巴为团长，以节康堪穷（帕里税官）、邦达养壁（卓木总管）为团员，以索康代本为翻译，准备赴美英各国考察"商务"，实际上则是帝国主义者与西藏亲帝分离势力阴谋策划，为西藏"独立"进行外交活动，要美英等国政府承认西藏是"独立国"。

西藏商务代表团在出国问题上，碰到了几个技术问题不得解决，一个是出国护照的签证问题，因为西藏和美国并无"外交关系"。另一个是外汇问题，西藏和外国也没有对外贸易关系，它自己没有外汇。为了解决这些问题，西藏商务代表不得不于1948年初到达南京。当时国民党政府也曾经劝阻西藏商务代表团不要出国，如一定要出国时，应拿中国护照。西藏代表没有理会，却在南京和美大使司徒雷登秘密勾结，司徒指示他们去香港美领事馆，由美领事在噶厦自己制造的"护照"上签证，飞往美国。关于外汇问题，噶厦在南京向国民党政府领了一批生丝出口证，他们到香港后把生丝出口证卖给了印商，换取了外汇，于1948年7月到达华盛顿。西藏代表团初抵旧金山时，就向报界发表了如下荒谬谈话："我们此来是与贵国建立友好关系的。"又说："西藏处在三大国环视之下，北方是苏联，东方是中国，南面是印度，我们不好偏爱某一国而给予他一种特权，冷落其他两国，因其如此，干干脆脆把他们全部拒绝。……希望美国政府筹借八百万美金，作为藏币的准备金，希望贵国大量的机器和电力设备，同我们交换药材羊毛。"后来西藏代表团又在华盛顿向美国记者说："西藏与中国的关系，仅只是宗教上的联系，中国根本无权管辖西藏人民，我们用什么护照出国，中国根本就不配过问。"

西藏商务代表团在美国停留了两三个月，然后才赴伦敦，在那里又稍作勾留，于1948年冬，前往法国、瑞士、意大利、印度等国活动，于1949年3月返回西藏。他们在国外活动期间没有一个国家承认西藏是"独立国"，只好空手回来。

和商务代表团赴美英活动的同时，国民党政府于1948年5月，在南京召开伪国民大会，进行所谓"总统选举"。事先，国民党政府曾通知西藏选派代表参加大会，噶厦虽然派了札萨土旦桑批、札萨凯墨、堪穷土丹桑波、仁希凯墨色、仔卓尼土登策登、仔卓尼土登策勒等人出席会议，但到最后投票选举伪总统及副总统时，西藏代表突然宣布拒绝参加选举，说他们是以"外宾"资格前来"观礼",不能参加投票,表示西藏业已"脱离"中国。

1949年春,国内形势起了根本性的变化,经过辽沈战役、平津战役、淮海战役以后,国民党的主力已被消灭,解放大军渡江解放了南京、上海,国民党流亡政府逃往广州,全国解放即在眼前。被帝国主义者支配、侵略了多半个世纪的西藏人民,势不能仍任帝国主义者蹂躏宰割,接着获得解放就成了必然的趋势。美英帝国主义者乃绞尽脑汁,指使西藏亲帝分离势力,在人民解放军解放南京前夕,撤走了西藏驻京办事处,并于1949年7月8日,突然通知国民党政府驻拉萨办事处:"为防止赤化的必要措施,决定请彼等及其眷属立即准备离藏内返",同时占领拉萨无线电台,派兵监视驻藏机关及其人员,催促整理行装。噶厦又由印度噶伦堡电告国民党政府蒙藏委员会,内称:"为欲防止共产党混迹西藏,特请求中央驻藏人员全体撤退,并已通知各该人员及其眷属在规定期限内,返回内地。"当时国民党政府正在狼狈逃窜,自顾不暇,对这件事根本顾不上过问,他们的驻藏人员及眷属约百余人,分三批在噶厦规定的时间内,取道印度返回内地。

美英帝国主义者策动西藏亲帝分离势力所制造的"驱汉事件",其明显目的,就在于使西藏与祖国之间断绝任何政治联系,他们妄图这样就可以阻止中国人民解放军进军西藏,就可以把西藏从中国领土中分裂出去。因之,这个事件发生以后,代表英帝国主义说话的印新社,于同月27日发表了如下的新闻:"西藏从未承认中国的宗主权,为此曾发生纠纷。而十三世达赖圆寂时,中国仅派代表前往吊唁,达赖十四世坐床时,中国也只派代表参加,代表团因之就留在西藏。"同日英国电讯又称:"英国从未承认中国所说的西藏是中国的一部分,并受中国统辖的讲法。"而美帝国主义的合众社八月十日发表了华盛顿电讯:"外交当局今日表示西藏当局利用中国政府之困难,可能完全脱离中国名义宗主权。"

对于这次"驱汉事件",新华社于1949年9月2日发表了社论,表示了严正的态度。该社论说:"7月8日(1949年),西藏地方当权者驱逐汉族人民及国民党驻藏人员的事件,是在英美帝国主义及其追随者印度尼赫鲁政府的策划下发动的,英美印反动派勾结西藏地方反动当局,举行这个'反共'事变的目的,就是企图在人民解放军即将解放全国的时候,使西藏人民不但不能得到解放,而且进。一步丧失独立自由,变为外国帝国主义的殖民地奴隶。"

社论又说:"英印反动派为了吞并西藏,竟敢妄想否认西藏是中国领土的一部分,这是侵略者在白昼说梦话,任何人找遍中外公开出版的地图,和关于中国内政外交的文件,也无法找出任何的根据。"

社论最后说:"中国人民解放军必须解放包括西藏、新疆、海南岛、台湾在内的中国全部领土,不容有一寸土地被留在中华人民共和国的统治以外。"

9月7日,《人民日报》又发表了《中国人民一定要解放西藏》的社论。该社论说:"西藏地方当权者之驱逐国民党反动政府派驻西藏的伪蒙藏委员会代表团,是可以理解的,是应该被赞成的。……但是问题的症结不在这里,而是透过这一事件,充分暴露了帝国主义野心家,企图利用西藏人民和西藏少数民族不满国民党反动政府错误的民族歧视政策,挑拨西藏与中国的关系,乘国民党反动政府陷于四分五裂,中国人民解放军尚未到达西藏的间隙,趁火打劫,窃取西藏,掠夺中国领土主权,并实行反共,妄图阻滞或延缓西藏人民和西藏少数民族的获得解放,继续奴役我西藏人民和西藏少数民族,这是中国人民所坚决反对的。"

该社论最后指出:"这次西藏地方当局驱逐伪蒙藏委员会代表团时,借口'防止共产党活动',这不仅毫无事实根据,而且是极端错误与反动的借口,显然是受了英美帝国主义的指使与挑拨,这是违背西藏人民和西藏少数民族利益的。备受帝国主义与国民党反动派奴役的西藏人民和西藏少数民族,应该团结起来,揭穿美英帝国主义的阴谋,摆脱帝国主义所加以西藏的束缚,准备迎接中国人民解放军进军西藏、解放西藏,解放全中国。"

新华社和《人民日报》连续发表社论,提出"中国人民一定要解放西藏"以后,美英帝国主义者更加手忙脚乱,原来驻拉萨的英国代表团,被印度政府接收以后,原任团长英人黎卡逊准备于1949年退休,而由印度政府另派印人前去代替,"驱汉事件"发生后,印度政府在英帝国主义指使下,突然宣布黎卡逊任期延长一年,因为黎卡逊是一个"西藏通",是一个凶狠毒辣的侵略者,"驱汉事件"及其他一切阴谋活动,都是黎卡逊一手制造出来的,英帝国主义和印度当局因此延长他的任期。

延长黎卡逊任期的命令宣布以后,印度比较公正的人士不满意政府的这一措施,例如印度的《晨星报》批评印度政府说:"印度今日实应决定对锡金、尼泊尔、不丹与西藏的外交政策,从赶走锡金原来的政府与对尼泊尔及西藏的谋略看出来,总有什么错觉,自由的印度,只应当和旁人友谊的合作,不当去干涉他人的事,然而我们都好像是跟着白宫的路子走。"

美帝国主义者为了策动和支持西藏的亲帝分离势力,妄图抵抗中国人民解放军解放西藏,于1949年8月初,派了一个大特务头子劳尔·汤姆斯,以"无线电评论员"的名义,前往拉萨,进行活动。汤姆斯在拉萨停留了约两个月的时间,于1949年10月返回美国。据叶尔绍夫所作《帝国主义者在西藏的阴谋》

一文载称："汤姆斯带着似乎达赖喇嘛给杜鲁门的信，于10月10日回到加尔各答，声称：第一，达赖喇嘛、西藏摄政者和外交部长都一致地得到结论，他们能防止共产主义的蔓延；第二，他们'希望得到外面的援助'。汤姆斯于10月16日到达纽约，便述说西藏的统治者'希望美国供给他们现代武器及派遣军事顾问'。根据美国报纸的报道，美国已准备承认西藏为自由独立的国家，并支持它加入联合国组织的请求，又予达赖喇嘛政府以军事援助。"

汤姆斯回到美国以后，发表了《这个世界以外》一书，里面曾叙述到他在拉萨和噶厦商谈的经过。该书载称："此行目的，为了了解西藏情况，告诉美国人西藏在国际问题上的地位，要求华盛顿给西藏以可能的援助。"

该书续称，噶厦曾问他："假如共产党要进攻西藏的话，美国是否援助？并且援助到什么样的程度？"汤姆斯答："共产党如果进攻西藏，必然从北部和西康东部进兵，两方面都有六百英哩的路途，开始二百英哩路比较好走，以后就不好行进。只要西藏方面组织一支有技术的游击部队，就可以阻止侵略者，切断他们的补给线，使他们的侵略要费很大的代价。要成立这样有技术的部队，其条件有二：一是配备适当的武器（指轻武器），一是要受技术训练。西藏的人力，只要很好地加以装备和训练，是可以担任上述防卫的能力。"汤姆斯又说："根据他在拉萨的印象：外国军队到西藏来帮助，是不大得到欢迎的。"

从汤姆斯所发表的上述材料里面，可以看出要求美国"军事援助"的，只是西藏当权者里面的少数亲帝分离势力，而西藏广大人民，包括大多数上层人士在内，则是反对西藏和美国勾结的，因之汤姆斯在拉萨得到的印象是"外国军队到西藏来帮助，是不大得到欢迎的"。

四、签订和平解放协议

1949年，中国人民获得了历史性的伟大胜利，全国除了西藏和台湾之外，完全获得解放，中央人民政府于1949年10月1日，在北京宣布成立。

1949年底，中国人民解放军就开始了进驻西藏的准备工作，人民解放军的前哨部队，到了金沙江以东的甘孜地区。此时美英帝国主义者，和西藏亲帝分离势力十分着慌,1950年1月,美国合众社传出了西藏当局将派出一个"亲善使团"分赴美、英、印度、尼泊尔和北京,表明其"独立",其目的是要西藏当局要求英美出面干涉,阻止人民解放军进驻西藏。新华社于1950年1月20日,发表了外交部发言人的谈话,对这一阴谋作了严正的驳斥和揭露,并指出西藏人民的正当愿望,是成为祖国大家庭的一员,噶厦应派代表团来北京举行和平谈判。该电讯说:"西藏是中华人民共和国的领土,这是全世界没有人不知道,也从没有人否认的事实。既然如此,拉萨当局当然没有权利擅自派出任何'使团',更没有权利去表明他的所谓'独立'。西藏的独立要向美国、英国、印度、尼泊尔的政府去宣传,并由美国的合众社加以宣布,使人们不难看出这种消息的内容,即令不是出于合众社的制造,也不过是美帝国主义及其侵略西藏的同谋们所导演的傀儡剧。西藏人民的要求是成为中华人民共和国民主大家庭的一员,是在我们中央人民政府统一领导下,实行适当的区域自治,而这在人民政协的共同纲领上是已经规定了的。如果拉萨当局在这个原则下派出代表,到北京谈判西藏的和平解放问题,那么这样的代表自将受到接待。但是如果不是这样,如果拉萨当局违反西藏人民的意志,接受帝国主义侵略者的命令,派出非法的'使团',从事分裂和背叛祖国的活动,那么我国中央人民政府将不能容忍拉萨当局这种背叛祖国的行为,而任何接待这种非法使团的国家,将被认为对于中华人民共和国怀抱敌意。"

班禅堪布会议厅看到西藏当局将要派出所谓"亲善使团"的消息以后,于1950年1月31日,代表西藏爱国人民,发电报给中央人民政府,反对拉萨当局的这种背叛祖国的行为。该电文说:"顷闻西藏拉萨反动当局,以'亲善代表团'名义,派遣非法代表赴英美等国活动,表示西藏'独立',企图勾结帝国主义,反抗人民政府,以达其脱离祖国、出卖西藏的阴谋。西藏系中国领土,为全世界所公认,全藏人民亦自认为中华民族之一,今拉萨当局此种举动,实为破坏国家领土主权完整,违背西藏人民意志。谨代表西藏人民,恭请速发义师,解放西藏,肃清反动分子,驱逐在藏帝国主义势力,巩固西南国防,解放西藏人民。本厅誓率西藏爱国人民,唤起西藏人民配合解放大军,为效忠人民、祖国奋斗到底。"

由于中央人民政府外交部发言人的驳斥和警告,噶厦派出的代表团,未敢再去英美等国表示"独立",而提出想到香港和中央人民政府的代表举行谈判,但谈判的目的仍是要阻止人民解放军进驻西藏。据1950年5月6日法新社加尔各答电称:"他们(指西藏代表团)希望向中国共产党说明西藏愿与一切国家保持友谊,并且不愿意作任何国家的敌人,从而使毛泽东不要派遣武装部队,攻打他们国家的没有充分防备的边界。"然而西藏代表和中央人民政府之间的任何接触,是英美帝国主义者所不愿让其进行的,即如西藏代表团想在香港与中央人民政府谈判,阻止人民解放军进驻西藏这样的会议,也不让进行。据国民党中央社1950年6月16日台北电讯说:"因西藏若与中共举行谈判,势必妥协投降,此为英印所不愿者,英国以此种方法,阻梗中共与西藏直接会谈,借以延缓中共对西藏攻势,以待国际局势之转变。"英国外交大臣杨格也公开宣称:"英国不承认中国共产党对西藏的要求……对打算进入香港的西藏代表团,发给入境签证一事有所耽搁,就是因为对该代表团的意向,还有怀疑。"(合众社1950年6月14日伦敦电)

中央人民政府对援助西藏人民获得解放的这一工作,采取了和平的方式,这是因为西藏人民和祖国各族人民特别是和汉族人民之间,还存在着由于历史上所造成的深厚的民族隔阂,这一点不能不考虑进去。采取和平解放的办法,就是为了避免伤害民族感情,避免增加民族隔阂。因而新华社在1950年1月20日的电讯中,指出西藏应派代表团前来北京,谈判西藏的和平解放问题。但鉴于西藏代表团在国外被帝国主义者一再阻挠,不易前来内地,中央人民政府为了促成噶厦与中央人民政府之间很快举行谈判,乃于1950年7月10日,派遣西康省人民政府副主席格达活佛(藏族爱国人士)前往西藏,进行劝说工作,借以消除噶厦对中央人民政府的一切误解,促成谈判早日举行。格达活佛于7月24日到达昌都,即被英国特务福特唆使藏军加以阻挠,不让他到拉萨去,并于8月21日给格达活佛吃了毒药,"格达中毒后,腹疼、头疼、口吐黄水、鼻孔流血流脓,四肢麻木,于次日(8月22日)圆寂,死后全身乌黑,皮肤触手即行脱落。福特为了消灭犯罪证据,将格达尸体焚毁,并将其随行人员,押送拉萨"。(新华社北京1950年12月4日电)

中央人民政府看到帝国主义者在西藏的活动如此猖獗,为了早日澄清西藏局势,驱逐帝国主义势力出西藏,乃命令人民解放军开始了进驻西藏的行动。而英美帝国主义者策动西藏亲帝分离势力,指挥藏军在昌都进行抵抗阻挠,不让人民解放军向西藏进驻,对这种狂妄的罪行,不能不略予惩处。人民解放军乃在1950年10月9日解放了西康中部重镇昌都,歼灭了藏军主力五千余人,给了英美帝国主义和西藏亲帝分离势力阻挠人民解放军进驻西藏、解放西藏人民的阴谋罪行以惨重的打击。

昌都解放以后,英美帝国主义的叫嚣更疯狂了。英国《泰晤士报》于1950年10月31日在其题为《西藏》的社论中,竟无耻地说:"中国对西藏的主权,不能从历史上找到理由。"美联社11月3日伦敦电称:"英国对中共进入西藏,正在努力确定这种入侵是否合法。"英外交部发言人说：英国目前不知道中共是否已进入"无可争辩的西藏边界"。法新社11月1日伦敦电称："英保守党领袖巴特勒今日在此间说：西藏对印度及巴基斯坦的战略重要性是人所共知的，他希望中国进攻应使印巴政府猛然觉醒，而采取较现实的见解。"英国自由党《曼彻斯特卫报》在其社论中说："尼赫鲁先生在未来中印合作的可能性曾寄予厚望，如果在这个问题上，北京对待印度的抗议有所轻率，巴基斯坦也将一致行动。"（路透社10月30日伦敦电）

印度政府于1950年10月21日向我外交部送了一道照会，内称："印度政府愿意指出，在目前对西藏采取军事行动，将使对中国不友好的那些国家，在这一国际事务紧急和微妙关头，有借口来进行反华宣传。中央人民政府想必知道联合国内的意见，现已稳定的趋向接纳中国在目前大会结束前参加该组织。印度政府以为在大会采取决定的前夕，采取军事行动，将会引起严重后果，并将使那些反对人民政府参加联合国和安全理事会的国家，获得有力的支持。"该照会最后称："印度政府认为时间的因素是极端重要的，在西藏大概不会有任何严重（或认真）的军事反抗，因此解决西藏问题的任何迟延，将不至影响中国的利益，或影响某种适当的最后的解决办法。"这一照会的基本意图，可以归纳为如下两点：一是以支持中国参加联合国为钓饵，使人民解放军停止进驻西藏，一是西藏问题拖一下不要紧，不会"影响中国的利益"。

1950年10月28日，印度政府又给我外交部送来了一道照会，内称："我们通过我们的大使告知中国政府，西藏代表团决定立即前往北京，开始谈判。这一代表团确于昨日（25日）离开德里。鉴于上述事实，命令中国军队进军西藏的决定，对我们是最为惊异与遗憾的！我们知道西藏代表团前往北京曾经迟延，这一迟延首先由于不能获得香港的入境签证，而西藏代表团对此不能负责。……现在，中国政府已发出命令侵入西藏，和平谈判就难于与此同时进行，西藏人将自然地恐惧，谈判将在胁迫之下举行。在目前的国际情势中，中国军队之侵入西藏，不得不被认为可悲叹的……"

中央人民政府对印度政府所提的上述两项照会，作了如下的严正答复，复文内称："中华人民共和国中央人民政府声明：西藏是中国领土不可分的一部分，西藏问题完全是中国的一个内政问题。中国人民解放军必须进入西藏，解放西藏人民，保卫中国边疆，这是中央人民政府的既定方针。中央人民政府曾屡次表示希望西藏问题能以和平谈判的方式得到解决，以故欢迎西藏地方代表团早日来到北京，进行和平谈判。乃西藏代表团受人唆使，故意拖延来北京的行期。但中央人民政府仍未放弃与西藏地方当局进行和平谈判的愿望。可是无论西藏地方当局愿否进行和平谈判，及谈判得到如何结果，均属中华人民共和国的内政问题，不容任何外国干预。尤其是西藏问题，与中华人民共和国进入联合国的问题，是两个完全没有关联的问题，如果那些对中国不友好的国家，企图利用中华人民共和国中央人民政府对其领土西藏行使主权一事作为借口，进行威胁，以阻碍中华人民共和国进入联合国组织，那只是再一次表示这些国家对中国不友好和敌对态度而已。"复文最后说："因此，中华人民共和国中央人民政府对于印度政府所认为可悲叹的观点，不能不认为这是受了西藏方面与中国敌对的外国势力的影响，而表示深切的遗憾。"

1950年11月1日，印度政府又向我外交部送了一道照会，除了对我外交部所指出的几点进行辩解之外，并威胁说中国人民解放军进驻西藏，大大增加了"导向世界大战的趋势"，还提出要保留印度在西藏从英帝国主义手中继承下来的若干特权。该照会要点如下：

（一）印度政府惊异地读到中国政府复文内最后一段的声明，声明中称：印度政府对中国政府的建议，乃是受了敌视中国的外国势力之影响，印度政府断然否认这一点。关于西藏问题，没有任何外国势力对印度发生影响。……（二）中国政府以为西藏代表团赴北京之迟延，乃由于外界的唆使，也是同样错误的……印度政府相信，没有外界唆使的可能性存在。（三）……印度政府屡次建议：中国对西藏的宗主权和西藏自治应由和平谈判而得以调解这种建议，并非如中国政府所设想的，以为此乃不正当的干涉中国内政，而是一个友谊政府的善意劝告，这一友谊政府自然地关怀于其邻居的一些问题能以和平方法解决。（四）正因为这个缘故，印度政府曾劝告西藏政府派遣代表团到北京，这一劝告，是被接受了。印度政府是高兴的。……印度政府当知道中国政府已对一个和平民族采取军事行动的时候，就更加惊异了，并无任何确证指出西藏人方面采取了任何的挑衅行为，或任何诉诸非和平的方法。因此，无论如何，对他们采取这种军事行动是没有理由的。这种步骤包含着以武力达成一种决定的企图，这是不能与和平解决办法相符的。鉴于上述这些发展，除非中国政府认为宜于命令他们的部队，停止向西藏推进，因此而给以和平谈判的机会，印度政府不便再劝告西藏代表团前往北京了。（五）印度政府不得不认为中国政府对于西藏尽早采取的军事行动，已经大大地增加了世界的紧张形势和导向大战的趋势，这种大战印度政府肯定地认为中国政府亦是希望避免的。（六）……印度政府在拉萨派有代表，在江孜与亚东有商业代表，在到江孜的商路上有邮政及电讯机关，为了保护这一商路，四十多年以来，就一向在江孜驻扎了一小队卫兵，印度政府切望这些机构应该继续存在，这些机构对印度与西藏都是有利的，并不在任何方面，损害中国对西藏的宗主权。因而在拉萨代表团的人员，以及在江孜与亚东代表机构的人员，已受命留守在他们的岗位上。

1950年11月16日，中央人民政府针对印度政府提出的上述照会，作了如下的答复："西藏是中国领土不可分的一部分，西藏问题完全是中国的一个内政问题，中国人民解放军必须进入西藏，解放西藏人民，保卫中国边疆，这是中国政府的坚定方针。……关于这一点，印度政府在其本年8月26日致中国政府的备忘录中曾经承认过。但当着中国政府真正行使其国家主权，开始解放西藏人民，驱逐外国势力和影响，以保证西藏民族得以免除侵略，实现区域自治和信教自由的时候，印度政府却企图影响和阻止中国政府对于西藏的国家主权的行使，这不能不使中国政府十分惊异。"

复文在列举了外国势力阻挠西藏代表团前来北京举行谈判的许多无可辩驳的事实以后指出："中国政府虽然仍未放弃和平解决西藏问题的愿望，但中国人民解放军却不能一再推迟其预定的军事计划，而昌都的解放，更证实了外国的势力和影响，是在经过西藏军队阻挠着西藏问题的和平解决。"

复文最后指出："中国政府不得不认为极大遗憾的是：印度政府竟不顾事实，将中国政府对其领土西藏行使主权的内政问题，认为是势将助长世界上可悲的紧张局势的国际纠纷……我们认为目前威胁着各国独立与世界和平的正是那些帝国主义侵略者的势力，……中国人民解放军的进入西藏，正是维护中国独立，制止帝国主义侵略者将世界拖向战争，保卫世界和平的一个重大步骤。"

印度政府的照会中，还贯穿着一个意图，他们认为西藏问题，既然要和平解决，那么中国人民解放军就不应该再去进驻西藏。他们既然承认西藏是中国的领土，那么，中国人民解放军"守土有责"，不管西藏问题怎样解决，中国人民解放军进驻西藏，守卫国土这是毫无理由反对的。因之《人民日报》于1950年11月17日发表了《中国人民解放西藏是不容干涉的》社论，对上述错误论点加以驳斥。社论说："印度政府企图把人民解放军向西藏进军的行动和中央人民政府和平解决西藏问题的愿望，对立起来，这是完全违背事实的。事实上西藏问题的和平解决，不但不能妨碍人民解放军的进军，而且必须以和平接受人民解放军进军为条件。"

为了驱逐帝国主义在藏势力，解放西藏人民，解除西藏人民的痛苦，为了使西藏人民对中国人民解放军进驻西藏不发生怀疑和误解，中国人民解放军西南军政委员会和西南军区司令部于1950年11月10日发布了《进军西藏各项政策的布告》。该布告中明确宣布："人民解放军入藏之后，保护西藏全体僧侣、人民的生命财产。保障西藏全体人民之宗教信仰自由，保护一切喇嘛寺庙，帮助西藏人民开展教育和农牧工商业，改善人民生活。对于西藏现行政治制度及军事制度，不予变更。西藏现有军队成为中华人民共和国国防武装之一部分。各级僧侣、官员、头人等照常供职。一切有关西藏各项改革之事宜，完全根据西藏人民意志由西藏人民及西藏领导人员采取协商方式解决。过去亲帝国主义与国民党之官吏，如经事实证明，与帝国主义及国民党脱离关系，不进行破坏和反抗者，仍可一律继续任职，不咎既往。"该布告中又说："人民解放军纪律严明……尊重西藏人民宗教信仰和风俗习惯。……不妄取民间一针一线……雇用人、畜差役，均付相当代价。不拉夫，不捉牲畜。"人民解放军的进藏部队，忠实地执行了上述政策和纪律，因此，部队一入康区，即获得西康藏族各阶层人民的热烈欢迎。

美帝国主义者在昌都解放以后，就疯狂地叫嚣，11月1日，美国国务卿艾奇逊在华盛顿记者招待会上，公开诬蔑中国人民解放自己的领土西藏的行动是"侵略"，并说："美国认为这是一件最不幸最严重的事件。"11月15日，美国《纽约时报》发表社论，敦促联合国"干预西藏问题"。同日，南美洲的一个小国家萨尔瓦多向联合国提出了一个议案，要求联合国大会设立一个委员会，研究联大可以对西藏问题采取"适当措施"。据国民党中央社成功湖15日电，"成功湖方面也都认为萨尔瓦多的提案是出于美国的主使"。与此同时，英帝国主义者也策动西藏亲帝分离势力向联合国提出所谓的"控诉"，提出了所谓"西藏问题"，英国马上表示支持。据路透社伦敦11月14日电称："伦敦外交人士今日认为：英国将完全支持安理会接到的西藏对中共干涉的控诉。"

和上述阴谋活动配合进行的，则是仍然阻挠滞留在印度的西藏代表团前往北京举行谈判，印度政府的照会中，虽说西藏代表团亦于10月25日离开德里，但并未前往北京。《人民日报》1950年11月17日的社论中，对此曾作了如下的揭露："据各方消息，在拉萨代表团滞留印度期间，英国驻新德里高级专员奈氏，和其他外国帝国主义分子，曾竭力劝告代表团不与我中央人民政府取得任何协议，直到8月12日，印度政府见到我政府我军进军西藏的行动即将开始，乃向我政府表示：英国政府已撤销拒发西藏代表团签证之举，该代表已有动身来北京的方便。但时隔两个多月，仍然是只闻楼梯响，不见人下来。可见拉萨代表团迟迟不来北京进行和谈,是因为受到外国的唆使和阻挠,后者应负阻碍和破坏这一和谈的责任。"

昌都解放以后,在西藏统治集团内部,自然发生了很大的震动和混乱,以大札摄政为首的一小部分亲帝分离势力,挟持了18岁的十四世达赖喇嘛逃亡亚东,并准备模仿十三世达赖逃亡印度的老路,企图把小达赖带往外国,以便等待第三次世界大战,卷土重来。这一行动,不但引起了西藏广大人民的反对,也引起了在西藏政治上举足轻重的三大寺的反对,而在达赖左右的堪布、噶伦里面,也有不少人不赞成达赖逃亡印度,而主张与中央人民政府进行谈判,因之达赖到达亚东以后,就停留下来,此时西藏当权派内部展开了激烈的斗争,一部分主张逃亡,大部分人则反对逃亡,据说差一点发生武装冲突。

斗争的最后结果是代表西藏广大人民愿望的、主张反帝爱国的这一派获得胜利,西藏亲帝分离势力遭到失败。1951年春,摄政大札下台,而由十四世达赖出面亲政(按照西藏旧例,达赖18岁已达亲政年龄)。达赖亲政以后,于1951年2月委派噶伦阿沛·阿旺晋美等五人为西藏方面的代表团,并以阿沛为首席代表,前往北京举行谈判。至此英美帝国主义者阻挠西藏与祖国直接进行谈判的阴谋,乃宣告破产。

西藏代表团到达北京以后,就和中央人民政府指定的以李维汉为首席代表的代表团举行了和平谈判,谈判进展很顺利,在短短一个月的时间内,所有重要问题,都获致协议,乃于1951年5月23日在北京中南海勤政殿举行了隆重的"中央人民政府与西藏地方政府关于和平解放西藏办法的协议"签字仪式。"和平协议"共十七条,要点如下:

(一)西藏人民团结起来,驱逐帝国主义侵略势力出西藏,西藏人民回到中华人民共和国祖国大家庭中来。

(二)西藏地方政府积极协助人民解放军进入西藏,巩固国防。

(三)根据中国人民政治协商会议共同纲领的民族政策,在中央人民政府统一领导之下,西藏人民有实行民族区域自治的权利。

(四)对于西藏的现行政治制度,中央不予变更。达赖喇嘛的固有地位和职权,中央亦不予变更。各级官员照常供职。

(五)班禅额尔德尼的固有地位及职权,应予维持。

(六)达赖喇嘛和班禅额尔德尼的固有地位及职权,系指十三世达赖喇嘛与九世班禅额尔德尼彼此和好相处时的地位及职权。

（七）实行中国人民政治协商会议共同纲领规定的宗教信仰自由的政策，尊重西藏人民的宗教信仰和风俗习惯，保护寺庙，寺庙的收入，中央不予变更。

（八）西藏军队逐步改编为人民解放军，成为中华人民共和国国防武装的一部分。

（九）依据西藏的实际情况，逐步发展西藏民族的语言、文字和学校教育。

（十）依据西藏的实际情况，逐步发展西藏的农牧工商业，改善人民生活。

（十一）有关西藏的各项改革事宜，中央不加强迫。西藏地方政府应自动进行改革。人民提出改革要求时，得采取与西藏领导人员协商的方法解决之。

（十二）过去亲帝国主义和亲国民党的官员，只要坚决脱离与帝国主义和国民党的关系，不进行破坏和反抗，仍可继续供职，不咎既往。

（十三）进入西藏的人民解放军遵守上列各项政策，同时买卖公平，不妄取人民一针一线。

（十四）中央人民政府统一处理西藏地区的一切涉外事宜，并在平等、互利和互相尊重领土主权的基础上，与邻邦和平相处，建立和发展公平的通商贸易关系。

（十五）为保证本协议之执行，中央人民政府在西藏设立军政委员会和军区司令部，除中央人民政府派去的人员外，尽量吸收西藏地方人员参加工作。

参加军政委员会的西藏地方人员，得包括西藏地方政府及各地区、各主要寺庙的爱国分子，由中央人民政府指定的代表与有关各方面协商提出名单，报请中央人民政府任命。

（十六）军政委员会、军区司令部及入藏人民解放军所需经费，由中央人民政府供给。西藏地方政府应协助人民解放军购买和运输粮秣及其他日用品。

（十七）本协议于签字盖章后立即生效。

和平协议不但就西藏和祖国的关系作了明确的规定，而且把西藏民族内部达赖和班禅之间30年来久悬未决的不团结问题，也圆满地解决了。西藏和平解放办法的协议，是中国共产党解决国内一个极其复杂的民族问题和民族内部的团结问题的光辉成就。这是中国历代统治阶级,不管清朝也好,国民党政府也好,所没有解决的,也是他们不可能解决的。

和平协议签订以后,十四世达赖于1951年8月17日自亚东返回拉萨。10月26日,人民解放军驻藏部队也到达了拉萨,受到噶厦和僧俗人民的隆重欢迎。至此,结束了40年来西藏地方和人民与中央政权关系不正常的局面,摆脱了帝国主义势力的控制和掠夺,重新回到了祖国大家庭的怀抱。

五、达赖喇嘛欢迎班禅返回札什伦布

继西藏和平解放之后,在西藏现代史上发生的第二件大事,就是十世班禅额尔德尼及其堪布会议厅的全体僧俗官员,于1952年4月,在西北军政委员会派驻班禅行辕的代表护送下,光荣地、顺利地返回了西藏。

自从九世班禅于1937年在青海玉树圆寂以后,堪布会议厅按照宗教手续,派人四出找寻班禅转世的灵童,结果于1941年在青海省循化县温都乡一家藏民家中,找到了一个灵童,名叫官保慈丹。这个灵童当找到时已经四岁,于是把这小灵童接到青海塔尔寺供养。当时西藏噶厦也从什么地方找到了两个班禅灵童,通知札什伦布寺,要他们派人到青海去,把供养在塔尔寺的班禅灵童接到西藏,举行金瓶掣签。札什伦布寺于1947年派了前世班禅的秘书长王乐阶等人前往青海塔尔寺,和堪布会议厅商量灵童掣签问题。堪布会议厅一方面肯定青海灵童为真正九世班禅的"化身",毋庸掣签决定;一方面表示在西藏与祖国的关系没有解决以前,他们不打算护送班禅返藏,因为在那种情况下返回西藏,是没有好结果的。王乐阶等人于1948年返回西藏,将堪厅意见通知了噶厦。

1949年春,堪布会议厅派计晋美前往广州,向国民党政府代总统李宗仁请求批准班禅灵童,并明令免于掣签。国民党政府于1949年6月3日颁布命令:"青海灵童官保慈丹,慧性澄圆。灵异夙著,查系第九世班禅额尔德尼转世,应即免于掣签,特准继任为第十世班禅额尔德尼。"1949年8月10日,国民党政府派蒙藏委员会委员长关吉玉为专使,在青海塔尔寺举行了班禅坐床典礼。至此十世班禅在法律上完成了认定的手续。

1949年9月，人民解放军打垮了马步芳的匪军，青海获得解放，班禅即派员向人民解放军接头，取得联系。10月1日，中华人民共和国宣布成立，班禅于是日致电毛泽东同志和朱德同志，表示拥护中央人民政府和中国人民解放军，希望西藏早日获得解放。该电文中说："班禅世受国恩，备荷优崇，二十余年来，为了西藏领土主权之完整，呼吁奔走，未尝稍懈，第以未获结果，良用疚心，刻下羁留青海，待命返藏。兹幸在钧座领导之下，西北已获解放，中央人民政府成立，凡有血气，同声鼓舞。今后人民之康乐可期，国家之复兴有望，西藏解放，指日可待。班禅谨代表全藏人民，向钧座致崇高无上之敬意，并矢拥护爱戴之忱。"1949年11月23日，毛泽东同志和朱德同志复电班禅表示勉慰，复电中说："西藏人民是爱祖国而反对外国侵略的，他们不满意国民党反动政府的政策，而愿意成为统一的、富强的、各民族平等合作的新中国大家庭的一分子。中央人民政府和中国人民解放军必能满足西藏人民的这个愿望。希望先生和全藏爱国人士一致努力，为西藏的解放和汉藏人民的团结而奋斗。"

1951年4月，达赖派遣西藏代表团前来北京进行和平解放西藏的谈判，班禅及堪厅负责官员也同时到达北京，一方面向毛泽东同志致敬，另一方面也向正在进行的中央人民政府与西藏地方政府的和平谈判，提供了他们的意见，表达了他们的愿望和要求。经过中央人民政府的代表向达赖、班禅两方面进行了说服，使双方捐弃旧嫌，重归和好，因之在和平协议第五、第六两条里面，对达赖和班禅之间的关系问题，作了公平合理的规定，解决了将近三十年的西藏民族内部长期不团结的问题。

1951年12月，达赖自拉萨打电报给班禅，欢迎他早日启程返藏，团聚一堂，共同建设新西藏。并提出在班禅进抵西藏边界之时，噶厦将派藏军保护，并命令沿途地方官员供应乌拉。班禅和堪布会议厅的全体官员及其眷属人员，乃在西北军政委员会派员护送之下，于1951年12月19日，自青海西宁起程返藏。西北军政委员会副主席习仲勋由西安专程前来西宁，为班禅送行，在西宁举行了隆重的欢送仪式。

班禅一行于1952年4月28日平安到达拉萨，受到中央代表、驻藏人民解放军和噶厦僧俗官员和拉萨市民的隆重欢迎。当天下午，班禅在布达拉宫与达赖作了有历史意义的会见。

班禅在拉萨停留了约有一个月时间，在这期间，达赖和班禅两方面各派负责官员组成代表团，根据和平协议上规定的原则，进行了关于恢复班禅固有地位和职权的谈判，结果相当圆满。

班禅于1952年6月9日离开拉萨，取道江孜，于6月23日到达了离别将近三十年的故居——札什伦布寺，在那里聚集了从后藏各宗、各豁卡、各寺院、各牧区来的欢迎人群数万人，有些人是从遥远的牧区来的，有的人因为要欢迎班禅已经在札什伦布等候了两个多月。在班禅进抵日喀则的这一天，各屋顶上插遍了五星国旗，这是日喀则市民和札什伦布寺的喇嘛自己制作的，在札什伦布寺内，差不多所有的僧房中，都供了毛泽东主席画像，和释迦牟尼佛像平列在一起，有很多老年人，因为过于兴奋，而痛哭流涕。

　　至此，班禅集团三十年的流浪生活宣告结束，西藏民族内部的团结问题获得解决。

1953年5月23日
西藏和平解放两周年纪念日脱稿于拉萨
1983年7月7日修订于北京

再版后记

1959年之后的第十四世达赖喇嘛

赵学毅　常为民

第十四世达赖喇嘛的国外流亡生涯，是为世人所关注的。值此《达赖喇嘛传》再版之际，我们请赵学毅、常为民先生对第十四世达赖喇嘛1951年后的情况，尤其是他自1959年逃往国外的流亡生涯及中央政府对他的政策，撰文作一简要叙述，以供读者参考。

——编著

（一）

1949年10月1日，中华人民共和国成立。中央人民政府分析了当时国际、国内形势，提出了和平解放西藏的方针。1950年3月，中央人民政府在命令人民解放军进军西藏的同时，通知西藏地方政府派代表到北京商谈有关和平解放西藏事宜，并为此作了种种努力。但是，以亲帝分裂主义分子达札为摄政的西藏地方政府在帝国主义的唆使和支持下，迟迟不派代表到北京与中央人民政府商谈，企图拖延时间，等待局势的变化；同时，在昌都部署重兵，试图凭借金沙江天险，以武力阻止人民解放军进藏。为了粉碎帝国主义和西藏分裂主义势力的阴谋，我人民解放军于1950年10月一举解放了昌都。昌都战役的胜利，为和平解放西藏奠定了坚实的基础，同时促进了西藏上层的政治分化，使上层亲帝分裂势力受到沉重打击。

1950年11月，亲帝的摄政达札被迫下台，第十四世达赖喇嘛亲政。1951年1月29日，毛泽东主席致信达赖喇嘛，祝贺他亲政。

1951年2月，达赖喇嘛任命噶伦阿沛·阿旺晋美等五人为西藏地方政府的谈判代表到北京同中央人民政府商谈和平解放西藏事宜。1951年5月23日，《中央人民政府和西藏地方政府关于和平解放西藏办法的协议》在北京签订。达赖喇嘛于同年10月24日致电毛泽东主席，表示"西藏地方政府及藏族僧俗人民一致拥护，并在毛主席及中央人民政府的领导下，积极协助人民解放军进藏部队，巩固国防，驱逐帝国主义势力出西藏，保护祖国领土主权的统一"。10月26日，中国人民解放军进驻拉萨。

1954年9月，达赖喇嘛赴北京参加中华人民共和国第一届全国人民代表大会，并当选为全国人民代表大会常务委员会副委员长。在参加第一届全国人民代表大会之后至1955年6月，达赖喇嘛分别到天津、上海、杭州、沈阳、哈尔滨、西安、兰州、甘南藏族自治州、青海塔尔寺、武汉、重庆、成都等地参观，并在宗教活动场所进行佛事活动。达赖喇嘛在北京期间，毛泽东主席、周恩来总理以及国家其他领导人多次同他亲切谈话。为表达对毛主席的拥护和热爱，达赖喇嘛向毛主席敬献了两件珍贵礼品，并用藏汉文镌刻献词：敬爱的毛主席，永远跟着您，建设新西藏，建设伟大祖国。

根据1954年第一届全国人民代表大会制定的《中华人民共和国宪法》规定，少数民族聚居地区实行民族区域自治。鉴此，毛主席在北京接见达赖喇嘛时提出，成立西藏自治区筹备委员会，达赖喇嘛表示拥护。1955年3月，国务院第七次全体会议通过了《国务院关于成立西藏自治区筹备委员会的决定》。1956年4月，西藏自治区筹备委员会正式成立，达赖喇嘛任主任委员。西藏自治区筹备委员会是一个带有政权性质的协商办事机构，它把西藏地方政府、班禅堪布会议厅委员会和昌都地区人民解放委员会统一在一起，这是西藏历史上的一大进步，是推进西藏实行民族区域自治的重要步骤。

西藏和平解放时还处在封建农奴制社会。从西藏的特殊情况出发，《十七条协议》规定："对于西藏现行的政治制度，中央不予变更"。按照这一规定，西藏和平解放初期，建立在封建农奴制度基础上的西藏地方政府原封不动，噶厦仍继续行使原有职权。但是，中国新民主主义革命胜利后，西藏的社会制度迟早要进行改革，以适应中国社会的发展。考虑到西藏地区的政治、经济、历史、宗教、民族等方面的特殊原因，在《十七条协议》明确规定："有关西藏的各项改革事宜，中央不加强迫。西藏地方政府应自动进行改革，人民提出改革要求时，得采取与西藏领导人员协商的办法解决之。"50年代中期，中国其他地区掀起社会主义改造高潮。为确保西藏的民主改革稳妥地进行，中央在充分考虑西藏的历史和现实情况下，于1956年9月作出重要指示，指出西藏地区的民主改革，必须是和平改革，一定要对西藏上层做好准备工作以后再进行。西藏的民主改革，肯定不会是第一个五年计划期内的事，也可能不是第二个五年计划之内的事，甚至还可能推迟到第三个五年计划之内。

1956年10月，应印度政府的邀请，达赖喇嘛赴印度参加释迦牟尼涅槃2500周年纪念活动，期间流亡国外的分裂分子企图将达赖喇嘛滞留在印度。达赖喇嘛在分裂势力的包围和影响下，在回国问题上发生了动摇。周恩来总理在访问印度期间，于1956年11月29日、1956年12月30日和1957年1月1日三次同达赖喇嘛进行长时间的谈话，传达中央和毛主席关于西藏工作的指示，揭露分裂分子的阴谋，对达赖喇嘛进行耐心教育和劝导，促使达赖喇嘛于1957年2月返回拉萨。

《十七条协议》的签订及西藏的和平解放，触动了西藏上层统治集团中一些人的既得利益。他们从根本上反对改革，试图永远保持政教合一的封建农奴制，蓄意违背和破坏《十七条协议》，变本加厉地进行分裂祖国的活动。如暗中支持非法组织"人民会议"在拉萨骚乱闹事，在当时的西康省藏区秘密策划煽动武装叛乱。1957年，在西藏地方政府部分分裂分子的支持下，成立了"四水六岗"叛乱组织，后又成立号称"卫教军"的叛乱武装，提出"西藏独立"及反对改革的口号。武装叛乱分子杀戮干部，破坏交通，袭击中央派驻当地的机关、部队，并到处抢掠财物，残害人民，奸淫妇女，叛乱活动愈演愈烈。

西藏的武装叛乱，从一开始就得到国外反华势力的支持。1957年，美国中央情报局从旅居国外的藏人中挑选部分青年送往美国的关岛训练。此后，又在科罗拉多州分批训练"康巴游击队员"达170人，并将这些人分批空投或潜回西藏，进行分裂活动。此外，美国还通过空投或陆路偷运大批武器弹药供给西藏的叛乱分子。

在西藏顽固坚持农奴制度的农奴主和国外反华势力的相互勾结下，叛乱活动迅速蔓延。1959年3月10日，西藏上层统治集团中的一些分裂分子借达赖喇嘛去西藏军区看戏为由，散布汉人要把达赖喇嘛劫往北京、军区要毒死达赖喇嘛等谣言，呼喊"西藏独立"等口号。叛乱分子公开撕毁《十七条协议》，宣布"西藏独立"，召开所谓"人民代表会议"、"西藏独立国人民会议"，全面发动了背叛祖国的武装叛乱。失败后，叛乱头目于3月18日晚上挟持达赖喇嘛逃往印度。

1959年3月28日，国务院总理周恩来发布命令，宣布解散西藏地方政府，由西藏自治区筹备委员会行使西藏地方政府职权。

（二）

达赖喇嘛逃亡国外后，中央政府从维护祖国统一和民族团结的大局出发，对他采取了耐心等待的态度。他的全国人大常委会副委员长的职务一直保留到1964年。但是，达赖喇嘛在国外反华势力和西藏分裂主义分子的包围下，背弃了自己曾经表示过的爱国立场，从事了大量分裂祖国的活动。

达赖集团分裂活动的目标是企图实现"西藏独立"。而所谓"西藏独立"问题的产生，是与晚清中国的衰败和帝国主义侵略中国紧密联系在一起的。

1840年英帝国主义发动侵略中国的鸦片战争后，开始阴谋瓜分包括西藏在内的中国领土。为了把西藏纳入英国的势力范围，1888年、1903年，英国侵略者发动了两次侵略中国西藏的战争。

1913年，英国政府迫使北京政府参加其提出的中、英、藏三方会议，即"西姆拉会议"，会上英国代表背着中国代表，与西藏地方代表进行秘密交易，划出了作为中印新边界的所谓"麦克马洪线"，企图夺取约九万平方公里的中国领土。

1942年夏，西藏地方政府在英国代表的支持下突然宣布成立"外交局"，公开进行"西藏独立"活动。同时，美国从20世纪40年代开始涉足西藏事务。

上述史实表明，所谓"西藏独立"问题，从本质上说是历史上帝国主义侵略中国的产物。

达赖集团以实现所谓的"西藏独立"为目标的分裂活动大体上可以分为以下几个阶段：

1959年至70年代末。达赖集团叛逃国外初期的分裂活动主要是：1.成立"流亡政府"。60年代初期，达赖集团在印度达兰萨拉召开"西藏人民代表大会"，成立了所谓"流亡政府"，颁布所谓"宪法"，规定"由达赖任国家元首"，在一些国家以文化交流、宗教等名义设立了"办事机构"。出版发行宣扬"西藏独立"的报刊和书籍，从事"西藏独立"政治活动。2.重新组建叛乱武装。1960年9月，达赖集团在尼泊尔木斯塘重组"四水六岗卫教军"，在中国边境进行了长达十年之久的军事骚扰活动。1974年，在尼泊尔政府的打击下，缴械投降。3.公开鼓吹"西藏独立"，编造谎言，造谣诽谤，扩大影响。

1979年至1986年。70年代末，中央为争取达赖喇嘛放弃独立，回归祖国，同意达赖方面派参观团回国。自1979年8月至1980年9月仅仅一年的时间，中央政府有关部门接待了达赖喇嘛派出的三批参观团和两批亲属回国参观。达赖喇嘛在境外的几乎全部亲属都曾回国参观探亲。中央有关领导同志分别接见过他们，表现出极大的耐心和诚意。

1987年至90年代中期。80年代中期，里根政府认为，中国实施的改革、开放政策以及中国经济的发展和综合国力的增强对美在亚洲、乃至全球的利益构成威胁，因此重新评估对华政策。以人权外交为基点，美国恢复了70年代中断了的对达赖集团的援助，对达赖集团的支持也由隐蔽转向公开。

1987年9月21日，达赖喇嘛在美国国会众议院人权小组委员会上发表了所谓解决"西藏问题"的"五点和平计划"，立即得到了西方的大力支持，并在国内产生了恶劣的影响，直接导致1987年9月27日的拉萨骚乱。

1988年6月15日，达赖喇嘛在法国斯特拉斯堡欧洲议会举行的记者招待会上散发了他所谓解决"西藏问题"的"七点新建议"，即：

1. 西藏应当成为一个由它自己支配的民主政治实体，同中华人民共和国保持"联盟"的关系；

2. 由中国政府负责西藏的外交事务，但是西藏政府在国外可以设立宗教、文化等方面的外交办事处；

3. 西藏政府加入世界人权宣言；

4. 西藏政府应该由通过全民投票选举出执行首脑、双财政立法议会和独立的司法体系组成，政府所在地是拉萨；

5. 西藏的经济、社会体制应根据西藏人民的意愿来决定；

6. 西藏禁止核武器的制造、试验、储存以及核能的利用；

7. 应该召开地区和平会议来保证使西藏通过非军事化而成为和平圣地，在这个会议召开和非军事化、非核化实现之前，中国可以有权在西藏保持以防御为目的的、有限量的军事设施的存在。

达赖喇嘛的"五点和平计划"和"斯特拉斯堡建议"的核心是企图把中国的西藏变成所谓的"和平区"和"缓冲国"，把中国中央政府和西藏地方政府的隶属关系，变成类似西方的宗主国与附属国、保护国与被保护国的关系，其实质是否定西藏是中国领土的一部分，否定中央政府对西藏拥有的主权，从而改变西藏的法律地位。

1989年3月，拉萨再次发生严重骚乱事件，6月北京发生春夏政治风波，西方对我采取政治孤立、经济制裁。在这种形势下，为迎合西方的反华战略，有失公正的诺贝尔和平奖委员会于当年10月将诺贝尔和平奖授予达赖喇嘛。达赖喇嘛利用其获奖机会多次演讲，自吹他是"因为从事争取西藏独立的非暴力斗争而获奖的，这个奖有助于实现西藏独立"。

80年代末、90年代初，从东欧剧变和苏联解体的变化中，达赖受到鼓舞，加紧了与"民运"分子的勾结。1989年12月，达赖在巴黎同"民运"头目严家其进行了长达四小时的密谈，认为"在中国要建立多元化制度，最重要的是建立一个保持西藏文化传统的民主西藏"，"在民主中国的大前提下，将与'民运'合作，在海外、中国大陆和西藏推行民主"。1990年7月、1991年1月和1992年10月，达赖集团和"民运"分子先后在伦敦、美国哥伦比亚大学和华盛顿举办了所谓"西藏问题国际磋商会"、"人权谈论会"和"西藏与中国未来关系国际学术谈论会"。此外，1991年，达赖集团伙同流亡在外的艾沙集团等成立"世界民族地位组织"。

1994年10月，达赖集团与"民运"、"东突"等境外分裂组织在美国纽约举行"亚洲民主共同体"年度会议，达赖喇嘛虽未参加此会，但在致会议的贺电中称，"纵观世界潮流，我相信东土耳其斯坦、内蒙古和西藏三国，一定会获得独立自由"。达赖喇嘛与境外分裂势力相互勾结，同流合污，在分裂祖国的道路上越走越远。

（三）

90年代中期以来，随着国际形势的变化，达赖集团在以美国为首的西方敌对势力的支持和怂恿下，调整了策略和手法，继续进行分裂祖国的活动。

1. 迎合西方的人权、自由、民主的意识形态和价值观念，用西方现代政治方式谋求"西藏独立"，推进"西藏问题国际化"

近年来，达赖喇嘛频繁出访，会晤西方政要，多方寻求国际社会对其"西藏独立"的支持，竭力拓展国际活动空间。据资料统计，仅1990年至1998年，达赖喇嘛共六十四次到美国、英国、法国、德国、瑞士、加拿大、澳大利亚、日本、中国台湾等四十多个国家和地区活动，会见了近二十个国家和地区的高层政界人士，其中百分之九十系西方国家的政要。1999年4月和5月，达赖喇嘛分别到巴西、阿根廷、智利、英国、比利时和意大利活动。

另有资料显示，达赖喇嘛从1959年逃亡国外至1978年的二十年间曾多次要求访美。从1978年美国卡特政府首次允许达赖喇嘛访美到1989年的10年间，达赖喇嘛五次到美国活动。而90年代以来，达赖喇嘛几乎年年访美，甚至一年多次。从其访美所受的待遇看，自1991年布什总统打破美国历届政府高级官员不与达赖喇嘛会晤的惯例、亲自接见达赖喇嘛后，达赖喇嘛几乎每到美国，都要受到美国总统、副总统或国务卿等高官接见。1998年11月达赖喇嘛访美时，美国总统克林顿、副总统戈尔、国务卿奥尔布赖特均会晤了达赖喇嘛，在国际上影响恶劣。

近年来，达赖集团多次在联合国人权会等国际多边领域，利用民族、宗教、人权等问题向中国施压。自1990年至今，西方敌对势力在联合国人权会上八次提出反华提案，其中西藏问题一直是提案的核心内容。为配合西方敌对势力炮制的反华提案，每年在联合国人权会期间，达赖集团都要大肆进行分裂活动，其主要形式包括：制作反动宣传品；在会上以非政府组织的名义发言中恶毒攻击中央政府对西藏的政策；煽动流亡藏人参与示威、"绝食"活动；在会下串联、游说西方国家搞反华提案。

此外，达赖集团还策划和组织涉及西藏问题的国际会议；试图通过"全民公决"的方式，实现其提出的"高度自治"的政治主张。

2. 利用与中央政府接触商谈问题争取国际舆论

达赖从1959年逃亡国外至1979年前，与中央政府没有联系。自1979年以来，中央政府有关部门曾多次同意达赖喇嘛的私人代表，包括达赖喇嘛的很多亲属回国同中央接触，来人还受到中央政府有关领导同志的接见。二十年来，中央政府作出了种种努力，但是没有得到达赖方面的积极响应。相反，达赖方面利用与中央政府接触商谈问题，在国际上搞宣传、造舆论，企图蒙蔽不明真相的人，骗取国际支持。

1989年1月28日，十世班禅圆寂，中国佛教协会会长赵朴初亲自写信邀请达赖喇嘛回国参加十世班禅的追悼活动，但遭到达赖喇嘛的拒绝。

1989年下半年，随着苏联解体，东欧剧变，达赖喇嘛错误地估计形势，认为中国将在今后的三五年内解体，西藏独立希望在即，声称不与不稳定的中国政府谈判。为此，他单方面中断了和中央政府的联系。

此后，由于中国改革开放的形势越来越好，西方国家孤立中国的目的没有达到，达赖喇嘛又迫不及待地要求与中央政府恢复联系。1992、1993年中央政府两次同意达赖喇嘛的私人代表回国与中央接触。但由于达赖方面把中央政府要其承认西藏是中国不可分割的一部分的原则立场说成是"谈判的先决条件"，认为中央政府态度强硬，再次单方面中断与中央政府的接触。

纵观中央政府与达赖接触二十年的历史，可以清楚地看出：（1）达赖喇嘛不断变换手法，但坚持"西藏独立"的立场没有改变，分裂祖国的实质没有改变；（2）达赖不断调整策略，借谈判在国际上制造舆论，当达赖认为国际、国内局势对其有利时，就中断谈判，认为局势对其不利时，就要求谈判；（3）就是在达赖要求与中央进行接触时，也从来没有放弃在国内和国际上的分裂活动。

3. 利用其宗教资本，进行分裂祖国的政治活动

达赖喇嘛以其宗教领袖的身份，插手国内寺庙的活佛转世；煽动寺庙的僧尼闹事；阻挠和破坏西藏、其他藏区藏传佛教寺庙的爱国主义教育活动。

达赖喇嘛违背历史定制和宗教仪轨，破坏班禅转世工作。资料表明，活佛转世是藏传佛教特有的传承方式。中国元代对大活佛实行册封制度，明代、清代逐步将大活佛转世纳入中央政府管辖和国家典章法制范围内。清朝中央政府

为体现中央权威、维护国家统一，杜绝在活佛转世中营私舞弊、弄虚作假的现象，于1793年颁布《钦定藏内善后章程二十九条》，建立起以金瓶掣签为中心环节的较为完整的制度。该制度规定，大活佛的候选灵童须经金瓶掣签认定，并报中央政府批准后，方能正式继位。据史料记载，从1792年至本世纪，在藏传佛教大活佛转世系统中，有七十多位转世灵童是经过金瓶掣签认定后报中央政府批准的，其中包括第十世、第十一世和第十二世达赖喇嘛。（详见本书有关章节）

然而，达赖喇嘛出于政治目的，不顾历史定制，破坏藏传佛教的宗教仪轨，否定中央政府在班禅转世问题上的最高权威，公然于1995年5月14日在境外擅自宣布"班禅转世灵童"，不仅把自己置于同中央政府相对抗的位置，也遭到了广大藏传佛教界人士和信教群众的坚决反对。班禅转世圆满成功后，达赖集团又散布谣言，企图动摇寺庙僧人和信教群众对第十一世班禅的信仰。

1995年3月下旬，日本东京地铁站发生了施放毒气事件，震惊世界，引起公愤。正当人们愤怒谴责这一暴行的时候，1995年9月，德国《焦点》周刊披露了达赖喇嘛与奥姆真理教教主麻原彰晃的"师徒"关系。事实上，达赖喇嘛与麻原彰晃共会晤过五次，达赖喇嘛称麻原彰晃为"朋友"、"很有能力的宗教导师"，把麻原彰晃捧为"教派领袖"，目的是让麻原彰晃听从于自己，为其政治目的服务。由此可以证明，达赖喇嘛不仅仅是一个宗教人士，而且是一个披着宗教外衣的政治流亡者。

4. 以"和平"、暴力两手，对我境内藏区进行渗透和破坏活动

近年来，达赖集团几次组织"和平挺进西藏"行动，鼓吹"不合作运动"；策划在拉萨的骚乱闹事，有证据显示，达赖集团插手和组织了80年代中后期发生在拉萨的几次骚乱；在境外偷运武器，成立暴力组织，网罗人员进行恐怖训练，伺机入境制造爆炸、暗杀事件。

5. 加强与"台独"等境外分裂主义势力的勾结

1997年3月，在李登辉的推动下达赖喇嘛访台，并在台设立了"达赖喇嘛西藏宗教基金会"，"藏独"和"台独"势力公开合流，相互利用，共同图谋分裂祖国。此外，达赖集团还加紧与"民运"等境外其他分裂势力进行勾结。

中央政府对达赖喇嘛的政策是一贯的、明确的，希望他放弃"西藏独立"的主张，停止分裂祖国的活动，回到爱国统一的立场上来。

早在1978年12月28日，邓小平同志会见美联社记者时指出，"达赖可以回来，但他要作为中国公民"，"我们的要求就一个——爱国，而且我们提出爱国不分先后"，表明了中央政府对达赖喇嘛的态度。此后，邓小平同志在接见

达赖喇嘛的私人代表时明确指出，"现在是以西藏作为一个国家与中央对话，还是西藏是中国的一部分来讨论处理一些问题，这是个现实问题"。"根本问题是，西藏是中国的一部分，对与不对，要用这个标准来判断。"

20年后，1999年3月25日，江泽民主席在与瑞士联邦主席德赖富斯会谈时总结了达赖问题的性质，指出："达赖的问题不是宗教问题，而是政治问题。达赖集团是一个有组织、有纲领的分裂主义政治集团。达赖喇嘛也绝不仅仅是一个宗教人士，而是一个从事分裂祖国活动的政治流亡者。"

多年来，中央政府为促成达赖喇嘛放弃"西藏独立"的主张，停止分裂祖国的活动，进行了种种努力，并多次重申，搞西藏独立不行，半独立不行，变相独立也不行，除西藏独立外，任何问题都可以谈。

在本文即将结束时，我们愿引用中央政府对达赖喇嘛的政策作为结束语。中央政府对达赖喇嘛的政策是：达赖喇嘛必须真正放弃"西藏独立"的主张，停止分裂祖国的活动，公开声明承认西藏是中国不可分割的一部分，承认台湾是中国的一个省，中华人民共和国政府是代表全中国的唯一合法政府。在此基础上，中央政府可以与达赖就其个人前途进行商谈。

以上仅就达赖喇嘛1951年后的情况，尤其是达赖喇嘛1959年逃往国外40年的流亡生涯作一个简要的评述。如果本文对读者客观、全面地了解达赖喇嘛的一生有所帮助，笔者不胜欣慰。

1999年10月

本书参考书目

汉文材料

《元　史》
《新元史》
《明　史》
《明实录》
《清实录》
法　尊著：《西藏民族政教史》
刘立千译：《续藏史鉴》，成都华西大学华西边疆研究社出版
佚　　名：《卫藏通志》
黄沛翘著：《西藏图考》
吴丰培辑：《清季筹藏奏牍》（三卷），商务印书馆出版
吴丰培辑：《清代西藏史料丛刊》（第一集），商务印书馆出版
丁实存著：《驻藏大臣考》，国民党政府蒙藏委员会出版
朱锦屏著：《西藏六十年大事记》
洪涤尘著：《西藏史地大纲》，正中书局出版
高长柱著：《边疆问题论文集》，正中书局出版
黄奋生著：《蒙藏新志》（两卷），中华书局出版
李翊灼著：《西藏佛教史》，正中书局出版
黄奋生著：《边疆人物志》，正中书局出版
谢　彬著：《西藏问题》，商务印书馆出版
刘曼卿著：《康藏轺征》，商务印书馆出版
刘家驹著：《西藏政教史略》，中国边疆学会出版
朱少逸著：《拉萨见闻记》，商务印书馆出版
刘家驹著：《班禅大师全集》，正中书局出版
法尊译述：《宗喀巴大师传》
吴丰培辑：《联豫驻藏奏稿》
佚　　名：《番僧源流考》
佚　　名：《宗教源流考》

肖腾林著：《西藏见闻录》
魏　源著：《圣武记》
佚　　名：《西藏志》
吴丰培辑：《清代西藏史料丛刊》
任乃强著：《康藏史地大纲》
任乃强著：《西康图经》
余　素著：《清季英国侵略西藏史》
《边政通考》
《理藩部则例》
李有义著：《今日的西藏》，知识书店出版
《进军西藏》，人民出版社出版
《待解放的西藏》，新华书店出版
杜　齐著：《西藏画卷》[意]，（中文版尚未出版）
《西北通讯》月刊，1947年7、8、9期
张广达著：《沙俄侵藏考略》，《中央民族学院学报》，1978年第1期
王森：《宗喀巴传论》，《民族研究》杂志，1979年第1期柳升祺、邓锐令：《清代在西藏实行金瓶掣签的经过》，《民族研究》，1982年第4期
王森：《宗喀巴年谱》，《世界宗教研究》，1983年第1期
[日] 黑泽主一郎著：《西藏通览》，四川西藏研究会翻译、出版
[英] 荣赫鹏著，孙煦初译：《英国侵略西藏史》，商务印书馆出版
[英] 麦克唐纳著，孙梅生、黄次书译：《旅藏二十年》，商务印书馆出版
[英] 柏尔著，宫廷璋译：《西藏之过去与现在》，商务印书馆出版

藏文材料

《第一世达赖喇嘛根敦朱巴传》，拉萨哲蚌寺藏版
《第三世达赖喇嘛索南嘉措传》，拉萨哲蚌寺藏版
《第五世达赖喇嘛阿旺罗桑嘉措传》，拉萨哲蚌寺藏版
《第七世达赖喇嘛噶桑嘉措传》，拉萨哲蚌寺藏版
《第十三世达赖喇嘛土登嘉措传》，布达拉宫印经所藏版
《第四世班禅罗桑曲结传》，札什伦布寺藏版
《第五世班禅罗桑益喜传》，札什伦布寺藏版
《第六世班禅巴丹益喜传》，札什伦布寺藏版
《第七世班禅丹白尼玛传》，札什伦布寺藏版

《第八世班禅丹白旺修传》，札什伦布寺藏版

索南坚赞著：《西藏王统记》

五世达赖著：《西藏王臣史》

蔡巴·贡噶多吉著：《红史》

索南札巴著：《新红史》

根敦群培著：《白史》

桂译师旬奴贝著：《青史》

阿梅阿旺贡噶索南著：《萨迦世系》

恰者罗桑彭错著：《续西藏佛教史》，后藏萨迦寺藏版

《历代萨迦法王传》

楚杰王却觉著：《宗喀巴传》

《隆朵喇嘛全集》

土观呼图克图著：《宗教源流》

吉美日比多吉著：《蒙古佛教史》

次仁朗杰著：《噶伦传》

东噶·罗桑赤列著：《论西藏政教合一制度》

八赛纳著：《巴协》（桑鸢寺志）